NEALE DONALD WALSCH

Die Essenz

GOLDMANN

NEALE DONALD

WALSCH

DIE ESSENZ

Die 25 Botschaften aus den »Gesprächen mit Gott«

Aus dem Englischen von
Susanne Kahn-Ackermann

GOLDMANN

Die amerikanische Originalausgabe erschien 2013 unter dem Titel »What God Said« im Verlag Bekley Books, New York.

MIX
Papier | Fördert gute Waldnutzung
FSC® C014496

Penguin Random House Verlagsgruppe FSC® N001967

3. Auflage
Vollständige Taschenbuchausgabe Juli 2018

Umschlaggestaltung: UNO Werbeagentur, München
Umschlagmotiv: FinePic®, München
SSt · Herstellung: CF
Satz: Buch-Werkstatt GmbH, Bad Aibling
Druck: GGP Media GmbH, Pößneck
Printed in Germany
ISBN 978-3-442-22241-4

www.goldmann-verlag.de

Allen Menschen gewidmet,
die an Gott glauben
und sich danach sehnen,
mehr über diese Göttliche Essenz
und ihre Beziehung zu ihr zu wissen.

Danksagung

Ist es möglich, dass es etwas gibt, das wir über Gott und das Leben und übereinander nicht voll und ganz verstehen und das, wenn wir es verstünden, alles ändern würde? Ist es okay, wenn wir unsere Vorstellungen von Gott erforschen, ganz gleich, wie Sie Ihren persönlichen Gott begreifen?

Ich möchte Ihnen und jedem Menschen, der dieses Buch in die Hand genommen hat, meine Anerkennung aussprechen. Auch dann, wenn Sie es wieder beiseitegelegt haben, ohne es zu lesen. Auch dann, wenn Sie angefangen haben, es zu lesen, und sich dazu entschieden, die Lektüre nicht zu beenden. Und natürlich auch dann, wenn Sie es bis zur letzten Seite gelesen haben. Es braucht Mut, sich auf eine Reise zu begeben, wie sie hier angeboten wird.

Jedes Wort, das jemals über Gott geschrieben wurde, wurde von Menschen geschrieben. Von Menschen, die glaubten, dass sie von Gott inspiriert waren. Die Frage ist: Hat Gott *je* aufgehört, die Menschen zu inspirieren? *Wäre es möglich, dass Gottes Botschaften der Menschheit weiterhin zufließen, auch heutzutage?*

Mein tiefster Dank geht an alle, die diese Fragen zu stellen bereit sind, auch wenn sie mit den Antworten, die ich gefunden habe, nicht einverstanden sind. Wir sind uns auf dem Feld der Nachforschungen begegnet, und das ist ein wunderbarer erster Schritt aufeinander zu. Wir müssen nicht einer Meinung sein, aber wenn wir uns *einvernehmlich* uneins sind, haben wir getan, wozu uns der Gott eines jeden Menschen eingeladen hat. Und das kann die Welt heilen.

Der Tag wird kommen,
da die Unermesslichkeit von Gottes Liebe
und von Gottes Geschenk an die Menschheit
voll und ganz erkannt
und Teil von jedermanns Leben
werden wird.

Dieses Ergebnis ist unausweichlich.
Es ist einfach nur eine Frage der Zeit.

1

Okay, Sie behaupten, direkt mit Gott gesprochen zu haben, dann sagen Sie uns doch … was hat Gott der Welt mitzuteilen?«

Der so sprach, war der weithin bekannte Gastgeber einer der beliebtesten Morgenshows des nationalen Fernsehens, und er forderte mich auf, eine der größten Fragen aller Zeiten zu beantworten.

Können Sie es in ein oder zwei Sätzen zusammenfassen?«, setzte er hinzu. »Wir haben ungefähr dreißig Sekunden.«

Mir schwirrte der Kopf. Wie sollte ich in dreißig Sekunden den Kernpunkt dessen in Worte fassen, was Gott die Menschheit wissen lassen wollte? Und dann hörte ich blitzartig Gottes Antwort in meinem Innern. Ich zwinkerte und machte eine Ankündigung, die selbst mich überraschte.

»Tatsächlich kann ich es in *fünf Worten* zusammenfassen.«

Der Gastgeber zog die Augenbrauen hoch, ließ eine Nanosekunde lang Ungläubigkeit erkennen und sprach dann, ohne eine Miene zu verziehen, in die Kamera: »Also gut meine Damen und Herren, hier kommt aus dem Munde des Mannes, der sagt, dass er *mit Gott kommuniziert,* Gottes Nachricht an die Welt … in fünf Worten.«

Ich wusste, dass weltweit Millionen Menschen zuschauten. Das war meine Chance, Gottes wichtigste Mitteilung mehr Menschen zu überbringen, als ich mir je vorgestellt hatte, dass ich es in meinem ganzen Leben tun könnte oder würde. Ich schaute direkt in die Kamera und wiederholte die Worte, die mir gerade eingegeben worden waren.

»Ihr habt mich völlig missverstanden.«

Eine Chance von eins zu einer Million

Ich heiße Neale und sollte mal etwas erklären.

Ich habe mit Gott gesprochen.

Nicht nur einmal, in einem einzigen Augenblick der Erscheinung und Offenbarung, sondern viele, viele Male.

Und Sie haben das auch.

Sie glauben vielleicht nicht, dass Sie es getan haben, aber Sie haben es getan. Wahrscheinlich haben Sie es nur anders benannt: Vielleicht sprachen Sie von einem *überwältigenden Moment der Erkenntnis* oder einer *brillanten Idee* oder einer *unglaublichen Eingebung,* von einer *Vermutung, die hinhaute,* einem *genialen Einfall,* einem *Geistesblitz,* einem *Zufall,* einem *glücklichen Zusammentreffen* oder von *weiblicher Intuition.*

Wie immer Sie es auch nannten, es ist alles dasselbe. Es ist eine Mitteilung aus einer inneren Quelle der Weisheit und Einsicht, die eines jeden Menschen Geburtsrecht ist.

In meinem Fall bezeichnete ich meine Begegnungen mit dieser Quelle als genau das, was sie meiner Erfahrung nach waren: Gespräche mit Gott.

Glücklicherweise schrieb ich den gesamten Austausch mit, daher habe ich ihn nicht vergessen. Der ganze Prozess begann, als ich mich an einem Februartag 1990 morgens um 4:20 Uhr hinsetzte und einen wütenden Brief an Gott schrieb. Ich verlangte zu wissen, warum mein Leben nicht funktionierte und wie ich es zum Funktionieren bringen konnte.

Es folgte ein Dialog mit Gott, der sich immer weiter fortsetzte und in dessen Verlauf ich Fragen über Dinge stellte, die mich in meinem Dasein am meisten verwirrten oder frustrierten. Und ich bekam Antworten, als würden sie mir diktiert.

An einem Punkt wurde mir von Gott gesagt: »Das hier wird eines Tages ein Buch werden.« Also ließ ich meine ersten handschriftlichen Aufzeichnungen abtippen, druckte sie aus und schickte das Dokument an einen Verleger ... fast als Herausforderung.

Ich weiß nicht, wem die Herausforderung galt ... mir oder Gott ... aber ich wusste, dass ich das, was mir da gegeben worden war, einem »Test« unterziehen wollte, um zu sehen, ob es irgendeinen Wert hatte, ob irgendetwas davon authentisch und wahr war.

Mir war natürlich bewusst, dass die Chance, dass ein Verlag das Buch von jemandem drucken und herausbringen würde, der behauptete, direkt mit Gott zu sprechen, eins zu einer Million stand. So etwas würde einfach nicht passieren.

Falsch.

Es passierte.

Nun beginnt also die Erweiterung

Hier bin ich nun nach neun Büchern der Reihe *Gespräche mit Gott* und mache, was ich immer mache, wenn ich mich hinsetze, um ein Buch zu schreiben. Ich frage mich: *Warum schreibst du dieses Buch? Was hoffst du damit zu erreichen? Wird dieses Buch gebraucht?*

Lassen Sie mich meine Fragen selbst beantworten, damit Sie ein Gespür bekommen für das, was Ihnen bevorsteht, und entscheiden können, ob Sie diese Reise unternehmen möchten oder nicht.

- Ich schreibe dieses Buch, weil ich viele, viele Male von vielen, vielen Menschen gebeten wurde, noch weiter auf das einzugehen, was Gott auf den insgesamt dreitausend Seiten der *Gespräche mit Gott*-Bücher sagte – und das möchte ich in einem einzigen kompakten Band tun, so dass Gottes Botschaft an die Menschheit leicht zugänglich wird.
- Mit dieser neuen, noch nie zuvor veröffentlichten Erweiterung der Botschaften in *Gespräche mit Gott* hoffe ich zu erreichen, dass sie sich im alltäglichen Leben *sofort anwenden* lassen. Ich möchte, dass die Ideen konkret funktionieren und nicht nur in der Vorstellung verharren.
- Dieses Buch wird aus zwei Gründen gebraucht: 1) Millionen Menschen haben *Gespräche mit Gott* gelesen (die Bücher dieser Reihe wurden in siebenunddreißig Sprachen übersetzt), und diese Leser baten mich, das Material nicht nur zu erweitern, sondern ihnen auch zu sagen, welche von diesen vielen Botschaften oder Mitteilungen die wichtigsten sind. 2) Die Botschaften in *Gespräche mit Gott* können eine Veränderung in der Welt bewirken, wenn die Menschen wissen, wie sie anzuwenden sind. Und die Welt braucht im Moment mit verzweifelter Dringlichkeit eine Veränderung. Nicht erst in fünfzig Jahren. Nicht erst in fünfundzwanzig Jahren. Auch nicht erst in zehn Jahren. Jetzt sofort.

Das Problem ist systemischer Natur

Es ist an der Zeit, ehrlich zu sein: Nichts funktioniert.

Ich meine, wirklich gar nichts.

Nicht ein einziges größeres System, das wir auf diesem Planeten eingeführt haben, funktioniert richtig. Weder im

Rahmen unserer Politik noch im Rahmen unserer Wirtschaft, unserer Umwelt, unseres Erziehungs- und Ausbildungswesens, unseres Gesellschaftswesens, und auch nicht auf spiritueller Ebene. Keines dieser Systeme erbringt die Resultate, die wir unserer Aussage nach haben wollen. Tatsächlich ist es noch schlimmer. Sie produzieren die Resultate, die wir unserer Aussage nach *nicht* haben wollen.

Das ist nicht nur ein Problem auf globaler Ebene. Es hat auch Auswirkungen auf die ganz persönliche Ebene. Es betrifft ganz direkt Sie und mich. Bis auf einen allerwinzigsten Prozentsatz der Weltbevölkerung haben wir alle zu kämpfen. Es ist ein *täglicher* Kampf. Es ist nicht nur ein Kampf darum, glücklich zu sein, sondern darum, zu *überleben, über die Runden zu kommen,* sich einfach nur *über Wasser zu halten.*

Inzwischen haben sich die Dinge sogar noch darüber hinaus entwickelt. Denn jetzt haben noch nicht einmal die Leute, die das »gute Leben« *haben,* gute Zeiten. Nicht einmal sie. Das persönliche Glück scheint ein rätselhaft und frustrierend flüchtiges, nicht fassbares Ding zu sein. Und selbst wenn die Leute es erlangen, können sie es nicht festhalten.

Nun, das ist der umfassendste Anhaltspunkt, der größte Hinweis, das sicherste Zeichen dafür, dass etwas ganz und gar nicht stimmt. Wenn nicht einmal die glücklich sind, die nach jeglichem vernünftigen Maßstab glücklich sein *sollten,* dann muss es ein *ernsthaftes systemisches Problem* in der Kultur einer Gesellschaft geben. Wenn ein gesellschaftliches Rezept, obwohl es funktioniert, *eben doch nicht funktioniert,* wenn, auch wenn alles richtig läuft, *irgendetwas extrem falsch läuft,* dann kann man daraus ersehen, dass am gesellschaftlichen Rezept etwas faul ist.

Da stehen wir heute, und ich denke, es ist Zeit für eine Neue Botschaft, die den Menschen als Richtschnur dient. Ich denke, es ist Zeit für eine brandneue Kulturgeschichte, die sich unsere Spezies zu eigen macht.

Wenn Ihnen Ihr Leben genau so gefällt, wie es ist, und wenn Ihnen Ihre Welt genau so gefällt, wie sie sich Ihnen darstellt, dann sind Sie vielleicht nicht meiner Meinung. Aber vielleicht wollen Sie genau aus diesem Grund weiterlesen. Wenn Sie sich wünschen, dass alles beim Alten bleibt, dann sollten Sie alles über die Veränderungen wissen, die andere (in diesem Fall Millionen andere) eingeladen sind zu überdenken.

Wenn Sie mir zustimmen, dass es an der Zeit ist, größere Veränderungen vorzunehmen, sowohl in der Welt als Ganzes als vielleicht auch in Ihrem eigenen Leben, dann sind Sie hier genau richtig.

Diese Botschaften hier sollen alles verändern.

Halten Sie sich fest

Damit sie möglichst rasch gelesen werden und den besten Eindruck hinterlassen können, habe ich im folgenden Kapitel die Kernbotschaften aus den neun Büchern von *Gespräche mit Gott* auf insgesamt rund tausend Worte reduziert. In 25 Punkten sind die meines Erachtens wichtigsten Einsichten und Erkenntnisse von *Gespräche mit Gott* so klar formuliert wie noch nie.

Es kann sein, dass Ihnen nicht jede Aussage schon beim ersten Lesen vollkommen verständlich ist. Für mich war es das jedenfalls nicht. Deshalb gehe ich auf den nachfolgenden Seiten ausführlicher auf sie ein.

Fünfzehn Jahre lang habe ich an der Anwendung dieser Botschaften in meinem Leben gearbeitet und mich darum bemüht, zu einer möglichst einfachen und klaren Art der

Erklärung zu gelangen – dies in Antwort auf Tausende von Fragen, die mir Menschen auf der ganzen Welt zum Inhalt der Botschaften und zu ihren konkreten Anwendungsmöglichkeiten gestellt haben. Nun bin ich wohl bereit, dieses Buch beizusteuern.

Also los geht's. Aber halten Sie sich fest. Vielleicht werden einige der Gedanken von manchen als ketzerisch angesehen werden, also könnte es ein bisschen rau zugehen. Doch glaube ich an George Bernard Shaws berühmten Spruch: »Alle großen Wahrheiten waren anfangs Gotteslästerungen.«

2

Hier lesen Sie nun alles, was die Menschheit wissen muss, um das von ihr ersehnte Leben zu leben. All dies muss sie trotz Tausender Jahre verzweifelter Bemühungen erst noch erschaffen. Tragen Sie diese 25 Kernbotschaften aus *Gespräche mit Gott* in Ihre Welt.

1. Wir sind alle Eins. Alle Dinge sind Ein Ding. Es gibt nur Ein Ding, und alle Dinge sind Teil des Einen Dings Das Ist. Das bedeutet, dass du Göttlichen Wesens bist. Du bist nicht dein Körper, du bist nicht dein Geist, und du bist nicht deine Seele. Du bist die einzigartige Kombination aus allen drei, welche die Gesamtheit Von Dir ausmacht. Du bist eine Individuation des Göttlichen; ein Ausdruck von Gott auf Erden.

2. Es ist genug da. Es ist nicht nötig, dass ihr um eure Ressourcen konkurriert, geschweige denn euch deshalb bekämpft. Ihr braucht nur zu teilen.

3. Es gibt nichts, was du tun musst. Es gibt viel, das du tun *wirst,* aber nichts, das zu tun von dir verlangt wird. Gott will nichts, braucht nichts, verlangt nichts, befiehlt nichts.

4. Gott spricht allzeit mit allen. Die Frage ist nicht: Mit wem spricht Gott? Die Frage ist: Wer hört zu?

5. Es gibt Drei Grundprinzipien des Lebens: *Funktionalität, Anpassungsfähigkeit* und *Erhaltungsmöglichkeit.*

6. So etwas wie Richtig und Falsch gibt es nicht. Es gibt nur das, was angesichts dessen, was du zu tun versuchst, Funktioniert und was Nicht Funktioniert.

7. Spirituell gesehen gibt es keine Opfer und keine Bösewichter auf der Welt, obwohl es aus menschlicher Sicht ganz gewiss so aussieht. Doch da du Göttlichen Wesens bist, dient alles Geschehen letztlich deinem Wohl.

8. Niemand tut angesichts seiner Modellvorstellung von der Welt etwas Unangemessenes.

9. So ein Ort wie die Hölle und so etwas wie ewige Verdammnis existieren nicht.

10. Der Tod existiert nicht. Was wir »Tod« nennen, ist lediglich ein Prozess der Re-Identifikation.

11. So etwas wie Raum und Zeit gibt es nicht, es gibt nur das Hier und Jetzt.

12. Liebe ist alles, was es gibt.

13. Du bist der Schöpfer deiner eigenen Realität, indem du dich der Drei Instrumente des Erschaffens bedienst: *Gedanke, Wort* und *Tat.*

14. Dein Leben hat nichts mit dir zu tun. Es geht um alle, deren Leben du berührst, und darum, wie du es berührst.

15. Der Sinn des Lebens besteht darin, dich in der nächstgrößeren Version der großartigsten Vision, die du je von Wer Du Bist hattest, wieder aufs Neue zu erschaffen.

16. In dem Augenblick, in dem du irgendeine Erklärung abgibst, wird alles, was nicht so ist, in den Raum eintreten. Das ist das Gesetz der Gegensätze, das ein Kontextuelles Feld herstellt, in dem erfahren werden kann, was du zum Ausdruck bringen möchtest.

17. So etwas wie die Absolute Wahrheit gibt es nicht. Alle Wahrheit ist subjektiv. In diesem Kontext gibt es Fünf Ebenen, die Wahrheit zu sagen: *Sag dir deine Wahrheit über dich selbst; sag dir deine Wahrheit über einen anderen; sag einem anderen deine Wahrheit über dich; sag einem anderen deine Wahrheit über einen anderen; sag allen deine Wahrheit über alles.*

18. Die Menschheit lebt innerhalb einer präzise gestalteten Ansammlung von Illusionen. Die Zehn Illusionen der Menschheit sind: *Bedürftigkeit existiert, Versagen existiert, Spaltung existiert, Mangel existiert, Erfordernis existiert, Richten existiert, Verdammung existiert, Bedingtheit existiert, Überlegenheit existiert, und Unwissenheit existiert.* Diese Illusionen sollen der Menschheit dienen, sie muss aber noch lernen, von ihnen Gebrauch zu machen.

19. Die Drei Kernkonzepte Ganzheitlichen Lebens sind *Ehrlichkeit, Gewahrsein* und *Verantwortlichkeit.* Lebe nach

diesen Geboten, und der Selbsthass wird aus deinem Leben verschwinden.

20. Das Leben funktioniert innerhalb eines Paradigmas von »Sein – Tun – Haben«. Die meisten Menschen gehen von der umgekehrten Reihenfolge aus und meinen, dass man zuerst Dinge »haben« muss, um Dinge zu »tun«, um dann das zu »sein«, was man sich wünscht. Die Umkehrung dieses Prozesses ist der rascheste Weg zur Erfahrung von Meisterschaft im Leben.

21. Es gibt Drei Gewahrseinsebenen: *Hoffnung, Glaube* und *Wissen.* Bei der spirituellen Meisterschaft geht es darum, von der dritten Ebene aus zu leben.

22. Es gibt Fünf Irrtümer in Bezug auf Gott, die Krisen, Gewalt, Töten und Kriege erzeugen. Erstens der Gedanke, dass Gott etwas *braucht.* Zweitens der Gedanke, dass Gott *darin versagen kann zu bekommen,* was er braucht. Drittens der Gedanke, dass Gott uns von sich *getrennt hat,* weil wir ihm nicht gegeben haben, was er braucht. Viertens der Gedanke, dass Gott das, was er braucht, immer noch so dringend braucht, dass er nun von uns *in unserer Situation des Getrenntseins verlangt,* es ihm zu geben. Fünftens der Gedanke, dass Gott uns *vernichten wird,* wenn wir seine Bedürfnisse nicht erfüllen.

23. Es gibt auch Fünf Irrtümer in Bezug auf das Leben, die ebenfalls Krisen, Gewalt, Töten und Kriege erzeugen. Erstens der Gedanke, dass die Menschen voneinander getrennt existieren. Zweitens der Gedanke, dass es nicht genug von dem gibt, was die Menschen brauchen, um glücklich zu sein. Drittens der Gedanke, dass die Men-

schen miteinander konkurrieren müssen, um an das Zeug zu kommen, von dem nicht genug da ist. Viertens der Gedanke, dass manche Menschen besser sind als andere. Fünftens der Gedanke, es sei für die Menschen angebracht, all die schwerwiegenden Meinungsverschiedenheiten, die durch all die Irrtümer entstanden sind, dadurch zu bereinigen, dass sie einander umbringen.

24. Ihr denkt, dass ihr von anderen Menschen terrorisiert werdet. In Wahrheit aber werdet ihr von euren Glaubensvorstellungen und Überzeugungen terrorisiert. Eure Erfahrungen von euch selbst und eurer Welt werden sich dramatisch verändern, wenn ihr euch auf kollektiver Ebene die Fünf Schritte zum Frieden zu eigen macht:
    - Erlaubt euch, euch einzugestehen, dass manche eurer alten Glaubensvorstellungen über Gott und das Leben nicht mehr funktionieren.
    - Erkundet die Möglichkeit, dass es etwas gibt, das ihr in Bezug auf Gott und das Leben nicht versteht, und das, wenn ihr es verstündet, alles ändern würde.
    - Verkündet, dass ihr bereit und gewillt seid, dass jetzt ein neues Verständnis von Gott und vom Leben hervorgebracht wird, ein Verständnis, das eine neue Lebensweise auf diesem Planeten herbeiführen könnte.
    - Untersucht und überprüft mutig dieses neue Verständnis. Und sollte es mit eurer persönlichen inneren Wahrheit und eurem inneren Wissen in Einklang stehen, dann erweitert euer Glaubenssystem so, dass es darin Eingang findet.
    - Macht euer Leben zu einer Demonstration eurer höchsten Überzeugungen statt zu einer Demonstration ihrer Verleugnung.

25. Lasst ein Neues Evangelium für alle Menschen auf Erden gelten: »Wir sind alle Eins. Unser Weg ist kein besserer Weg, es ist nur ein anderer Weg.«

Wenn ihr euch diese Worte zu eigen macht und danach handelt, könnte das eure Welt binnen einer einzigen Generation verändern.

3

Manche dieser Botschaften sind glasklar, und manche bedürfen der Klärung. Wahrscheinlich sind sich die meisten von uns darin einig, dass es zum Beispiel nicht nötig sein sollte, um unsere Ressourcen »zu konkurrieren«, geschweige denn »uns deshalb zu bekämpfen«. Hingegen mag uns der Gedanke, dass es »keine Opfer und keine Bösewichter auf der Welt gibt«, einige Schwierigkeiten bereiten, trotz des Zusatzes »spirituell gesehen«.

Wir haben *insbesondere* spirituell gesehen geglaubt, dass »richtig« und »falsch« wesentliche Bestandteile des kosmischen Plans der Dinge sind – »das Gesetz Gottes«, wenn man so will. Für die meisten Menschen ist eine Welt ohne absolute moralische Prinzipien unvorstellbar. Tatsache ist, dass die meisten Menschen meinen, dass die Welt genau daran *krankt,* dass es immer weniger moralische Prinzipien zu geben scheint.

Das schafft ein größeres Problem. Viele Menschen scheinen nicht zu wissen, wie sie ihre Existenz führen sollen, wenn ihnen keiner von außen sagt, was sie tun und lassen sollen. Es ist schon schwierig genug, in einer Welt Glück zu finden, in der uns das jemand sagt. Was würden wir erst ohne jegliche Regeln tun? Was würde uns bändigen, wenn es kein Richten, keine Verurteilung und keine Bestrafung gäbe, *insbesondere* »spirituell gesehen«?

Die erste Schwierigkeit mit dem Material von *Gespräche mit Gott* und die größte Herausforderung, vor die es uns stellt, besteht also darin, dass es unseren menschlichen moralischen Konstruktionen und Vorstellungen von Gott den Boden entzieht. Die Tatsache, dass diese Konstruktionen und religiösen Dogmen wenig beigetragen haben zum Aufbau einer Welt, die frei ist von Hass, Gewalt und Angst, lassen wir mal beiseite. Ebenso die Tatsache, dass diese moralischen Werte und Lehren über Gott es nicht vermochten, das Leiden zu beseitigen, bittere Armut zu mindern oder auch nur etwas so Einfaches zu bewirken, wie dem Hunger auf dem Planeten ein Ende zu setzen.

Wussten Sie, dass jedes Jahr sechs Millionen Kinder auf der Erde *verhungern?* Das ist eine Tatsache, keine Polemik.

Wir regen uns schrecklich auf – und sollten es auch tun –, wenn ein Mann mit einem Gewehr 20 Kinder in einer Schule umbringt, und wir sehen zu, wie *jede Stunde* 684 Kinder verhungern. Wir lassen das so weiterlaufen. Wir können nichts dagegen tun, sagen wir.

Es ist traurig, aber wahr: Wenn es um die Religionen und die daraus hervorgehenden globalen Werte geht, hat sich die Mehrheit der Weltbevölkerung geweigert, das zu tun, was sie in jedem anderen Bereich menschlicher Bestrebungen getan hat. In der Wissenschaft hat sie es unterstützt. In der Medizin und in der Technologie ebenso. Aber wenn es um die Religion geht – den vermutlich wichtigsten Bereich von allen –, hat sie sich aktiv dagegen ausgesprochen.

Und was ist es, was die Menschen in den Bereichen von Wissenschaft, Medizin und Technologie routinemäßig tun, was sie aber störrisch von sich weisen, wenn es um die Religion geht?

Die ursprünglichen Annahmen in Frage stellen.

Wirf die Dinge nicht über den Haufen

Die Menschen auf diesem Planeten haben es nicht gern, wenn alles über den Haufen geworfen wird. Sie wollen nicht, dass jemand an ihre heiligsten Überzeugungen rührt. Auch wenn diese Überzeugungen nachweislich eindeutig falsch sind, oder wenn sie ganz offensichtlich absolut unbrauchbar sind, um die Resultate zu bewirken, für die sich die Menschen einsetzen oder die sie vorhersagen, klammern sie sich doch mit einer eigensinnigen Starrheit an ihre Glaubensvorstellungen und Überzeugungen, die sowohl schockierend als auch entsetzlich ist.

Wussten Sie zum Beispiel, dass laut Untersuchungen über 40 Prozent der Weltbevölkerung ungeachtet der paläontologischen und archäologischen Entdeckungen des letzten Vierteljahrhunderts weiterhin glauben, dass die Welt nicht älter sei als zehntausend Jahre?

Die Leute glauben, was sie wollen oder was sie glauben müssen, um ihre Anschauungen aufrechtzuerhalten. Verblüffend häufig handelt es sich um die Einstellung: »Komm mir nicht mit Fakten.«

Nirgendwo zeigt sich das deutlicher als im Bereich der Religion.

Wir wissen, was wir über Gott wissen, und wir wollen nichts anderes hören. Dafür gibt es einen sehr gewichtigen Grund. Unsere Vorstellungen von Gott bilden das Fundament unseres gesamten Verständnisses vom Leben. Das gilt auch für jene, die gar nicht an Gott glauben.

Ob es nun »Gläubige« oder »Nichtgläubige« sind – ihr Denken über und ihre Vorstellungen von Gott schaffen eine Grundlage, auf der viele Menschen ihren gesamten Moralkodex aufbauen. So lässt sich leicht verstehen, dass *neue* Gedanken, *neue* Ideen, *neue* Vorstellungen über Gott von den meisten nicht so locker willkommen geheißen oder enthusiastisch aufgenommen werden.

Eine Neue Wahrheit über Gott wäre – für Agnostiker, Atheisten und Anhänger gleichermaßen – der größte »Über-den-Haufen-Werfer« aller Zeiten.

Gegen die Fensterscheibe prallen

Da die meisten Menschen ihre religiösen Überzeugungen unangetastet lassen wollen, beharren wir nun darauf, unser Leben im ersten Viertel des 21. Jahrhunderts mit spirituellen Werkzeugen aus dem 1. Jahrhundert aufzubauen.

In der Medizin wäre das vergleichbar mit dem Versuch, eine Operation mit einem sehr spitzen Stock durchzuführen. In der Technologie mit dem Versuch, mit einem durch einen Feuerstein erzeugten Funken eine Rakete zu zünden und auf den Mond zu schicken. Und im Bereich der Wissenschaft mit dem Versuch, in einer Höhle im Lichtschein eines kleinen Feuerchens ein Experiment durchzuführen.

Dennoch könnte es sinnvoll sein, unsere religiösen Überzeugungen unangetastet zu lassen, *wenn* diese Werkzeuge effektiv funktionierten. Doch es ist uns noch nicht einmal gestattet zu *fragen,* ob sie es tun. Das Problem sind nicht die Werkzeuge, sagen wir uns, das Problem ist, dass wir sie nicht benutzen.

Doch der scharfe Beobachter erkennt, dass das Problem im genauen Gegenteil zu finden ist. Das Problem ist, *dass wir sie benutzen.* Und wir setzen sie *gegeneinander ein.*

So haben sich die Werkzeuge unserer alten Religionen für das Erschaffen einer Welt, in der für alle genug da ist und in der für alle Friede und Harmonie und Würde herrschen, als (milde ausgedrückt) untauglich erwiesen.

Was läuft hier schief?

Das ist die Frage, die wir *nicht* stellen sollen. Wir sollen immer weiter das machen, was wir immer gemacht haben, und erwarten, dass wir ein anderes Resultat erzielen. (Und das ist natürlich die Definition von Wahnsinn.)

So wie Fliegen gegen eine Fensterscheibe prallen, stoßen wir mit dem Kopf immer wieder gegen das, was wir nicht sehen – oder in diesem Fall, uns *weigern* zu sehen: Dass an unseren Glaubensvorstellungen über Gott und das Leben etwas fundamental fehlerhaft sein muss, denn sonst wären wir in unserer gesellschaftlichen und spirituellen Entwicklung schon längst weit über unseren jetzigen Stand hinaus.

Wir würden nicht auf einem Planeten leben, auf dem sich die Leute gegenseitig umbringen, um ihre Meinungsverschiedenheiten zu lösen.

Wir würden nicht auf einem Planeten leben, auf dem Millionen Menschen Hungers sterben, während jeden Tag so viele Lebensmittel in den Müll geworfen werden, dass sich damit die Hälfte der Bevölkerung ernähren ließe.

Wir würden nicht auf einem Planeten leben, auf dem 5 Prozent der Gesamtbevölkerung 95 Prozent des Reichtums und der Ressourcen in den Händen haben oder kontrollieren – und das für vollkommen in Ordnung halten.

Wir würden nicht auf einem Planeten leben, auf dem die meisten Menschen die Haltung »Jeder für sich allein« der Einstellung »Alle für einen und einer für alle« vorziehen.

Was sind wir bereit zu tun?

Und doch leben wir auf einem solchen Planeten. Also stellt sich die Frage: Sind wir tatsächlich gewillt, das alles so weiter zu betreiben?

Sind wir gewillt, einfach so weiterzumachen wie bisher, unseren Kindern und Kindeskindern eine Welt zu hinterlassen, die zwar die Rätsel der menschlichen Genome entschlüsseln, nicht aber die Liebe im menschlichen Herzen freisetzen kann?

Wir sagen, dass wir das nicht wollen. Wir sagen, dass wir ein besseres Leben haben und für unsere Nachkommen ein besseres Leben herbeiführen wollen, aber was sind wir bereit, dafür zu tun?

Sind wir gewillt, das *Allertapferste* zu unternehmen? Sind wir gewillt, unsere heiligsten Überzeugungen anzufechten? Sind wir gewillt, die Möglichkeit in Betracht zu ziehen, dass es da etwas geben könnte, das wir in Bezug auf Gott und das Leben nicht vollkommen verstehen – und das alles verändern würde, wenn wir es verstehen würden?

Sind wir gewillt, im Rahmen der Menschheitsgeschichte neue Ideen in Betracht zu ziehen – zumindest zu erkunden –, neue Gedanken, neue Konstruktionen? Können wir wenigstens die Möglichkeiten solcher neuen Ideen erforschen, auch wenn sie oberflächlich betrachtet dem, was wir über Gott und das Leben bereits zu wissen glauben, zu widersprechen scheinen? Müssen wir jedes neue Konzept, jede neue Hypothese sofort abtun, bloß weil sie nicht mit der Geschichte in Einklang stehen, die wir uns jahrhunderte- und jahrtausendelang erzählt haben?

Nein. Das müssen wir nicht. Eine Zivilisation, die Fortschritte zu machen hofft, kann sich das nicht leisten. Somit werden die Botschaften hier außerordentlich wichtig, denn nur, wenn wir für alle Ideen offen sind, stehen uns alle Möglichkeiten offen.

4

Es gibt gute Nachrichten. Heute, da die Welt sich mit Wirtschaftskrisen, politischem Aufruhr, sozialen Unruhen, gesellschaftlichen Zusammenbrüchen, gravierenden Umweltschäden, spiritueller Verwirrung, ständigen Konflikten und Kriegen konfrontiert sieht, finden Menschen allerorts den Mut, ihre religiösen Überzeugungen *nicht* unangetastet zu lassen. Sie suchen nach neuen Wegweisern, neuen Erkenntnissen, neuen Antworten, neuen Wegen, ein Mensch zu sein.

Das Wichtigste ist: Eine kleine, aber wachsende Anzahl von Menschen sehnt sich nach neuen Wegen, Gott zu verstehen und sich auf ihn zu beziehen. Denn sie sind zu einem neuen Bewusstsein darüber gelangt, dass die Vorstellungen der Menschen von der Menschheit an sich, davon, wer wir in Bezug zueinander sind und wie das Leben funktioniert, in starkem Maße von unseren Gottesvorstellungen beeinflusst und in manchen Fälle sogar von ihnen hervorgebracht werden.

Jetzt ist klar – heute, wo wir uns innerhalb eines Augenblicks sehen und mit der ganzen Welt kommunizieren können, mehr denn je zuvor –, dass einige unserer alten Ideen nicht mehr funktionstüchtig sind.

Es ist zu bezweifeln, dass sie überhaupt jemals funktionstüchtig waren, aber das spielte in der Vergangenheit keine Rolle. Nicht in globalem Ausmaß. Weil die Dinge weiterliefen. Das Leben ging weiter. Aber jetzt können die Dinge nicht mehr weiterlaufen. Nicht so wie bisher. Zu viele wissen zu schnell zu viel. Ein Teil der Welt sieht unsere alte Art und Weise, die Dinge zu tun, unsere alte Art zu *sein*, noch nicht einmal als teilweise funktionstüchtig an. Und überall beginnen die Leute, sich das zumindest einzugestehen. In der Vergangenheit konnte ein Ort auf Erden seine Funktionsstörungen vor anderen Orten verbergen. Doch heute wissen wir über alles Bescheid, was überall vor sich geht. Damit lassen sich Funktionsstörungen schwerer verstecken – und es wird für die Welt insgesamt schwieriger, sie zu tolerieren.

Zu viele von uns sehen die Wunden, die wir uns selbst zugefügt haben. Und wir sehen auch, dass uns die Heftpflaster ausgehen. Wir können nicht mehr alles einfach nur zusammenflicken.

Uns geht der fruchtbare Ackerboden aus, in den wir unser Getreide pflanzen. Uns geht das kühlere, feuchtere Klima aus, das verhindert, dass die Erde ausdörrt. Uns geht das reine Wasser aus. Uns geht die saubere Luft aus. Und uns gehen die Möglichkeiten aus, all das zu ignorieren.

Uns geht das Geld aus, um die Dinge zu verbessern. Uns geht die Zeit aus, in der wir es noch tun könnten. Das Schlimmste ist: Manchen Menschen geht der *Wille* aus, es zu tun, während sie tiefer und tiefer in Angst und Frustration versinken und glauben, die einzige Lösung sei die, sich *gegeneinander* zu wenden, statt sich einander *zu*zuwenden.

Diese Gruppe schließt Sie nicht mit ein

Sie gehören nicht zu denen, die das glauben, denn sonst hätten Sie dieses Buch nie in die Hand genommen. Sie gehören zu denen, denen klar ist, dass es noch nicht zu spät ist, das alles zu ändern – auch wenn Sie nicht genau wissen, welchen Part Sie dabei spielen können (darüber später mehr). Was Sie allerdings *wissen,* ist, dass es an der Zeit für eine vollständige Generalüberholung unserer Seinsweise ist.

Keine einfache, aber auch keine unmögliche Aufgabe. Unsere Spezies hat schon einmal eine solche vollständige Wiedererschaffung ihrer selbst erfahren – eine Renaissance, eine Wiedergeburt, wenn Sie so wollen. Und diese neue Renaissance muss nicht unbedingt dreihundert Jahre währen. Sie kann in einem Zehntel der Zeit bewerkstelligt werden, eben wegen unserer heutigen schnellen und transparenten Kommunikationsmöglichkeiten – eine Situation, die ich als *Instaparenz* (*instaparency*) bezeichne.

Ich möchte vorschlagen, dass unsere Umkehr am besten damit beginnt, dass wir unsere Kulturgeschichte neu schreiben, sie erweitern; unsere Kulturgeschichte der Worte, die wir uns über uns selbst sagen, der Lektionen über den Sinn und Zweck des Lebens an sich, die wir unsere Kinder lehren, und – am allerwichtigsten – der Erzählungen über das, was wir »Gott« nennen, und die wir mit allen teilen.

Da liegt die Kraft. Da befindet sich der Hebel. Da finden wir den Brennstoff, der die Maschine menschlicher Erfahrungen antreibt.

Doch welche göttlich inspirierte Ergänzung zu unserer geheiligten Menschheitsgeschichte könnte uns dazu bringen, eine Veränderung unseres uralten Verhaltens auch nur in Erwägung zu ziehen? Das ist die Frage. Welche neuen von Gott kommenden Ideen könnten so machtvoll und inspirierend sein wie die des Laotse oder Buddha? Wie die von Moses oder Jesus? Wie die von Mohammed oder Krishna? Welche Erweiterung unserer Geschichte könnte so bewegend sein, könnte das Leben so beeinflussen und die Erfahrungen so verändern wie die Botschaften der Glaubenssysteme und Religionen, die die Anhänger dieser Lehrer in die Welt brachten? Das war eine lange Zeit die zentrale Frage. Welche neuen Ideen, Gedanken, Vorstellungen könnten unsere Uraltgeschichte so umfangreich erweitern, dass sie einer ganzen Spezies brandneue Möglichkeiten eröffnet?

Es geht nicht um Ablehnung oder Aufgeben

Ich möchte hier mit allem Respekt vorschlagen, dass die zeitgenössischen Gedanken der »Neuen Spiritualität«, wie ich sie nenne, ein Konzept für diese Ergänzungen anbieten könnten. Sie könnten zumindest eine Basis für die Eröffnung von Diskussionen, für den Beginn von Erkundungen liefern.

Wenn die Menschen glauben, solche Erkundungen bedeuten, dass die Alte Menschheitsgeschichte abgelehnt oder aufgegeben werden soll, wird allerdings nichts geschehen. Denn diese Geschichte liegt uns sehr am Herzen – und sollte es auch. Sie hat uns immerhin bis hierher gebracht.

Es sollte also gleich zu Anfang klargestellt werden, dass in *Gespräche mit Gott* so etwas nie vorgeschlagen wird. Tatsächlich wird der gegenteilige Standpunkt vertreten: Vieles von dem, was die Religionen unserer Welt uns gegeben haben, ist wertvoll und gut. Deshalb hat die Religion per se auch so lange überdauert. Wenn die Religionen zu Konflikten zwischen den Menschen führten, dann nicht, weil ihre Lehren »falsch« sind, sondern weil sie vielleicht unvollständig sind.

Meiner Beobachtung nach sind viele Menschen wie Kinder, die das Addieren und Subtrahieren gelernt, aber nie vom Multiplizieren und Dividieren gehört haben (von Geometrie, Trigonometrie und Differenzialrechnung ganz zu schweigen), aber meinen, *alles über Mathematik zu wissen.*

Es könnte sein, dass es noch sehr viel mehr über Gott und das Leben zu enthüllen gibt, als wir annehmen. Und ich halte die Vorstellung für einen Fehler, dass wir alles, was es über diese Themen zu wissen gibt, bereits in den Händen halten.

Es liegt also nicht in der Absicht von *Gespräche mit Gott*, die alten Vorstellungen der Menschheit über Gott und das Leben in Bausch und Bogen abzulehnen oder völlig aufzugeben. Die Absicht ist, unserer Uraltgeschichte etwas hinzuzufügen, auf ihr aufzubauen, sie auszudehnen, zu erweitern, zu vertiefen, zu klären und zu bereichern.

Die Blockade beenden

Die Erweiterung unseres ursprünglichen Verständnisses muss nicht unbedingt Zorn und Wut hervorrufen und uns schon gar nicht auf ewig von unserem Streben nach einem Vorankommen auf unserer spirituellen Reise abhalten. Ein erweitertes Verständnis oder weitere Erkenntnisse im Bereich der Wissenschaft, Medizin oder Technologie haben uns ja auch nicht daran gehindert, auf unserer evolutionären Reise fortzuschreiten.

Ja, es gab einige Hindernisse, es gab einige Verzögerungen bei der evolutionären Reise von Wissenschaft, Medizin und Technologie, aber nichts, was einen vollkommenen Stillstand zugelassen hätte. Wir brauchten eine Weile, bis wir zugeben konnten, dass die Sonne sich nicht um die Erde dreht; wir brauchten eine Weile, bis wir uns eingestehen konnten, dass es die Sterblichkeitsrate von Säuglingen senkt, wenn man sich die Hände wäscht, bevor man Geburtshilfe leistet; wir brauchten eine Weile, bis wir kapierten, dass Computer nicht unbedingt eine Bedrohung für die Menschen darstellen müssen; letztlich machten wir uns diese und andere Fortschritte zu eigen und schritten weiter voran.

Wir haben, um eine neue Entdeckung zu akzeptieren, nicht alle unsere wissenschaftlichen Kenntnisse über Bord geworfen; wir haben, um ein neues Verfahren zu übernehmen, nicht all unser medizinisches Wissen über Bord geworfen; wir haben, um eine neue Entwicklung anzuwenden, nicht all unser technisches Wissen über Bord geworfen. Wir haben einfach das Neue in das Alte eingebettet, haben uns erlaubt, unsere Erkenntnisse und Einsichten zu modifizieren und zu erweitern, und marschierten dann umso besser weiter.

Es ist an der Zeit, dasselbe mit der Religion zu tun.

5

Was jetzt auf Erden gebraucht wird, ist eine Bürgerrechtsbewegung für die Seele. Diese soll die Menschen endlich von der Unterdrückung durch ihren Glauben an einen gewalttätigen, zornigen und rachsüchtigen Gott befreien und unsere Spezies aus einem spirituellen Dogma entlassen, das auf der ganzen Welt nichts als Spaltung, Trennung, Angst, Störungen und Defekte erzeugt hat.

Wir müssen dieses Dogma endlich durch etwas ersetzen, das mein Freund Rabbi Michael Learned als Ethik der Einheit und der Kooperation, des Verständnisses und des Mitgefühls, der Großzügigkeit und der Liebe beschreiben würde.

Der erste Schritt zu einer solchen Bewegung ist, eine globale Diskussion einzuleiten und diese mit einer selten und unverblümt gestellten Frage zu beginnen: »Würden Sie ehrlich und vorurteilsfrei sagen, dass die Glaubenssysteme unserer Welt, Religionen eingeschlossen, das Resultat erbrachten, das die Menschen sich ersehnten?

Ist die Antwort auf diese Frage ein Nein, dann muss die nächste Frage lauten: »Aus welchem Grund ist das Ihrer Meinung nach unseren Glaubenssystemen nicht gelungen?« Schließlich würde jede nützliche Diskussion zu folgender Frage führen: »Welche Glaubensvorstellungen oder Übereinkünfte würden Ihrer Ansicht nach die Ergebnisse herbeiführen, die die Menschen sich sehnlich wünschen?«

Diese Fragen bilden die Grundlage für etwas, was ich das Gespräch des Jahrhunderts nenne – und daran können wir alle teilnehmen. Sie können sich gleich jetzt in das Gespräch des Jahrhunderts einbringen, das in der weltweiten virtuellen Gemeinschaft geführt wird, die sich täglich bei www.TheGlobalConversation.com versammelt. Dies ist eine von mir ins Leben gerufene Internet-Zeitung. Hier werden die erweiterten spirituellen Konzepte der Neuen Spiritualität mit den Nachrichten des Tages in Beziehung gesetzt, wodurch die Spiritualität wieder zu etwas *Essenziellem,* Bedeutsamem in unserem Alltagsleben wird.

Sie könnten auch gleich jetzt eine *Evolution Revolution Group* in Ihrer Gemeinschaft in Gang setzen, die sich dann zum Beispiel ein- oder zweimal im Monat bei Ihnen zu Hause trifft.

Das Sprechen über wichtige Themen erzeugt Energie, die sich um diese Themen versammelt. Jede größere Veränderung, die in unseren sozialen, politischen, ökonomischen und spirituellen Systemen stattgefunden hat, begann damit, dass ein Mensch mit einem anderen Menschen darüber sprach. Das mag geradezu absurd offensichtlich klingen, aber ich sehe viele Menschen, die in ihrer Welt und ihrem Dasein etwas verändern möchten und fragen: »Was kann ich schon tun? Welchen Einfluss kann ich denn nehmen?«

Reden Sie darüber. Menschen, die im selben Moment über dieselbe Sache sprechen, werden mächtig. So mächtig, dass, wie Victor Hugo sagte, »alle Armeen der Welt eine Idee, deren Zeit gekommen ist, nicht aufhalten können«.

Eine solche Idee ist es, die Kulturgeschichte der Menschheit umzuschreiben, so dass sie erweiterte Glaubensvorstellungen und tiefere Einsichten über Gott und das Leben mit einbezieht und primitive und vereinfachende Glaubensvorstellungen unserer Vergangenheit ausweitet.

Es braucht Zeit, aber große Menschenmengen – ganze Gesellschaften – *können* durchaus ihre Meinung ändern. Martin Luther King jr. half, dass es zu einer Meinungsänderung in Bezug auf Schwarze kam. Betty Friedan und Gloria Steinem halfen, dass es zu einer Meinungsänderung in Bezug auf Frauen kam. Harvey Milk half, dass es zu einer Meinungsänderung in Bezug auf Schwule kam. Wir können jetzt alle helfen, dass es zu einer Meinungsänderung in Bezug auf Gott kommt.

Ein Neues Evangelium

»Die Meinung der Welt über Gott ändern!« Ah! Was für ein Ziel!

Das ist das Ziel der Neuen Spiritualität. Das ist das Ziel von *Gespräche mit Gott*. Und das ist das Ziel jeder Seele, die Gott kennt und liebt und nicht länger müßig herumsitzen und zusehen kann, wie die Menschen mit den Vorstellungen von einem furchterregenden, rachsüchtigen, gewalttätigen Gott ringen und alle Zerstörungen ignorieren, die sich aus diesen Glaubensvorstellungen für die Welt ergeben.

Wir wissen, dass wir als Erstes den Menschen helfen müssen, ihre Meinung über Gottes Beziehung zu uns zu ändern. Dann ihre Meinung über unsere Beziehung zu Gott. Und schließlich ihre Meinung über die Beziehung aller Menschen zueinander und zum Leben selbst.

Diese drei Themen bilden den Faden, der die wichtigsten Botschaften von *Gespräche mit Gott* durchzieht, die ich in Kapitel 2 zusammengefasst habe. Ich glaube aus ganzem Herzen, dass diese Botschaften einen Weg zu der Art von Lebenserfahrungen ermöglichen, die sich die Menschen auf Erden seit Tausenden von Jahren, individuell und kollektiv, ersehnen.

Bitte beachten Sie, dass ich von »einem« Weg und nicht von »dem« Weg gesprochen habe. Ich habe hier die Worte ganz bewusst gewählt. Die *Gespräche mit Gott* boten im Band *Freundschaft mit Gott* ein Neues Evangelium an, in dem dieses Thema besprochen wird. Dieses Neue Evangelium beschließt die Zusammenfassung in Kapitel 2.

Fangen wir also an. Fangen wir damit an, die Zusammenfassung zu erkunden, und zwar bei den Worten, mit denen sie endet. Fangen wir ganz unten an und arbeiten wir uns von da aus nach oben.

6

Wir werden uns jetzt die 25 Kernbotschaften anschauen, die sich aus *Gespräche mit Gott* herausschälen, von der letzten bis zur ersten. Dabei werde ich jeder Botschaft ein Kapitel widmen und jedes Kapitel wiederum in zwei Abschnitte unterteilen: *Bedeutung* und *Anwendung.* So werden wir uns auf zweierlei Art weiterführend mit den Botschaften befassen. Und wir werden viele Menschen in neue Bereiche mitnehmen, die zuvor keine Chance hatten, sich dorthin zu begeben.

Werfen wir nun einen Blick auf die Botschaft, die die größte Herausforderung darstellt:

GmG-Kernbotschaft 25

Lasst ein Neues Evangelium für alle Menschen auf Erden gelten: »Wir sind alle Eins. Unser Weg ist kein besserer Weg, es ist nur ein anderer Weg.«

Das war für mich eine der wunderbarsten Botschaften im Zwiegespräch mit Gott, das ich wunderbarerweise erleben durfte. In diesem schönen Austausch sagte mir Gott mit sanfter Stimme, dass wir vielem an Wut, Hass, Spaltung und Gewalt ein Ende setzen könnten, wenn wir uns ganz einfach eine neue Lehre zu eigen machten und sie verbreiteten, eine einfache, neue, aus sechzehn Worten bestehende Doktrin: *Wir sind alle Eins. Unser Weg ist kein besserer Weg, es ist nur ein anderer Weg.*

Gott nannte dies das Neue Evangelium, und ich muss zugeben, dass ich diese Worte zunächst nur äußerst widerwillig benutzte. Schließlich hat der Begriff »Evangelium« für sehr viele Menschen eine ganz besondere Bedeutung. Ich habe aber nie auch nur das Geringste verändert, was mir in diesen Zwiegesprächen zukam, und konnte es vor mir nicht rechtfertigen, jetzt plötzlich damit anzufangen … also beließ ich den Satz genau so, wie ich ihn bekam.

Ich glaube, dass wir alle im Moment ein neues Evangelium brauchen könnten. Nicht um das alte zu ersetzen, sondern um etwas hinzuzufügen, es zu erweitern, ihm eine tiefere Bedeutung, noch mehr Gehalt zu geben. So habe ich allerorts in meinen Vorträgen und Workshops unsere führenden Persönlichkeiten im Bereich von Wirtschaft, Politik und Spiritualität eingeladen, ihrer Zuhörerschaft dieses Neue Evangelium nahezubringen.

Bislang hat es niemand getan. Ich verstehe das. Ich weiß, warum nicht einer unserer großen politischen Führer, nicht eine der weltweit bekannten spirituellen Persönlichkeiten, nicht einer der Titanen der Wirtschaft und Industrie es wagte, diese Worte auf seinem Podium, seiner Kanzel oder an seinem Konferenztisch auszusprechen. Sie glauben einfach nicht, dass es funktionieren würde, dass es von denen, die ihnen zuhören und zu ihnen aufschauen, jemals akzeptiert werden würde.

Tatsache ist, dass diese führenden Persönlichkeiten eben wegen ihrer Position vielleicht das Gefühl haben, das genaue

Gegenteil verkünden zu müssen. Warum sollte ihnen irgendjemand folgen, wenn sie nicht verkünden, dass ihr Weg der bessere ist?

Aber nichts steht der Schöpfung und dem Aufrechterhalten des Friedens in unserer Welt mehr im Weg als der Überlegenheitsgedanke – vor allem dann, wenn er von Selbstgerechtigkeit begleitet wird.

Genau das erleben wir traurigerweise mehr und mehr in unserer Gesellschaft, die sich zunehmend polarisiert. »Wir haben nicht nur eine gute Idee«, sagen unsere Führer, »es ist auch die *einzige* gute Idee, die es gibt. Unser Weg ist der *richtige* Weg. Alle anderen liegen nicht nur falsch, sie sind auch *üble* Burschen, weil sie etwas anderes vorschlagen.«

So hört sich das an, und es wird mit jedem Tag schlimmer – und es ist ungemein traurig, dass uns nicht einmal auffällt, wie wir mit unserer Selbstgerechtigkeit diese Polarisierung selbst erzeugen.

Wie bereits dargelegt, halten manche – vielleicht die meisten – Menschen hartnäckig an ihren Ansichten fest, wenn sie glauben, mit etwas »Recht zu haben«, und zwar auch dann, wenn Fakten zeigen, dass ihr Standpunkt fehlerhaft oder überholt ist.

Es stimmt, dass wir Menschen unsere Meinung über die Dinge ändern können: Harvey Milk, Gloria Steinem, Martin Luther King jr. und andere, Gott segne sie, haben das bewiesen. Aber es ist keine leichte Aufgabe, ihnen dabei zu helfen. Denn wie uns in *Gemeinschaft mit Gott* gesagt wird, ist der Überlegenheitsgedanke verführerisch. Er gehört, wie wir dort erfahren, zu den Zehn Illusionen der Menschen. Er kann nicht Realität sein … ich erkläre gleich, warum … aber er kann mit Sicherheit real erscheinen. Und er fühlt sich so *gut* an.

Nirgendwo ist der Überlegenheitsgedanke beherrschender und weiter verbreitet als im Bereich der Religion, ein weiterer Punkt, auf den ich bereits hingewiesen habe. Genau das macht das Neue Evangelium zu einer so dramatischen und bemerkenswerten Angelegenheit – und seine Akzeptanz für viele Leute zu einer solchen Herausforderung.

Aber gerade weil es eine Herausforderung bedeutet, lädt es zu einer genaueren Untersuchung ein. Also schauen wir es uns nun eingehend an.

Ist Gott nicht »Alles«?

Das Neue Evangelium beginnt mit den Worten: »Wir sind alle Eins.« Somit bringt uns diese letzte Offenbarung der 25 Kernbotschaften direkt zurück zur ersten, der Kreis schließt sich.

Die erste Botschaft ist: »Wir sind alle Eins. Alle Dinge sind ein Ding. Es gibt nur Ein Ding, und alle Dinge sind Teil des Einen Dings Das Ist.«

Wenn diese einleitende Aussage wahr ist, geht damit eine wichtige – eine *bemerkenswert* wichtige – Implikation einher, die auf eine umfassendere Erweiterung des früheren Verständnisses hinausläuft, das der Mensch von der Beziehung zwischen Gott und Mensch hatte.

Diese Implikation besagt: Wenn *alles* Ein Ding ist und wir *Teil* von allem sind (was wir offensichtlich sind), *sind wir folglich Teil von Gott*, es sei denn, Gott ist *nicht* Teil von »allem«, sondern steht außerhalb von »allem« – in welchem Fall »alles« überhaupt nicht alles ist.

Letzteres ist faktisch gesehen das, was viele, viele Menschen glauben. Sie glauben, dass in der letztendlichen Wirklichkeit im Grunde *zwei Dinge* existieren: (1) Alles Das Ist und (2) das, was Alles Das Ist *erschaffen* hat.

In dieser Kosmologie steht Gott außerhalb von Allem Das Ist. Um diesen Gedanken entwickeln zu können, definieren viele Menschen »alles« als das, was *physischer* Natur ist, und Gott als das, was *spiritueller* Natur ist. Doch diese Beschreibung ist nicht gerechtfertigt, sie schreibt dem Begriff »alles« eine veränderte Bedeutung zu.

Sie zwingt uns zudem zur Annahme, dass wir nicht spirituell sind ... oder dass, wenn wir sowohl spirituell als auch physisch sind, der spirituelle Teil von uns nicht Teil von »allem« ist. Denn wenn der spirituelle Teil von uns in das einbezogen wäre, was wir »alles« nennen, müsste Gott, der spiritueller Natur ist, logischerweise ebenfalls Teil von »allem« sein.

Das führt dazu, dass manche von uns Zuflucht zu allen möglichen verschlungenen Wegen und jeglicher Art von verquerer Logik nehmen, um zu erklären, wie ein Gott, der spiritueller Natur ist, nicht Teil von »allem« ist, obgleich der spirituelle Teil von uns Teil davon ist.

Wahrscheinlich ist die Spiritualität Gottes eine andere Art von Geistigkeit, ein anderer *Typus*. Nicht einfach großartiger oder größer oder mächtiger, sondern komplett anders geartet – von einer Art, die nicht in die Kategorie von »alles das ist« fällt.

So besteht die erste große Herausforderung für die Neue Spiritualität darin, dass sie uns von diesem holprigen Argumentieren weglockt und sanft zur Betrachtung geleitet, dass der Essenziellen Energie des Lebens (die manche Leute, ich eingeschlossen, »Gott« nennen) ein Muster innewohnen könnte. Ein Muster, das ihr den *gleichzeitigen* Ausdruck von Physischem und Spirituellem erlaubt, so wie es bei uns Menschen ja auch der Fall ist, wie sich eindeutig beobachten lässt.

Mit anderen Worten: Vielleicht möchten wir die Möglichkeit in Betracht ziehen, dass das, was wir können, Gott auch kann? Und dass Das Was Göttlich Ist ebenso wie wir sowohl spiritueller als auch physischer Natur sein kann?

Das würde das Menschliche und das Göttliche zu ein und demselben machen, außer was die Proportionen angeht. Gott ist ALLES DAVON, wohingegen wir Teil von dem sind, aus dem das ALLES DAVON *besteht.*

Ergibt das nicht mehr Sinn?

Und haben nicht alle großen Religionen erklärt, dass wir »nach dem Ebenbild Gottes geschaffen sind«?

Unsere Geschichten erzählen uns etwas anderes

Die Mythen und Geschichten der meisten Kulturen der Menschheit erzählten früher, dass Gott uns von der Göttlichkeit getrennt hat. Nicht dass er uns *aufgeteilt* hat (denn dann wären wir einfach nur Unterabteilungen desselben Dings), sondern er hat uns davon *getrennt.* Beachten Sie den Unterschied.

Eine Firma mit Zweigstellen in verschiedenen Städten bleibt dennoch ein und dieselbe Firma. Hat aber eine Firma ein oder zwei Zweigstellen *abgetrennt* und verkauft, dann hat sie *gesonderte Wesenheiten* geschaffen, die nicht mehr Teil der ursprünglichen Firma sind.

Ist es das, was Gott getan hat? Ja, sagen die meisten Religionen. Somit erzählen sie uns, dass Gott das eine und wir ein anderes Ding sind. Diese Trennung ereignete sich, so besagen die Lehren weiterhin, weil Gott über uns verärgert war. Seine Verärgerung, so werden wir informiert, ist das Ergebnis davon, dass wir (oder zumindest unsere frühesten Vorfahren) ihm nicht gehorcht haben.

So wurde die Geschichte von der Trennung in die menschliche Psyche eingepflanzt. Diese Geschichte ist für die Religionen der Welt grundlegend und entscheidend, denn wenn wir überhaupt an Gott glauben, und wenn wir in irgendeiner Weise nach der Sicherheit hungern, die uns Gott gibt, nach seiner Liebe, nach seiner Herrlichkeit und Großartigkeit, dann wird die Rückkehr zu Gott zu unserer obersten Priorität – und da kommen die Religionen ins Spiel. Sie versprechen uns den Weg, auf dem wir zurückkehren können.

Um sicherzugehen, dass wir die Dringlichkeit dieses Unterfangens kapieren, haben die Religionen eine Warnung ausgesprochen: Wenn wir nicht zu Gott *zurückkehren,* werden wir an jenem anderen Ort landen …

Die unselige Alternative

Gott wird uns jede Ungezogenheit und Unfreundlichkeit, die wir während unseres Lebens auf Erden gezeigt haben, verzeihen – doch nur, wenn wir zu ihm zurückgekehrt sind. Wenn wir unseren Weg der Rückkehr zu Gott nicht gefunden haben, dann werden wir von unseren Sünden nicht losgesprochen. Als Strafe für unsere Missetaten werden wir an einen Ort unendlichen und unbeschreiblichen Leidens geschickt, der unter anderem als Hölle, Hades, Ǧahannam, Nār, Verdammnis, Inferno, die Unterwelt, Scheol, Acheron, Geenna, Totenreich, Höllenschlund oder die Grube bezeichnet wird.

Was den Prozess, zumindest *einer* Religion zufolge, noch komplizierter macht, ist der Fakt, dass es nur *einen einzigen Weg* zurück zu Gott und zur Vergebung gibt, und das ist durch Jesus Christus. Niemand sonst hat die Macht, uns zu vergeben, vermutlich einschließlich Gott höchstselbst, und so müssen wir diesen einen Weg zur Erlösung nehmen.

Tatsächlich kann man laut dieser Doktrin ein praktisch perfektes Leben führen, jeden Moment seines Lebens Freundlichkeit, Fürsorge, Mitgefühl, Großzügigkeit und jede andere göttliche Tugend an den Tag legen und trotzdem nicht »in den

Himmel kommen« (wie diese Heimreise genannt wird). Mit anderen Worten, man kann sich seinen Weg in den Himmel nicht »verdienen«, sondern man kann nur dahin gelangen, wenn man Christus als seinen Herrn und Erlöser annimmt. Und der Grund, warum nur Christus und nicht Gott selbst die Erlösung anbieten kann, ist der, dass Christus der war, der für »unsere Sünden bezahlt« hat, indem er bereitwillig Folter und Tod auf sich nahm und so einen »gerechten« Gott besänftigte (den andere möglicherweise als zornigen, rachsüchtigen Gott ansehen), welcher uns ansonsten für uns selbst hätte bezahlen lassen.

Selbst wenn man wenige Augenblicke nach der Geburt als völlig unschuldiges Baby stirbt und sich absolut nicht gegen Gott hat vergehen können, so hat man es doch immer noch mit der Erbsünde zu tun, versichert diese spezielle Religion. Das ist die Sünde, die die ersten Seelen begangen haben – diejenigen, die gleich am Anfang aus dem Himmel geworfen wurden –, eine Bürde, die wir kraft unseres Erbes seither zu tragen haben.

Das ist die Doktrin der Ererbten Unvollkommenheit. Solange eine Seele nicht völlig makellos ist, so erklärt diese Doktrin, kann sie nicht zu Gott zurückkehren. Und keine Seele – nicht einmal die eines Babys – ist makellos.

Wir werden unvollkommen geboren. Wir können jedoch Vergebung finden und zur Makellosigkeit zurückkehren, indem wir Christus als unseren Retter und Erlöser annehmen. Im Falle eines Kleinkindes geschieht das durch das Sakrament der Taufe, bei dem ein Erwachsener stellvertretend für das Baby Christus annimmt.

(Das Kind kann dann später Christus durch die Firmung oder Konfirmation erneut annehmen. Dann ist es in einem Alter, in dem es eigenständig denken kann. Es kann jetzt das bei der Taufe gegebene Versprechen bestätigen und erneuern, so heißt es. Dies findet im Allgemeinen, je nach den örtlichen Gepflogenheiten, im Alter zwischen sieben und vierzehn Jahren statt.)

Nichts davon darf auf die leichte Schulter genommen werden, so sagt man uns, denn wenn wir Christi Geschenk der Erlösung nicht annehmen, werden wir bis in alle Ewigkeit für unsere Sünden bezahlen. So groß waren unsere Vergehen gegen Gott ... einschließlich des größten Vergehens, nämlich Gottes Geschenk des gepeinigten und geopferten Christus nicht anzunehmen.

Nach diesen Maßstäben kommen Juden, Hindus, Muslime, Buddhisten und Angehörige eines jeden anderen Glaubens (und auch die, die gar keinen Glauben haben) in die Hölle.

Unsere Vorstellung von Göttlichkeit und Wirklichkeit erweitern

Ist das alles wirklich so?

Die Neue Spiritualität fordert uns auf, uns diese Lehre genau anzusehen und selbst zu entscheiden, ob sie unserer Vorstellung von einem allliebenden Gott, der die Quelle von allem ist und daher nichts braucht, entspricht.

Die erste und letzte der 25 wichtigsten Botschaften in *Gespräche mit Gott* erweitert unsere Vorstellung von Göttlichkeit – und von der letztendlichen Wirklichkeit an sich. Sie beschreibt eine Wirklichkeit, in der nichts von irgendetwas anderem getrennt ist, und einen Gott, der in allen Dingen, als alle Dinge und durch alle existierenden Dinge zum Ausdruck gelangt.

Bleiben wir für den Moment bei der Kernbotschaft Nummer 25 und schauen wir uns die zweite Hälfte des Neuen

Evangeliums an: *Unser Weg ist kein besserer Weg, es ist nur ein anderer Weg.*

Auch dieser Satz hat umfassendere theologische Implikationen, als es vielleicht zunächst den Anschein hat. Er ist mehr als nur eine großherzige oder bescheidene Erklärung. Durch ihn erfährt unser gegenwärtiges Denken, welches davon ausgeht, dass ein Weg zu Gott, und nur ein Weg zu Gott, der »bessere« Weg ist und dass eine und nur eine religiöse Doktrin die Grundlage für den Einen Wahren Glauben bildet, eine Erweiterung.

Was Gott uns allen sagen möchte, ist, dass jeder Glaube der Eine Wahre Glaube ist für die, für die er die Wahrheit ist. Das ist so, denn »wie du glaubst, so wird dir geschehen«. Das heißt, reiner Glaube ermächtigt sich selbst und bringt die Resultate hervor, die er herbeiruft. Und *das* ergibt sich wiederum aus der Natur von Wer Du Bist und daraus, wie das Leben funktioniert (was wir an späterer Stelle noch erkunden werden).

Wenn Sie also glauben, dass Ihnen das Befolgen der Lehren des Propheten Mohammed, sein heiliger Name sei gepriesen, den Weg zum Paradies weisen wird, dann wird es so sein. Wenn Sie glauben, dass Ihnen das Annehmen von Christus als Ihren Retter und Erlöser einen Platz im Himmel garantieren wird, dann wird es so sein. Wenn Sie glauben, dass Ihnen das Übernehmen des Verhaltens von Buddha Frieden bringen wird, dann wird es so sein. Was immer Sie glauben, das wird Ihre Erfahrung sein.

Das bedeutet, dass mehr als ein Weg zum Gipfel führt. Und es bedeutet auch, dass kein Weg »besser« ist als ein anderer. Alle Wege führen zum gleichen Ziel. Tatsächlich, so heißt es in *Gespräche mit Gott,* gibt es keine Möglichkeit, *nicht* in das Reich Gottes, wie wir es nennen, zu gelangen, weil man *nirgendwo anders hingehen kann.*

Auch dieser Ort hat viele Namen. Manche nennen ihn Paradies, andere Jannah, Nirvana, Zion, das Danach, die nächste Welt, das nächste Leben, das Reich Gottes, Elysium, die Eleusinischen Gefilde, Walhalla oder einfach den Himmel.

Einen fatalen Fehler mittels spiritueller Chirurgie entfernen

Der zweite Satz im Neuen Evangelium entzieht der Religion die Selbstgerechtigkeit und entfernt somit etwas nicht sehr Gutes aus etwas, das ansonsten in vielerlei Hinsicht sehr gut ist.

Der Gedanke, dass es nur Einen Richtigen Weg der Rückkehr zu Gott gibt, hat mehr Tod und Zerstörung verursacht und damit mehr Leute veranlasst, vor Gott *davonzurennen,* als jeder andere Gedanke für sich genommen.

Das Neue Evangelium ist wie spirituelle Chirurgie, die in die ansonsten glorreichen und gesunden Gedanken, die die meisten Menschen über ihre Religion und ihren Gott hegen, eingreift und das Gift aus ihnen herausschneidet.

Ich glaube, die meisten Menschen wissen tief im Innern, dass, wenn es überhaupt einen Gott gibt, er nicht ein Herr der Marken sein kann, der meint, dass alle Papiertaschentücher Tempotaschentücher, alle transparenten Klebestreifen Tesafilm und alle Menschen, die in den Himmel kommen, Christen (oder Muslime oder Hindus oder Mormonen oder welches Logo auch immer sich auf dem Namensetikett ihres Gottes befindet) sein müssen.

Das Neue Evangelium aus *Freundschaft mit Gott* bietet unserer Theologie eine Chance, mit dem Gewahrsein des einundzwanzigsten Jahrhunderts gleichzuziehen. Es bietet die Gelegenheit zur Diskussion einer zentralen Frage: »Ist es möglich, dass unsere bisherige Information über das Reich Gottes und darüber, wer für den Aufenthalt dort ›qualifiziert‹ ist, unvollständig ist?«

Der Glaube, dass alle Wege in den Himmel führen, ist für Milliarden von Menschen, die meinen, Seelen könnten nur auf einem ganz bestimmten Weg zu Gott zurückkehren, eine Einladung, ihre Vorstellung von Gott zu erweitern. Es ist eine Einladung, dem Göttlichen Wesen eine Dimension zuzusprechen, die so groß ist, dass es über jede Route erreichbar ist. Oder wie ich es jemanden vor Jahren so wunderbar formulieren hörte: »Wenn Gott dein Ziel ist, kannst du es nicht verfehlen!«

Wäre dieser Gedanke eines »Nur Für Uns«-Paradieses schon vor Jahrhunderten aus den spirituellen Konstrukten unserer Spezies entfernt worden, hätte das Abertausende von Leben gerettet. Es wären nicht zahllose Menschen den Märtyrertod gestorben, weil sie nicht den »richtigen Glauben« annahmen und praktizierten.

Auch heute noch werden überall auf der Welt Menschen der Schande preisgegeben, an den Rand gedrängt, getadelt, ermahnt und in manchen Fällen auch verfolgt, weil sie sich nicht die »eine wahre Religion« zu eigen gemacht haben.

ANWENDUNG DIESER BOTSCHAFT IM ALLTAG

Diese bemerkenswerte Botschaft bietet uns eine Gelegenheit, sich dem Heilungsprozess der Menschheit anzuschließen.

Angst vor der Verdammnis zu schüren wird nicht mehr als liebevolle Methode angesehen, jemanden dazu zu bringen, zu irgendeiner Religion zu konvertieren. Auch wenn die Leute sagen, dass sie es aus »Sorge« um einen geliebten Menschen tun. Jemanden in ein »schlechtes Licht« zu rücken oder ins »Unrecht« zu setzen gilt nicht mehr als heilsame Methode, um irgendjemanden dazu zu bringen, sich dem eigenen Standpunkt zu *irgendeinem* Thema anzuschließen.

Das Neue Evangelium hat Anwendungsmöglichkeiten, die weit über den Bereich der Religion hinausgehen. Würde es in der politischen Arena praktiziert, könnte es wieder ziviles Verhalten in den gesellschaftlichen Diskurs einführen. Würde man es sich in Wirtschaftskreisen zu eigen machen, könnte es dazu führen, dass das gnadenlose und skrupellose Wettbewerbsverhalten durch Zusammenarbeit und wechselseitige Unterstützung ersetzt wird. Würde es im Bereich des Erziehungs- und Ausbildungswesens akzeptiert werden, könnte es dazu führen, dass man nicht mehr nur die Dinge lehrt, mit denen wir einverstanden sind.

Würde der Gedanke, dass unser Weg kein besserer, sondern nur ein anderer Weg ist, in unserem Leben durchgehend angewandt, würde sich die gesamte gesellschaftliche Landschaft derart verändern, dass wir es uns nur ansatzweise vorstellen können. Das Leben würde für alle besser werden.

Hier sind ein paar Vorschläge, wie Sie diese Einsicht in Ihrem alltäglichen Leben umsetzen können:

- Sind Sie ein religiös gesinnter Mensch? Dann entschließen Sie sich dazu (falls Sie es nicht schon getan haben), ab heute nie wieder gegenüber einer anderen Person zu äußern oder auch nur anzudeuten, dass Ihre Religion der einzige Weg ist, um in den Himmel zu kommen. Oder dass jede Person auf Erden, die nicht Ihre Religion praktiziert, in die Hölle kommen wird. Nutzen Sie die Liebe Gottes und nicht die Angst vor Gott als Ihre Motivation, um andere zu ermuntern, dass sie sich Ihren Glauben genauer ansehen, um herauszufinden, ob er ihnen möglicherweise ein spirituelles Zuhause bieten könnte.

- Sind Sie stark mit Politik befasst? Dann fassen Sie den Entschluss, den politischen Standpunkt und die Ideen anderer zu achten und zu respektieren. Heißen Sie sie in Ihren Diskussionen willkommen. Verwechseln Sie Emotion nicht mit Leidenschaft. Den eigenen Standpunkt leidenschaftlich zu vertreten ist eine Sache, eine andere ist es, emotional überzukochen (wie zum Beispiel wütend zu werden). Wenn Sie merken, dass in Ihnen die Wut hochkommt, wenn Sie feststellen, dass Sie sich beim Verfechten Ihres Standpunktes einer beleidigenden oder verunglimpfenden Sprache bedienen, dann treten Sie einen Schritt zurück und nehmen Sie den Druck aus der Diskussion. Übernehmen Sie die Verantwortung dafür, zugelassen zu haben, dass das Gespräch außer Kontrolle geriet, entschuldigen Sie sich für Ihre emotionalen Entgleisungen und fangen Sie einfach an, langsamer und ein bisschen ruhiger zu sprechen. Das kann Wunder bewirken.
- Haben Sie in Ansätzen das Gefühl, dass Ihr Weg nicht nur ein »besserer«, sondern der »einzige« Weg ist, die Dinge zu sehen oder zu handhaben? Dann denken Sie an die Fälle in Ihrem Leben, in denen Sie glaubten, die einzige gute Antwort auf etwas zu haben, und in denen das Leben Ihnen dann bewies, dass Sie mit dieser Einschätzung nicht so ganz richtiglagen. Fragen Sie sich, ob das jetzt nicht auch so ein Fall sein könnte.
- Schauen Sie sich den Standpunkt des anderen Menschen an und suchen Sie in den Dingen, die er glaubt, ganz bewusst nach einem – *irgendeinem* – Wert oder einer Wertvorstellung. Schauen Sie, ob Sie irgendeine Gemeinsamkeit finden können, und sei sie auch nur briefmarkengroß, und beginnen Sie die Diskussion von da aus erneut.
- Denken Sie an die Ergebnisse, die Sie und andere sich gemeinsam wünschen. Konzentrieren Sie sich auf die von beiden Seiten angestrebten Resultate statt auf Wege oder Methoden,

um bestimmte Ergebnisse zu erreichen. Wenn wir in den angestrebten Resultaten Gemeinsamkeiten erkennen, entwickeln wir oftmals gegenseitigen Respekt, der uns erlaubt, dass wir uns füreinander öffnen und gemeinsam Ansätze für die Lösung von Meinungsverschiedenheiten und Problemen finden.

- Hier ist eine Aussage, die Wunder wirken kann. Ich empfinde sie als überaus hilfreich, wenn es darum geht, ein Gespräch, das kurz davor ist abzudriften, wieder voranzubringen: »Ich verstehe, wie du dazu kommst, dich so zu fühlen.« – Das heißt nicht, dass ich mit den Gefühlen meines Gegenübers übereinstimme, aber es besagt, dass ich ihn nicht für völlig absurd oder verrückt halte, bloß weil er so denkt, wie er denkt. Es zeigt Respekt für seine Hintergrundgeschichte oder Lebenserfahrung oder den Weg, der ihn heute hierherbrachte. Manchmal müssen Leute nur das Gefühl bekommen, dass sie gehört werden, um das Eis zu brechen. Es geht gar nicht unbedingt darum, dass man ihnen beipflichtet, nur darum, dass sie angemessen angehört werden.
- Was den ersten Teil des Neuen Evangeliums angeht, so beginnen Sie die Bewegung zur Einheit mit einem anderen damit, dass Sie sich an eine Situation erinnern, in der Sie sich genauso fühlten wie jetzt die Person vor Ihnen. Betrachten Sie die Dinge nicht nur aus deren Blickwinkel, sondern aus der Sicht der Zeit, in der Sie vielleicht die gleichen oder fast die gleichen Gefühle hatten. Denken Sie daran, Gefühle sind kein Standpunkt. Sie sind das, was einen Standpunkt *speist.* Gefühle von Verrat, Wut oder Zorn. Gefühle, einsam zu sein oder missverstanden zu werden. Gefühle, die wir alle zum einen oder anderen Zeitpunkt hatten. Versuchen Sie, sich auf die *Gefühle* der anderen Person zu beziehen, nicht auf ihren Standpunkt oder ihre spezifischen Worte, und Sie werden mit dem Praktizieren von »Einssein« als lebenslange Erfahrung beginnen.

- Gestehen Sie sich zu, dass Sie Ihre eigenen natürlichen Gefühle des Einsseins mit anderen – und mit anderen Lebensformen – haben, und praktizieren Sie das jeden Tag. Wählen Sie zwei Menschen aus, mit denen Sie täglich oder häufig zu tun haben. Schauen Sie, ob Sie irgendwelche Gefühle ausmachen können, die diese Menschen Ihrer Beobachtung nach haben und die auch Sie schon hin und wieder in Ihrem Leben erfuhren.

Diese einfachen Schritte können in Ihren Beziehungen – und auch in Ihrer Art, sich auf Ihre Umwelt zu beziehen – Wunder bewirken. Das Neue Evangelium, diese sechzehn Worte, sind alles, was Sie je brauchen werden, um Ihr Leben zum Besseren zu wenden. Und nun auf zu weiteren Erkundungen.

7

Am 12. September 2001 wurde ich von Lesern aus der ganzen Welt mit E-Mails überschüttet, die wissen wollten, wie die Botschaften von *Gespräche mit Gott* helfen könnten, dass sich diese entsetzlichen, angsterregenden Ereignisse vom Vortag nicht wiederholen würden. Das wollte ich auch wissen. In der Nacht vom 11. auf den 12. September konnte ich nicht schlafen, und so begab ich mich zu meinem Computer und begann einen Gedankenaustausch mit Gott. Hier ist der Anfang davon, wortwörtlich …

Gott, bitte sei da. Wir brauchen Hilfe.

ICH BIN DA.

Wir brauchen Hilfe.

ICH WEISS.

Jetzt.

ICH VERSTEHE.

Die Welt steht am Rand der Katastrophe. Und ich rede von einem von Menschen bewirkten Desaster.

ICH WEISS. UND du hast Recht.

Ich meine, die Menschen hatten auch schon früher Meinungsverschiedenheiten, und sehr schwerwiegende, aber jetzt können unsere Spaltungen und Streitereien nicht nur einfach zu Kriegen führen – was schon schlimm genug ist –, sondern auch zum Ende der Zivilisation, wie wir sie kennen.

DAS IST RICHTIG. Du schätzt die Situation richtig ein. Ihr begreift, wie ernst und gravierend das Problem ist, ihr versteht nur nicht die Natur des Problems. Ihr wisst nicht, wodurch es bewirkt wird. Also versucht ihr, es auf jeder Ebene zu lösen, nur nicht auf jener, auf der es existiert.

Und die wäre?

DIE EBENE DES Glaubens.
Das Problem, vor das sich die Welt heute gestellt sieht, ist ein spirituelles Problem.
Eure Vorstellungen über die Spiritualität bringen euch um. Ihr versucht, das Problem der Welt so zu lösen, als sei es ein politisches oder ökonomisches oder auch militärisches Problem, doch es ist nichts von alldem. Es ist ein spirituelles Problem. Und das ist das eine Problem, von dem die Menschen nicht zu wissen scheinen, wie sie es lösen sollen.

Natürlich bat ich Gott, uns zu sagen, wie wir das Problem lösen sollen. Als Ergebnis dieser Bitte entstand ein ganzes Buch mit dem Titel *Neue Offenbarungen.* Und die wichtigste Botschaft dieses Buches ist meines Erachtens die *GmG*-Kernbotschaft Nummer 24.

GmG-Kernbotschaft 24

Ihr denkt, dass ihr von anderen Menschen terrorisiert werdet. In Wahrheit aber werdet ihr von euren Glaubensvorstellungen und Überzeugungen terrorisiert. Eure Erfahrungen von euch selbst und von eurer Welt werden sich dramatisch verändern, wenn ihr euch auf kollektiver Ebene die Fünf Schritte zum Frieden zu eigen macht:

1. Erlaubt euch, euch einzugestehen, dass manche eurer alten Glaubensvorstellungen über Gott und das Leben nicht mehr funktionieren.
2. Erkundet die Möglichkeit, dass es etwas gibt, das ihr in Bezug auf Gott und das Leben nicht versteht und das, wenn ihr es verstündet, alles ändern würde.
3. Verkündet, dass ihr bereit und gewillt seid, dass jetzt ein neues Verständnis von Gott und vom Leben hervorgebracht wird, ein Verständnis, das eine neue Lebensweise auf diesem Planeten herbeiführen könnte.
4. Untersucht und überprüft mutig dieses neue Verständnis. Sollte es mit eurer persönlichen inneren Wahrheit und eurem inneren Wissen in Einklang stehen, dann erweitert euer Glaubenssystem so, dass es darin Eingang findet.
5. Macht euer Leben zu einer Demonstration eurer höchsten Überzeugungen statt zu einer Demonstration ihrer Verleugnung.

Diese Botschaft ist an Klarheit kaum zu übertreffen. Sie meint genau das, was sie sagt, Unklarheiten haben darin keinen Platz. Doch sie ist mehr als nur ein Rezept zur künftigen Vermeidung von Ereignissen wie dem vom 11. September 2001. Sie ist ein bewegender Aufruf zum Handeln. Eine Herausforderung für und Einladung an alle Menschen: Findet zu einer neuen Seinsweise. Erkundet die Möglichkeit, eure fundamentalen Glaubensvorstellungen zu verändern.

Doch ist das nötig? Warum muss das Verändern oder auch nur Anfechten unserer Glaubensvorstellungen Bestandteil der »Schritte zum Frieden« sein? Warum können wir unsere Glaubensvorstellungen und Überzeugungen nicht einfach in Ruhe lassen? Es ist ja nicht so, als würden sie allen Aufruhr in der Welt verursachen.

Oder etwa doch ...?

Ich habe im obigen Absatz ganz bewusst die Worte »fundamentale Glaubensvorstellungen« verwendet. Die fundamentalistischen Bewegungen in den Religionen und der Politik – die Weigerung, von einer Überzeugung abzurücken oder auch nur für einen einzigen Augenblick einen neuen Gedanken in Betracht zu ziehen – sind es, die die Menschen der Gefahr aussetzen, sich selbst laufend und endlosen Schmerz zuzufügen.

Das gilt für die Religion *und* die Politik. Und ganz besonders dann, wenn man beide zusammenbringt.

Sie brauchen ein paar Beispiele?

Bei den Parlamentswahlen 2012 kandidierte ein Gentleman namens Richard Mourdock für einen Sitz im Senat von Indiana. Er verkündete, dass »dieses Geschehen in Gottes Absicht lag«, wenn eine Frau infolge einer Vergewaltigung schwanger wird. Aus diesem Grund müsse man sich gegen die Abtreibung wenden und sie gesetzlich verbieten, auch in Fällen von Vergewaltigung und Inzest.

Als er die Wahl verlor (noch eine Woche vor diesen Bemerkungen war ihm der Sieg vorhergesagt worden), sagte ebendieser Mr Mourdock in der Rede, in der er seine Wahlniederlage eingestand, nicht etwa: »Nun, vielleicht bin ich ein wenig zu weit gegangen.« Vielmehr meinte er: »Ich werde zurückblicken im Wissen, dafür angegriffen worden zu sein, dass ich zu meinen Prinzipien stand.« Er konnte einfach nicht zugeben, dass einige seiner alten Glaubensvorstellungen über Gott und das Leben nicht mehr funktionieren.

Damit steht er nicht allein.

Ich habe dieses Beispiel hier vorgebracht, um zu zeigen, wie unglaublich starr, wie unnachgiebig manche Leute in Bezug auf ihre Überzeugungen sein können, selbst wenn sie jeglichem gesunden Menschenverstand widersprechen. Dies passiert insbesondere dann, wenn es um die allerheiligsten dieser Überzeugungen und Glaubensvorstellungen geht, die in vielen Fällen den so genannten heiligen Büchern der Menschheit entstammen.

In der Bibel steht im Buch Deuteronomium zu lesen: »Wenn ein Mann einen störrischen und widerspenstigen Sohn hat, der nicht auf die Stimme seines Vaters und seiner Mutter hört, und wenn sie ihn züchtigen und er trotzdem nicht auf sie hört, dann sollen Vater und Mutter ihn packen, vor die Ältesten der Stadt und die Torversammlung des Ortes führen und zu den Ältesten der Stadt sagen: Unser Sohn hier ist störrisch und widerspenstig, er hört nicht auf unsere Stimme, er ist ein Verschwender und Trinker. Dann sollen alle Männer der Stadt ihn steinigen, und er soll sterben. Du sollst das Böse aus deiner Mitte wegschaffen.«

Natürlich würde heute niemand ein solches »Wegschaffen« des Sohnes, der in seinem jugendlichen Ungehorsam gegenüber den Eltern gelegentlich einen über den Durst trinkt, ernsthaft in Betracht ziehen. Richtig?

Falsch.

Charlie Fuqua, 2012 Kandidat für das Repräsentantenhaus des Staates Arkansas, schrieb in seinem 2012 veröffentlichten Buch *God's Law: The Only Political Solution* (dt. *Gottes Gesetz: Die einzige politische Lösung*) Folgendes:

> Das Bewahren der zivilen Ordnung in einer Gesellschaft ruht auf dem Fundament der Disziplin in der Familie. Deshalb muss ein Kind, das seinen Eltern keinen Respekt entgegenbringt, auf Dauer aus der Gesellschaft entfernt werden dergestalt, dass es allen anderen Kindern als Beispiel für die große Bedeutung des Respekts vor den Eltern dient. Die Todesstrafe für rebellische Kinder ist keine leicht zu nehmende Angelegenheit. Die Richtlinien für das Verhängen der Todesstrafe für rebellische Kinder werden im Buch Deuteronomium 21:18–21 dargelegt.

Auch Mr Fuqua wurde nicht gewählt.

Augenscheinlich gibt es einige Leute, die es sich erlauben anzuerkennen, dass manche unserer alten Glaubensvorstellungen über Gott nicht mehr funktionieren. Allerdings gehört Syed Ghaisuddin, ein Erziehungsminister der Taliban im Mittleren Osten, wohl nicht dazu. Auf die Frage, warum die Taliban verkünden, dass Frauen auf das Haus beschränkt bleiben müssen, antwortete er der Presse: »Das ist so, wie wenn man eine Blume hat oder eine Rose. Du gibst ihr Wasser und behältst sie für dich zu Hause, um sie anzuschauen und an ihr zu riechen. Sie soll nicht aus dem Haus entfernt werden, damit man an ihr riechen kann.« Mit anderen Worten, eine Frau ist ein *Besitztum*. Das Besitztum eines Mannes.

Das sind uralte Ansichten, die man vielleicht von Politikern zu hören bekommt, sagen Sie möglicherweise, aber die Geistlichen von heute – Menschen, von denen wir uns erhoffen, dass sie uns bei unserem Streben nach einem besseren Leben führen und geleiten – merken es doch sicher, wenn die alten Ansichten nicht mehr funktionieren, oder?

Nun, nicht so ganz …

Rev. Jesse Lee Peterson, ein beliebter christlich-fundamentalistischer Pastor sprach bei seinem sonntäglichen Webcast-Gottesdienst darüber, »Wie liberale Frauen eine schamlose Gesellschaft aufbauen«: »Frauen können nicht mit Macht umgehen. Der Umgang mit Macht ist ihnen nicht gegeben … Die wirkliche und wahre Macht kommt von Gott, und Gott ist derjenige, der dem Mann die Macht und Autorität über die Frau gab.«

Er ließ nur aus, dass Frauen zu Hause bleiben, den Abwasch machen, sich um die Kinder kümmern, das Essen auf den Tisch bringen, die Hausarbeit verrichten und sich um die Wäsche kümmern müssen. Oh – und natürlich die »Pflichten« einer Ehefrau gegenüber dem Ehemann erfüllen müssen.

So wird sichtbar, dass wir selbst in unserer angeblich modernen Gesellschaft, in dieser angeblich aufgeklärten Zeit nach wie vor damit konfrontiert sind, hier Entscheidungen zu treffen: *Ist* es so, dass manche unserer alten Vorstellungen über Gott und das Leben nicht mehr funktionieren? Oder bieten diese Stimmen aus dem Jahr 2012 Lösungen an, die heute tatsächlich noch so funktionieren können wie 1412 oder 1012 oder im Jahr 12?

Die in der Kernbotschaft Nummer 24 aufgeführten Fünf Schritte zum Frieden eröffnen uns eine Möglichkeit, diese Fragen zu beantworten.

Schritt Eins

Der erste dieser Schritte – sich einzugestehen, dass einige unserer alten Glaubensvorstellungen über Gott und das Leben nicht mehr funktionieren – ist zweifellos der größte. Es ist ein so schwieriger Schritt für die Menschheit, dass es einer Revolution gleichkäme, wenn auch nur eine bescheidene Anzahl von Personen ihn machen würde.

Warum ist er so schwierig? Der Grund dafür ist das ursprüngliche Woher dieser alten Glaubensvorstellungen.

Eine der wunderbarsten spirituellen Lehrerinnen meines Lebens, Dr. Terry Cole-Whittaker, überraschte mich vor Jahren, als sie eines Tages ihrer Kirchengemeinde (der anzugehören ich das Glück hatte) beim morgendlichen Sonntagsgottesdienst eine brillant scharfsinnige Frage stellte: »Wen würdet ihr ins ›Unrecht setzen‹ müssen, um das Leben in die ›richtige‹ Bahn zu lenken?«

Terry erläuterte, dass wir, um nicht unsere Mutter, unseren Vater, unseren Lieblingslehrer, unseren allerheiligsten spirituellen Boten ins Unrecht setzen zu müssen, uns an das klammern werden, was sie uns gesagt haben, auch wenn ganz klar ist, dass es nicht mehr funktioniert (vorausgesetzt, es hat *jemals* funktioniert!).

Dann forderte sie uns alle auf, den Mut aufzubringen, unsere Wohlfühlzone zu verlassen und die Möglichkeit in Betracht zu ziehen, dass das, was wir angesichts der verlässlichen Quelle, aus der es stammt, für wahr hielten, vielleicht überhaupt nicht wahr ist – oder dass es zumindest *unvollständig* sein könnte. Das heißt, es könnte noch mehr über dieses Thema zu wissen geben.

Terry war es, die mich dazu brachte, mich zu fragen: Hat die Evolution haltgemacht? Hat die Menschheit zu Zeiten meiner Mutter und meines Vaters aufgehört zu wachsen und in ihrem Verständnis vom Leben Fortschritte zu machen? Oder zu Zeiten ihrer Eltern? Oder zu Zeiten unserer frühesten Lehrer und Boten? Und wenn dem so sein sollte, wie weit genau müssen wir zurückgehen, um den Punkt des Anhaltens zu finden?

Wann genau hat die spirituelle Evolution aufgehört?

Oder ist es möglich – einfach nur möglich –, dass jede neue Generation die Fähigkeit mitbringt, ein neues und noch größeres Verständnis zu erwerben? Einfach ausgedrückt: *Ist Weisheit etwas Statisches oder Organisches?*

Menschen wie Terry nehmen uns an die Hand, führen uns an den Rand unserer Wohlfühlzone und versprechen uns, in Augenblicken der Angst für uns da zu sein. Wir tun gut daran, diese *neuen* Lehrerinnen und Lehrer ebenso wie die alten zu verehren, denn sie zeigen uns den Weg zu Orten, die die meisten von uns noch nicht bereist haben. Sie tun Schritte ins Unbekannte *für* uns und kommen zurück, um uns zu berichten, was sie gefunden haben.

Das sind die Entdecker von morgen ... und immer, immer kann man die echten von den falschen unterscheiden, denn die echten laden uns garantiert dazu ein, dass wir uns ihnen bei der spektakulärsten Expedition des Lebens, der Reise der Seele, *anschließen,* und nicht, dass wir ihnen *folgen.*

(Über die Arbeit von Dr. Terry Cole-Whittaker können Sie sich unter www.TerryColeWhittaker.com informieren. Ihr Programm hat den passenden Titel *Adventures in Enlightenment.)*

Schritt Zwei

Sind wir dahin gelangt, uns eingestehen zu können, dass einige unserer alten Glaubensvorstellungen über Gott und das Leben – sogar einige der allerheiligsten – nicht mehr funktionieren, folgt der zweite der Fünf Schritte zum Frieden. Er lädt uns ein, die Möglichkeit zu erkunden, dass es etwas geben könnte, das wir in Bezug auf Gott und das Leben nicht vollkommen verstehen und das, wenn wir es verstünden, alles ändern würde. Das heißt, unser Wissen in diesem Bereich ist vielleicht Unvollständig.

Ich habe das letzte Wort groß geschrieben, um seine Bedeutung hervorzuheben. Ich möchte noch einmal darauf hinweisen, dass das Problem nicht darin besteht, dass die alten Lehren »falsch« oder »verkehrt« sind. Meiner Ansicht nach besteht das Problem darin, dass sie nicht weit genug gehen. Oder dass *wir* auf unserer Suche nach einem tieferen Verständnis von ihnen vielleicht nicht weit genug gegangen sind.

Oder vielleicht beides.

Anzuerkennen, dass manche der Lehren oder unser Suchen *unvollständig* sein könnten, bedeutet für viele ebenfalls einen gewaltigen Schritt. Einzuräumen, dass unsere Uraltgeschichte vielleicht nicht mehr ihre Funktionen erfüllt, ist die eine Sache; eine völlig andere aber ist es, die Vorstellung zu akzeptieren, dass es vielleicht daran liegt, dass wir von *Anfang* an gar nicht die ganze Geschichte hatten. Das einzugestehen verlangt spirituelle Demut. Wir müssen zugeben, dass wir *nicht alles wissen,* was die Themen Gott und Leben anbelangt – und es auch *nie wussten.*

Bevor wir uns nun auf ein Territorium begeben, das unser kollektives spirituelles Ego als kränkend empfinden mag, möchte ich noch darauf hinweisen, dass das Wort »einige«, wie es sich im ersten der Fünf Schritte zum Frieden findet, eine sehr wichtige Einschränkung ist, die wir nicht so einfach übergehen sollten.

Bei dieser Offenbarung ist es ganz klar die Intention Gottes, uns wissen zu lassen, dass nicht unsere gesamte Alte Geschichte über Gott und das Leben unvollständig ist und gut eine Erweiterung vertragen könnte, sondern nur Teile von ihr. Auf diesen Punkt wurde ganz bewusst schon mehrfach hingewiesen, damit niemand behaupten kann, *Gespräche mit Gott* werde für einen Ersatz gehalten für etwas, was es zu einer vollkommen abwegigen Schrift erklärt.

Ich möchte noch einmal bemerken, dass *Gespräche mit Gott* ganz im Gegenteil erklärt, dass die überwältigende Mehrheit der in den heiligen Schriften der meisten Weltreligionen enthaltenen Botschaften von enormem Wert ist. Und dass man *buchstabengetreu* darauf vertrauen kann, dass sie weise, einfühlsame, scharfsinnige und nützliche Beobachtungen bereitstellen.

Gibt es dennoch ein paar Fälle, wo die Weiterentwicklung unseres menschlichen Verständnisses den altehrwürdigen Worten unserer Alten Geschichte nützliche Erweiterungen hinzufügen könnte?

Natürlich.

Der zweite der Fünf Schritte zum Frieden lädt uns ein, diese Ausdehnung in ein neues Territorium hinein zu unternehmen.

Er verlockt uns auch mit einer Formulierung, die darauf schließen lässt, dass wir auf tiefere spirituelle Wahrheiten stoßen könnten, sollten wir wagemutig genug sein, über die Parameter unserer gegenwärtigen Wahrnehmungen hinauszublicken: Wahrheiten, die, *wenn wir sie verstünden, alles ändern würden.*

Das ist keine geringe Verlockung.

Eine kleine Anmerkung

Darf ich hier bitte kurz unterbrechen und eine Erklärung zum Stil abgeben?

Sie haben zweifellos bemerkt, dass der Text sich in Schleifen bewegt, in deutlichen Wiederholungen immer wieder auf sich selbst zurückkommt. Das ist absichtlich so und sollte nicht als Fehler oder Redundanz begriffen werden, sondern als bewusst angewandtes Stilmittel. Dieses wird auch in *Gespräche mit Gott* angewandt, auf dem dieses Buch basiert, wo ebenfalls in kontextuellen Karussellrunden die Punkte immer und immer wieder aufgezeigt werden, bis sie so vertraut werden, dass sie sich als geradlinige Logik erwiesen.

Nun zurück zu unserer Geschichte ...

Schritt Drei

Das Anerkenntnis, dass es über Gott und das Leben vielleicht noch etwas in Erfahrung zu bringen gilt, ist noch nicht das Ende unserer Aufgabe. Wir müssen *verkünden, dass wir bereit und gewillt sind, dass jetzt ein neues Verständnis von Gott und vom Leben hervorgebracht wird, ein Verständnis, das eine neue Lebensweise auf diesem Planeten herbeiführen könnte.*

Was nützt es zu wissen, dass die Autoschlüssel nicht da sind, wenn du nicht bereit bist, dich in Bewegung zu setzen und nach ihnen zu suchen?

Eine Beobachtung der heutigen Gesellschaften auf der ganzen Welt macht deutlich, dass wir zum Stillstand gekommen sind und den Motor ohne ein paar Schlüsselelemente am richtigen Platz nicht wieder in Gang bekommen werden.

Aber wenn wir nicht gewillt sind, nach den Schlüsseln zu suchen, werden wir nie irgendwohin gelangen.

Da stehen wir jetzt. Wir befinden uns an einer größeren Kreuzung – einer Drei-Wege-Kreuzung zwischen Gestern, Heute und Morgen. Der Motor hat gerade zum falschen Zeitpunkt den Geist aufgegeben, und unser Gefährt fordert einen gewaltigen Unfall geradezu heraus. Wir müssen von dieser Kreuzung weg und wieder auf die Straße gelangen.

Wir müssen diese Schlüssel finden! Aber wir werden sie nicht finden, wenn wir nicht bereit sind, anderswo zu suchen als immer nur an denselben alten Stellen, wo sie sich früher befanden, jetzt aber nicht mehr sind.

Kürzlich kaufte ich ein altes Fachbuch und las es voller Begeisterung. Doch als ich ans Ende kam, entdeckte ich, dass Seiten fehlten. Es war ein sehr begehrtes Buch, das ich in einem Antiquariat gefunden hatte, ein Exemplar, das sicher schon viele gelesen hatten. Ich war frustriert, weil am Ende eines Kapitels etwas fehlte. Doch ich lehnte mich nicht einfach mit einem Seufzer zurück und sagte mir: »Ach, ich hoffe, dass das, was auf den fehlenden Seiten steht, nicht wichtig ist. Bestimmt stand alles, was es zu diesem Thema zu wissen gibt, auf den Seiten, die ich gelesen habe.« Vielmehr ging ich in einen Buchladen, der *neue* Bücher verkaufte, fand einen aktuellen Text zum Thema und kaufte ihn mir!

Die Menschheit hat eine Menge Gedanken und Vorstellungen über sich selbst, über das Leben und über Gott »gekauft«, jetzt aber entdecken wir, dass in diesen wundervollen alten Büchern, die wir gelesen haben, einige Seiten fehlen. Wir müssen uns ein neues Buch besorgen, eines, in dem keine Seiten fehlen!

Das heißt nicht, dass wir die alten Bücher wegwerfen sollen. Es bedeutet nur, dass wir nicht bereit sind, dort haltzumachen, wenn doch ganz offensichtlich etwas fehlt; und dass wir uns dazu entscheiden, dem bereits Gelernten etwas hinzuzufügen, indem wir noch mehr lesen und das Bekannte um zusätzliche Informationen erweitern.

Auf ewig festsitzen oder endlich befreit?

Die »Schlüsselfrage« lautet also: Sind wir bereit und gewillt, dass jetzt ein neues Verständnis von Gott und vom Leben hervorgebracht wird? Sind wir offen dafür, unsere Schlüssel zu finden, auch wenn sie sich nicht da befinden, wo wir dachten, dass sie sein würden? Wenn unsere Antwort weiterhin ein Nein ist, werden wir vielleicht auf ewig in einer alten Geschichte mit fehlenden Seiten festsitzen.

Natürlich bringt das andere Fragen auf, die in der Vergangenheit dazu führten, dass die Menschen bei diesem dritten Schritt stolperten und stehen blieben. An oberster Stelle steht diese Frage: Mit welchen neuen Ideen, Gedanken und Vorstellungen aus welchen Quellen sollen wir uns ernsthaft beschäftigen? Die Frage ist berechtigt. Hören wir einfach nur einem zu, der auf einer Holzkiste steht, eine Reklametafel trägt und »Das Ende ist nahe« verkündet?

Ich würde es nicht tun. Ich würde nicht einfach irgendein Buch lesen, irgendeine Platte kaufen, zu irgendeinem Vortrag, irgendeinem Workshop oder in irgendein Retreat gehen. Ich würde etwas wissen wollen über den Ursprung des Materials, über das ich nachdenke, und auch, ob es sonst noch jemand gut genug fand, um es zu empfehlen.

Wenn ich neue Botschaften in einem Buch fände, das in siebenunddreißig Sprachen übersetzt und von Millionen gelesen wurde, würde mich das wahrscheinlich ermutigen, darüber nachzudenken. Vielleicht würde ich nicht automatisch damit übereinstimmen, würde aber wohl, wenn schon nichts anderes, wissen wollen, warum so viele Millionen es wertvoll fanden und zu einem Bestseller machten.

Meiner Erfahrung nach erreichen bestimmte Inhalte nicht unbedingt deshalb solche Ebenen der Beliebtheit, weil sie den Leuten etwas Neues bringen, sondern weil sie sie dazu bringen, etwas zu *erkennen und sich an etwas zu erinnern,* das sie *bereits wissen.*

Dieses Gefühl unmittelbaren Erkennens wird erlebt, wenn die Seele dem Geist sagt: »Hier ist reine und tiefe Wahrheit, derer du immer gewahr warst, aber die du vielleicht vergessen hast.«

Hätte ich einen solchen Impuls in mir wahrgenommen, hätte ich – nachdem ich erforscht hätte, wohin es mich führt – dennoch auf mich selbst gehört. *Nie würde ich das Wort eines anderen einfach so annehmen.* Ich würde mich in meine eigene innere Führung einklinken, um zu sehen, was sie mir über das, was ich da erforschte, sagt. Deshalb lädt Sie der vierte der Fünf Schritte zum Frieden ein, neue Gedanken und Vorstellungen über Gott und das Leben nur dann zu akzeptieren, wenn sie »mit Ihrer persönlichen inneren Wahrheit und Ihrem inneren Wissen in Einklang stehen«.

Aber ganz gewiss würde ich es nicht unterlassen, einem neuen Gedanken nachzugehen, nur weil er radikal erscheint. Ich würde allem eine Chance geben. Denn wie ich schon an früherer Stelle sagte:

Nur wenn wir für alle *Ideen* offen sind, stehen uns alle *Möglichkeiten* offen.

Schritt Vier

Okay, jetzt ist es an der Zeit, ein Schild hochzuhalten: Mut erforderlich!

Sind Sie in den Zustand der Bereitschaft eingetreten, über ein neues Verständnis von Gott und vom Leben ernsthaft nachzudenken, dann erfordert der nächste Schritt spirituelle Beherztheit. Denn nun werden Sie eingeladen, dieses neue Verständnis mutig zu erforschen und – sofern es mit Ihrer persönlichen inneren Wahrheit und Ihrem inneren Wissen in Einklang steht – Ihr Glaubenssystem so zu *erweitern, dass es darin Eingang findet.*

Das ist keinesfalls ein einfacher Schritt. Es werden fraglos einige Ihrer allerheiligsten alten spirituellen Geschichten und deren Quellen in Frage gestellt werden. Und es verlangt Tapferkeit – intellektuellen und spirituellen Mut –, um dem heftigen geistigen Hin und Her standzuhalten, das eine solche innere Befragung oftmals erzeugt.

Damit ist noch gar nichts über den Spott und das Beiseitewischen gesagt, das (darauf können Sie wetten) stattfinden wird, sollten Sie sich Ihren Fragen laut in aller Öffentlichkeit stellen. Ganz zu schweigen davon, wenn Sie es *wagen sollten, Antworten darauf zu geben,* die gegen die Orthodoxie verstoßen.

Doch wenn wir wirklich Frieden in unserem Leben und in unserer Welt wollen, dann täten wir gut daran, uns heute die Resultate anzuschauen, zu denen uns unsere alten Geschichten geführt haben. Wir sollten uns fragen, ob es nicht einen anderen Weg gibt zu erreichen, was wir unserer Aussage nach als Spezies erreichen wollen.

Um das zu tun, wird es in unserem einundzwanzigsten Jahrhundert einer spirituellen Version von Ignaz Semmelweis bedürfen. Wer soll die spirituelle Version von Ignaz

Semmelweis sein? Und wird es mehr als einen geben? Könnten es Tausende sein? Vielleicht sogar Millionen?

Das ist es, wozu die Bürgerrechtsbewegung für die Seele einlädt: Millionen von Semmelweis.

Ideen-Heroismus

Im Jahr 1847 machte Dr. Ignaz Semmelweis, der zu dieser Zeit in der Geburtshilfe-Abteilung des Wiener Allgemeinen Krankenhauses arbeitete, eine bemerkenswerte und zweifellos unheimliche Entdeckung: Zumindest eine Methode in der medizinischen Praxis brachte Menschen um.

In den Krankenhäusern von Wien wie auch andernorts in Europa und Nordamerika nahm das Kindbettfieber – eine tödlich verlaufende Infektion bei Wöchnerinnen – epidemische Ausmaße an, manchmal waren bis zu 40 Prozent der Patientinnen davon betroffen. Dr. Semmelweis entwickelte die Theorie, dass Ärzte, die gerade Autopsien durchgeführt hatten und anschließend die schwangeren Frauen vaginal untersuchten, infektiöses Material von den Leichen auf die Genitalien der Frauen übertrugen. Er schlug eine neue Prozedur für das Händewaschen unter Verwendung von Chlorkalk vor, was später als Desinfektionsmittel bekannt wurde.

Er hatte den Mut, seiner Idee – die damals als radikal empfunden wurde – nachzugehen und fand heraus, dass die Anwendung seines Vorschlags die Fälle von tödlich verlaufendem Kindbettfieber in den Institutionen für Geburtshilfe um das Zehnfache reduzierte.

Es spielte keine Rolle.

Sie haben richtig gelesen. Alle Beweise spielten keine Rolle. Dr. Semmelweis' Ideen liefen den medizinischen Glaubensvorstellungen und Praktiken jener Zeit zuwider. So wurde er verlacht und abgelehnt, wurde praktisch aus den Medizinerkreisen Wiens ausgestoßen und starb 1865 in einer Irrenanstalt.

Erst im zwanzigsten Jahrhundert wurden seine Ideen akzeptiert, was seither unzähligen Müttern und Babys das Leben rettete.

Ich nenne das Ideen-Heroismus. Wären da Hunderte von Ignaz Semmelweis gewesen, die einen solchen Heldenmut bewiesen und derartige sich offensichtlich positiv auswirkende Veränderungen unterstützt hätten, wären sie schneller herbeigeführt worden. Und sein Leben hätte nicht so traurig geendet.

Doch wie lange wird es dauern, bis andere – nicht nur hier und da ein vereinzeltes Individuum, sondern Hunderte oder Tausende andere – dahin gelangen, die *wichtigsten* Glaubensvorstellungen unserer Spezies, unsere *spirituellen* Überzeugungen, anzufechten und Veränderungen vorzuschlagen, die sich offensichtlich positiv auswirken? Und wer macht den Anfang?

Etwas direkter formuliert: Wenn nicht jetzt, wann dann? Wenn nicht du, wer sonst?

Schritt Fünf

Der letzte der Fünf Schritte zum Frieden ist das, worauf es schließlich ankommt. Nachdem wir akzeptiert haben, dass einige unserer alten Glaubensvorstellungen über Gott und das Leben nicht mehr funktionieren; nachdem wir erkannt haben, dass es über diese Themen mehr zu wissen gibt; nachdem wir dafür bereit sind, dass jetzt ein neues Verständnis hervorgebracht wird; und nachdem wir unser Glaubenssystem erweitert haben, um das mit unserer inneren Wahrheit und unserem inneren Wissen in Einklang stehende neue Verständnis darin Eingang finden zu lassen, sind wir nun aufgerufen, in Schritt Fünf *unser Leben zu einer Demonstration unserer höchsten Überzeugungen zu machen statt zu einer Demonstration ihrer Verleugnung.*

Es ist nicht leicht, die eigenen Überzeugungen in die Tat umzusetzen. Diese Erfahrung machte ich selbst. Nach siebenundzwanzig Büchern über das, was ich als Gespräche mit Gott erfuhr und auch so benannte, wurde von mir (zu Recht) erwartet, dass ich in meinem Leben meinen eigenen Schriften auch gerecht wurde. Natürlich war ich gar nicht der Urheber dieser Schriften. Mehr kann ich zu meiner schwachen Verteidigung auch gar nicht vorbringen, wenn andere (zu Recht) auf meine Fehler und Schwächen hinweisen. »Du bist kein sehr gutes Beispiel für die Botschaften, die du in diesen Büchern verkündest«, sagen sie zu mir, wenn sie mich näher kennenlernen, und sie haben absolut Recht.

»Sie haben die Ideen in Ihrem Buch wahrscheinlich gar nicht von Gott erhalten«, sagen andere. »Wie können Sie es wagen, so etwas zu behaupten? Gott spricht nicht direkt zu den Menschen, und ganz gewiss übermittelt er ihnen keine ganzen Bücher!«

Lassen Sie mich zunächst auf diese letzte Bemerkung eingehen.

Ich weiß von einem Mann, der sagte, dass Gott direkt zu ihm sprach – und aus diesen Inspirationen entstanden fünf Bücher. Diese Behauptung scheint für die Leute vollkommen akzeptabel zu sein. Die Bücher heißen Genesis, Exodus, Levitikus, Numeri und Deuteronomium. Der Name des Mannes war Moses. Um diese Bücher entstand eine ganze Religion.

Ich weiß von einem Mann, der behauptete, ein Engel hätte ihn zu vergrabenen Goldplatten geführt, in die Offenbarungen eingraviert waren. Er publizierte sie in englischer

Übersetzung, wie er sagte, und nannte sie das Buch Mormon. Sein Name war Joseph Smith. Um dieses Buch entstand eine ganze Religion.

Die Liste von Menschen in dieser Kategorie ließe sich noch fortsetzen. Und ich schlage auch nicht für eine Minute vor, dass um die Bücher der Reihe *Gespräche mit Gott* eine Religion entstehen sollte. Aber ich schlage vor, dass wir vielleicht das, was in diesen Büchern durchkam, erforschen und es nicht einfach abtun sollten, nur weil der menschliche Schreiberling, der das alles aufschrieb, noch immer am Leben ist. Oder weil sich dieser Vorfall vor nicht ganz zwanzig Jahren statt vor zwanzig Jahrhunderten ereignete.

Die Tatsache, dass ich kein gutes Beispiel für die Botschaften in diesen Büchern abgebe, könnte auch zur Erhärtung der Glaubwürdigkeit ihrer Quelle beitragen. Wären die Bücher voll mit Ideen und Vorstellungen, Verkündigungen und Erklärungen, die ich einfach erfunden habe, dann sollte man doch meinen, dass ich wenigstens Zeug erfunden hätte, dem ich in meinem Leben gerecht werden kann! (Niemand möchte gern ein Heuchler oder Fälscher genannt werden – und das sind noch die milderen Schimpfwörter, mit denen ich bedacht wurde.)

Niemand ist sich also bewusster als ich, dass dieser letzte der Fünf Schritte zum Frieden eine große Herausforderung bedeutet. Doch es ist für mich der Schritt, der mich von allen am meisten inspiriert. Jeden Tag ruft er mich zu einer neuen Ebene des Engagements auf, jeden Tag lädt er mich ein zu mehr Entschlusskraft. Jeden Tag lockt er mich, mich wieder aufs Neue in der nächstgrößeren Version der großartigsten Vision, die ich je über Wer Ich Bin und Wer In Dieser Welt Zu Sein Ich Wähle hatte, zu erschaffen

Das ist die Gelegenheit, die sich hier ergibt. Für mich, für Sie, für alle Menschen. Im Grunde hat das überhaupt nichts mit *Gespräche mit Gott* oder der Neuen Spiritualität zu tun. Schritt Fünf und auch die vier anderen Schritte zum Frieden können von jedem Angehörigen einer jeden Religion auf der Welt unternommen werden – und auch von Leuten, die gar keiner Religion angehören.

Bei den Fünf Schritten zum Frieden geht es schlicht darum, sich anzuschauen, was in unserer Welt und in unserem persönlichen Leben vor sich geht. Es geht darum, dass wir, wenn wir ganz gerne ein paar Veränderungen zum Besseren erleben würden, eine faire Erkundung unternehmen, um festzustellen, ob es da etwas geben könnte, das wir über das Leben und, ja, über Gott nicht vollkommen verstehen und das, wenn wir es verstünden, unsere gesamte Erfahrungswelt verändern könnte. Und dann geht es darum, das, was unsere Nachforschungen für uns ergeben haben, ins Alltagsleben zu integrieren.

So einfach – und so herausfordernd – ist das.

ANWENDUNG DIESER BOTSCHAFT IM ALLTAG

Wenn ich gefragt würde, was der Durchschnittsmensch tun könnte, um schneller als alle anderen Frieden in sein Leben und in unsere Welt zu bringen, dann würde ich die Einladung wählen, die in der Botschaft Nummer 24 ausgesprochen wird: sich die Fünf Schritte zum Frieden zu eigen zu machen.

Hier sind ein paar Vorschläge, wie Sie die Fünf Schritte zum Frieden in Ihrem Alltag umsetzen können:

- Drucken Sie sich eine Kopie der Fünf Schritte zum Frieden aus und kleben Sie sie in Ihrem Zuhause an den Kühlschrank, an den Badezimmerspiegel – an eine Stelle, wo Sie sie jeden Tag sehen. Lesen Sie sie dann jeden Tag so, als hätten Sie sie noch nie zuvor gesehen. Und wenn Sie sie so oft gelesen haben, dass Sie sie auswendig hersagen können, dann lesen Sie sie noch einmal. Halten Sie sich die Fünf Schritte immer wieder geistig vor Augen. Hier treffen Sie die Entscheidungen, wie Sie im täglichen Leben reagieren sollen.

- Bringen Sie die Fünf Schritte zum Frieden in Ihrem Gästezimmer an, im Gästebad oder an einem anderen Ort, wo Gäste sie sehr wahrscheinlich sehen werden. Das führt vielleicht zu spontanen Gesprächen mit Freunden, die sie lesen und Sie fragen, worum es hier geht und woher Sie das haben.
- Drucken Sie ein paar zusätzliche Kopien aus und bewahren Sie sie an einem Ort auf, wo Sie sie leicht finden. Wenn jemand dann sagt, dass er gerne eine Kopie davon hätte, können Sie sie mit einem »Da hast du sie schon« überreichen.
- Legen Sie ein Schritte-zum-Frieden-Journal an und notieren Sie es, wenn Sie sich von den Fünf Schritten – insbesondere von Schritt Fünf – herausgefordert fühlen. Fragen Sie sich selbst schriftlich: »Welchen Aspekt von dem, was ich wirklich über Gott und das Leben glaube, habe ich momentan Mühe zu akzeptieren? Was, wenn überhaupt, könnte ich morgen tun, um diese Glaubensvorstellung zu akzeptieren und zu leben?« Beantworten Sie dann Ihre eigenen Fragen schriftlich in Ihrem Journal.
- Rufen Sie in Ihrer Gemeinschaft oder in Ihrer Kirche eine »Evolution-Revolution«-Gruppe ins Leben. Laden Sie deren Mitglieder zu regelmäßigen (wöchentlichen oder monatlichen) Treffen ein, um die Einträge in Ihren Schritte-zum-Frieden-Journalen zu diskutieren. Entwickeln Sie Möglichkeiten zur gegenseitigen Unterstützung in der Gruppe, damit Sie sich Ihre höchsten Überzeugungen über Gott und das Leben wirklich zu eigen machen und leben können.
- Verteilen Sie die Fünf Schritte zum Frieden an Freunde, schieben Sie sie unter die Scheibenwischer der Autos vor Einkaufs-

zentren, veröffentlichen Sie sie als Leserbriefe oder als kleine Anzeigen in örtlichen Zeitungen und Kirchenblättern.

- Rufen Sie in Radiotalkshows an und sprechen Sie dort über die Fünf Schritte zum Frieden.
- Fangen Sie ernsthaft damit an, Initiator einer Bürgerrechtsbewegung für die Seele in Ihrer Gemeinde oder in Ihrem Staat zu sein, die sich auf die Fünf Schritte zum Frieden gründet. Stellen Sie eine Petition ins Internet. Setzen Sie die Energie in Bewegung, die sich um diese Gedanken versammelt.

8

In dem Buch *Der Sturm vor der Ruhe* legte ich sehr deutlich dar, dass unsere Spezies in den letzten Jahren etwas durchmachte und weiterhin durchmachen wird, was ich als Grunderneuerung der Menschheit bezeichne.

Bei diesem Prozess geht es nicht um die Zerstörung der globalen Gemeinschaft und ihrer Lebensweise, sondern um eine zielbewusste Demontage, die dazu führt, dass alles *mit neuen Teilen* zusammengesetzt wird. Dies ist vergleichbar mit der Generalüberholung einer Maschine, damit sie besser funktioniert. Das ist kein Prozess, an dem wir unbeteiligt sind, selbst wenn wir ihn einfach nur beobachten. Ganz im Gegenteil, es ist ein Prozess, an dem alle Menschen gemeinschaftlich teilnehmen. Die meisten von uns wissen es nur nicht, weil unsere Teilnahme unbewusster und nicht bewusster Natur ist.

Es gibt nichts, wovor wir Angst haben müssen, wenn sich die Menschen unserer Welt an diesem Prozess beteiligen und sich darüber im Klaren sind, was geschieht und wie das von ihnen gewünschte Ergebnis aussieht.

Der Prozess wird stattfinden (tatsächlich findet er gerade jetzt schon statt), egal ob wir an ihm teilnehmen oder nicht. Das Leben wird sich ändern, mit oder ohne uns. Die Frage ist nur, ob die Erfahrungswelt unserer Spezies danach eine andere sein wird; die Frage ist, in welcher Weise wird sie anders sein – und wer wird die Entscheidungen treffen?

Unterdessen gab und gibt es *Gespräche mit Gott* und andere Bücher, Filme, Programme und soziale Projekte, um uns beim Blick auf die demontierten Teile unserer Gesellschaftsmaschinerie beizustehen und uns bei der Entscheidung zu helfen, welche Teile nicht funktioniert haben und überarbeitet werden müssen. Im Kontext von *Gespräche mit Gott* wird ein großer Teil davon in der Kernbotschaft Nummer 23 erkundet.

GmG-Kernbotschaft 23

Es gibt Fünf Irrtümer in Bezug auf das Leben, die Krisen, Gewalt, Töten und Kriege erzeugen. Erstens der Gedanke, dass die Menschen voneinander getrennt existieren. Zweitens der Gedanke, dass es nicht genug von dem gibt, was die Menschen brauchen, um glücklich zu sein. Drittens der Gedanke, dass die Menschen miteinander konkurrieren müssen, um an das Zeug zu kommen, von dem nicht genug da ist. Viertens der Gedanke, dass manche Menschen besser sind als andere. Fünftens der Gedanke, dass es für die Menschen angebracht ist, durch all die Irrtümer bewirkte schwerwiegende Meinungsverschiedenheiten dadurch zu bereinigen, dass sie einander *umbringen.*

Die Kernbotschaft Nummer 23 möchte klipp und klar, ohne Verallgemeinerungen oder Worthülsen, Zweideutigkeiten oder Herumeiern die eigentliche Ursache der Verhaltensweisen darlegen, welche die stets von Wut, Zorn und Gewalt geprägten Interaktionen der Menschen auslösten.

Denken Sie daran, dass diese Kernbotschaft als direkte Antwort auf meine dringliche Frage am Tag nach dem Geschehen vom 11. September gegeben wurde. Wie alle anderen wollte auch ich unbedingt wissen: Wie können Menschen das einander antun?

Unser Problem, so sagt Gott uns hier kurz und bündig, besteht darin, dass wir uns eine kurze, aber erstaunlich schädliche Liste von Irrtümern in Bezug auf das Leben auf Erden als »Wahrheit« zu eigen gemacht haben.

Fünf dieser eklatanten Irrtümer werden in diesem Kapitel besprochen, und im nächsten Kapitel werde ich auf weitere Fünf Irrtümer eingehen, die noch entscheidender sind.

Warum soll man sich damit abgeben, sich dieses unerquickliche Zeug anzusehen? Aus dem gleichen Grund, aus dem man sich eine Maschine anschaut, die nicht mehr so funktioniert, wie sie sollte. Wenn Sie nicht wissen, was das Problem ist, können Sie es nicht beheben. Wenn natürlich jemand nicht daran interessiert ist, das Problem zu beheben, oder mit der Lage der Dinge völlig zufrieden ist, oder wenn er nicht der Ansicht ist, dass es überhaupt ein Problem gibt, dann möchte er sich unsere gegenwärtigen Umstände auch nicht genauer anschauen.

Sie wissen selbst, wo auf dieser Skala Sie sich befinden. Sie werden entscheiden, ob Sie das Kommende für wichtige Informationen halten, die Ihnen und Ihrer Welt helfen, oder ob das etwas ist, das Sie nicht interessiert.

Unser Erster Irrtum in Bezug auf das Leben

Der erste Fehler, den die Menschen machten, ist, sich vorzustellen, dass sie voneinander getrennt existieren.

Dieser Gedanke leitet sich aus der Vorstellung ab, dass die Menschen von Gott getrennt existieren.

Natürlich glaubt nicht jeder an die Existenz eines Gottes. Aber die überwiegende Anzahl derer, die daran glauben, ist der Überzeugung, dass er uns von sich abgespalten hat, aus Gründen, die nicht so ganz klar sind.

Wir wissen also nicht so genau, warum, aber wir wissen, dass Gott uns aus dem Paradies entfernt und hinunter auf die Erde geschickt hat, und da sind wir jetzt alle und versuchen, wieder zurückzugelangen.

Mag sein, dass ich das hier etwas vereinfacht darstelle, aber im Prinzip haben die meisten unserer Glaubenssysteme in Bezug auf Gott es so ausgedrückt. Manche Glaubenssysteme versuchen sogar zu erklären, warum das passiert ist. Sie sagen, Gott hat uns aus dem Paradies geworfen, weil unsere spirituellen »Eltern« (vermutlich Adam und Eva) gesündigt haben. Ihre Sünde war, dass sie es wagten, das Wissen von Gut und Böse zu erwerben – und somit gottgleich zu werden.

Diesen Hochmut ließ Gott nicht durchgehen, so wird es erzählt, und die ersten Menschen (und ihre gesamte Nachkommenschaft bis in alle Ewigkeit) wurden bestraft. So müssen wir nun in einer Umwelt von Gut und Böse leben, bis wir uns bessern. Wir müssen nach Vergebung für all unsere Übeltaten trachten, um dann in einen Bereich oder in eine letzte Wirklichkeit zurückkehren zu dürfen, wo nur das Gute existiert.

Was wirklich geschah

Okay, schauen wir uns jetzt an, was von alldem wirklich wahr ist. Die folgende Erörterung ist keine Umleitung, ich schweife auch nicht von unserem Hauptthema ab. Es ist außerordentlich wichtig, dass wir unsere Geschichte mit Gott klarkriegen, da sie unsere Vorstellungen von uns selbst und voneinander formt.

Weil wir denken, dass wir von Gott getrennte Wesen sind, stellen wir uns vor, dass wir in einem *Universum* der Trennung leben; dass dies in der Tat der grundlegende Aufbau der Dinge, die essenzielle Struktur, die fundamentale Anordnung und Grundnatur des Universums ist.

Das ist der am weitesten verbreitete und schädlichste Gedanke zugleich, den unsere Spezies je ersonnen hat. Und deshalb hat Gott sich so viel Zeit genommen, mir die Realität der Wirklichkeit, wie ich es nenne, zu erklären.

Mir wurde klargemacht, dass es in Gottes Reich drei Bereiche gibt. Die meisten Menschen, die an Gott glauben, stellen sich vor, dass es den Himmel gibt und die Hölle. Die Erde und irgendwelche anderen Teile des bekannten Universums gehören zur Kategorie des »physischen« Reiches, das Gott *erschaffen* hat. Himmel und Hölle hingegen denkt man sich als »*spirituellen* Bereich«, die »andere Welt«, die »andere Seite« usw.

Das ist die Struktur der Trennung, von der ich eben sprach. Dieses tragische Missverstehen der Natur der Dinge produzierte solche »Geschichten«, denen zufolge Gott uns aus dem spirituellen Bereich warf, in dem wir als spirituelle Wesen lebten. Nunmehr sind wir bis zu unserem Tod gezwungen, als physische Wesen im physischen Bereich zu leben. Danach kehren wir in den spirituellen Bereich zurück – und hoffentlich in den Teil, den man »Himmel« nennt, und nicht in den, der »Hölle« heißt – und verbringen dort den Rest der Ewigkeit.

Zentrales Thema der meisten Religionen dieser Welt ist die Frage, was der genaue Grund ist, warum unsere Spezies aus dem Himmelsparadies geworfen wurde, was der genaue Grund ist, warum der spirituelle Bereich auch einen Ort aufweist, den wir Hölle oder Unterwelt nennen, und was genau notwendig ist, damit wir uns nach unserem Tod ganz sicher an ersterem und nicht an letzterem Ort wiederfinden.

Mein Verständnis von alldem erfuhr nach meinen Gesprächen mit Gott eine einschneidende Veränderung. Mir wurde gesagt, dass Gott uns nicht aus dem Paradies »rausgeschmissen« habe. Es stimmt jedoch, dass jeder von uns den Bereich des Spirituellen verlassen hat und in den Bereich des Physischen eintrat. Unsere Seelen haben dies ganz freiwillig – und tatsächlich fröhlich – getan, als Bestandteil des Lebensprozesses an sich.

Nun beschreibe ich den Aufbau und den Prozess, wie Gott es mir mittels Metaphern erklärte, so dass der menschliche Verstand sie begreifen kann. Gehen wir Punkt für Punkt vor.

Ein neues Verständnis

1. Es gibt nicht zwei, sondern drei Bereiche im Reich Gottes, und der Ort, den wir Hölle nennen, gehört nicht dazu. Ein solcher Ort existiert in Wahrheit nicht.
2. Das Reich Gottes ist vom physischen Universum und von unserer Welt nicht getrennt, sondern schließt sie mit ein.
3. Die drei Bereiche des Reiches Gottes sind der Bereich des Spirituellen, der Bereich des Physischen und der Bereich des Reinen Seins. Der dritte Bereich kann ungefähr als die ersten beiden in Vereinigung beschrieben werden.
4. Sinn und Zweck der drei Bereiche ist es, dem Leben selbst (sprich Gott) drei Möglichkeiten zu bieten, wie es sich manifestieren und selbst erfahren kann; ein dreifaltiger Prozess, um sich vollständig kennenlernen und Ausdruck geben zu können.

Eines der größten Geheimnisse des Lebens ist, dass es ein Dreiklang ist. Die meisten von uns gehen davon aus, dass es ein Zweiklang ist, eine Dualität. Auch in unserem physischen Bereich denken wir uns die Dinge meist als schwarz und weiß, obschon es in Wahrheit auch das Grau gibt – der Teil, der beides ist. Wir sind zur Reife gelangt, wenn wir aufhören, alles als Absolutheiten zu sehen – schwarz und weiß, richtig und falsch, ja und nein, Stillstand und Bewegung, hier und dort, jetzt und dann usw. (Wir werden uns das in Kürze noch genauer ansehen.)

Eine Visualisierungsmethode

Vielleicht hilft es uns, die letztendliche Wirklichkeit zu verstehen, wenn wir sie uns als Dreieck denken. Stellen Sie sich jetzt gleich, während wir hier darüber sprechen, ein Dreieck vor.

Denken Sie sich die obere Spitze des Dreiecks als den Ort, wo sich der Bereich des Reinen Seins befindet. Der Winkel rechts unten bildet den Bereich des Spirituellen und der Winkel links unten den Bereich des Physischen.

Gut. Nun sehen Sie sich selbst als Seele (vielleicht stellen Sie sich einen Lichtfunken vor), die sich auf einer ewigen Reise um dieses Dreieck bewegt.

Sie beginnen bei der oberen Spitze des Dreiecks, reisen dann nach rechts unten, wo Sie eine Zeit lang bleiben und leuchten, bewegen sich dann hinüber nach links, wo Sie eine Zeit lang bleiben und leuchten. Dann schießen Sie wieder hinauf zur Spitze und entfalten sich in einem großartigen Feuerwerk. Einer der Lichtfunken aus diesem Feuerwerk fällt wieder hinab zur rechten unteren Ecke des Dreiecks, und die Reise der Seele beginnt aufs Neue.

Wie gesagt, das ist natürlich eine Metapher. Schauen Sie, ob Sie diese Vorstellung einfach nur zulassen können. Stellen Sie sich das als die heilige Reise der Seele vor, wobei diese Dreiecksbeziehung das ist, was manche Religionen die Heilige Dreieinigkeit nennen.

Kommen wir zu den nächsten Punkten in unserer Beschreibung.

5. Im Bereich des Spirituellen existieren alle Dinge in ihrer absoluten Form. Deshalb kann man diesen Bereich auch den Bereich des Absoluten nennen. In diesem Bereich gibt es nichts anderes als die Absolute Liebe, und es ist immer Hier und Jetzt. Das ist die Natur von Gottes Ewiger Essenz und der Existenz des Göttlichen.
6. Gott in seiner Gottheit wünschte jedoch mehr zu tun, als einfach nur zu existieren. Er hatte den Wunsch, sich selbst zu *erfahren.* Dazu musste Gott in seiner Gottheit etwas erfahren, das nicht es selbst war – denn ein jegliches Element braucht, um sich erfahren zu können, ein *gegensätzliches* Element.

In der Abwesenheit von »langsam« ist »schnell« nicht »schnell«.

In der Abwesenheit von »klein« ist »groß« nicht »groß«.

In der Abwesenheit »der Dunkelheit« ist »das Licht« nicht »das Licht«.

Sie verstehen. Damit ein Ding erfahren werden kann, muss sein Gegenteil existieren. Das nennt man das Gesetz der Gegensätze. Es ist eine Illusion im Reich des Physischen.

Das Illusorische daran ist der Gedanke, dass irgendetwas existieren kann, das *nicht* Gott ist. Dergleichen ist natürlich unmöglich, da nichts außerhalb von Das Was Ist existiert – und Das Was Ist ist nur ein anderer Name für Gott. Doch Gott *kann* in jeder Seiner Göttlichen Manifestationen die Erfahrung des *Vergessens* erzeugen und herbeiführen. Er hat dies durch das Erschaffen der Bewusstseinsebenen bewerkstelligt.

Das Maß an Bewusstheit eines jeden lebendigen Dings ist es, das ihm auf individuellen Ebenen ein Gewahrsein von der letztendlichen Wirklichkeit bringt.

Auf diese Weise kann Gott dahin gelangen, sich wieder selbst kennenzulernen, zu erkennen – und *sich selbst* so *zu erfahren*, wie er weiß, dass er ist. Das ist der Sinn und Zweck und die Funktion allen Lebens in all seinen Manifestationen.

Bitte noch einmal, wenn Sie so nett wären

Möglicherweise verlangen meine Ausführungen Ihnen gerade ein bisschen viel ab oder sind schwer nachzuvollziehen. Ganz gewiss war es so für mich, als mir diese Dinge zum ersten Mal in meinen Gesprächen mit Gott gesagt wurden. Lassen Sie also bitte Milde und Nachsicht walten und erlauben Sie mir, dies noch einmal auf eine etwas andere Weise abzuhandeln – manchmal werden die Dinge klarer, wenn man sie zweimal sagt.

Im Bereich des Spirituellen gab es nur das Alles Das Ist und nichts sonst. Wenn Gott die *Erfahrung machen* wollte, *wie* es ist, Gott zu sein, musste er etwas anderes finden, mit dem er sich vergleichen konnte. Doch das war unmöglich, weil da nichts anderes *war* als Gott. Gott ist alles, was es gibt.

Da Gott nichts finden konnte, das von ihm selbst getrennt war, tat Gott das Nächstbeste. Er teilte sich in seine eigenen Bestandteile auf und versah dann diese Teile mit verschiedenen Ebenen seiner Essenziellen Energie (wir werden das Bewusstsein nennen). So konnte jedes dieser Elemente auf das Ganze zurückblicken und es in seiner Herrlichkeit und Großartigkeit kennenlernen: durch das *Erfahren* der Beziehung all seiner Teile, so wie diese Das Ganze in *Graden* zum Ausdruck bringen. Anders ausgedrückt: Bewusstsein ist die Fähigkeit, auf die Welt der Illusion zu blicken und darin die Letztendliche und Einzige Wirklichkeit zu sehen.

Tatsächlich gibt es keine Gegensätze

Die Wahrheit ist, dass es in der Letztendlichen Wirklichkeit keine »Gegensätze« gibt. Es gibt nur das, was Gegensätze zu sein *scheinen.* Was wir das – augenscheinliche – Gegenteil von etwas *nennen,* ist nur Ein Ding in *Ausdrucksgraden.*

Um ein perfektes Beispiel anzuführen: Was wir »heiß« und »kalt« nennen, bildet keinen Gegensatz – das heißt, es sind nicht zwei völlig verschiedene Dinge. Es ist dasselbe Ding, das sich in *Graden* von etwas ausdrückt, das wir Temperatur nennen.

Auf genau dieselbe Weise bringt Gott – das Eine Ding Das Ist – sich in unterschiedlichen Graden zum Ausdruck, indem er sich in Teile unterteilt, die kleiner sind als das Ganze.

Dies geschieht durch den Prozess der Physikalisierung oder, wie man es auch beschreiben könnte, durch eine Bewegung des Ganzen von der Spiritualität hin zur Körperlichkeit. Diese Bewegung durch den Korridor oder Durchgang von einem Bereich zum anderen (denken Sie daran, dies ist eine Metapher) bewirkt, dass das Ganze sich teilt, ähnlich wie weißes Licht, durch ein Prisma geleitet wird, sich in seine Bestandteile aufteilt, die wir *Farben* nennen.

Was wir als die verschiedenen und vielfachen Elemente des physischen Universums beschreiben, ist nichts anderes als die Farben auf der Palette Gottes. Der Bereich des Physischen, der Körperlichkeit, ist das, *wo Gott sich hinwendet, um sich selbst zu erfahren.*

Wir sehen also, dass die Unterteilung und nicht die Trennung die Essenzielle Struktur der Dinge ist. Unterteilung und Trennung sind nicht dasselbe.

Sie brauchen nur auf Ihre Hand zu blicken, um das sogleich konkret zu erfahren. Wie Sie sehen, sind Ihre Finger zwar unterteilt, und ein jeder hat seine individuellen Merkmale und seine Funktion, doch sind sie in keiner Weise von der Hand getrennt – ebenso wenig wie Ihre Hand vom Körper getrennt ist.

Und so sind auch Sie nicht vom Körper Gottes getrennt.

Zwar können Sie die Verbindung zwischen Ihnen und Gott nicht mit Ihren Augen sehen, wie Sie zum Beispiel auch Infrarotlicht nicht sehen können, aber Sie sind energetisch verbunden und können diese Verbundenheit *fühlen,* so wie Sie Infrarotlicht als Wärme wahrnehmen können. Für den Energietransfer zwischen Ihnen und der Infrarotheizung bedarf es keines körperlichen Kontakts oder Mediums. Und Infrarotheizungen können sowohl in einem Vakuum als auch in einer Atmosphäre betrieben werden. Wir sehen hier also eine perfekte Metapher für Gott. Auch Gottes Energie kann ohne körperlichen Kontakt – und durch ein als Universum bekanntes Vakuum hindurch – übertragen werden. Wenn Sie also Infrarotlicht für ein Wunder halten, dann warten Sie ab, bis Sie *Gott* umfassender verstehen (von umfassender fühlen gar nicht zu reden)!

Wie an früherer Stelle versprochen, wird das Einssein von Allem gegen Ende des Buches eingehend erkundet, wenn wir die *GmG*-Kernbotschaft 1 untersuchen. Da werden wir uns genau anschauen, wie und warum die Menschen einstmals überhaupt auf die Idee der Trennung (und der Trennung von »Gott«) kamen. Das ist faszinierend und lässt uns verstehen, wie unsere Ursprungsgeschichte entstand und warum wir sie uns zu eigen machten. Dies geschah auf der Basis unserer begrenzten Fähigkeit, die Umwelt zu analysieren und zu begreifen. Die Tragödie ist, dass wir uns diese Geschichte ständig *wieder erzählt* haben, ohne sie zu *überarbeiten.*

Jetzt im einundzwanzigsten Jahrhundert erkennen wir endlich, dass es unser erster Fehler war zu denken, dass Gott *uns* von Gott *getrennt* hat – wohingegen Gott sich ganz einfach nur *selbst aufgeteilt* hat.

Unser Zweiter Irrtum in Bezug auf das Leben

Nachdem wir völlig (und fälschlicherweise) akzeptiert haben, dass wir von Gott getrennt sind und somit in einer Kosmologie der Trennung leben, in der wir alle voneinander getrennt sind, haben wir für uns die Erfahrung geschaffen, dass »nicht genug« da ist von dem, was wir unserem Gefühl nach brauchen, um glücklich zu sein.

Solange wir dachten, dass es nur Einen von uns gibt, war der Gedanke des Mangels gar nicht möglich. Wenn du in den nächsten zwanzig Jahren mit keinem anderen interagieren musst (wenn du dich zum Beispiel in Einzelhaft befindest), dann ist immer genug Zeit da. Und wenn du mit keinem anderen teilen musst, dann ist immer genug da von dem, was du für deine Existenz brauchst, was immer es auch sei. Wenn nicht genug da wäre von dem, was du für deine Existenz brauchst, würdest du nicht existieren. Also ist die Tatsache, dass du existierst, der Beweis dafür, dass du genug hast.

Wenn du aber denkst, dass es mehr als Einen von dir gibt, dann hast du vielleicht das Empfinden, dass deine Existenz bedroht ist, und zwar in dem Maße, wie du dir vorstellst, dass Das Was Nicht Du Ist dir das nehmen oder das benutzen wird, was du für deine Existenz brauchst.

Dann wird das Leben zum Kampf, du kämpfst mit dem anderen um die Existenz.

Das ist eine präzise Beschreibung des Lebens auf Erden, so wie wir es erschaffen haben. Das ist genau das, was wir erfahren haben – und weiterhin erfahren, ganz unabhängig von unseren technologischen Errungenschaften, unseren medizinischen Wundern und unseren wissenschaftlichen Entdeckungen.

Es spielt keine Rolle, wie glanzvoll unsere Fortschritte sind. Wir werden ewig miteinander konkurrieren – manchmal gnadenlos, ein Konkurrenzkampf bis in den *Tod* – solange wir uns einbilden, dass *nicht genug* da ist von dem, was wir brauchen, um glücklich zu sein oder zu überleben. Und wir werden uns *immer* einbilden, dass nicht genug da ist, solange wir mit verbissener Entschlossenheit an unserer Geschichte von der Trennung festhalten.

Die Parabel vom Festtagsmahl

Denken Sie an ein Mahl, das Sie zu besonderen Festtagen auf den Tisch bringen. In den USA und Kanada könnte das Thanksgiving sein. In Deutschland Heiligabend oder der erste Weihnachtsfeiertag. In Korea der Neujahrstag. Praktisch jede Kultur hat ihre Festtage, an denen es etwas besonders Gutes zu essen gibt.

Nun stellen Sie sich vor, Sie sitzen mit all Ihren Lieben bei einem dieser Festtagsmahle, als es an der Tür klopft. Es ist ein geliebter Onkel mit seiner Frau und seinen sechs reizenden Kindern. Er war in der Welt unterwegs und hat seit Jahren nicht mehr an diesem Beisammensein teilgenommen, doch dieses Jahr hat er wieder davon gehört und in letzter Minute beschlossen zu kommen. Er fragt bescheiden, ob sie sich dazugesellen dürfen.

Als Gastgeberin ist Ihnen klar, dass Sie nur für eine bestimmte Anzahl von Leuten Vorbereitungen getroffen haben. Würde genug für alle da sein? Der Gedanke währt nur einen Augenblick. Natürlich wird es für alle reichen. Man muss nur teilen. Sie heißen den Onkel und seine Familie mit offenen Armen willkommen, alle sind glücklich, sie zu sehen. Das Essen wird in etwas kleinere Portionen aufgeteilt. Niemandem fällt das auf, und in Wahrheit ist es auch allen egal. Schließlich *ist dies Familie.*

Nun verändern Sie das Bild. Es ist dasselbe Festtagsmahl. Dasselbe Klopfen an der Tür. Aber draußen steht ein völlig Fremder, in zerschlissenen Klamotten, mit seiner Frau und seinen sechs Kindern, gleichermaßen schmuddelig. Er sagt, er habe den warmen Lichtschein im Fenster gesehen, und er fragt, ob er an dem Festmahl teilnehmen könnte.

Ihre Reaktion?

Natürlich laden Sie alle ein hereinzukommen. Sie heißen sie mit offenen Armen willkommen. Schließlich *ist dies Familie …*

… es sei denn, sie ist es nicht. Es sei denn, Sie betrachten sie als Eindringlinge, Störenfriede, Plagegeister, Fremdlinge, Aliens, ungeladene Gäste. In diesem Fall könnte sehr wohl das Gefühl aufkommen, dass es angesichts dieser vollkommen fremden Leute nicht für alle reicht. Sie geben ihnen vielleicht aus Barmherzigkeit ein wenig zu essen und schicken sie dann wieder weg, aber Sie werden nicht Leute an Ihrem Tisch Platz nehmen lassen, die dort keinen »Platz« haben, weil Sie sie gar nicht kennen und sie nicht »Familie« sind.

Wir haben einander auf diesem Planeten Schlimmeres angetan. Und alles nur aufgrund des Gedankens, dass *nicht genug* da ist, weil wir voneinander getrennt und nicht »Familie« sind, es sei denn, wir sind Blutsverwandte.

Unser Dritter Irrtum in Bezug auf das Leben

Weil wir davon überzeugt sind, dass nicht genug da ist von dem, was wir brauchen, um auf diesem Planeten überleben und glücklich sein zu können, mussten wir eine Methode ersinnen, um das Zeug Von Dem Nicht Genug Da Ist so fair wie möglich aufzuteilen.

Dazu haben wir die Methode namens Wettbewerb oder Konkurrenz ersonnen. Wir beschlossen, einen Prozess in Gang zu setzen, anhand dessen fair entschieden und bestimmt werden kann, wer es *verdient,* das Zeug Von Dem Nicht Genug Da Ist zu haben. Es geht darum, *es sich zu verdienen,* erklärten wir. Das Zeug sollte nicht einfach an alle verteilt werden, bloß weil sie existieren.

Die Existenz von jemandem ist keine ausreichende Qualifikation dafür, dass er es wert ist, *weiterhin* zu existieren. Man muss seinen Wert begründen, rechtfertigen.

Kinder sind die Ausnahme. Kinder sind es wert, einfach weil sie Kinder sind und man von ihnen nicht erwarten kann, dass sie ihren Wert erbringen, indem sie etwas Nützliches beitragen und somit einiges von dem Zeug Von Dem Nicht Genug Da Ist *produzieren.* Sie bekommen automatisch etwas davon.

(Oder? Wie wir bereits angemerkt haben, sterben stündlich fast siebenhundert Kinder auf der Erde an Nahrungsmangel.)

Doch an welchem Punkt im Leben hört das automatische »Wertsein« auf und nimmt das verdiente »Wertsein« seinen Anfang? In früheren Tagen wurde die Arbeit eines Kaminkehrers normalerweise von verwaisten Straßenkindern verrichtet, die in die versotteten Kaminschächte klettern und sie sauber kratzen mussten, sonst bekamen sie nichts zu essen. Auch heute noch ist Kinderarbeit weiter verbreitet, als man glauben möchte, dass eine fortgeschrittene Zivilisation es zulässt.

Wir haben schon früh gelernt, dass wir auf irgendeine Weise zur Produktion von dem Zeug Von Dem Nicht Genug Da Ist beizutragen haben – und dass wir dann um das, was wir produziert haben, *konkurrieren* müssen. Und so verdienen die Arbeiter in vielen Fabriken nur einen Bruchteil von dem, was ihre Chefs bekommen.

Unser Konkurrenzsystem hört nicht bei materiellen Gütern und Gewinnen auf. Wir haben uns auch eingeredet, dass wir um Gott konkurrieren müssen. Diese speziellen Formen von Konkurrenz nennen wir »Religionen«.

Wie bei allen anderen Konkurrenzbereichen gilt auch hier: *Der Sieger bekommt die ganze Beute.*

Wer nicht dem jeweils letzten Standard entsprechen kann, den die Gesellschaft für das »Wertsein« festgesetzt hat, wird »Verlierer« genannt. So hat sich die Menschheit selbst in zwei Hälften aufgeteilt. Es gibt die Gewinner und die Verlierer.

Heute halten 5 Prozent der Weltbevölkerung fast 95 Prozent des Reichtums und der Ressourcen der Welt in ihren Händen oder unter ihrer Kontrolle. *Und die meisten dieser 5 Prozent halten das für vollkommen richtig.* Schließlich haben sie es sich *verdient.*

Der Dominoeffekt

Der Irrtum, dass wir miteinander konkurrieren müssen, um uns unser »Wertsein« zu verdienen, damit wir an der Fülle der Welt teilhaben dürfen, gründet sich auf den vorausgegangenen Irrtum, dass nicht genug da ist für alle. Er besagt, dass es einfach nicht genug von dieser Fülle gibt, damit es für alle reicht, und dass es gar keine Fülle ist, sondern Defizit, Mangel, Kargheit. Diese Vorstellung geht wiederum aus dem Irrtum hervor, dass wir voneinander getrennt existieren, nicht Eine Familie sind, nicht Eine Essenz, nicht Ein Seinswesen.

Wenn wir die Vorstellung vom Getrenntsein einfach aufgeben würden, würde der Irrtum vom Mangel fallen. Wenn wir die Vorstellung vom Mangel einfach fallen ließen, würde der Irrtum, dass Konkurrenz notwendig ist, fallen.

Ich nenne diese Irrtümer die Dominosteine der Menschheit. Sie fallen einer nach dem anderen um und führen den totalen Kollaps herbei.

Unser Vierter Irrtum in Bezug auf das Leben

Als die Gesellschaft sich in Gewinner und Verlierer aufspaltete, schuf sie den Gedanken, die erste Gruppe sei »besser« als die zweite. Durch das wunderbare Verfahren des Zirkelschlusses folgerte sie daraus, dass das »Bessersein« der Grund dafür war, dass die Mitglieder der ersten Gruppe zu den Gewinnern gehörten. Sie *verdienten* es.

Die Weißen *verdienten* es, Gewinner gegenüber den Farbigen zu sein, weil sie besser sind. Die Männer *verdienten* es, die Gewinner gegenüber den Frauen zu sein, weil sie besser sind.

Die Heteros *verdienten* es, die Gewinner gegenüber den Schwulen zu sein, weil sie besser sind. Und diese Gruppen waren nicht aus menschlichen Gründen besser, sie waren *besser in den Augen Gottes.*

So *rechtfertigten* wir unsere offensichtlich empörenden Beurteilungen in Bezug auf die Qualifikationen und den menschlichen Wert in unserer Gesellschaft.

Gott war es, der sagte, dass Weiße den Schwarzen überlegen sind. Fragen Sie die Mormonen, deren Führer Mitte des neunzehnten Jahrhunderts erklärten, dass die Schwarzen nicht qualifiziert seien, Laienpriester zu werden, weil sie einer minderwertigen Rasse angehören. (Zu ihrer Ehre sei gesagt, dass die Mormonen dieses Dogma 1978 verwarfen und aufhoben.)

Gott war es, der sagte, dass Männer den Frauen überlegen sind. Fragen Sie Tausende von Klerikern auf der Welt, die immer noch an diese Doktrin glauben und sie predigen. (Zu ihrer Ehre sei gesagt, dass Tausende von Klerikern solche Vorstellungen auch verworfen und abgelehnt haben.)

Gott war es, der sagte, dass die Heteros den Schwulen überlegen sind, weil gleichgeschlechtliche Sexualität, so hat Gott erklärt, eine Abscheulichkeit ist. Fragen Sie irgendeinen Fundamentalisten innerhalb praktisch jeder Religion auf Erden. (Zu ihrer Ehre sei gesagt, dass viele religiöse Menschen auf der Welt diese Gedanken seither verworfen und abgelehnt haben.)

Zu einer Zeit – nicht vor Tausenden von Jahren, sondern *als ich ein Kind war* – dachte man auch, Linkshändigkeit sei ein Zeichen des Teufels und Ehen zwischen Partnern, die unterschiedlichen Rassen oder Konfessionen angehören, sollten verboten werden.

Katholiken dachten, dass nur Katholiken in den Himmel kommen. Die Zeugen Jehovas hingegen sagten, dass nur 144 000 ihrer Anhänger sich zu Gott im Himmel gesellen werden, während der Rest derer, die an Jesus glauben, ein gottgefälliges Leben führen und den Glauben predigen, das Paradies auf Erden genießen werden. Und viele Juden erklärten, Gottes auserwähltes Volk zu sein.

Wir sehen also, dass eine Menge Leute glaubten, was die Überlegenheit der einen Menschen über die anderen angeht, sei es »auf Erden wie im Himmel« – manche Leute seien in den Augen Gottes schlichtweg besser.

Nur wenige Vorstellungen haben unserer Spezies noch mehr Schaden zugefügt. Tatsächlich ist es so, dass dieser Gedanke dem allergrößten Irrtum in Bezug auf das Leben moralische Legitimation verliehen hat …

Unser Fünfter Irrtum in Bezug auf das Leben

Mehr Menschen, als man glauben möchte, sind sich ziemlich sicher, dass es in Ordnung ist, die durch all die anderen Irrtümer bewirkten Meinungsverschiedenheiten unter den Menschen dadurch zu lösen … dass man sich gegenseitig umbringt.

Woher kommt eine solche Vorstellung? Lesen Sie die Bibel und halten Sie einen Taschenrechner bereit. Diese spezielle Heilige Schrift berichtet uns, dass über eine Million Menschen durch die Hand oder auf Befehl Gottes umgebracht wurden. Oder schauen Sie sich die muslimische Tradition an, die zum gewaltsamen Aufbau eines Weltreichs im Namen Allahs aufruft.

Wir wissen, dass Papst Urban II. 1095 einen zweihundert Jahre währenden Krieg anzettelte, bei dem Hunderttausende – zumeist Muslime – den Tod fanden, der Krieg ist bekannt als die Kreuzzüge.

Viele Menschen starben auch infolge der islamischen Eroberungszüge, die zum Ziel hatten, das größte spirituelle/politische Reich zu erschaffen, das die Welt je gesehen hatte, und die an verschiedenen Orten der Welt von 634 bis ins frühe neunzehnte Jahrhundert stattfanden.

Der Moralkodex wird erweitert

In moderneren Zeiten haben die meisten Menschen sich dagegen verwahrt, dass Gruppen oder Länder töten, nur um den eigenen Willen durchzusetzen oder ein Reich aufzubauen. Das Ergebnis: Heutzutage werden alle derartige Attacken Selbstverteidigung genannt. Das erlaubt der Spezies Gräueltaten im Namen eines Moralkodex zu rechtfertigen, den die meisten Menschen akzeptieren: Es ist aus ethischer oder spiritueller Sicht in Ordnung, sich selbst zu verteidigen und dabei einen anderen zu töten.

Nun sind Teile der Menschheit noch einen Schritt weiter gegangen. Sie haben erklärt, dass ein *präventiver Erstschlag* eine akzeptable Methode der Selbstverteidigung sei. Das heißt, es ist absolut zulässig, Menschen in anderen Ländern anzugreifen und umzubringen, bevor sie Menschen in deinem Land angegriffen und umgebracht haben, wenn es so aussieht, als hätten sie das in Zukunft vor und warteten nur auf den richtigen Zeitpunkt.

Das ist eine erweiterte Version des neueren Moralkodex, der bereits die Grenzen der Akzeptanz des Tötens über vormalige Grenzen hinweg ausdehnt.

Große Bereiche der menschlichen Kultur werden in zunehmendem Maße und über verschiedene Kanäle, von Kinofilmen über Fernsehprogramme bis hin zu Videospielen, überschwemmt mit Botschaften, die besagen, dass Gewalt und Töten nicht nur Mittel zur Selbstverteidigung sind, sondern auch Werkzeuge der Wut und Rache, der Einschüchterung und Bedrohung, des sich Durchsetzens und der Rebellion.

Das Töten als Mittel zur Lösung eigener Probleme oder aus Groll ist weiter verbreitet als je zuvor. Es wird vermehrt nicht als entsetzliche letzte Zuflucht betrachtet, sondern als ein erster Handlungsakt der Mächtigen.

Doch tun wir gut daran, wieder einen Schritt zurückzutreten und den Dominoeffekt zu beobachten. Es ist unser Gedanke, dass wir voneinander getrennt sind, der auch nur für einen Moment den Gedanken in uns aufkommen lässt, einem anderen Gewalt anzutun. Das ist die Erste Ursache, und wir erkennen sie entweder nicht oder weigern uns, sie anzuerkennen.

Wenn wir dächten, Wir Sind Alle Eins und das, was wir einem anderen antun, tun wir uns selbst an, dann kämen wir nie auf die Idee, unsere Meinungsverschiedenheiten mit Gewaltanwendung oder Töten lösen zu wollen. Was wir bisher nicht sehen wollten, ist der Kreislaufeffekt – und die Handlungen, zu denen er führt. Wir waren für die Tatsache blind, dass das, was wir aussenden, auch wieder zu uns zurückkommt. Oder schlimmer noch, wir sehen es, aber es ist uns egal.

Einstein machte die Beobachtung, dass ein Problem nicht unter Verwendung derselben Energie gelöst werden kann, die das Problem erzeugt hat. Doch wir versuchen weiterhin, Gewalt mit Gewalt, Töten mit Töten, Ungerechtigkeit mit Ungerechtigkeit zu beenden. Wir begegnen Hass mit Hass, Wut mit Wut, Verachtung mit Verachtung.

Irgendwo muss diesem Kreislauf ein Ende gesetzt werden. Es geht nicht um »Auge um Auge, Zahn um Zahn«, es geht um eine ganz andere Schrift: »Liebe deine Feinde und bete für deine Verfolger.«

Oder vielleicht geht es um ein noch neueres Evangelium: »Wir sind alle Eins. Unser Weg ist kein besserer Weg, es ist nur ein anderer Weg.«

ANWENDUNG DIESER BOTSCHAFT IM ALLTAG

Die Fünf Irrtümer in Bezug auf das Leben können von jedermann überwunden werden, aber es braucht Geduld, Mut und wirkliche Entschlusskraft. Denn die falschen Vorstellungen darüber, wie »es sich verhält« auf diesem Planeten Erde, sind tief in der Menschheitskultur verwurzelt. Kurz gesagt, *wir halten diese Dinge für wahr.*

Dazu kommt, dass die Erfahrungswelt unserer Spezies diese Vorstellungen absolut unterstützt. Doch Sie sind nun eingeladen, völlig andere Vorstellungen, denen momentan nur sehr wenige andere Leute zustimmen, für unsere Wahrheit zu halten.

Das bringt uns zur ersten Sache, die Sie tun können, um die *GmG*-Kernbotschaft 23 in Ihrem Leben konkret anzuwenden.

- Finden Sie andere Menschen, die Ihre Sicht auf das Leben verstehen und darin mit Ihnen übereinstimmen. Oder Menschen, die Sie in Ihren Entscheidungen in Bezug auf die Wahrheiten, die Sie sich zu eigen machen möchten, unterstützen, auch wenn sie nicht damit übereinstimmen.

Ich halte es für sehr wichtig zu begreifen, dass es völlig in Ordnung ist, wenn Ihre Wahrheit das ist, was sie Ihrer Aussage nach ist, statt das, was sie nach Aussage anderer ist. Darin liegt einer der Schlüssel zur Veränderung Ihres Lebens. Ein *wesentlicher* Schlüssel. Ich kann das gar nicht oft genug betonen, wenn ich mit kleinen Gruppen und Einzelpersonen arbeite, die ihre alltäglichen Erfahrungen so verändern möchten, dass sie zu einer gewaltigen Verbesserung ihres Daseins führen.

Wir haben auf diesem Planeten schon viel zu lange nach den Regeln irgendeines anderen gelebt. Nach den Regeln *eines jeden* anderen. Das wäre ja nicht so schlimm, wenn sie funktionierten. Doch das tun sie nicht.

Wie ich hier schon mehr als einmal sagte, funktioniert keine dieser Regeln, weder im politischen noch im ökonomischen, im ökologischen, im erzieherischen, im sozialen oder im spirituellen Bereich. Nicht eine dieser Regeln bewirkt das Ergebnis, das sie nach Aussage derer, die die Regeln aufstellen, bewirken soll. Wie schon gesagt, führen diese Regeln sogar das genaue Gegenteil herbei. Und dennoch – und das ist noch trauriger – *spielen wir weiterhin nach diesen Regeln.*

Jetzt ist klar, dass jemand die Regeln ändern muss. Und es sieht so aus, als wären Sie das. Und ich. Und wir.

Wir werden näher darauf eingehen, wenn wir über die *GmG*-Kernbotschaft 17 sprechen, die besagt, dass es so etwas wie die Absolute Wahrheit nicht gibt. (Was uns wiederum zur Frage führt: Ist das absolut wahr?) Für jetzt aber sollen Sie einfach wissen, dass es für Sie wichtig ist, in eine Energie einzutauchen, die sich mit Ihrer Energie in Einklang befindet.

Beachten Sie, dass es nicht die gleiche Energie sein muss wie die Ihre, sie muss aber passen, muss im gleichen Raum existieren können, ohne dass es zu einer gewaltsamen Störung oder einer Opposition kommt, die eine größere Blockade bildet.

Das Leben – *alles* Leben – besteht aus Energie. Energie erschafft alles, produziert alles, beinhaltet alles, bringt alles zum Ausdruck, ist alles. Und Energie nimmt Einfluss auf sich selbst. Das heißt, Energie hat *Auswirkung* auf Energie und verändert sie.

Wie Energie Energie verändert, hängt von den jeweils interagierenden Energien ab. Alles dreht sich darum, *welche* Energien sich da vermischen. Das sind die besten Nachrichten, die Sie erhalten können, denn das ist etwas, das Sie kontrollieren können. Die Energien in Ihrer Außenwelt können Sie nicht völlig kontrollieren, aber die Energien in Ihrem Innern schon – und da finden sich die Macht und Kraft.

Die Energien in Ihrer Außenwelt können Sie bis zu einem gewissen Grad kontrollieren, darüber möchte ich später sprechen, also bleiben Sie dran. Wir werden hier eine Menge Boden beackern. Für den Moment kontrollieren Sie die Energie in Ihrem Umfeld so weit, wie es Ihnen möglich ist.

Sollten Sie in Ihrem gegenwärtigen täglichen Umfeld nicht von harmonischen Energien umgeben sein, dann haben Sie drei Möglichkeiten. Sie können (a) das Umfeld, in dem Sie momentan viel Zeit verbringen, anpassen, verändern, (b) ein neues oder alternatives Umfeld schaffen und dort Zeit verbringen oder (c) Ihr gegenwärtiges Umfeld ganz verlassen und in ein anderes umsiedeln.

Hier sind ein paar Vorschläge im Zusammenhang mit diesen Gedanken:

- Laden Sie den oder die Menschen, mit dem oder denen Sie zusammenleben, ein, Ihre Gedanken und Ideen über das Leben regelmäßig zu erkunden und zu diskutieren. Sie wollen nicht nur ein- oder zweimal im Jahr darüber sprechen, wenn Unzufriedenheit zu Streit führt.
- Bitten Sie die Menschen in Ihrem Umfeld, Sie bei Ihrer Reise und beim Leben Ihrer Wahrheit zu unterstützen. Um es ihnen leichter zu machen, schlagen Sie vor, wie sie dies konkret tun können.
- Finden oder gründen Sie eine Diskussionsgruppe mit Personen außerhalb Ihres täglichen Umfelds, die Ihren Standpunkt in Bezug auf das Leben teilen und ihn leben. Organisieren oder besuchen Sie regelmäßige Treffen der Gruppe, um emotionale und spirituelle Unterstützung zu geben und zu bekommen. (Das könnte eine Kirche des Neuen Denkens in Ihrer Gemeinde sein oder einfach nur ein kleiner Kreis von Bekannten, die sich regelmäßig treffen – oder beides.)
- Nutzen Sie das Internet, um sich mit gleichgesinnten Menschen in Verbindung zu setzen und sich darüber auszutauschen, wie unsere jeweilige Erfahrungswelt aussehen könnte, wenn wir die Fünf Irrtümer in Bezug auf das Leben fallen lie-

ßen und uns neue Wahrheiten in Bezug auf das Getrenntsein, den Mangel, die Konkurrenz, den Überlegenheitsgedanken und die Konfliktlösung zu eigen machten. Denken Sie daran: Etwas zu formulieren und mitzuteilen hilft die Gedanken zu klären. Bekommen Sie mehr Klarheit über Ihren Standpunkt, indem Sie ihn formulieren und sich darüber mit anderen austauschen. Es gibt Websites, die speziell für eine solche Interaktion entwickelt wurden, zum Beispiel www.TheGlobalConversation.com.

- Führen Sie eine Mängelliste und vermerken Sie jedes Mal, wenn Sie glauben, von etwas nicht »genug« zu haben, was dieses Etwas ist. Schauen Sie sich dann sehr genau an, *warum Sie meinen, mehr davon zu brauchen* – und wie es aussehen würde, davon »genügend« zu haben. Fragen Sie sich, wie Sie es bislang geschafft haben, ohne dieses »Genug« zu überleben, und stellen Sie sich dann die Frage: »Was hat ›genug davon‹ mit dem wahren Grund für mein Dasein auf Erden zu tun?«
- Gehen Sie sicher, dass Sie sich über den wahren Grund Ihres Daseins auf Erden absolut klar sind. Vielleicht möchten Sie *Was wirklich wichtig ist* und andere Texte der *Gespräche mit Gott*-Kosmologie lesen, um hier zu einem tieferen Verständnis zu kommen.
- Legen Sie sich ein Heft zum Überlegenheitsgedanken an. Verfassen Sie nach und nach Texte über alle Menschen, denen Sie sich zum einen oder anderen Zeitpunkt Ihres Lebens überlegen gefühlt haben. Schreiben Sie einen kurzen Text über jede Person oder Gruppe (z. B. »Fundamentalisten«, »Konservative«, »die heutige Jugend«, »die Familie meines Mannes«, *wer auch immer*) und erklären Sie, warum Sie sich überlegen gefühlt haben und was Sie dazu veranlasst hat, Ihre Meinung zu ändern. Wenn Sie Ihre Ansicht nicht geändert haben, dann fragen Sie sich, was sich *vielleicht* ändern

könnte, wenn Sie Ihre Vorstellung, irgendwie »besser zu sein« als diese andere Person oder Gruppe, fallen ließen. Seien Sie sich selbst gegenüber ehrlich. Niemand schaut zu, und niemand liest in Ihrem Heft.

- Erstellen Sie eine Liste von den Dingen, die Sie in einer Person sehen, die Sie missbilligen, und die Sie auch in sich selbst erkennen. Gehen Sie so nacheinander alle Menschen durch, die Sie nicht mögen (oder mit denen Sie zumindest nicht viel Zeit verbringen möchten – was, wenn Sie ehrlich sind, vielleicht auf dasselbe hinausläuft).
- Laden Sie Ihre Diskussionsgruppe ein, gemeinsam als Übung mindestens fünf Möglichkeiten zu entwickeln, wie aus Ihrer Sicht in Fällen von gravierenden Meinungsverschiedenheiten zwischen Nationen oder Menschengruppen innerhalb einzelner Nationen Gewalt oder Krieg umgangen werden könnten. Schauen Sie, wie viele dieser Herangehensweisen sich in Ihrem Leben anwenden lassen.
- Bitten Sie Ihre Diskussionsgruppe, Texte für eine Neue Kulturgeschichte der Menschheit zu verfassen, und zwar für folgende Bereiche: Politik, Wirtschaft, Ökologie, Erziehungs- und Ausbildungswesen, Gesellschaft und Spiritualität. Diskutieren Sie diese Texte in der Gruppe und schauen Sie, ob Sie zu einem inhaltlichen Konsens gelangen können. Achten Sie darauf, wie die Gruppe Meinungsverschiedenheiten angeht und löst. Bringen Sie Ihre endgültige Textfassung als Vorschlag für eine Neue Kulturgeschichte der Menschheit ein unter www.TheGlobalConversation.com.

9

In *Gespräche mit Gott* wird ganz klar der Standpunkt vertreten, dass die Vorstellung, welche die Menschen vom Wesen Gottes haben, beim Erschaffen vieler großer Probleme der Menschheit eine wesentliche Rolle spielt.

Wir haben schlichtweg keine Ahnung, wer und was Gott ist, was Gott haben möchte, was passiert, wenn wir es nicht liefern, was passiert, wenn wir es liefern, und was irgendetwas von alldem mit dem Leben auf Erden zu tun hat.

Seit Tausenden von Jahren versuchen wir das herauszufinden, und wir scheinen auch heute der Antwort nicht näher zu kommen als zu Zeiten von Laotse, Mahāvīra oder Buddha, Moses, Christus oder Mohammed, Bahá'u'lláh oder Joseph Smith. Auch in all der Zeit, da jene uns ihre jeweiligen Antworten brachten, konnten wir in diesen Fragen zu keiner Übereinkunft, zu keinem Konsens gelangen.

Das ist der Grund dafür, dass sich die Welt in der Situation befindet, in der sie heute ist: unfähig, sich selbst politisch zu regieren, unfähig, sich selbst wirtschaftlich zu unterstützen, unfähig, sich ökologisch zu bewahren, unfähig, ihr Erziehungs- und Ausbildungswesen zu verbessern, unfähig, sich gesellschaftlich zu vereinen, und unfähig, sich spirituell weiterzuentwickeln.

Wir leben auf einem Planeten, der angefüllt ist mit Mangel und Leiden, Wut und Gewalt, Morden und Kriegen. Und wir schütteln betrübt unsere Häupter und verkünden, dass wir nicht wissen, warum das so ist. Wir wissen nicht, was es braucht, um die Dinge zu ändern. Wir können das Patentrezept nicht finden, wir haben keine Antworten, wir sind nicht fähig, Lösungen für unsere ältesten und größten Probleme beizubringen. Nachdem alles gesagt und getan ist, haben wir schlichtweg nicht die Fähigkeit, das zu erschaffen, was wir unserer Aussage nach haben wollen: Frieden, Wohlstand, Chancen, Sicherheit, Würde, Gesundheit, Freude, Glück und Liebe für alle.

Es ist nicht so, dass uns keine Lösungen angeboten oder Vorschläge gemacht worden wären. Das geschah. Immer und immer wieder. Auch hier und jetzt werden uns wieder einmal Antworten angeboten. Doch diese Antworten unterscheiden sich von denen, die wir zuvor am häufigsten hörten. Ja, in manchen Fällen widersprechen sie direkt jenen früheren Lehren. Dennoch sind es keine neuen Antworten, keine neuen Ideen, sondern es sind ganz einfach Gedanken über all das, was in der Vergangenheit abgelehnt wurde.

Vielleicht ist es an der Zeit, diese unsere Ablehnung neu zu überdenken – und diese Ablehnung abzulehnen. Vielleicht ist es an der Zeit, diese Ideen aufs Neue zu erkunden angesichts der Tatsache, dass die Lehren, die wir so entschlossen übernommen haben und die wir keinesfalls abändern, überarbeiten oder ergänzen wollen, dass diese Lehren total darin versagt haben, das zu produzieren, was sie versprachen.

Vielleicht ist es an der Zeit, darüber nachzudenken, ob es angesagt wäre, unsere früheren Konzepte zu erweitern und eine sehr viel differenziertere und verfeinerte Geschichte über Gott herauszubilden.

Aber warum sind unsere Vorstellungen über die Natur und das Wesen Gottes so wichtig? Warum spielt das irgendwie eine Rolle? Wir sagten es bereits und werden es wieder sagen: Weil unsere Gedanken und Vorstellungen über uns selbst und das Leben von unseren Gedanken und Vorstellungen über Gott geformt werden. Eines geht aus dem anderen hervor, und dies gilt sogar (wie wir ebenfalls bereits sagten) im Leben von Menschen, die überhaupt nicht an Gott glauben.

Werfen Sie einmal einen Blick auf die Gesetze und Sitten, die gesellschaftlichen Diktate und Gepflogenheiten irgendeines Landes und stellen Sie fest, wie viel davon in dem wurzelt und auf dem basiert, was nach dem Glauben seiner Bürger die Wahrheit ist über das, *was Gott möchte.*

GmG-Kernbotschaft 22

Es gibt Fünf Irrtümer in Bezug auf Gott, die Krisen, Gewalt, Töten und Kriege erzeugen. Erstens der Gedanke, dass Gott etwas *braucht.* Zweitens der Gedanke, dass Gott *darin versagen kann zu bekommen,* was er braucht. Drittens der Gedanke, dass Gott uns von sich *getrennt hat,* weil wir ihm nicht gegeben haben, was er braucht. Viertens der Gedanke, dass Gott immer noch so dringend braucht, was er braucht, dass er nun von uns *in unserer Situation des Getrenntseins verlangt,* es ihm zu geben. Fünftens der Gedanke, dass Gott uns *vernichten wird,* wenn wir seine Bedürfnisse nicht erfüllen.

Aus diesem Grund lade ich alle Menschen ernsthaft und eindringlich ein, über Folgendes nachzudenken:

Die Irrtümer in Bezug auf Gott wirken sich sogar noch zerstörerischer auf uns aus als die Irrtümer der Menschen in

Bezug auf das Leben. Denn wir sind zumindest bereit, darüber nachzudenken, dass einige unserer Vorstellungen über das Leben nicht ganz zutreffend sein könnten. Doch hinsichtlich unserer Vorstellungen von Gott sind derartige Überlegungen absolut nicht hinnehmbar. Von daher ist ein Abgehen von diesen Irrtümern äußerst schwer zu bewerkstelligen.

Es sei denn, es ist es nicht. Es sei denn, wir treffen die Entscheidung, dass für unsere Spezies nun endlich die Zeit gekommen ist, die Möglichkeit in Betracht zu ziehen, dass unser gegenwärtiger Wissensstand nicht *alles* in sich birgt, *was es über das Wesen und die Natur Gottes zu wissen gibt.*

Können wir zugeben, dass Informationen fehlen oder dass wir in Bezug auf Gott vielleicht irgendetwas missverstanden haben könnten?

Das ist die wirklich Große Frage. Gibt es vielleicht etwas, *irgendetwas,* das wir in Bezug auf Gott missverstanden haben könnten?

Es ist eine Frage, die Gottgläubige im Großen und Ganzen nur extrem widerwillig stellen. Sie ist praktisch ein Tabu. Denn die Mehrheit der Gottgläubigen glaubt, dass sie die richtigen Antworten in Bezug auf Gott hat, und sie werden Ihnen sagen, dass Sie auf eine bestimmte Weise an Gott glauben müssen. Wenn du nicht auf *diese* Weise an Gott glaubst (das heißt auf *ihre* Weise), glaubst du gar nicht an Gott, sondern an irgendeine heidnische *Vorstellung* von Gott, für die Er *dich bestrafen wird.*

Natürlich gibt es Millionen Menschen, die einen Gott solcher Lehren und Dogmen nicht akzeptieren und in ihrer Wirklichkeit trotzdem mit dem Gewahrsein und der Erfahrung des Göttlichen verbunden sind. Doch die größte Anzahl von Menschen (die *bei weitem* größte Anzahl) klammert sich an ersteres Verständnis und verkündet, dass Gott auf eine bestimmte Weise verstanden und angenommen werden muss, oder du bist vom Weg *abgekommen* – und hast keine Chance mehr, mit Gott im Himmel vereint zu werden. Auf bestimmte und spezielle Weise zu Gott zu kommen, so erklären diese Menschen, ist Gottes Forderung an uns. Das bringt uns zu …

Der Erste Irrtum in Bezug auf Gott

Wir beginnen unsere Litanei der Irrtümer mit der Vorstellung, dass Gott etwas *braucht*.

Das läuft der erweiterten Vorstellung von der Natur und dem Wesen Gottes zuwider, wie sie in der Neuen Spiritualität vertreten wird. Diese beinhaltet den Gedanken, dass Gott Alles ist und dass es nichts gibt, das *nicht* Gott ist. Nach dieser Anschauung ist Gott kein Wesen, das Elemente oder Ausdrucksformen des Lebens geschaffen hat, die nicht göttlicher Natur sind. Gott ist vielmehr beides, Schöpfer und das Geschaffene.

Somit braucht Gott nichts, da Gott alles ist, was Gott auch nur irgendwie brauchen könnte. Oder wie es in *Gespräche mit Gott* heißt: Alle Dinge sind Ein Ding, und dieses Eine Ding ist Sich Selbst Genug.

Streiche die Vorstellung, dass Gott etwas braucht, und du entziehst praktisch allen größeren Weltreligionen die gesamte Basis. Wenn Gott nichts braucht, warum sollte er dann etwas verlangen, fordern, befehlen? Was wäre der Sinn und Zweck? Was wäre die Motivation? Welchen Mangel würde Gott damit beheben? Was wäre die Basis von Gottes Wünschen oder Anweisungen?

Wenn wir weiter unten auf den Dritten Irrtum in Bezug auf Gott zu sprechen kommen, werden wir einen weiteren wichtigen Aspekt des Gedankens, dass Gott nichts braucht, aufdecken.

Der Zweite Irrtum in Bezug auf Gott

Es ist schon bemerkenswert, dass wir Menschen einen Gott ersinnen, der etwas braucht. Aber noch bemerkenswerter ist, dass wir dann beschließen, Gott könne irgendwie darin *versagen zu bekommen was er braucht.* Dieser Zweite Irrtum der Menschen in Bezug auf Gott ist die Grundlage für fast alle unsere Glaubenslehren.

Die Tatsache, dass Gott nicht bekommt, was er braucht (unter anderem Gehorsam, Ehrung, Unterwürfigkeit und Exklusivität), erzeugt seine Reaktion auf uns, so heißt es in diesen Theologien.

Wenn Gott nichts bräuchte, würde er nichts verlangen, und dann gäbe es auch nichts, worüber er in Zorn geraten müsste. Das würde jeder Theologie auf dem Planeten die Basis entziehen. Und *das* wiederum würde der Hälfte aller irdischen Wahlmöglichkeiten, Handlungen und Entscheidungen von uns Menschen die moralische Legitimation entziehen. Vieles im Rechtssystem der USA nutzt die angenommenen Reaktionen Gottes darauf, dass Gott nicht bekommt, was er braucht, zur moralischen Legitimierung. Das gilt auch für unsere politischen Entscheidungen. (Da wäre zum Beispiel die Kontroverse um die Homosexuellen-Ehe zu nennen und der schon erwähnte politische Kampf um das Recht auf Abtreibung, das noch nicht einmal in Fällen von Inzest und Vergewaltigung gelten soll.) Und es gilt auch bei unseren gesellschaftlichen Entscheidungen. (Zu viele von ihnen, als dass sie angeführt werden könnten, basieren auf den Aussagen der Religionen über das, was Gott erzürnt.)

Der Dritte Irrtum in Bezug auf Gott

Dieser Irrtum beinhaltet, dass Gott uns *von sich getrennt* hat, weil wir ihm nicht gegeben haben, was er braucht. Die Trennung von Gott, so wird verkündet, ist die *Strafe* dafür oder Konsequenz davon, dass wir Gottes Bedürfnisse nicht erfüllt haben.

Dem Mythos von der Erbsünde zufolge war es für Gott *unabdingbar,* dass wir ihm gehorchten. Darin versagten wir, und das veranlasste Gott, Vergeltung zu üben. (Weil Gott offensichtlich auch ein Bedürfnis nach Rache hat – obwohl manche Religionen dies wiederum als Bedürfnis nach »vollkommener Gerechtigkeit« formulieren würden.)

Dieser Dritte Irrtum entstand aus dem Bedürfnis der Menschen, *sich* zu erklären, warum wir, wenn es einen Gott *gibt,* von ihm getrennt sein sollten. Dieses Warum konnten wir nicht ergründen, aber wir wussten ganz sicher, warum wir uns *voneinander* trennten! Weil wir uns gegenseitig verärgerten. Also schlossen wir daraus, dass Gott uns aus dem gleichen Grund aus seinem Reich geworfen hat. Und so konstruierten wir unseren Gott nach dem Ebenbild des Menschen.

Doch es ist ein Irrtum, dass Gott uns von Gott getrennt hat, weil wir Gott nicht gaben, was Gott braucht – und zwar aus dem Grund, dass Gott *gar nicht darin versagen kann* zu bekommen, was Gott braucht, denn Gott *hat* keine Bedürfnisse.

Wenn Gott und wir nicht voneinander getrennt sind, dann sind Gott und wir Eins. Wenn Gott und wir Eins sind, und wenn Gott nichts braucht, dann brauchen *wir* nichts – die sich daraus ergebende Konsequenz ist gewaltig.

Das ist der wahre Seinszustand der Dinge und eines der größten Geheimnisse des Lebens.

Im Moment denken die meisten von uns, dass wir Dinge *benötigen.* (Wir werden uns das bei unserer Erkundung der *GmG*-Kernbotschaft 18 genauer anschauen.) Das ist der herrschende Gedanke. Er legte die Grundlage für praktisch jede Wahl und jede unserer Entscheidungen. Und jetzt können wir allmählich sehen, wie sich der beschriebene Dominoeffekt auf die gesamte menschliche Erfahrungswelt auswirkte.

Der Vierte Irrtum in Bezug auf Gott

Aus den oben aufgeführten Irrtümern ergibt sich der nächste: der Gedanke, dass Gott das, was er braucht, immer noch so dringend braucht, dass er nun von uns in *unserer Situation des Getrenntseins verlangt,* es ihm zu geben.

Dieser Sprung von der Trennung als Strafe hin zum Gedanken, dass von uns verlangt wird, *jetzt* Gottes Bedürfnisse zu erfüllen, obwohl wir schon dafür bestraft wurden, dass wir es vordem nicht taten, ist ein Bespiel für fortgesetztes Irren.

Unser ganzes sich um Gott rankendes Konstrukt hatte etwas Faszinierendes, und nichts ist faszinierender als der Gedanke, dass Gott uns aus dem Paradies warf, weil wir seine Bedürfnisse nicht erfüllten, er nun aber immer noch will, dass wir jetzt seine Bedürfnisse erfüllen, von *außerhalb* des Paradieses.

Das Ganze ist einer himmlischen Scheidung nicht unähnlich, bei der Gott die Forderung stellt, wir müssten Gott mit dem versorgen, was Gott braucht, obwohl Gott sich von uns getrennt hat, weil wir ihn nicht ausreichend versorgten, als wir noch *mit* Gott zusammen waren. Es ist, als sollten wir unserem Spirituellen Ex Unterhaltszahlung zukommen lassen.

Wir sollen auf Erden das tun, was wir (oder unsere »spirituellen Eltern«) im Paradies nicht taten: Wir sollen Gott gehorchen, Gott ehren, Gott erfreuen und Gott keinesfalls verärgern. Nur dann können wir den einzigen richtigen Weg zurück zu Gott finden und diesen exklusiv nutzen. Wenn wir all das tun, wird uns Gott wieder an dem Ort aufnehmen, aus dem er uns rausgeworfen hat.

Wenn wir allerdings den jetzigen Befehlen Gottes nicht nachkommen …

Der Fünfte Irrtum in Bezug auf Gott

Uns wird gesagt, dass Gott uns dann nicht einfach bestrafen, sondern völlig vernichten wird. Das ist der Fünfte und letzte Irrtum in Bezug auf Gott: Gott wird uns *zerstören,* wenn wir seine Forderungen nicht erfüllen.

Viele Religionen und Milliarden ihrer Anhänger glauben das. Sie werden Ihnen sagen, dass Sie in den ewigen Feuern der Hölle brennen und unermesslichem und unbarmherzigem Leiden ausgesetzt sein werden, wenn Sie Gottes Forderungen nicht erfüllen.

Das ist, was ich Gottes Verhängung der Zweiten Strafe nenne. Die Verhängung der Ersten Strafe war die Vertreibung aus dem Paradies. Die Verhängung der Zweiten Strafe ist die Ablehnung der *Berechtigung zur Rückkehr* und die Verurteilung zu ewig währender Folter.

Die erste Strafe war vermutlich eine Warnung. So ähnlich wie der Strafzettel eines Verkehrspolizisten. Die zweite Strafe ist die Bestrafung dafür, dass du für schuldig befunden wurdest, noch einmal gegen das Gesetz verstoßen zu haben. Jetzt landest du in der Mutter aller Gefängnisse, einem Gefängnis der Qual und Pein.

Laut gewissen Lehrmeinungen wirst du hier zerstört werden – aber nie ganz. Das heißt, die Strafe wird nie ganz vorbei sein. Du wirst wegen ein paar Augenblicken des Ungehorsams für immer und ewig und für alle Zeiten bestraft. Dein Leben auf Erden war gemessen am Leben des Universums eigentlich nur ein kleiner Piepser – noch kürzer als ein Augenzwinkern –, aber deine qualvolle Bestrafung muss ewig währen. Sie entspricht also nicht dem Verbrechen, sondern übersteigt es bei weitem. Das ist, so verkünden einige Religionen, Gottes Vorstellung von Fairness und Gerechtigkeit.

Schauen wir jetzt mal, ob Sie verstehen ...

Da haben wir einen Gott, der Dinge benötigt, der nicht kriegen kann, was er braucht, der dich weggeschickt hat, weil er nicht kriegen konnte, was er von deinen Vorfahren vor einhundertmilliarden Jahren brauchte, und der nun verlangt, dass du ihm gibst, was er in diesem Augenblick braucht, und der dich bis in alle Ewigkeit bestraft, wenn du nicht damit rüberkommst.

Kapiert?

Es könnte jetzt sein oder nie

Meinen Sie, es könnte an der Zeit sein, dass wir diese Vorstellungen von unserem Gott aufgeben? Wäre dies ein guter Augenblick, um bekannt zu geben, dass wir diese Vorstellungen zu simpel und beschränkt finden?

Könnte dies ein guter Streckenabschnitt der Ewigkeit sein, in dem wir kundtun, dass es in Bezug auf Gott ganz klar etwas gibt, das wir nicht verstehen, und das, wenn wir es verstünden, alles ändern würde?

Um es dramatischer auszudrücken: Wäre es möglich, dass wir, wenn wir in den kommenden Jahrzehnten unsere primitiven Vorstellungen über Gott und das Leben nicht erweitern, feststellen werden, dass wir uns in eine Ecke manövriert haben, aus der es kein Entkommen gibt?

Gespräche mit Gott sagte uns, dass die Menschheit sich schon einmal fast gänzlich auslöschte. Es gab kaum genug Überlebende, um die Spezies zu erneuern und von vorn anzufangen. Stehen wir wieder am gleichen Wendepunkt? Sind wir wieder einmal an der Kreuzung angelangt, wo Theologie auf Kosmologie auf Psychologie auf Soziologie auf Pathologie trifft?

Im Moment klammern wir uns noch an eine Theologie der Trennung, eine Sicht auf Gott, die darauf beharrt, dass wir uns »hier« befinden und Gott sich »dort drüben« befindet.

Das Problem mit der Theologie der Trennung ist, dass sie eine Kosmologie der Trennung produziert, also eine Sicht auf das Leben, die besagt, dass alles von allem getrennt existiert.

Und eine Kosmologie der Trennung produziert eine Psychologie der Trennung, also einen psychologischen Standpunkt, der besagt, dass ich hier bin und du da drüben bist.

Und eine Psychologie der Trennung produziert eine Soziologie der Trennung, also eine Art des Umgangs miteinander, der die gesamte menschliche Gesellschaft dazu ermutigt, als jeweils eigene gesonderte Wesenheiten zu agieren, die ihren jeweils eigenen gesonderten Interessen dienen.

Und eine Soziologie der Trennung produziert eine Trennungs-Pathologie, also ein *pathologisches Verhalten der Selbstzerstörung,* dem wir uns individuell und kollektiv hingeben. Dies erzeugt Leiden, Konflikte, Gewalt und Tod von eigener Hand – wie sich im Verlauf der Menschheitsgeschichte überall auf dem Planeten zeigte.

Unsere Pathologie wird nur geheilt werden, wenn wir die Theologie der Trennung durch eine Theologie des Einsseins ersetzen. Wir wurden von Gott *unterschieden,* aber nicht *getrennt*, so wie sich unsere Finger von der Hand unterscheiden, aber nicht von ihr getrennt sind (um dieses Bild noch einmal zu verwenden). Wir müssen dahin kommen zu verstehen, dass alles Leben Eins ist. Das ist der erste Schritt. Das ist die Ausgangsbasis, das Sprungbrett. Es ist der Anfang vom Ende dessen, wie die Dinge jetzt sind. Es ist der Beginn einer neuen Schöpfung, eines neuen Morgen. Es ist die Neue Kulturgeschichte der Menschheit.

Einssein ist nicht ein Merkmal des Lebens. Das Leben ist ein Merkmal des Einsseins. Das Leben ist der *Ausdruck* des Einsseins selbst. *Gott* ist der Ausdruck des Lebens selbst. Gott und Leben sind Eins. Du bist ein Teil des Lebens. Du stehst nicht außerhalb davon und kannst es auch gar nicht. Deshalb bist du ein Teil Gottes. Es ist ein Kreis. Er kann nicht zerbrochen werden.

ANWENDUNG DIESER BOTSCHAFT IM ALLTAG

Nichts hat der Menschheit mehr Schaden zugefügt als die Fünf Irrtümer in Bezug auf Gott. Haben wir das erst einmal begriffen, dann können wir anfangen, unser Leben so zu leben und zu erschaffen, dass es demonstriert, was die Irrtümer sind und was die Wahrheit darstellt.

Hier stoßen wir wieder einmal auf ein großes Wort. Wahrheit. Tatsächlich gibt es so ein Ding wie die Wahrheit nicht. Wir werden darauf zu sprechen kommen, wenn wir die *GmG*-Kernbotschaft 17 erkunden. Lasst uns für den Moment den Begriff »unsere Wahrheit« benutzen.

Nach meiner Wahrnehmung ist das englische Wort *true* (wahr) ein Akronym. Wenn wir sagen, dass etwas »wahr« ist, dann sagen wir damit, es ist *The Reality Understood Existentially* – die als dem Existenziellen zugehörig verstandene Realität.

So sind in meiner Welt, in meiner inneren Erfahrung (in der ich frei für mich entscheiden kann, was »so« ist) die Vorstellungen, die die meisten Menschen über Gott haben, zumeist Irrtümer. »Wahr« ist: Gott braucht nichts; Gott kann nicht darin versagen zu bekommen, was Gott braucht, *wenn* Gott denn irgendetwas bräuchte; Gott hat die Menschheit nicht von sich abgetrennt; Gott verlangt nicht von uns, Gott irgendetwas zu geben; Gott wird uns nie zerstören, weil wir seinen nicht existierenden Forderungen nicht nachkamen.

Indem ich diese Wahrheit lebe, wird mein Leben zur Reflexion dieser Wahrheit. Das englische Wörterbuch definiert den Begriff *»reflection«* als das, was zeigt, erkennen lässt, vorführt, demonstriert, Beweis liefert, anzeigt, enthüllt, offenbart, zum Ausdruck bringt, kommuniziert und bekundet. Wenn also mein Leben zu einer Reflexion meiner frei gewählten inneren Erfahrung wird, wird meine Außenwelt zu einem Spiegelbild meiner Innenwelt, die dann zu einem Spiegel meiner Außenwelt wird, die dann zu einem größeren Spiegel meiner Innenwelt wird, da diese immer weiter wechselseitig Licht *aufeinander*werfen und ein ganzes Leben der tiefen Reflexion hervorbringen.

Ich habe festgestellt, dass solche fortgesetzten Momente tiefer Reflexion Augenblicke großer Freude erzeugen, da die Illusionen des Lebens endlich durchbrochen sind. Oder richtiger gesagt, da *die Illusionen anderer Leute* endlich zugunsten meiner eigenen fallen gelassen werden.

Alles Leben ist eine Illusion. Wir tun gut daran, das zu erkennen und uns einzugestehen. Das physische Leben, wie wir es erfahren und wahrnehmen, entspricht nicht der Wirklichkeit. Unsere Erfahrungen im Leben sind das, was wir *denken,* dass sie sind. Jeder Augenblick ist das, als was wir ihn, gegründet auf eine ganze Reihe innerer Entscheidungen, *erfahren und wahr-*

nehmen. (Dies wird in *Wenn alles sich verändert, verändere alles* in den Abschnitten über die Mechanismen des Geistes wunderbar beschrieben.)

Wie Shakespeare schrieb: »An sich ist nichts gut oder böse, unser Denken macht es erst dazu.« Descartes drückte es anders aus: »Ich denke, also bin ich.«

Wie lässt sich das alles in unserem Alltagsleben praktisch umsetzen? Das ist die Frage. Hier kommen ein paar Vorschläge:

- Legen Sie ein dickes Heft an zu dem Thema »Glaubensvorstellungen über Gott«. (Sie sehen, ich bin sehr für Hefte – Ringhefte, Notizbücher, was Sie wollen. Sich in einem Heft, das man später wieder anschauen kann, zu notieren, was man fühlt, was man glaubt, wie man sich durchs Leben bewegt und wie man es sich aussuchen würde, wenn man es sich aussuchen könnte, ist eine wertvolle Übung. Ich schlage gerne vor, verschiedene Hefte für verschiedene Aspekte des Lebens anzulegen, statt ein einziges Tagebuch zu führen. Das ermöglicht Ihnen den raschen Zugriff auf Ihre Erfahrungen und Gedanken zu jedem Thema, das für Ihr Leben wichtig ist – und Sie können diese Gedanken und Erfahrungen im Verlauf Ihres Lebens nachverfolgen, so dass Sie sehen können, wo Sie waren, wo Sie gegenwärtig stehen und wohin Sie gehen.) Erstellen Sie nun in Ihrem Heft »Glaubensvorstellungen über Gott« eine Liste mit all Ihren gegenwärtigen Gedanken über Gott. Wenn Ihre Gedanken über Gott in Bezug auf einen bestimmten Aspekt des Göttlichen unklar sind oder Sie keine dazu haben, vermerken Sie das einfach.
- Vermerken Sie in Ihrem Heft, was es ist, das Gott Ihrem Glauben nach braucht, Ihrem Glauben nach verlangt, Ihrem Glauben nach befiehlt und Ihrem Glauben nach verdammt.
- Vermerken Sie im gleichen Heft, welche Dinge (wenn überhaupt), Sie (wenn überhaupt) getan haben, die Gott Ihrem Glauben nach verdammt.

- Beantworten Sie in Ihrem Heft folgende Fragen: Wer ist Ihrer Überzeugung nach die allerhöchste Autorität in Ihrem Leben? Was ist richtig, und was ist falsch? (Führen Sie einfach ein paar Dinge auf.) Was ist gut, und was ist böse? (Führen Sie einfach ein paar Dinge auf.) Was ist angemessen, und was ist unangemessen? (Führen Sie einfach ein paar Dinge auf.) Was an Ihnen ist authentisch, und was an Ihnen ist nicht authentisch? (Auch hier führen Sie einfach ein paar Dinge auf.) Diese letzten Fragen eröffnen natürlich gewaltige Themen. Versuchen Sie also nicht, eine Doktorarbeit daraus zu machen, sondern notieren Sie einfach ein paar Dinge, die Ihnen in den Sinn kommen. Klappen Sie dann Ihr Heft zu, Sie kommen später darauf zurück.
- Nach einiger Zeit kehren Sie zu diesem Heft zurück, schauen sich erneut die Fragen an und gehen dann die kurzen Listen Ihrer Antworten durch. Fragen Sie sich: Wer sagt, dass dies »gut« und das »böse« ist? Wer sagt, dass dies »angemessen« und dies »unangemessen« ist? Wer sagt, dass dies an mir »authentisch« und dies an mir »nicht authentisch« ist? Und stellen Sie sich zusätzlich in jeder Kategorie die Frage: *Warum?* Aus welchem Grund haben Sie diese Etiketten zugeordnet? Was sagt Ihnen das über Ihre gegenwärtigen Glaubensvorstellungen?
- Legen Sie etwa in der Mitte des Heftes eine Abteilung »Mein täglicher Report« an und notieren Sie dreißig Tage lang jeden Abend irgendwelche Urteile oder Bewertungen, die Sie Ihrer Erinnerung nach an diesem Tag zu den oben genannten Themen (oder zu ähnlichen Aspekten) abgegeben haben. Machen Sie das konsequent einen Monat lang an jedem Abend. Welche Veränderungen können Sie im Verlauf dieses Monats bei sich beobachten?
- Schauen Sie sich im Lexikon oder im Internet die Glaubensvorstellungen aller größeren Weltreligionen (und auch einige

von den kleineren) an. Das ist ein langfristiges Projekt, verteilen Sie es auf mehrere Wochen. Verwenden Sie hier und da eine Stunde darauf und erlauben Sie sich einfach zu entdecken, was die Angehörigen der verschiedenen Religionen und Glaubenstraditionen glauben. Überlegen Sie während Ihrer Erkundungen, welche Aspekte einer speziellen Religion oder Tradition auch Bestandteile Ihres Glaubenssystems sind (und vermerken Sie Ihre Antworten in Ihrem Heft).

Dieses letzte Projekt ist eine wunderbare Sache für Körper, Geist und Seele. Es gibt Ihnen die Chance, sich vollkommen eins mit sich zu fühlen in Bezug darauf, was Sie in Ihrer eigenen Realität über das wichtigste Thema Ihres Lebens, Gott, wirklich denken und für »wahr« erklären.

Gehen wir drei Traditionen gemeinsam an, um zu einem Anfang zu finden.

Die Siebenten-Tags-Adventisten

Die Siebenten-Tags-Adventisten glauben an die unfehlbare Wahrheit der Heiligen Schrift und lehren, dass die Menschen nur durch den Glauben an Jesus Christus erlöst werden können. Sie glauben an eine bedingte Unsterblichkeit. Sie glauben nicht, dass die Menschen eine unsterbliche Seele haben, die eigenständig ewig weiterlebt, sondern daran, dass das Leben sich einzig durch die Macht Gottes ewig fortsetzt. Wenn man nicht an Gott glaubt, hört man auf zu existieren, weil man Gottes Existenz und Macht bewusst geleugnet hat. Jedoch gibt es nicht so etwas wie die Hölle. Ein Mensch wird nicht gequält und gefoltert, er hört einfach auf zu sein.

Adventisten glauben auch an »gedankliche Inspiration«: Gott hat die Autoren der Bibel zu ihren Gedanken inspiriert, die sie dann in ihren eigenen Worten zum Ausdruck gebracht haben.

Wie weit lassen sich diese Vorstellungen mit Ihren eigenen Überzeugungen vereinbaren? Haben Sie über diese Dinge überhaupt je nachgedacht? Wenn ja, was denken Sie, und welche Schlussfolgerungen ziehen Sie daraus? Schreiben Sie sie in Ihr Heft. Wenn Sie andere Fragen zu dieser Religion haben, schauen Sie im Lexikon nach oder recherchieren Sie im Internet.

Die Zeugen Jehovas

Die Zeugen Jehovas glauben, dass Gott das gegenwärtige Zeitalter menschlicher Existenz bald beenden wird. Eine von Jesus Christus errichtete himmlische Regierung über die Erde wird die existierenden menschlichen Regierungen ersetzen, alle, die nicht zu den Zeugen Jehovas gehören, werden vernichtet, und eine Gesellschaft wahrer Gläubiger wird geschaffen werden.

Die Zeugen Jehovas legen die Bibel weitgehend buchstabengetreu aus und gründen all ihre Glaubensvorstellungen auf die Bibel, so wie sie von der leitenden Körperschaft interpretiert wird. Sie glauben, dass Gott der Schöpfer und das Höchste Wesen ist. Sie glauben, dass Gott, dessen Name Jehova ist, unermesslich, aber erreichbar ist; er residiert im Himmel und ist nicht allgegenwärtig; es ist möglich, eine persönliche Beziehung mit Gott zu haben; er ist gütig und gnädig und würde schlechte Menschen nicht an einem Ort namens Hölle ewig quälen. Er zwingt den Menschen seine Oberhoheit nicht auf, aber er rettet nur die, die ihm dienen wollen.

Die Zeugen Jehovas glauben, dass Satan ursprünglich ein Engel war, der selbstgefällig wurde und als Gott verehrt werden wollte. Satan überredete Adam und Eva, nicht Gott, sondern ihm zu gehorchen. Statt Satan zu vernichten, beschloss Gott, die Loyalität der restlichen Menschheit zu prüfen: zu sehen, ob die Menschen, nachdem ihnen freier Wille zugestanden wurde, Gott gehorchen würden, auch dann, wenn sie versucht oder verfolgt wurden. Die Zeugen Jehovas glauben, dass Satan Gottes Feind und der unsichtbare Herrscher der Welt ist. Sie glauben, dass Dämonen ursprünglich Engel waren, die gegen Gott rebellierten und sich in der Auseinandersetzung auf Satans Seite stellten.

Die Zeugen Jehovas lehren, dass Jesus Christus 1914 unsichtbar wiedergekehrt ist und die Herrschaft über das »Königreich Gottes« im Himmel in Form einer »theokratischen Regierung« übernommen hat. Gott wird dieses Königreich nutzen, um die Erde von Verbrechen, Krankheit, Tod und Armut zu befreien und sie letztlich in ein Paradies zu verwandeln. Sie glauben, dass die Seele nach dem Tod nicht weiterexistiert, und sehen den Tod als einen Zustand der Nichtexistenz an. Sie glauben, dass die einzige Hoffnung auf ein Leben nach dem Tod die Wiederauferstehung ist, bei der Gott das gleiche Individuum mit einem neuen Körper wiedererschaffen wird. Sie glauben, dass 144 000 Menschen im Himmel als priesterliche Herrscher unter Christus wiederauferstehen werden, während der Rest der »gläubigen« Menschheit ein physisches Leben in einem Paradies auf Erden führen wird.

Die Zeugen Jehovas haben durchgängig behauptet, die einzig wahre Religion zu sein. Sie glauben, dass alle anderen Religionen von Satan beherrscht werden.

Wie weit lassen sich diese Vorstellungen mit Ihren eigenen Überzeugungen vereinbaren? Haben Sie über diese Dinge überhaupt je nachgedacht? Wenn ja, was denken Sie und welche Schlussfolgerungen ziehen Sie daraus? Schreiben Sie sie in Ihr Heft. Wenn Sie andere Fragen zu dieser Religion haben, schauen Sie im Lexikon nach oder recherchieren Sie im Internet.

Die Bahai-Religion

Die Bahai-Religion gründet sich auf die Lehren des Mirza Husayn Ali Nuri, genannt Baha'ullah, der im neunzehnten Jahrhundert im damaligen Persien lebte. Diese Religion hebt die spirituelle Einheit der ganzen Menschheit hervor. Sie erkennt »göttliche Boten« an – darunter Moses, Buddha, Jesus und Mohammed –, die im Laufe der Geschichte in Erscheinung traten und entsprechend den Bedürfnissen der jeweiligen Zeit Religionen stifteten. Für die Bahai sind die jüngst erschienenen Boten Bab und Baha'ullah, und sie glauben, dass Baha'ullahs Leben und Lehren die endzeitlichen Versprechen vorangegangener heiliger Schriften erfüllen.

Die Bahai glauben, dass wir heute aufgerufen sind, weltweit Frieden, Gerechtigkeit und Einheit herzustellen.

Ihre Glaubensdoktrin gründet sich auf drei Hauptannahmen, die manchmal als die drei Einheiten bezeichnet werden: die Einheit Gottes, die Einheit der Religionen und die Einheit der Menschheit. Sie glauben, dass Gott in regelmäßigen Abständen seinen Willen durch göttliche Boten offenbart, deren Ziel die Transformierung der Menschheit ist. Die Religion wird somit als etwas angesehen, das geordnet und geeint von Zeitalter zu Zeitalter voranschreitet.

Den Bahai-Schriften zufolge hat der Mensch eine »verständige Seele« und kann somit die Position Gottes und die Beziehung der Menschheit zu ihrem Schöpfer erkennen. Jeder Mensch hat die Pflicht, Gott durch seine Boten zu erkennen und sich deren Lehren anzupassen. Durch Anerkennung und Gehorsam, Dienst an der Menschheit, regelmäßiges Gebet und spirituelle Praxis nähert sich die Seele Gott an, was das spirituelle Ideal ist.

Die Bahai glauben, dass die Seele nach dem Tod in die nächste Welt übergeht, wo sie aufgrund ihrer spirituellen Entwicklung in der physischen Welt beurteilt wird und dann demgemäß in die spirituelle Welt fortschreitet. Himmel und Hölle sind spirituelle Zustände der Gottnähe oder Gottferne, es sind keine physischen Orte der Belohnung oder Bestrafung, zu denen man nach dem Tod gelangt.

Shoghi Effendi, der ernannte Hüter des Glaubens von 1921 bis 1957, fasste die Prinzipien von Baha'ullahs Lehren zusammen und beschreibt damit die Grundlage der Bahai-Religion (aus: Shoghi Effendi: *Gott geht vorüber,* 1944).

> Die unabhängige, von Aberglauben und Tradition befreite Wahrheitssuche; die Einheit des ganzen Menschengeschlechts – Hauptlehre und Leitprinzip des Glaubens; die grundlegende Einheit aller Religionen; strikte Ablehnung jeglichen Vorurteils, ob religiöser, rassischer, gesellschaftlicher oder ethnischer Art; der unabdingbare Einklang von Religion und Wissenschaft; Gleichheit für Mann und Frau, die beiden Flügel, mit denen der Vogel Menschheit sich aufschwingen kann; die Einführung der Schulpflicht; die Adoption einer universellen Hilfssprache; die Beseitigung der Extreme von Reichtum und Armut; die Einrichtung eines Welttribunals zur Schlichtung von Streit unter Völkern; die Würdigung jeglicher im Geist des Dienstes geleisteten Arbeit als Gottesdienst; die Verherrlichung der Gerechtigkeit als herrschendes Prinzip in der menschlichen Gesellschaft und der Religion als Bollwerk für den Schutz aller Menschen und Völker; die Stiftung eines dauernden universalen Friedens als das erhabenste Ziel für die ganze Menschheit.

Wie weit lassen sich diese Vorstellungen mit Ihren eigenen Überzeugungen vereinbaren? Haben Sie über diese Dinge überhaupt je nachgedacht? Wenn ja, was denken Sie und welche Schlussfolgerungen ziehen Sie daraus? Schreiben Sie sie in Ihr Heft. Wenn Sie andere Fragen zu dieser Religion haben, schauen Sie im Lexikon nach oder recherchieren Sie im Internet.

Theologien-Vergleich

An dieser Stelle könnte es interessant sein, einige Lehren dieser drei Glaubensrichtungen mit den Kernbotschaften von *Gespräche mit Gott* zu vergleichen, so wie sie hier in Kapitel 2 zusammengefasst sind.

Ist *Gespräche mit Gott* eine Religion? Nein. Ganz entschieden und unmissverständlich ... *Nein.* Ist es eine Theologie? Ja. Ganz entschieden und unmissverständlich ... *Ja.*

Das Wörterbuch definiert Theologie als »Studium und Analyse Gottes und seiner Merkmale und seiner Beziehung zum Universum«. Etymologisch leitet sich das Wort vom Altgriechischen *theologos* ab, das bedeutet »einer, der über die Götter spricht oder doziert«, von *theos* (»Gott«) und *»logos«* (»Wort, Rede«).

Legt man diese Parameter zugrunde, dann ist *Gespräche mit Gott* eindeutig eine Theologie oder ein Studium Gottes.

Unter anderem vertritt *GmG* die Auffassung, dass es keine Schrift über oder von Gott gibt, die unfehlbar oder frei von Irrtum ist. Bücher wie die Bibel, die Bhagavad Gita, der Koran, die Upanishaden, der Talmud oder das Buch Mormon, die Veden und andere sind genau das: von Menschen in Augenblicken großer Inspiration geschriebene Bücher, aber dennoch von Menschen verfasst. Somit können sie große Weisheit, aber auch Fehler und Irrtümer enthalten. Es ist von großem Vorteil, wenn man keines dieser Bücher absolut wortwörtlich nimmt.

Gespräche mit Gott empfiehlt sehr klar und deutlich, die darin enthaltenen Worte nicht und niemals als »Gottes Wahrheit« zu nehmen, sondern sie neben anderen Quellen der Einsicht und Weisheit, die man im Leben gefunden hat, zu überdenken und sich letztlich immer auf die eigene Reaktion, auf das eigene tiefe Wissen, die eigene innere Führung, die eigene persönliche Erfahrung als einzige und höchste Autorität in allen spirituellen Dingen zu beziehen.

Wie die Worte von Ellen G. White, die Schriften von Mary Baker Eddy, die Ideen von Charles und Myrtle Fillmore, die Gedanken von Ernest Holmes, die Erklärungen von William Miller oder Charles Taze Russel oder Joseph Smith oder Baha'ullah oder von irgendwelchen anderen menschlichen Boten, sollten auch die in *Gespräche mit Gott* erhaltenen Botschaften als Weitergeben von Worten durch einen Menschen betrachtet werden. Durch einen Menschen unter vielen Menschen, die die Erfahrung machten, von Gott inspiriert worden zu sein, um spirituelle Weisheiten und Einsichten weiterzugeben, zu erhellen und zu klären, die *nicht die ihren* sind, sondern von ihnen durch ihren unvollkommenen menschlichen Filter empfangen wurden, um sie so unverfälscht, wie es ihnen möglich war, aufzuzeichnen und zu übermitteln.

Doch anders als die oben Genannten hoffe und wünsche, erwarte oder beantrage, empfehle oder schlage ich nicht vor, dass um die Botschaften, die durch mich durchkamen, eine Religion geschaffen wird. Ich hoffe nur, dass sie überprüft und zutiefst erforscht werden, dass ihnen ein faires Überdenken und eine ernsthafte Betrachtung zuteil wird. Wenn die *GmG*-Kernbotschaften als etwas erachtet werden, mit dem sich arbeiten lässt und das sich auf das Leben der Leute positiv auswirkt, ist es das Ziel, dass sie akzeptiert und in den tagtäglichen Begegnungen eines Menschen nutzbringend angewandt werden. Sie sollen ein hilfreiches Instrument sein beim Formen einer wunderbareren, freudvolleren, friedlicheren, glorreicheren Gruppenerfahrung auf Erden – als Teil der ewigen Reise der Seele und des nie endenden Ausdrucks Gottes.

10

Über die Reise der Seele zu reden ist ja ganz schön und nett, doch es ist der Gang durchs Leben, der die meisten Menschen interessiert. Und so soll es auch sein. Es ist nicht Sinn und Zweck unseres irdischen Daseins, dass wir unser Leben auf Erden *ignorieren,* sondern wir sollen es voll und ganz leben. Wir sollen die Reise von der Geburt bis zum Tod mit Freude, wunderbarer kreativer Ausdruckskraft und dem Ziel unternehmen, dass wir ohne zu leiden und ohne bei anderen Leiden zu verursachen, die Selbstverwirklichung erreichen. Ich glaube, es wäre uns am Dienlichsten, wenn wir unser Hauptaugenmerk darauf gerichtet hielten.

Das Buch *Glücklicher als Gott: Verwandle dein Leben in eine außergewöhnliche Erfahrung* (Kamphausen Verlag, 2008, Seite 12f.) beginnt mit folgender Beobachtung:

> Das Leben war als glückliches Leben gemeint.
> Glauben Sie das?
> Es ist so. Ich weiß, es sieht nicht so aus, wenn Sie sich umsehen, aber es ist so. Das Leben war als glückliches Leben gemeint.
> *Sie* waren als glücklicher Mensch gedacht. Wenn Sie schon glücklich sind, war Ihnen noch mehr Glück zugedacht. Sollten Sie schon *sehr* glücklich sein, können Sie noch glücklicher sein.

Wie glücklich? Wie glücklich können Sie überhaupt sein? Tja … Sie können glücklicher als Gott sein.
Ich habe einmal eine Dame von einem sehr reichen Mann sprechen hören. Sie sagte: »Der hat mehr Geld als Gott.« So meine ich das. Ich meine das Nonplusultra an Superlativ.
(…)
Also, es ist einfach so, dass es da ein Rezept gibt, eine Formel, nach der Sie glücklicher als Gott sein können. Mystiker haben diese Formel schon immer gekannt und viele Lehrer mystischer Weisheit ebenfalls. Auch einige der spirituellen Botschafter unserer Zeit kennen sie, aber sie ist im Laufe der Jahrhunderte so etwas wie ein Geheimrezept geworden, einfach weil nicht viel darüber gesprochen wird. Wirklich nicht viel.
Und warum nicht? Weil sich nur sehr wenige von denen, die spirituelle Lehrer oder Botschafter davon haben sprechen hören, zum Glauben an diese Geheimformel und das, was sie bewirken soll, durchringen konnten. Und wer von Dingen redet, die niemand glaubt, macht sich damit schnell unbeliebt.
Auch heute, in dieser intellektuell und spirituell angeblich so aufgeklärten Zeit, geben nicht viele spirituelle Lehrer und Botschafter diese Formel preis. Und wenn sie darüber sprechen, lassen sie die Hälfte weg. Die allermeisten halten die andere Hälfte, den wirklich atemberaubenden Teil dieses Rezepts, unter Verschluss. Da haben wir also eine ganz erstaunliche Wahrheit, aber kaum jemand ahnt auch nur, was sie beinhaltet. Was haben wir von einer Wahrheit, die nur zur Hälfte offengelegt ist? Gar nichts. Eine halbe Wahrheit ist eher irreführend, wenn nicht sogar gefährlich.

Es folgt eine detailliert beschriebene Herangehensweise an das Leben, die praktisch garantiert, dass Sie glücklich sein werden, egal was um Sie herum vorgeht. Ich schrieb diesen Text als Erweiterung der Botschaft des Films *The Secret – Das Geheimnis.* Bei dieser Botschaft geht es – in der Tradition von Dr. Norman Vincent Peales *Die Kraft des positiven Denkens* – um den gewaltigen Einfluss, den das affirmative Denken auf unser Leben haben kann. Allerdings übergeht *The Secret – Das Geheimnis* die Rolle Gottes beim persönlichen Prozess des Erschaffens. *Glücklicher als Gott* schließt diese riesige Lücke und verändert damit »das Geheimnis« beträchtlich.

Ich fand es nicht nützlich, Gott bei irgendeinem Vorgang im Leben außen vor zu lassen, da Gott Leben und Leben Gott ist. Die beiden Worte sind wechselseitig austauschbar. Wenn ich mein Leben ohne Gott lebte, wäre das so, als versuchte ich ohne Lungen zu atmen, mit geschlossenen Augen zu sehen oder zu denken, ohne den Verstand zu gebrauchen. Wie kann ich leben, ohne Gott einzubeziehen?

Das kann ich natürlich nicht. Es wäre unmöglich. Aber es ist nicht unmöglich, mir *vorzustellen,* dass ich es tue. Und genau das tun viele Leute heutzutage. Sie stellen sich vor, dass sie *ein Leben ohne Gott leben.*

Daran ist übrigens nichts falsch. Ich meine, es ist kein Akt moralischer Verderbtheit, kein Vergehen, keine Beleidigung des Allerhöchsten. (Gott zu »beleidigen« ist nicht möglich.) Aber es ist ein bisschen so wie der Versuch, Auto zu fahren, ohne den Motor zu starten.

Nun, Sie können es tun ... solange es bergab geht. Aber bei so manchem im Leben geht es mehr oder weniger steil nach oben, und dann könnten Sie feststellen, dass es Ihre Reise sehr erleichtert, wenn Sie sich die Kraft zunutze machen.

Natürlich nutzen Sie im Leben *immer* die »Macht und Kraft«, weil das Leben »die Macht und Kraft« ist, aber es macht einen großen Unterschied, wenn Sie es *bewusst* tun. Wenn Sie es nicht bewusst tun, ist das so, als hätten Sie in der Dunkelheit eine angeknipste Taschenlampe dabei, würden sie aber in der Tasche lassen, weil sie vergessen haben – oder sogar gar nicht wussten –, dass Sie sie dabeihaben.

Der Trick in Bezug auf die Macht und die Kraft Gottes besteht darin, dass Sie *die Existenz dieser Macht und Kraft bewusst wahrnehmen.* Und das bringt uns zur Kernbotschaft Nummer 21.

GmG-*Kernbotschaft* 21

Es gibt Drei Gewahrseinsebenen: *Hoffnung, Glaube* und *Wissen.* Bei der spirituellen Meisterschaft geht es darum, von der dritten Ebene aus zu leben.

Bei *Gespräche mit Gott* geht es nicht nur um die Darlegung einer neuen Theologie, die den Menschen als neue spirituelle Vorlage dienen könnte, sondern auch darum, uns allen praktische Werkzeuge an die Hand zu geben, um unser Leben neu aufzubauen – dieses Mal so, wie wir es immer haben wollten. Die neun Bücher von *GmG* stellen uns praktisch eine Straßenkarte zur Verfügung, die uns beim Überqueren des zuweilen tückischen Geländes unserer irdischen Begegnungen mit dem Leben hilft.

Kurzum, mit großer Klarheit zu wissen, was Gott sagte, kann uns helfen, mit den Erfahrungen, die wir tagaus, tagein machen, entspannter umzugehen. Und es kann uns sogar auf den Weg zur Meisterschaft im Leben führen. Deshalb habe ich mir die Zeit genommen, die dreitausend Seiten von *Gespräche mit Gott* zu durchforsten und aus den neun Büchern die 25 wichtigsten Kernbotschaften herauszuziehen. Diese Botschaften zeigen uns, wie wir dorthin gelangen, wo wir auf unserer Reise der Seele hinkommen wollen. Und sie sagen uns auch, warum es bedeutsam ist, diese Reise zu unternehmen, und wie wir auf unserem Weg nicht ins Stolpern geraten.

Ein Ort, zu dem die meisten fühlenden Wesen hinstreben, ist der Ort des Gewahrseins oder der Bewusstheit, also betrachten wir ihn jetzt einmal genauer.

Manche Lehrer sprechen vom »Erweitern« unseres Gewahrseins oder unserer Bewusstheit. Streng genommen ist ein »Wachstum« unseres Gewahrseins oder unserer Bewusstheit jedoch nicht möglich. Minneapolis wird nicht größer, nur weil wir gerade dort angekommen sind. Und das Gewahrsein erweitert sich nicht, nur weil wir es erreicht haben.

Das Gewahrsein ist, was es ist; es wird nicht größer und größer. Denn unser Gewahrsein ruht in der Seele, und unsere Seele wird nicht größer oder irgendwie »mehr«, als sie es immer war und im Augenblick ist.

Unser *Geist* ist es, der sich ausdehnt. Zum besseren Verständnis könnte man sagen, dass das Gewahrsein oder die Bewusstheit in der Seele ruht und die Aufmerksamkeit im Geist residiert.

Um das, was sich in Ihrem Leben gerade ereignen könnte, anders auszudrücken: Sie schenken jetzt Ihrem Gewahrsein *größere Aufmerksamkeit.* »Bewusst« zu sein ist das eine, aber es ist etwas völlig anderes, dem, was Ihre Seele gewahrt, Aufmerksamkeit zu schenken (statt es zu ignorieren, was die meisten Menschen die meiste Zeit über tun).

Die Mischung aus beidem ist das, was wir Bewusstsein nennen können. Wenn Ihr Geist Ihrer Seele Aufmerksamkeit schenkt und Geist und Seele somit die gleichen Daten oder

Informationen, den gleichen Gedanken und die gleiche Sicht haben, dann könnte man sagen, dass Sie *voll bewusst* sind.

Somit ist es in Wirklichkeit Ihr Bewusstsein, das sich erweitert, wenn die Aufmerksamkeit Ihres Geistes auf das Gewahrsein Ihrer Seele gerichtet ist.

Es gibt drei »Stationen« auf dem Weg, durch den Ihr Geist einen höheren Gewahrseinszustand erleben kann, und alle drei werden in *Gespräche mit Gott* besprochen.

Der Ort der Hoffnung

Die Hoffnung ist der erste Ort, an dem wir ankommen, wenn wir Gewahrsein anstreben. Ich habe eine wunderbare Beschreibung gehört, wonach Hoffnung die Energie ist, die sich zwischen den Augen und dem Schwanz eines Hundes abspielt. Hoffnung ist eine wundervolle Energie, und ich wünsche mir, dass Sie sie nie aufgeben, denn sie bewirkt, initiiert und speist alle möglichen positiven Handlungen und Entscheidungen, erzeugt Enthusiasmus und gespannte Erwartung.

Hoffnung ist die erste Station auf dem Weg zum Gewahrsein. Und warum nicht die letzte? Weil Hoffnung ein Ort ist, wo wir die große Möglichkeit wahrzunehmen scheinen, dass etwas vielleicht geschieht oder *vielleicht auch nicht.* Wenn wir *sicher* wären, dass es geschehen wird, bräuchten wir nicht zu hoffen, dass es sich ereignen wird. Wenn wir sicher wären, dass etwas »so« ist, hätten wir nicht die »Hoffnung«, dass es »so« ist.

Hoffnung ist also das Eingeständnis, dass ein bestimmter Zustand, eine bestimmte Situation oder ein bestimmter Umstand eintreten könnten oder auch nicht. Ein Mensch, der hofft, ist ein Mensch, der sich fragt, ob sich das, was er sich erhofft, ergeben wird. Es ist kein Gefühl von innerer Sicherheit, sondern eine Sehnsucht nach der Erfüllung des Wunsches, ein optimistisches Gefühl, dass es passieren *könnte.* Und das ist gut. Das bedeutet, dass man sich nicht gesagt hat: »Keine Chance.« Doch die Hoffnung ist die schwächste Energie beim persönlichen Prozess des Erschaffens.

Noch einmal, das bedeutet nicht, dass sie eine unwirksame oder nutzlose Energie ist, sondern einfach nur, dass Gott uns noch stärkere Energien gegeben hat, mit denen wir auf unserem Weg zum Gewahrsein und zur Meisterschaft, die dadurch herbeigeführt wird, arbeiten können.

Das Gewahrsein ist die Energie, die letztlich die inneren Erfahrungen und äußeren Manifestationen in unserem Dasein herbeiführt. Denn das Gewahrsein lässt uns wissen, dass das Ergebnis sich *schon ereignet hat;* dass es *schon so* ist und einfach nur darauf wartet, dass wir uns seiner bewusst werden. (Darüber später mehr.)

Also, die Hoffnung lässt uns die Vorhöfe des Gewahrseinszustandes erreichen. Es ist nicht so, dass wir schon voll und ganz in diesem heiligen Zustand wären, aber es ist besser, als weit davon entfernt zu sein.

Der Ort des vertrauensvollen Glaubens

Der vertrauensvolle Glaube ist die zweite Station auf dem Weg zum Gewahrsein. Sind wir da angekommen, sind wir dem Zentrum des heiligen Zustandes bereits sehr viel näher.

Bei diesem Glauben geht es nicht darum, sich zu fragen, ob sich etwas ereignen wird, oder zu denken, dass es geschehen könnte; es geht um das *Gefühl,* sich sicher zu sein, dass es geschehen wird. Das ist einen Quantensprung vom Wünschen entfernt. Es ist eine sehr viel höhere, sehr viel kraftvollere Energie.

Wenn wir uns die Energie als Magnet vorstellen, als ein Instrument, das bestimmte Ergebnisse und Erfahrungen zu uns heranzieht, dann hat der vertrauensvolle Glaube zehnmal mehr Anziehungskraft als das Hoffen. Er zieht Ergebnisse aus dem Kontextuellen Feld, dem Feld des Gesamtzusammenhangs, in dem alle Ergebnisse existieren, mit großer Kraft zu uns heran. Mein Freund Deepak Chopra nennt dieses Feld »das Feld der grenzenlosen Möglichkeiten«. (Auch darüber später mehr.)

Der vertrauensvolle Glaube liegt innerhalb des Gewahrseinszustandes, doch nicht in seinem Zentrum. Jedoch haben wir hier die Grenzsetzung des Zweifels überschritten, und das ist sehr gut. Wir haben bereits eine lange Strecke zurückgelegt, haben schon vor langem den Ort des Sich-Fragens oder Beschwörens oder Spekulierens über Ergebnisse hinter uns gelassen. Wir haben den *Glauben,* dass bestimmte Ergebnisse erfolgen werden, damit will ich sagen, wir *vertrauen* darauf, wir sind *überzeugt,* haben die selbstbewusste *Zuversicht,* dass es so kommen wird. Und das erzeugt einen hohen Grad von *Optimismus* in dieser Sache.

Nach wie vor ist aber dieser Glaube die Ankündigung, dass weiterhin die Möglichkeit besteht, dass ein bestimmtes Ergebnis sich doch *nicht* materialisiert. Wichtig ist zu erkennen, dass »Vertrauen« (Glaube unter einem anderen Namen) im Raum der Gewissheit *nicht notwendig* ist.

Die Definition von »Glaube« ist vollständiges Vertrauen in jemanden oder etwas, und die Definition von »Vertrauen« ist »fester Glaube« an etwas oder jemanden. Aber ein »Glaube« ist dennoch ein *Glaube* und nicht Absolutes Gewahrsein. Etwas zu glauben ist das eine, es zu wissen das andere.

Ein Mensch sollte nicht »glauben« oder darauf »vertrauen«, dass das Ergebnis eines bestimmten Ereignisses das »richtige« sein wird. Er sollte sich dessen so sicher sein, dass »Vertrauen« noch nicht einmal Teil der Gleichung ist und der »Glaube« schon längst dem schlichten Wissen gewichen ist, dass jedes Ergebnis, wie es auch aussehen mag, der perfekte nächste Schritt zur persönlichen Weiterentwicklung ist.

Der Ort des Wissens

Die nächste Station auf dem Weg zum Gewahrsein ist der kraftvollste Ort, an dem wir uns je aufhalten können. Es ist der Ort des Absoluten Wissens. Hier findet sich Frieden. Hier findet sich sanfte Freude. Hier findet sich die Art von tiefem Selbstvertrauen, das vollkommene Ruhe und heilige Gelassenheit hervorbringt.

Es geht nicht darum, das Gefühl zu haben »sicher« zu sein, es geht darum, »positiv« sicher zu sein. Da besteht ein Unterschied.

Der Eingeweihte hat Hoffnung, der Schüler hat Glauben, der Meister hat Wissen. Und der Meister weiß, dass alle Ergebnisse im Leben das Höchste und Beste für alle Betroffenen bewirken werden. In der Welt des Meisters kann es gar nicht anders sein. Von daher hofft er nicht auf bestimmte Ergebnisse, vertraut er nicht darauf, dass sich spezielle Resultate manifestieren werden. Der Meister weiß mit Gewissheit, dass alle Ergebnisse perfekt sind – so, wie sie sind; genau so, wie sie sich ergeben; genau so, wie sie sich präsentieren.

Die Meisterin weiß das, weil sie versteht, dass in der physischen Welt alle Ergebnisse gemeinsam erschaffen, in Zusammenarbeit zur Manifestation gelangt und gemeinschaftlich produziert worden sind, um exakt in jedem Augenblick in jeder Situation an jedem Ort in »All den Wenns/Wos der

Existenz« (um hier einen wunderbaren Ausdruck des Autors Robert Heinlein zu entlehnen) der Agenda einer jeden Seele zu dienen.

Zum Gewahrsein gelangen

Nun wird der aufrichtig Suchende, der sich auf den Weg zum Gewahrsein machen möchte, vermutlich sagen: »Okay, ich verstehe. Nun habe ich folgende Fragen: Wie komme ich zu diesen drei Orten? Kann ich einen oder zwei überspringen, oder muss ich sie Schritt für Schritt durchlaufen?«

Die Antwort auf die erste Frage ist, dass eine Landkarte nützlich wäre, um zu diesen Orten zu gelangen. Und dass, wie schon gesagt, *Gespräche mit Gott* eine solche anbietet. Genauer gesagt, handelt es sich um ein Handbuch (oder in diesem Fall eine Reihe von insgesamt neun Büchern), es ist ein Leitfaden für den unendlich wissbegierigen Geist. Es bietet eine Blaupause an, ein Muster, ein Kriterium, ein Modell für das Herz. Einen *Weg, dorthin zu gelangen.*

Dies ist aber nicht der einzige Weg zum Gewahrsein. Das wird in *Gespräche mit Gott* immer wieder klargemacht – so wie wir es auch hier tun. Doch es *ist* ein Weg und war für Millionen rings um den Globus ein sehr effektiver Weg.

Und ja, man kann direkt zum Wissen gelangen. Man muss nicht unbedingt bei der Hoffnung oder beim Glauben haltmachen, so wie man auch nicht auf jeder Leitersprosse innehalten muss, um nach ganz oben zu kommen. Aber kleine Pausen können den Aufstieg zuweilen erleichtern. Erlauben Sie sich also, dass es okay ist, wenn Sie noch nicht am Ort des Absoluten Gewahrseins angekommen sind – oder wenn Sie sich dort wiederfanden und dann wieder nicht mehr und dann doch wieder und dann wieder nicht mehr.

Ich selbst habe mich mal am Ort des Totalen Wissens befunden und mal wieder nicht und war bisher nicht imstande, dort längere Zeit zu verweilen (vom Rest meines Lebens ganz zu schweigen). Aber manche Leuten haben es getan und tun es. Und nicht nur Meister in uralten Zeiten, Heilige oder Weise. Es gibt auch derzeit solche Menschen auf dem Planeten, und manche davon kenne ich persönlich. Ich kann Ihnen versprechen, dass es möglich ist.

Ich arbeite daran, dorthin zu gelangen und auf Dauer dortzubleiben. Wenn Sie mit mir daran arbeiten wollen, dann sind Sie eingeladen, sich der Gemeinschaft von CWG Connect anzuschließen. Dank der modernen Technologien können Menschen sich überall auf der Welt miteinander in Verbindung setzen, sich austauschen, einander ermutigen, einander unterstützen, einander erinnern und Seite an Seite die Reise der Seele unternehmen. Diese globale Gemeinschaft ist eine liebevolle Gruppe von Menschen, die feststellten, dass *Gespräche mit Gott* für sie ein wunderbarer Weg zur Bewusstheit und zum Gewahrsein ist. Wenn es für Sie eine Unterstützung bedeutet, sich mir dort anzuschließen, dann setzen Sie sich an irgendeinen Computer und suchen Sie www.CWGConnect.com auf.

ANWENDUNG DIESER BOTSCHAFT IM ALLTAG

Die von mir als Hoffnung, Glaube und Wissen beschriebenen Werkzeuge für das Leben oder Stationen auf dem Weg zum Absoluten Gewahrsein sind allesamt machtvoll und kraftvoll (das möchte ich noch einmal klarstellen). Das erste Werkzeug ist kraftvoll, das zweite noch kraftvoller, und das dritte ist das kraftvollste. Darf ich ein oder zwei Möglichkeiten vorschlagen, wie Sie diese Werkzeuge in Ihren alltäglichen Begegnungen mit dem Leben nutzen können?

- Fangen Sie an, Ihren Sprachgebrauch im Zusammenhang mit Situationen und Umständen zu beobachten. Es ist nicht nötig (oder auch nur empfehlenswert), dass Sie auf jedes Wort achten, das aus Ihrem Mund kommt, um zu gewährleisten, dass Sie sich einer »angemessenen Sprache« bedienen. (»Spirituelle Korrektheit« ist eine direkte Cousine der »politischen Korrektheit«, und beides kann zuweilen zu einer Landplage werden.) Es ist aber nützlich zu wissen, dass Worte Energie in sich tragen (ja aus Energie *bestehen*) – und ständig wiederholte Worte schaffen oftmals einen Denkmodus, der sich langfristig auf unser Denken und somit auf unseren persönlichen Erschaffungsprozess auswirken kann.
- Fassen Sie den Entschluss, die Worte »Ich hoffe« in die Worte »Ich bin mir sehr sicher« umzuändern oder sogar in »Ich glaube daran«, dass sich alles in seiner vollkommenen Ordnung ereignen wird. Wenn Sie dann so langsam »Ich hoffe« aus Ihrem Vokabular gestrichen haben, gehen Sie von »Ich bin mir sicher« oder »Ich glaube daran« über zu »Ich weiß«.
- Versuchen Sie, wenn Sie speziell mit dem persönlichen Erschaffungsprozess befasst sind (statt einfach nur so herumzureden oder mit Freunden zu plaudern), ganz bewusst die Energie von »Ich weiß« aufzurufen. Geben Sie sich die Erlaubnis, sich immer weniger und weniger ein bestimmtes Ergebnis zu wünschen und allem, was sich ereignet, zunehmend entspannter gegenüberzustehen. Arbeiten Sie darauf hin, »Ich hoffe« oder »Ich bin mir sicher«, dass sich dieses oder jenes Ergebnis einstellen wird, allmählich zu ersetzen durch »Ich weiß, dass sich alles perfekt entwickeln wird«. Wenn Sie mehr über den Erschaffungs- oder Schöpfungspro-

zess auf persönlicher Ebene wissen möchten, lesen Sie mein Buch *Glücklicher als Gott.*

- Bringen Sie *Gefühl* in Ihre Worte, wenn Sie sie aussprechen (oder denken) – insbesondere dann, wenn Sie Ihre Worte und Gedanken einsetzen, um ganz vorsätzlich etwas zu erleben, zu erfahren. In *Gespräche mit Gott* heißt es: »Gefühle sind die Sprache der Seele.« Bedienen Sie sich dieser Sprache, um dem Universum die Erfahrung zu übermitteln, die Sie Ihrem Wunsch nach machen wollen. Wenn es wirklich ein bestimmtes und spezielles Ergebnis gibt, das Sie aus ganzem Herzen in Ihrem Leben manifestiert sehen wollen, dann bedienen Sie sich des Gefühls im Verein mit dem verbalen Ausdruck. Malen Sie sich ein spezielles Ergebnis im Geiste aus, lassen Sie sich dann genau das fühlen, was Sie fühlen würden, wenn das, was Sie sich ausgemalt haben, passieren würde. Dieses goldene Trio Gedanke/Visualisierung/Fühlen ist die kraftvollste Kombination, die ich je ausfindig gemacht habe, um spezifische Ergebnisse und Erfahrungen aus dem Kontextuellen Feld der grenzenlosen Möglichkeiten hervorzurufen, sie zu magnetisieren.
- Lassen Sie, wenn Sie mit dem persönlichen Erschaffungsprozess befasst sind, Erwartungen oder Erfordernisse außen vor. Lassen Sie, wenn Sie Ihre Absicht festgesetzt und Ihren Wunsch ausgesprochen haben, jedwede Vorstellung fallen, dass es auf diese und nur diese Weise zu geschehen hat. Sagen Sie: »Ich danke dir, Gott, für dieses oder etwas Besseres« – und meinen Sie es auch!
- Machen Sie in den nächsten dreißig Tagen mindestens einmal am Tag eine Übung zum Gewahrsein, zur Bewusstheit, und zwar zu unterschiedlichen Zeiten. Zum Beispiel am Montagmorgen um zehn Uhr, dann dienstagmittags, Mittwochnachmittag um drei Uhr, um sechs Uhr abends am Donnerstag, Freitagnacht und so weiter. Sie können es auf Ihrem

Handy einprogrammieren. Wenn das Signal ertönt, halten Sie in Ihrem Tun inne und machen eine Bestandsaufnahme Ihres Gewahrseins, Ihrer Bewusstheit. Fragen Sie sich: »Was nehme ich hier und jetzt bewusst wahr? Was war mir vor ein oder zwei Stunden bewusst? Wenn es zu jenem Zeitpunkt nichts Besonderes gab, dessen ich mir bewusst war, gibt es denn im Rückblick etwas, dessen ich mir jetzt bewusst bin?« Halten Sie inne und atmen Sie tief durch. Schauen Sie sich um. Sehen Sie, was Sie sehen, wenn Sie in jedes Ding tief hineinblicken, das sich Ihrer Aufmerksamkeit darbietet. Hören Sie, was Sie hören. Fühlen Sie in das hinein, was Sie im Augenblick fühlen. Wissen Sie, was Sie darüber wissen – *wissen* Sie, dass Sie es wissen.

Gewahrsein kann kultiviert werden. Geben Sie sich die Erlaubnis, sich in den Zustand des Gewahrseins hineinzubegeben – und begeben Sie sich dann darüber hinaus, zu einem Ort, in einen Zustand, in dem Sie *gewahr* sind, dass Sie im Gewahrseinszustand sind.

Das ist so, als sähen Sie sich in einem Spiegel in einem Spiegel in einem Spiegel reflektiert. Wir kennen das alle. Dasselbe können Sie auch mit Ihrem Geist machen. Werden Sie sich gewahr, wessen Sie sich gewahr sind, und *gewahren* Sie, dass Sie gewahren, was Sie gewahren.

Das kann ein mächtiges Instrument zur Erweiterung Ihres Bewusstseins sein. Erinnern Sie sich, das Gewahrsein kann nicht erweitert werden, das Bewusstsein hingegen schon. Gestatten Sie sich, so lange wie möglich *voll* bewusst zu bleiben. Die Ereignisse des Tages, all die Dinge, die zu tun sind, die Ablenkungen des Augenblicks, der Druck und die Einzelheiten und Anforderungen in unserem Leben können unsere Aufmerksamkeit fesseln und uns ablenken. Das ist okay. Nehmen Sie es zur Kenntnis. Sie werden bald lernen, wie Sie die Ereignisse und den Druck und die Anforderungen so nutzen, dass Sie sie zu Ihrem innersten Gewahrsein führen statt davon weg, und wie Sie Ihr höheres Bewusstsein voll und ganz fühlen statt nur zum Teil.

Da wir gerade dabei sind: Lesen Sie *Das Handbuch zum höheren Bewußtsein* von Ken Keyes jr., ein Buch, das vermutlich zu einem der wichtigsten Bücher Ihres Lebens werden wird. Ken Keyes feierte nun schon vor Jahren seinen Tag der Fortdauer, hinterließ uns allen aber ein unaussprechlich großes Geschenk. Dieses Buch änderte die Richtung meines Lebens. Dafür werde ich ewig dankbar sein.

11

Von den frühesten Augenblicken meiner Kindheit bis zu einem Zeitpunkt, da ich die fünfzig schon überschritten hatte, versuchte ich herauszubekommen, wie das Leben funktioniert. Ich habe also über ein halbes Jahrhundert lang dieselbe Frage betrachtet. Ich tat das auf beiläufige wie auch konzentrierte, auf einfache wie auch komplexe Weise. Man sollte meinen, dass all diese Bemühungen und Anstrengungen mir etwas Weisheit oder eine gewisse Einsicht bescherten, aber nein, diese Erfahrung machte ich nicht. Mit fünfzig hatte ich das Gefühl, nur wenig mehr zu wissen als mit fünfzehn.

Ich übertreibe nicht.

Ich hatte keine Erfahrung mit Gott, ich hatte das Gefühl, nichts über die Liebe zu wissen, ich verstand nicht, wie Beziehungen funktionieren, und alle Rätsel des Lebens *blieben* Rätsel. Ich hatte keine Ahnung, warum ich hier war oder worum es hier überhaupt ging. Ich wusste nur, dass ich hier war, mitten reingeplumpst in all das Zeugs, das wir Leben auf Erden nennen, und ich versuchte, das Beste draus zu machen.

Aber es musste doch einen *Grund* für all das geben, oder all der Wahnsinn musste doch zumindest irgendeine *Methode* haben (wie meine Mutter zu sagen pflegte). Doch wenn es so etwas gab, hatte ich vom einen wie vom anderen null Ahnung. Absolut keine Vorstellung. Also stand ich jeden Morgen auf und versuchte einfach nur, mich an irgendeiner Art von Ziel oder Hoffnung oder Wunsch festzuhaken, an irgendeiner Art von Aktivität oder Erfahrung oder Projekt, an irgendeiner Art von Sinn und Zweck oder Funktion oder Zielsetzung wenigstens für den Tag oder vielleicht auch für die Woche oder den Monat, wenn schon nicht für mein ganzes Leben.

Wenn Ihnen nichts davon vertraut ist, dann gehören Sie zu den Glücklichen. Sie wissen schon länger, wer Sie sind und warum Sie hier sind, was Sie sind und wohin Sie gehen, wie es kommt, dass Sie dahin gehen, und wie Sie dahin kommen.

Das sind keine einfachen Fragen, und wenn Sie Antworten haben, die Sie zufriedenstellen – gut für Sie, und möge Gott Sie segnen. Ich steuerte auf die sechzig zu und hatte auf keine der Fragen eine Antwort.

Dann, plötzlich, hatte ich sie alle.

Das erschütterte mich bis ins Mark, wie Sie sich vorstellen können. Konnte ich glauben, was mir da alles auf einmal gegeben wurde? Funktionierte es, konnte es im Alltag angewandt werden? War es überhaupt von irgendeinem grundlegenden Wert?

Ich stellte fest, dass die Antwort auf alle drei Fragen ein Ja war. Ein ganz entschiedenes *Ja!* Aber zunächst musste ich etwas von dem, was ich in meinen Gesprächen mit Gott gehört hatte, wirklich »begreifen«, mir wirklich zu eigen machen und es wirklich *nutzen,* sonst konnten all die anderen Puzzlestücke nicht an ihren Platz gelangen, konnte keines der Rätsel des Lebens gelöst werden.

Es ist sicher eines der wichtigsten Dinge, die ich je in meinem Leben gehört habe. Eine der entscheidendsten Informationen über das Leben, auf die ich je gestoßen bin. Es hat endlich, endlich die Tür aufgestoßen. Es hat nicht all meine

Fragen beantwortet, aber all meine Probleme gelöst. Es hat das Leben sehr viel leichter gemacht. Ich spreche hier über die Kernbotschaft Nummer 20.

GmG-Kernbotschaft 20

Das Leben funktioniert innerhalb eines Paradigmas von »Sein – Tun – Haben«. Die meisten Menschen gehen von der umgekehrten Reihenfolge aus und meinen, dass man zuerst Dinge »haben« muss, um Dinge zu »tun«, um dann das zu »sein«, was man sich wünscht. Die Umkehrung dieses Prozesses ist der rascheste Weg zur Erfahrung von Meisterschaft im Leben.

Ich mache keine Witze, wenn ich sage, dass die meisten Menschen dieses Lebensrezept oder diese Lebensformel in umgekehrter Reihenfolge angehen. Ich habe das in den ersten dreiundfünfzig Jahren meines Lebens an mir selbst beobachtet.

Band 1 und später *Band 3* der *Gespräche mit Gott* haben mir in diesem Punkt sehr rasch große Klarheit gebracht. In *Band 3* wurde ich daran erinnert, dass die meisten Menschen glauben, das Leben funktioniere nach folgenden Richtlinien oder laufe gemeinhin folgendermaßen ab: Haben – Tun – Sein.

Die Leute glauben, wenn sie ein Ding (mehr Zeit, Geld, Liebe, was auch immer) »haben«, können sie endlich etwas »tun« (ein Buch schreiben, einem Hobby nachgehen, Urlaub machen, ein Haus kaufen, eine Beziehung eingehen), was ihnen dann erlaubt, etwas zu »sein« (glücklich, im inneren Frieden, zufrieden oder verliebt).

Doch damit drehen sie das Paradigma vom Sein – Tun – Haben um. Wie schon gesagt, habe ich das ebenfalls so gemacht. So funktioniert das Leben, hatte man mir erzählt.

Die Dinge in die richtige Reihenfolge bringen

Im wirklichen Universum (nicht in dem unserer Vorstellung) bringt das »Haben« nicht das »Sein« hervor, sondern es verhält sich genau umgekehrt. Erst musst du etwas namens »glücklich« (oder »im inneren Frieden« oder »zufrieden« oder »verliebt« oder was auch immer) »sein«, dann fängst du an, von diesem Seinsort aus etwas zu »tun« – und entdeckst bald darauf, dass dieses Tun dir schließlich die Dinge bringt, die du immer »haben« wolltest.

Die Formel lautet Sein –Tun – Haben, nicht Haben – Tun – Sein.

Um diesen schöpferischen Prozess (und das ist es ... ein Prozess des persönlichen Erschaffens) in Gang zu setzen, müssen wir uns erst anschauen, was wir denn »haben« wollen, dann müssen wir uns fragen, was wir unserer Ansicht nach »sein« würden, wenn wir es »hätten«, um uns dann direkt auf dieses *Sein* zu verlegen. Beginnen Sie von da aus, statt zu versuchen, dorthin zu gelangen.

Auf diese Weise drehen Sie Ihre bisherige Anwendung des Paradigmas vom Haben – Tun – Sein um, bringen es also in die richtige Abfolge und arbeiten *mit* der schöpferischen Kraft des Universums statt gegen sie.

Hier noch eine knappe Formulierung dieses Prinzips: Wie Ihr Leben funktioniert, hängt sehr vom Was und Wie Ihres *Seins* ab.

In *Band 3* von *Gespräche mit Gott* wird das veranschaulicht, indem wir dazu aufgefordert werden, uns einen Menschen vorzustellen, der einfach weiß, dass er, wenn er nur ein bisschen mehr Zeit, ein bisschen mehr Geld oder ein bisschen mehr Liebe hätte, wirklich glücklich wäre. Er denkt, dass zwischen seinem Gefühl, im Moment »nicht sehr glücklich zu sein«, und der Tatsache, nicht die Zeit, das Geld oder die Liebe zu haben, die er sich wünscht, eine direkte Verbindung besteht.

Jetzt stellen Sie sich einen Menschen vor, der sich jeden Moment im Zustand des »Glücklichseins« befindet. Ist es nicht interessant zu beobachten, dass er Zeit zu haben scheint, alles zu tun, was wirklich wichtig ist, dass er alles Geld zu haben scheint, das nötig ist, und genug Liebe, dass es für ein ganzes Leben reicht? Er stellt fest, dass er alles hat, was er braucht, um »glücklich zu sein« ... indem er gleich von Anfang an im Zustand des »Glücklichseins« ist!

Sprüche für den Kühlschrank

Wie sich herausstellt, kann die *im Voraus* getroffene Entscheidung, was zu sein wir wählen, *dies oftmals in unserer Erfahrungswelt herbeiführen.* »Sein oder Nichtsein, das ist hier die Frage«, so hat Shakespeare es ausgedrückt. Glücklichsein ist ein Geisteszustand und reproduziert sich wie alle Geisteszustände in physischer Form.

Wie vieles hier ist diese Aussage aus *GmG Band 3* gut dafür geeignet, sie an den Kühlschrank zu pinnen: »Alle Geisteszustände reproduzieren sich.«

Aber wie, so fragen Sie vielleicht, kann ich von Anfang an glücklich oder überhaupt *irgendwas* »sein«, das ich sein möchte – wohlhabender zum Beispiel oder mehr geliebt –, wenn ich das, was ich meiner Ansicht nach brauche, um es zu »sein«, gar nicht habe?

Die Antwort darauf ist: Handle so, als wärst du es, denn du bist es und weißt es nur nicht. Das ist der wichtigste Teil des »Geheimrezepts«. Das Glücklichsein, die Zufriedenheit, die Liebe, der Wohlstand, der Frieden, die Freude, die Weisheit und alle anderen Aspekte der Göttlichen Natur sind schon in Ihnen vorhanden. Es ist das, Was Sie Sind. Diese Dinge sind Wer Du Bist. Sie müssen sie nicht irgendwo anders finden; Sie brauchen sie nur *aus Ihrem Selbst hervorzuziehen.* Sie brauchen nur zu *sein* Wer Sie in Wirklichkeit Sind.

Das ist gemeint mit der Aussage, dass Sie da »anfangen«, wo Sie Ihrem Wunsch nach »enden« wollen. Es ist eine Sache des *Wissens,* dass Sie die *Quelle* dieser Dinge sind, nicht der *Sucher.* Es geht um Das Gewahrsein.

Es geht hier nicht darum, sich selbst auszutricksen mit einer Herangehensweise ans Leben, die manche umschreiben mit »Tu so als ob, bis du es bist«. Bis Sie etwas »sind«, können Sie nicht »so tun als ob«. Ihr Handeln muss aus der Aufrichtigkeit hervorgehen. *Tu alles, was du tust, aufrichtig und lauter, sonst gehen die Früchte deines Handelns verloren.* Das Naturgesetz erfordert, dass Körper, Geist und Seele geeint sind und mit Gedanken, Wort und Tat übereinstimmen, wenn der persönliche Schöpfungsprozess funktionieren soll.

Ehrlich die Ehrlichkeit erfahren

Wie also können Sie glücklich »sein«, wenn Sie nicht ehrlich das Gefühl haben, glücklich zu sein? Wie können Sie wohlhabend »sein«, wenn Sie nicht ehrlich das Gefühl haben, wohlhabend zu sein? Wie können Sie geliebt »sein«, wenn Sie nicht ehrlich das Gefühl haben, geliebt zu werden?

Sie müssen ehrlich *die Erfahrung machen, es zu sein.* Sie müssen die Erfahrung machen, dass Sie all diese Dinge sind, die Sie nicht ehrlich fühlen. Und am schnellsten machen Sie die Erfahrung von etwas, das Sie nicht ehrlich fühlen, *wenn Sie bewirken, dass ein anderer diese Erfahrung macht.*

Das ist ein großes Geheimnis. Vielleicht eines der größten Geheimnisse des Lebens. Dadurch, dass Sie einen *anderen* die Erfahrung machen lassen, die *Sie* sich wünschen, wird Ihnen bewusst, dass Sie die Quelle dieser Erfahrung sind und nicht der, der nach ihr sucht. Das verändert das ganze Paradigma Ihres Lebens. Statt den Versuch zu machen, zu finden, was Sie möchten, versuchen Sie nun Möglichkeiten zu finden, das wegzugeben, was Sie möchten.

Aber wie können Sie das, was Sie nicht haben, weggeben?

Durch Ihr Wissen, dass Sie es *haben.*

Und wie kommen Sie zu diesem Wissen?

Ah, Zirkelschluss: Indem Sie es weggeben!

Wenn Sie also die Wahl treffen, glücklich zu sein, dann lassen Sie einen anderen glücklich sein. Wenn Sie die Wahl treffen, wohlhabend zu sein, lassen Sie einen anderen wohlhabend sein. Wenn Sie die Wahl treffen, geliebt zu werden, lassen Sie einen anderen geliebt werden.

So einfach ist das. Und auch so *kraftvoll.*

Tun Sie es aufrichtig und lauter – nicht, weil Sie persönlichen Gewinn daraus ziehen wollen, sondern weil Sie wirklich möchten, dass die andere Person eine bestimmte Erfahrung macht –, und Sie werden die Erfahrung von all dem machen, was Sie weggeben.

Noch ein letztes Mal: Wie? Warum? Weil der Akt, etwas wegzugeben, bewirkt, dass Sie die Erfahrung machen, dass Sie dieses Etwas haben, um es weggeben zu können. Dieses Prinzip wurde in *Gespräche mit Gott* in drei Worten zusammengefasst: Sei die Quelle.

Was kommt zuerst?

Sie können einem anderen nicht geben, was Sie nicht haben. Wenn Sie daher die Quelle im Leben eines anderen von all dem sind, was Sie möchten, gelangt Ihr Geist zu einer neuen Schlussfolgerung, zu einem neuen Gedanken über Sie. Nämlich zu dem, dass Sie es haben müssen, *denn sonst könnten Sie es nicht weggeben.*

Aber, so mögen Sie fragen, wenn ich die Quelle von etwas im Leben eines anderen sein kann, warum kann ich es dann nicht in meinem *eigenen* Leben hervorrufen?

Das können Sie, und ich übermittle Ihnen hier gerade, wie das geht.

Ja, erwidern Sie vielleicht, aber warum muss ich es erst einem anderen geben? Warum kann ich es nicht gleich mir geben?

Die Antwort hat mit der menschlichen Psyche zu tun und mit dem, was man uns gelehrt hat, so heißt es in *Gespräche mit Gott.* Kurz gesagt, man hat uns beigebracht, dass wir unwürdig sind. Deshalb fällt es uns sehr schwer zuzulassen, dass wir uns selbst etwas geben. Hingegen können wir problemlos sehen und anerkennen, dass andere würdig sind und jede Hilfe verdienen, die wir ihnen angedeihen lassen können. Der Trick besteht also darin, dass wir anderen häufig und vorsätzlich geben.

Aber wir können dies nicht als Mittel oder Methode einsetzen, um selbst das Gleiche zu bekommen, um etwas zu erhalten, das uns fehlt, weil die eigentliche Motivation hinter dem Prozess einen stiftenden Gedanken erzeugt, der weiterhin unsere Realität erschaffen wird.

Nein, wenn wir anderen geben, müssen wir es aus dem Wissen heraus tun und als Demonstration, dass wir es bereits haben. Wenn Sie das nicht können, dann denken Sie einfach nicht darüber nach. Analysieren Sie die Dinge nicht und seien Sie nicht berechnend. Geben Sie einfach, was Sie geben möchten, wenn Sie sehen, dass andere es brauchen. Machen Sie es spontan. Überraschen Sie sich selbst. Greifen Sie in Ihre Brieftasche und geben Sie einfach diesen Zwanzig-Euro-Schein. Im nächsten Monat werden Sie merken, dass es Sie in keiner Weise schädigte. Tatsache ist, es lässt Sie sich großartig fühlen. Und faszinierenderweise haben Sie nur eine Woche danach einen Bonus von Ihrem Chef erhalten. Oder diese Rückerstattung vom Finanzamt, an die Sie schon gar nicht mehr gedacht hatten. Oder diesen Anruf von einem Rechtsanwalt, der Sie über eine Erbschaft informiert.

Und dann fragen Sie sich: Was war zuerst da, die Henne oder das Ei?

Es geht um Geistestraining

Sie können Ihren Geist trainieren, so wie Sie es mit Ihrem Haar machen. Wenn Sie Ihrem Geist immer und immer wieder einen neuen Gedanken aufzeigen, indem Sie ihn demonstrieren, wird er zu Ihrer Erfahrung. Sie fangen an, es mehr und mehr »zu sein«. Und wenn Sie anfangen, es »zu sein«, haben Sie die kraftvollste Schöpfungsmaschinerie des Universums in Gang gebracht – Ihr Gewahrsein. Sie sind zum *Wissen* darüber gelangt, was wirklich so ist, was wirklich die *Wahrheit* über Sie ist, indem Sie die Wahrheit (trotz allen gegensätzlichen Anscheins) *demonstrierten.*

Wenn wir darüber nachdenken, so ist die Einfachheit dieses Prozesses bemerkenswert – und naheliegend. Wir wissen sehr wohl, dass es für uns kein größeres Glücksgefühl gibt als das, wenn wir einen anderen glücklich machen. Unser Leben hat uns gelehrt, dass wir kein größeres Gefühl von Wohlstand erleben als dann, wenn wir mit anderen teilen. Und uns ist sehr klar, dass wir das tiefste und gesegnete Gefühl, geliebt zu werden, dann empfinden, wenn wir die direkte Ursache dafür waren, dass sich eine andere Person geliebt fühlt.

Die Boten aller großen Weltreligionen haben genau dieses Prinzip auf ihre jeweils eigene Weise gelehrt. Die Botschaft, mit der ich persönlich am besten vertraut bin: »Was du nicht willst, das man dir tu, das füg auch keinem andern zu.«

Das ist nicht einfach ein netter Spruch; das ist eine explizite Anweisung darüber, wie das Leben funktioniert. Es geht hier nicht um Moral, es geht um Mechanismen.

Wenn Sie das wissen, sind Sie bereit, Meisterschaft im Leben zu erlangen.

ANWENDUNG DIESER BOTSCHAFT IM ALLTAG

Dieses Paradigma vom Sein – Tun – Haben ist das kraftvollste, praktischste und am leichtesten handhabbare Werkzeug für ein spirituelles und freudvolles Leben, das ich je gefunden habe.

Es ist ein spirituelles Werkzeug, weil es sich auf das uns allen innewohnende spirituelle Gewahrsein stützt und uns demonstrieren lässt, dass wir uns über unsere spirituelle Identität im Klaren sind. Es gibt nichts Spirituelleres im Leben als die Erfahrung, dass Gott durch uns hindurchfließt.

Es ist ein praktisches Werkzeug, weil es im realen Leben »bodenständig« ist und sofort wirkt. Nicht erst in einer oder in zwei Wochen oder in einem Monat oder so, sondern in dem Augenblick, in dem das Werkzeug eingesetzt wird.

Lesen Sie, wie Sie das Paradigma vom Sein – Tun – Haben in Ihrer alltäglichen Erfahrungswelt anwenden könnten:

- Wählen Sie im Voraus, wie Sie in bestimmten Situationen »sein« wollen, von denen Sie mit Gewissheit wissen, dass diese sich in Ihrem Leben wiederholt einstellen werden. Wenn Sie zum Beispiel regelmäßig auf Reisen sind, dann wissen Sie mit Sicherheit, dass es irgendwann bei einem Ihrer Flüge eine Verzögerung geben wird. Wenn Sie verheiratet sind und Ihr Ehepartner die Neigung hat, zu Verabredungen zu spät zu kommen, dann wissen Sie mit Sicherheit, dass Ihr Partner irgendwann einmal zu etwas zu spät kommen wird, wo Pünktlichkeit absolut wichtig war. Wie wollen Sie Ihrer Entscheidung nach in diesen Situationen sein?
- Wenn in Ihrem Leben etwas Unerwartetes passiert, dann halten Sie einen Moment inne und fragen Sie sich: »Wie will ich in Bezug darauf ›sein‹?« Begeben Sie sich dann in diesen Seinszustand. Das ist ein kreativer Prozess statt einer Reaktion. Denken Sie daran, das Leben war als schöpferischer Prozess gedacht, nicht als ein Prozess der Gegenreaktion. Und das Leben lädt Sie ein, sich in jedem goldenen Augenblick des Jetzt in der nächstgrößeren Version der großartigsten Vision, die Sie je über Wer Sie Sind hatten, wieder aufs Neue zu erschaffen. Wenn Sie sich also unerwartet in einer Stresssituation wiederfinden – ein kleinerer Autounfall, der Verlust der Wohnungsschlüssel, ein Freund, von dem Sie es nie erwartet hätten, lässt Sie im Stich –, dann nutzen Sie dies als Gelegenheit: Fragen Sie sich in diesem Moment, wie Sie in Bezug auf das Geschehen »sein« wollen, und treten Sie dann in diesen Seinszustand ein.
- Fertigen Sie eine Liste mit fünf Dingen an, von denen Sie gegenwärtig mehr in Ihrem Leben haben wollten. Das können materielle Dinge oder auch Erfahrungen sein. Halten Sie dann Ausschau nach Menschen, die eindeutig weniger von diesen Dingen haben als Sie. Geben Sie Ihnen diese Dinge. Tun Sie es sofort, ohne darüber nachzudenken oder auf

> etwas abzuzielen oder zu analysieren. *Geben Sie sie einfach weg.* Dann schauen Sie, wie die Menschen sich freuen, und beobachten Sie bei sich selbst, wie unglaublich es sich anfühlt zu merken, dass *Sie es hatten, um es ihnen geben zu können.* Leiten Sie dieses Gefühl an Ihr Selbstempfinden weiter.

Nun mögen Sie sagen: Okay, ich kann erkennen, wie das bei Dingen wie Fülle oder Liebe funktionieren könnte, aber wie funktioniert es bei materiellen Dingen wie zum Beispiel einem Haus oder einer Wohnung? Sagen wir, ich möchte wirklich eine bessere Wohnung haben. Wie soll das gehen, wenn ich es nur dadurch manifestiere, dass ich einer anderen Person zu einer besseren Wohnung verhelfe?

Genau diese Frage stellte eine Frau, die an einem meiner wöchentlichen Kurse in praktisch angewandter Metaphysik teilnahm, die ich vor Jahren abhielt. Nennen wir sie Sue.

Sue und ihr Mann lebten seit Jahren in einem kleinen Apartment, beide arbeiteten hart und sparten ihr Geld, damit sie sich eines Tages das Zuhause ihrer Träume leisten konnten.

»Wie soll denn Ihre Theorie für mich funktionieren?«, wollte sie wissen, und das in einem nicht allzu freundlichen Ton. Mir war klar, dass ihre Frustration aus ihr sprach.

»Wollen Sie denn, dass sie es tut?«, fragte ich. »Sind Sie bereit dafür, dass die Theorie funktioniert?«

»Schauen Sie«, sagte sie, »es gibt keine Möglichkeit auf der Welt, wie ich ›die Quelle sein‹ kann dafür, dass jemand anders ein besseres Zuhause bekommt. Wir bekommen das ja nicht einmal für uns selbst hin. Ihr kleiner ›Prozess‹ wird nicht funktionieren.«

»Sind Sie bereit dafür, dass er es tut?«, fragte ich noch einmal.

Sie sah mir direkt in die Augen.

»Okay«, sagte sie. »Ich bin bereit. Aber bei so etwas kann es nicht funktionieren.«

»Wenn Sie es sagen«, erwiderte ich.

»Was soll das heißen?«, fragte sie.

»Es bedeutet: So wie du sagst, so wird dir geschehen.«

»Das habe ich gern. Noch mehr Plattitüden. Man muss diesen Kerl einfach lieben.«

»Meine Liebe, ich weiß, dass Sie von Ihrem Leben frustriert sind. Ich verstehe das. Aber das Universum kann Ihnen nicht das geben, von dem Sie sagen, dass es das nicht kann. Das ist die Regel. Das ist die Anweisung von ganz oben. Wenn Sie also sagen, dass dieser Prozess nicht funktioniert, was denken Sie, was dann passiert? Er wird nicht funktionieren. Sie stellen ihm zu viele Hindernisse in den Weg. Ihre Energie erschafft entweder Hindernisse oder Gelegenheiten. Sie haben die Wahl.«

Sue schwieg einen Augenblick, dann: »Okay, na schön. Mein Mann sagt auch, dass ich eine ewige Pessimistin bin. Ich werde also versuchen, das aufzugeben.«

»Wunderbar. Sind Sie jetzt also dafür bereit, dass dieser Prozess, über den ich gesprochen habe, für Sie funktioniert?«

»Ja, das bin ich wirklich. Ich möchte das wirklich.«

»Meinen Sie, dass er funktionieren kann?«

»Wenn ich positiv denke, dann kann er es vermutlich.«

»Gut, der Trick ist, dass Sie nicht fragen, wie es geht. Seien Sie einfach bereit.«

»Okay, ich habe verstanden.«

Eine Woche später …

Nun, sitzen Sie gut? Sue kam zur nächsten Stunde – ich spreche von einer Woche später – und schäumte über vor Erregung. Sie konnte kaum an sich halten, um der Gruppe zu berichten, was sie erlebt hatte.

»Ich glaube, es war Donnerstagabend«, begann sie. »Ich las die Zeitung und darin stand, dass Freiwillige für ein Projekt gesucht wurden. Es ging um Hilfe für eine Familie, die ihr Haus durch einen Brand verloren hatte und nun am Wochenende innerhalb von nur drei Tagen in ein neues Zuhause einziehen sollte! Es gibt da eine Gruppe namens Habitat for Humanity, die sich um solche Dinge kümmert. Nun starteten sie einen Aufruf, um freiwillige Helfer zu bekommen. Jedermann sei willkommen, hieß es.

Man geht zu einem Gebäude, und sie sagen dir genau, was du tun sollst. Wenn du mit einem Hammer umgehen oder ein Holzstück tragen oder einen frisch installierten Wasserhahn polieren kannst, dann bist du schon eine Hilfe. Und ich dachte: ›Du meine Güte, *auf diese Weise würde ich jemand anderem geben, was ich mir wünsche* – nämlich ein nettes Zuhause!‹. Also gingen mein Mann und ich am Samstag dorthin.

Es müssen hundert Leute dort gewesen sein, und wir haben in nur drei Tagen ein ganzes Haus errichtet. Am Ende wurde ein Klemmbrett mit einem Formular herumgereicht, in das man sich eintragen konnte. Damit konnte man sich bereit erklären, monatlich einen kleinen Betrag für Materialien für ähnliche Projekte von Habitat for Humanity zu spenden. ›Klar doch‹, sagten wir. Wir fanden also gleich hier und jetzt eine Möglichkeit, die Quelle für ein besseres Zuhause für andere zu sein.«

Die Gruppe war von dieser Synchronizität überrascht, aber Sue war noch längst nicht fertig.

»Wartet! Es kommt noch mehr!«, rief sie. »Am Montagabend bekamen wir einen Anruf von meinem Onkel George. Er erzählte, dass seine Firma ihm eine Beförderung angeboten hatte – eine wichtige Stellung im oberen Managementbereich war plötzlich frei geworden. Es ging um einen Job auf der anderen Seite des Landes, der zu gut war, um ihn abzulehnen. Daher würde er mit seiner ganzen Familie umziehen und fragte sich, was er mit seinem Haus machen sollte.

Er wollte wissen, ob wir das Haus ein paar Monate lang für ihn hüten würden, bis seine Probezeit vorüber und der neue Job sicher wäre. Oder ob wir vielleicht sogar daran interessiert wären, das Haus von ihm zu mieten. Ich erklärte ihm, dass wir es uns nicht leisten könnten, ein solches Haus zu mieten und gleichzeitig für ein eigenes Haus Geld beiseitezulegen.

Er sagte: ›Was, wenn ihr es mieten würdet mit der Option, es zu kaufen? Ich mache euch einen guten Mietpreis, und wenn euch das Haus gefällt und ihr euch entscheidet, es zu kaufen, wird jeder Penny mit dem Kaufpreis verrechnet. Ich erledige das alles mit den Papieren. Ihr müsst nicht zur Bank gehen und euch um eine Hypothek bemühen. Ihr seid Familie, und ich weiß, ich kann mich auf euch verlassen. Abgesehen davon ist es uns lieber, wenn das Haus an jemanden geht, den wir kennen und lieben, und nicht an Fremde.‹«

Sue ging nun der Atem aus, als sie sagte: »Wir ziehen *nächsten Monat* ein!«

Die Kursteilnehmer brachen in stürmischen Jubel aus.

Die Engel sangen.

Und Gott?

Nun … Gott lächelte …

12

Mir scheint, das Leben bleibt für fast jedermann weiterhin ein Rätsel, das sich nach und nach entfaltet. Es gab und gibt auch jetzt wahre Meister und Meisterinnen, die in fortwährendem innerem Frieden und in Harmonie leben (ganz gleich, was passierte oder gerade passiert). Wir wissen also, dass es möglich ist, eine solche Ebene persönlicher und spiritueller Entwicklung zu erlangen. Dennoch habe ich sehr wenige Menschen gesehen, die »blitzartig« dazu gelangten.

Meiner Beobachtung nach enthüllt sich das Leben für die meisten von uns immer nur auf einer Ebene. Und ganz sicher war das bei mir so. Selbst meine Gespräche mit Gott setzten sich über eine Reihe von Jahren fort.

Mir fällt auf, dass die Welt noch immer voller Suchender ist. Trotz aller zugänglichen Weisheit, trotz all der Informationen in all den Enzyklopädien, trotz all der spirituellen Botschaften in all den heiligen Büchern aller Religionen auf der Welt, trotz all der tiefen Einsichten, die uns die Philosophien dieser Welt zu bieten haben – trotz all dieser Quellen haben wir noch immer keine Ahnung über viele Dinge, die unser gelebtes Dasein betreffen. Wir suchen also nach Wegweisern. Wir suchen nach Erkenntnissen. Wir halten Ausschau nach Vorschlägen, wie man durch all das durchkommt, wie man zurechtkommt, wie man weiterkommt. Wenn wir

Glück haben, haben wir eine Beziehung – eine *persönliche* Beziehung – mit Gott.

Wenn wir Glück haben, verfügen wir über die Fähigkeit, eine Verbindung mit der im Universum existierenden Quelle der Weisheit herzustellen. Und wenn wir großes Glück haben, können wir mit dieser Quelle interagieren, sie als Freundin erfahren, sie als Ressource nutzen.

Ich hatte das Glück, dies tun zu können, und so wurden mir spirituelle Landkarten und viele Wegweiser übermittelt, die mir auf dem Weg eine Hilfe waren. Das führte dazu, dass ich mich nun, in meinem siebten Jahrzehnt, mit mir und meiner ganzen Lebenserfahrung wohler fühle denn je zuvor.

Ich hatte die Chance, sehr viele Dinge zu beobachten und mir in Erinnerung zu bringen. Nun habe ich an mich selbst die Herausforderung gestellt, in diesen letzten fünfzehn Jahren meines Daseins alles zusammenzuführen und eine holistische – ganzheitliche – Herangehensweise an meine alltäglichen Erfahrungen zu schaffen.

Das »zerbrochene Selbst« zusammenfügen

Wir haben eine Menge über »holistisches bzw. ganzheitliches Leben« gehört. Vor fünfundzwanzig Jahren war ich sogar der leitende Redakteur einer Wochenzeitung in San Diego, die *Holistic Living News* hieß. Was ist damit gemeint?

Holistisch oder ganzheitlich zu leben bedeutet für mich, so zu leben, dass das Gesamt von Wer Ich Bin Ausdruck findet und erfahren wird, während ich mit allem und jedem in seiner Gesamtheit interagiere, statt dass nur ein Teil von mir mit nur einem Teil von jemandem oder etwas anderem interagiert – was, wie ich bemerke, die Art und Weise ist, in der ich und die meisten Menschen meistenteils leben.

Viele von uns haben flüchtige Augenblicke erlebt, in denen wir das *Gefühl von Einssein* mit einem anderen Menschen hatten oder mit jedem anderen Menschen – oder sogar mit jedem anderen *Ding*.

Wenn Sie ein- oder zweimal einen solchen Moment erlebt haben, ist er Ihnen vielleicht in Erinnerung geblieben als ein rasanter Flug durch reine Glückseligkeit. Das *Erleben* von Einssein im Gegensatz zur Vorstellung von Einssein löst oft Erstaunen aus. Der Geist weiß nicht genau, was er davon halten oder wo er damit hinsoll. (Was ganz zweifellos der Grund ist, warum er uns so schnell wie irgend möglich ins Getrenntsein zurückholt.)

Schon mein ganzes Leben lang wollte ich wissen, wie man als ganzheitlicher Mensch lebt – der erste Schritt zur Erfahrung des Einsseins mit allem Leben. Ich habe mich in der Vergangenheit in gewisser Weise als zerbrochen oder zersplittert wahrgenommen und erfahren. Das heißt, ein Teil von mir bewegte sich in die eine Richtung, ein Teil in die andere, und ein dritter Teil von mir versuchte, sich in beide Richtungen zugleich zu bewegen! Ich habe mich viele Male in meinem Leben »zerrissen« gefühlt.

Dieses Gefühl, zerbrochen oder zerrissen zu sein, hat zweifellos dazu geführt, dass ich bis auf die letzten Jahre ein Leben führte, das alles andere als glatt, alles andere als leicht, alles andere als friedlich verlief. Nicht dass ich eine ganz besonders schreckliche Zeit gehabt hätte, aber es gab sicherlich mehr Herausforderungen und mehr zutiefst unglückliche Momente in meinem Leben, als ich brauchte. Leider gab es auch mehr Augenblicke, in denen ich andere Menschen zutiefst unglücklich machte, als ich mir je vorgestellt hatte.

Ja, wie ich schon sagte, das Leben ist als glückliches Leben gedacht, und die meiste Zeit über sollte es eigentlich keinen Grund dafür geben, dass es nicht so ist. Ganz sicher besteht kein Grund dafür, dass es eine Erfahrung von *fortgesetztem* Unglücklichsein ist. Aber wenn wir als zerbrochene Menschen leben und versuchen, zwei Herren und drei Agendas und vier verschiedenen Vorstellungen zu dienen, die vier verschiedene Menschen davon haben, wer wir ihrer Meinung nach sein sollten, dann kann das unser Dasein in der Tat sehr stressig und unglücklich werden lassen.

So lädt das Leben uns also ein, diese Zerbrochenheit unserer selbst aufzuheben und wieder zu einem Ganzen zu werden.

Fantastische Richtlinien

Wir kamen als ein ganzes und perfektes Wesen in diese physische Erfahrungswelt, aber wir haben zugelassen, dass das Leben uns auseinandernimmt und in manchen Fällen *zerreißt.*

Es geht jetzt also um die Rückkehr zu diesem Ort ursprünglicher Ganzheit, um dann bei all unseren Interaktionen von dort auszugehen. Ich weiß ja nicht, wie das bei Ihnen ist, aber wie ich eben schon sagte, brauchte ich Richtlinien, die mir halfen, an diesen Ort zu gelangen und von diesem Ort aus mein Leben zu führen. Somit war ich begeistert, als *Gespräche mit Gott* mir die folgende Kernbotschaft präsentierte:

GmG-Kernbotschaft 19

Die Drei Kernkonzepte Ganzheitlichen Lebens sind *Ehrlichkeit, Gewahrsein* und *Verantwortlichkeit.* Lebe nach diesen Geboten, und der Selbsthass wird aus deinem Leben verschwinden.

Bis zur Hälfte meines Lebens war mir noch nicht einmal klar gewesen, dass der Selbsthass Bestandteil meines Daseins war. Doch irgendwann zwischen meinem fünfunddreißigsten und vierzigsten Geburtstag wurde mir bewusst, dass ich eigentlich nicht sehr glücklich mit mir war – und ja, dass ich wegen vieler Dinge wirklich *böse* auf mich war.

In der Hauptsache war ich böse auf mich wegen der Person, als die ich mich in der Außenwelt zeigte. Nicht dass ich ein so absolut schrecklicher, abscheulicher, verdorbener Mensch gewesen wäre, aber andere Leute erlebten mich nicht so, wie ich mich selbst sah. Tatsache ist, dass ich eine Vorstellung von meiner wahren eigentlichen Person hatte, die sich *komplett* von den Erfahrungen unterschied, die meine Mitmenschen mit mir machten. Das war nur allzu klar, wenn sie mir berichteten, wie sie mich erlebten.

»Kein Mensch versteht mich«, sagte ich mir und klagte gelegentlich auch ein paar Freunden mein Leid: »Ich bin der am meisten missverstandene Mensch, den ich kenne.«

Vielleicht kommt Ihnen das alles nicht bekannt vor, oder es ist Ihnen eine Menge davon durchaus vertraut. Aber ich kann Ihnen versprechen, dass das, was ich Ihnen hier als meine Erfahrung schildere, absolut nicht einzigartig ist. Ich begann also nach Wegweisern zu suchen, nach Vorschlägen, nach Erkenntnissen darüber, wie ich mich buchstäblich zusammenreißen konnte. Und um ehrlich zu sein, ich lehnte das meiste von dem ab, was die Religionen, Philosophien und die Psychologie mir zu sagen hatten, weil es sich für mich allzu vereinfacht anfühlte.

Dann begegnete mir die Erfahrung der *Gespräche mit Gott*. Was hier gesagt wurde, fühlte sich ebenfalls allzu vereinfacht an. In manchen Fällen sogar einfältig und naiv. Aber in diesem Fall beschloss ich zuzuhören, weil die Erfahrung für sich genommen so bemerkenswert war, mich spirituell so öffnete. Ich gestatte mir also, diese Botschaften aufzunehmen und die Möglichkeit in Betracht zu ziehen, dass mehr dran war, als ich auf den ersten Blick erkennen konnte. Vielleicht bot mir ja das, was oberflächlich betrachtet so überaus simpel erschien, in der Tat die Gelegenheit, mit tieferem Blick auf das Leben zu schauen, mich selbst tiefergehend und reichhaltiger zu erfahren und mit mehr Wertschätzung für die wahre Komplexität dessen, was oberflächlich betrachtet die Dinge zu sehr zu vereinfachen schien.

Dies gilt insbesondere für die *GmG*-Kernbotschaft 19. Oberflächlich betrachtet scheint sie in ihrer Aussage sehr offensichtlich und einfach, ja fast peinlich naiv zu sein. *Natürlich* sind Ehrlichkeit, Gewahrsein und Verantwortlichkeit wichtige Aspekte in jedermanns Leben. Das ist ganz leicht zu verstehen.

Aber als ich hinter die augenscheinliche Einfachheit der Botschaft blickte, sah und fand ich viel mehr, als ich ursprünglich vermutet hatte. Schauen wir uns diese drei Grundprinzipien eines nach dem anderen an.

Ehrlichkeit

Eine Sache, die ich in meinem Leben entdeckte, ist die, dass es nicht leicht ist, ehrlich zu sein. Ich dachte, das sei es, aber ich irrte mich. Und ich machte die Beobachtung, dass andere Leute das offensichtlich auch herausfanden.

Wir sind zu einem zerbrochenen Selbst geworden, weil wir gelernt haben, uns in kleine Stückchen aufzusplittern. Manche dieser Stückchen sind in vielen Bereichen unseres Daseins die Wahrheit über uns, und manche von ihnen sind die Schutzschilde, die wir uns zugelegt haben, um die Leute daran zu hindern, die Wahrheit kennenzulernen. Und manchmal auch, um uns selbst am Wissen um die Wahrheit zu hindern. (Oder sie uns eingestehen zu müssen.)

Die Ironie dabei ist, dass viele Eltern ihre Kinder lehren, die Wahrheit zu sagen, und ihnen erklären, dass Ehrlichkeit ein sehr wichtiger Charakterzug ist – während sie selbst einen Mangel an Ehrlichkeit vorleben, nicht nur im direkten Umgang mit ihren Kindern, sondern auch in anderen Lebensbereichen. Kinder hören ihre Mutter die Lüge erzählen, dass eine familiäre Verpflichtung sie daran hindere, an einer Party teilzunehmen, von der sie weiß, dass sie langweilig sein wird; sie hören, wie ihr Vater sich krankmeldet, in Wirklichkeit aber zu einem Baseballspiel geht. Auf diese Weise bringen Eltern ihren Kinder bei, dass Unaufrichtigkeit okay ist, um etwas zu vermeiden, was sie nicht tun wollen, oder um Missbilligung oder Strafe zu entgehen. Kinder brauchen nicht lange, um zu kapieren, worum es geht.

Ehrlichkeit ist also für viele Leute zu einer wahren Herausforderung geworden, auch weil wir – im Gegensatz zu dem, was uns erzählt wurde – gelernt haben, dass Ehrlichkeit sich nicht immer auszahlt. Sie zahlt sich *allzu oft* nicht aus. Allzu oft produziert sie genau das gegenteilige Resultat von dem, was wir uns erhofft hatten. Und so lernen wir, unaufrichtig zu sein. Es ist zu hoffen, dass das bei sehr wichtigen oder wirklich großen Dingen nicht passiert. Aber manchmal, ja, ab und zu passiert es auch bei solchen Dingen.

Der Plan ist nicht, ehrlich oder unehrlich zu sein, sondern den Moment durchzustehen. Unser Überlebensinstinkt setzt ein, und dieser Instinkt treibt den Motor menschlicher Erfahrung an. Wir lernen, ehrlich zu sein, falls und wenn es uns hilft zu überleben, und genau aus dem gleichen Grund lernen wir, unehrlich zu sein.

Es ist also mehr dran an der »Sache mit der Ehrlichkeit«, als auf den ersten Blick ersichtlich ist. Sie braucht

Mut, und das nicht gerade wenig. Sie braucht Entschlusskraft, und das nicht zu knapp. Sie braucht Bereitschaft, und das in nicht geringem Maße. Wir müssen bereit sein, auf Kritik und Widerstand zu stoßen, die ganz sicher kommen werden, wenn wir uns dafür entscheiden, immer zu jedermann in allen Dingen ehrlich zu sein.

Wir müssen entschlossen sein, die Wahrheit zu sagen, ganz egal was. Das verlangt massive Entschlusskraft. Wir müssen die Stärke haben, all die Konsequenzen zu ertragen, die sich aus unserem Entschluss und unserer Bereitschaft, unter allen Umständen die Wahrheit zu sagen, ergeben mögen.

Ein paar Kapitel später, wenn wir uns die Fünf Ebenen der Wahrheit anschauen, werden wir diese Sache mit der Ehrlichkeit noch weiter erkunden. Für den Moment aber sollen Sie wissen: Wenn Sie das für einen simplen Gedanken, eine schlichte, fast naive Anweisung für ein ganzheitliches Leben halten, dann irren Sie sich. Es ist alles andere als das.

Seien wir hier mal ehrlich: *Ehrlichkeit ist nichts für Feiglinge.* Sie bedarf einer sehr hohen Ebene der Verpflichtung zur persönlichen Weiterentwicklung.

Müssen wir ehrlich sein … immer?

Erkunden wir *das* für einen Augenblick. Geht es bei der Ehrlichkeit wirklich um Weiterentwicklung und Wachstum? Was für eine Rolle spielt es, ob wir immer in Bezug auf alles absolut ehrlich sind? Wen kümmert's? Und wenn Ehrlichkeit mindestens so oft wehtut, wie sie hilft, wie lässt sie sich dann überhaupt in jedem Fall rechtfertigen? Vielleicht ist Unehrlichkeit in manchen Fällen die bessere Wahl. Könnte das wahr sein?

Wenn Sie wie die meisten Menschen Fragen zu dieser ganzen Thematik haben, dann möchte ich Ihnen die wunderbaren Schriften von Brad Blanton empfehlen, einem brillanten, wenngleich unkonventionellen Psychologen und Autor des Buches *Radikal ehrlich.* Vor einigen Jahren schrieb ich mit ihm zusammen das Buch *Honest to God,* in dem wir diskutieren – oder besser gesagt »hin und her argumentieren« –, ob Ehrlichkeit gegenüber jeder Person in jedem Fall wirklich die beste Vorgehensweise ist. Sie könnten diesen Dialog vielleicht interessant finden.

Ich werde hier nicht auf das alles eingehen, weil es dazu ein ganzes Buch gibt. Doch möchte ich Sie wissen lassen, dass ich Dr. Blanton darin zustimme, dass es nur äußerst wenige Fälle im Leben gibt, in denen weniger als die totale Ehrlichkeit von Nutzen ist. (Ich glaube, Brad sagte sogar, es gäbe *gar keine.*)

Das bedeutet nicht, dass ich jede einzelne Minute gegenüber jeder einzelnen Person absolute Ehrlichkeit übe. Es bedeutet, dass es ausgesprochen wenige Fälle gibt, in denen es sich nicht positiv auswirkt, absolut ehrlich zu sein. Doch auch wenn ich dieser Ansicht bin, so ertappe ich mich doch oft dabei, dass ich »mich schütze«, indem ich weniger sage als »die Wahrheit, die ganze Wahrheit und nichts als die Wahrheit, so wahr mir Gott helfe«. Und ich stelle fest, dass auch andere Menschen dies tun. Eine Menge.

Um als ganzheitliche Menschen zu leben und dem fortgesetzten Ausdruck unseres zerbrochenen Selbst ein Ende zu setzen, täten wir als Spezies gut daran, etwas gewissenhafter an einer scheinbar relativ einfachen Aufgabe zu arbeiten: Sag. Einfach. Die. Wahrheit.

Erlauben Sie mir noch eines dazu zu sagen. Mir scheint, dass es für mich nur dann einfach wäre, *immer* die Wahrheit zu sagen, wenn ich mir vorstellte, dass mich keine der Konsequenzen, die es hat, verletzen könnte. Und mir scheint, dass die Vorstellung, dass ich keinesfalls verletzt werden kann, dem größeren Begriff innewohnt, den ich in Bezug auf Wer Ich Bin von mir habe. Wenn ich mich selbst als einen Aspekt und eine Individuation Gottes betrachte, gehe ich mit tiefem *Gewahrsein* von meiner Identität und den Implikationen dieser Identität durchs Leben. Das bringt uns zu unserer nächsten Erkundung.

Gewahrsein

Wir haben schon weiter vorn über Gewahrsein gesprochen. Gewahrsein ist ein Seinszustand, der letztlich zu einem Geisteszustand werden kann. Wie wir gesehen haben, weist der Weg zum Gewahrsein drei »Stationen« auf: Hoffnung, Glaube und Wissen. Im Hinblick auf unser Thema würde mich mein gegenwärtiger Gewahrseinszustand dazu veranlassen zu »hoffen«, dass es mich nicht verletzen wird, die Wahrheit zu sagen, oder zu »glauben«, dass es nicht dazu kommt, oder zu »wissen«, dass ich in keiner Weise verletzt oder geschädigt werden kann.

Ruhe ich im Zustand des vollen Gewahrseins von Wer Ich Wirklich Bin – und wer jedermann sonst in Wirklichkeit ist –, dann werde ich nie davor zurückschrecken, ehrlich zu sein. Dazu gäbe es keinen Grund. Somit ist Gewahrsein ganz sicher ein größerer Schlüssel zum ganzheitlichen Leben, als ich vielleicht ursprünglich dachte. Im Kontext dieses Themas wird der Begriff des Gewahrseins auch verstanden, als sensibel zu sein für die Erfahrung und Wahrnehmung anderer und insbesondere für die Erfahrung, dass ich andere zum Erschaffen anregen könnte.

Mir scheint, dass wir, wenn wir ganzheitlich leben, die

Gesamtheit des gegenwärtigen Augenblicks und eines jeden Augenblicks, in dem wir uns befinden, »in uns aufnehmen«. Wir hören nicht nur auf das, was die Leute sagen, sondern auch auf das, was sie fühlen. Wir beobachten nicht nur, was *wir* sagen, sondern auch, was *wir* fühlen. Und wir stellen uns auf die Tatsache ein, dass wir uns zumeist irren, wenn wir glauben, dass wir unsere Gefühle vor anderen verbergen können.

Beim Gewahrsein geht es also darum, dass wir uns auf den gesamten Augenblick einstellen und auf alles, was er für uns und alle anderen, die ihn erfahren, in sich beherbergt. Auch das braucht Mut, Entschlusskraft und Bereitschaft, weil es in jedem Moment unseres Lebens viele Elemente und Aspekte gibt, die wir lieber ignorieren würden. Sie bereiten uns Unbehagen oder enthüllen zu viel von uns – oder enthüllen zu viel von anderen. Wir wollen nicht zu viel Information über andere oder über den Augenblick, auf den wir gegenwärtig treffen.

Wie also machen wir die Erfahrung von vollem Gewahrsein, wenn volles Gewahrsein uns zu viele Information liefert? Das wird eine faszinierende Erkundung. Und sie macht unmissverständlich die Herausforderungen klar, mit denen sich die meisten von uns beim Gang durchs Leben konfrontiert sehen.

In meinem Fall habe ich entschieden, dass die einzige Art zu leben die ist, offen zu sein für alles an Daten, an Erfahrung, an Emotion, an Gefühl, an Information – für alles, was all die Momente meines Lebens in sich bergen.

Wie schon bei der Ehrlichkeit ist sehr viel mehr dran am »Gewahrsein«, als auf den ersten Blick ersichtlich ist. Denn je mehr ich weiß und je mehr ich gewahre, desto mehr bin ich verantwortlich für das, was hier und jetzt vor sich geht. Dafür, wie es sich ereignet, für die Rolle, die ich spiele, indem ich bewirke, dass das Geschehen sich auf ganz bestimmte

Weise ereignet, und für die Resultate, die sich daraus ergeben. All das bringt uns zum letzten dieser drei kleinen Begriffe, die vor kurzem noch so einfach zu sein schienen.

Verantwortlichkeit

Solange wir nicht bereit sind, voll und ganz, absolut und total die Verantwortung für alles in unserem Leben zu übernehmen und auch für die Erfahrungen, die in ihrem Leben zu erschaffen wir andere vielleicht angespornt haben, solange können wir kein ganzheitliches Leben führen. Wir können vorgeben, dass wir es tun, wir können so tun als ob, aber wir können es nicht wirklich tun. Wir müssen die Tatsache akzeptieren, dass wir die Ursache für das sind, was in unserem Leben passiert.

Ich beobachte, dass sich das Dasein der Leute verändert, die voll und ganz die Verantwortung für ihr Leben übernehmen. Ihre Entschlüsse und die Entscheidungen, die sie treffen, verändern sich. Ihre Handlungen und Unternehmungen ändern sich. Sogar ihr Denken ändert sich.

Gespräche mit Gott sagt uns, dass es keine Opfer und keine Bösewichter gibt. Diese Aussage impliziert, dass wir alle für alles verantwortlich sind, was uns in unserem Leben geschieht und *durch* uns geschehen ist.

Wenn ich diese Aussage in Vorträgen mit den Menschen teile, ist ihre erste Reaktion, dass sie davor weglaufen. Sie wollen sofort alle Fälle in ihrem Leben vorbringen, in denen ihnen Dinge zustießen, für die sie *nicht* verantwortlich waren. Wir sprechen hier aber nicht auf physischer, sondern auf metaphysischer Ebene.

Auf der metaphysischen Ebene, der einzigen Ebene, von der aus wir in unserem Leben weitermachen können, wenn wir uns zu einem ganzheitlichen Leben entscheiden, sind wir für jedes Ereignis, jede Situation, jeden Umstand und jedes Resultat in unserem Leben verantwortlich – und müssen es angesichts unserer wahren Identität auch sein. Wir erschaffen gemeinsam mit allen anderen Seelen in gigantischer Zusammenarbeit. Aber diese Partnerschaft befreit uns nicht von der Verantwortung für die Rolle, die *wir* bei jedem Ereignis und jedem Zustand spielen. Einschließlich dessen, dass wir – auf metaphysischer Ebene – genau die richtigen Menschen, Orte und Umstände zu uns heranziehen, die uns erlauben, uns in der nächstgrößeren Version der großartigsten Vision, die wir je über Wer Wir Sind hatten, aufs Neue zu erschaffen.

Das eindrücklichste Beispiel, das mir hier einfällt, wäre eine Person wie Jesus Christus. Wenn wir sein Leben und seinen Tod erforschen, müssen wir uns fragen: *Auf welcher Ebene war er für seine Erfahrungen verantwortlich?* War er das Opfer seiner Kreuzigung, oder war er auf sehr hoher spiritueller und metaphysischer Ebene deren Ursache?

Wenn wir akzeptieren, dass er deren Ursache war – dass ihm nichts widerfuhr, sondern alles *durch* ihn geschah, dann müssen wir uns fragen: *Waren wir auf sehr hoher spiritueller oder metaphysischer Ebene die Ursache einer jeden »Kreuzigung« in unserem Leben, ob klein oder groß?*

Wenn wir sagen, dass Jesus für seine Kreuzigung verantwortlich war, wir aber für die unseren nicht verantwortlich sind, dann verkünden wir eine metaphysische Unwahrheit: Dass wir nicht alle Eins sind, dass einige von uns anderen von uns überlegen sind – und dass manche von uns, vielleicht, göttlicher Natur sind, während andere »bloß menschlich« sind.

Solche Aussagen laufen auf eine Negierung der letztendlichen Wirklichkeit Ihrer und meiner persönlichen Identität hinaus. Somit bleibt uns nichts anderes übrig, als für alles verantwortlich zu sein, das uns unser Leben gebracht hat und das anderen *von uns* zugeschickt wurde.

Wir sehen also, dass Ehrlichkeit, Gewahrsein und Verantwortlichkeit simple Zutaten für ein ganzheitliches Leben zu sein scheinen, sie aber alles andere als das sind. Trotzdem müssen sie nicht als Bürde erlebt werden.

Der Meister nimmt diese drei Elemente eines ganzheitlichen Lebens nicht als Mühlsteine, sondern als Edelsteine wahr – als wunderbare Gelegenheiten, sich voll und ganz in den Reichtum dieses Ausdrucks des Lebens hineinzubegeben, um dessentwillen wir alle auf die Erde gekommen sind.

Nach meiner Erfahrung fühle ich mich in den Augenblicken, in denen ich ehrlich bin, in denen ich so bewusst und gewahr bin, wie ich nur sein kann, und in denen ich bereit bin, meine eigene hohe Ebene der Verantwortung für alles, was je vor sich ging, was gegenwärtig geschieht und was je geschehen wird, wahrzunehmen und zu erfahren, freier, fröhlicher, machtvoller und begeisterter darüber, am Leben zu sein, als je zuvor. Bürden sind sie also keine. Es sind Geschenke und wunderbare Werkzeuge. Das ist die Wahrheit darüber.

ANWENDUNG DIESER BOTSCHAFT IM ALLTAG

Hier sind ein paar Vorschläge, wie Sie die *GmG*-Kernbotschaft 19 in Ihrem Alltagsleben umsetzen können:

- Legen Sie ein Heft an für Ihre Arbeit mit der Kernbotschaft Nummer 19. Als Erstes machen Sie eine Liste, auf der Sie die letzten vier Situationen vermerken, in denen Sie einem anderen gegenüber unehrlich waren. Schauen Sie, was es

Ihnen abverlangen würde, zu dieser Person oder diesen Personen zu gehen und die Sache zu bereinigen. Fragen Sie sich, warum Sie es nicht tun würden. Rufen Sie dann diese Leute an oder kontaktieren Sie sie und sagen Sie ihnen, dass Sie an einem persönlichen spirituellen Erweiterungsprozess arbeiten und gerne etwas in Bezug auf eine nicht ganz offene und ehrliche Aussage, die Sie kürzlich machten, bereinigen würden. Geben Sie sich die Erlaubnis, das zu tun. Machen Sie sich über die Konsequenzen keine Sorgen. Sie werden sich am Ende sehr viel besser fühlen und mit dem Wunder der Ehrlichkeit in Berührung kommen.

- Rufen Sie sich eine Situation in Erinnerung, bei der Sie mit anderen Leuten zu tun hatten und sich der Auswirkung von etwas Negativem oder Verletzendem, das von Ihnen oder anderen gesagt oder getan wurde, bewusst waren und es ignorierten. Spüren Sie, wie sich Ihr Magen anfühlte, als Sie zusahen, wie dieser Augenblick verstrich, ohne dass Sie reagierten, obwohl Sie sich dessen bewusst waren, was da gerade passierte. Fassen Sie den Entschluss, nie wieder eine solche Erfahrung zu erzeugen.
- Denken Sie an drei Dinge in Ihrem Leben, die sich in Ihrer Beziehung zu anderen ereigneten und für die Sie die Verantwortung ablehnten, weil Sie wirklich das Gefühl hatten, nicht verantwortlich zu sein. Überprüfen Sie diese Erinnerungen noch einmal und forschen Sie in sich nach, ob irgendeine Möglichkeit bestand, dass Sie auf einer hohen spirituellen oder metaphysischen Ebene für das Ereignis oder die Umstände hätten verantwortlich sein *können.* Beschreiben Sie in einem Heft in drei bis fünf Sätzen, was diese Erforschung Ihnen bewusst gemacht hat.
- Stellen Sie sich in den nächsten drei Tagen im Geiste immer wieder eine einzige Frage: Was wäre, wenn ich für alles verantwortlich wäre, was in meinem Leben und im Leben derer

geschieht, mit denen ich gegenwärtig interagiere? Ohne Vorbehalt und ohne Einschränkung. Würde ich etwas an der Art, wie ich diesen Augenblick durchlaufe, ändern?

- Fragen Sie sich: Auf welcher Ebene, wenn überhaupt, bin ich für die Gefühle und Reaktionen anderer verantwortlich? Schreiben Sie Ihre Antworten in ein Heft, dort können Sie sie immer wieder nachlesen.
- Stellen Sie schließlich eine bemerkenswerte metaphysische Frage: Wer ist verantwortlich für den Inhalt dieses Buches, das Sie hier gerade lesen? Habe ich den Inhalt vorgelegt? Oder waren *Sie* auf sehr hoher spiritueller und metaphysischer Ebene die Ursache dafür, dass er von mir vorgelegt wurde, um dann Ihre Aufmerksamkeit auf sich zu ziehen? Wer macht hier was? Wer ist der Magier, und worum geht es bei diesem Trick?

13

Das interessante Ergebnis deiner Bitte an Gott, dir zu erklären, wie das Leben genau funktioniert, ist, dass Gott es dir erklärt.

Das interessante Ergebnis *davon* ist, dass du nie wieder imstande bist, das Leben so zu sehen wie zuvor.

Und das interessante Ergebnis *davon* ist, dass sich dein ganzes Erleben und Erfahren von morgens bis abends verändert.

Das Wunder und Aufregende am Material von *Gespräche mit Gott* ist genau das: Von vorn bis hinten, Buch um Buch, präsentiert es uns eine völlig neue Kosmologie. Eine brandneue Konstruktion. Eine ganz andere Struktur, die die umfassendere Erfahrung dessen, was wir das Leben nennen, unterstützt.

Nicht nur ist diese Struktur eine andere, sie ist auch weitaus geeigneter für wer wir als intelligente Wesenheiten, die in der kosmischen Gemeinschaft fühlender Wesen in Erscheinung treten, sind. Wir sind weitaus mehr als unsere Alte Geschichte uns über uns offenbart.

Das Material von *Gespräche mit Gott* bietet uns eine Neue Geschichte an. Sie schenkt uns eine andere Art Sicht auf das Leben, die uns beim genauen Erfahren und Ausdrücken von Wer Wir Sind unterstützt, statt uns zu vernichten. Und die der Agenda dient, die zu vollenden wir auf die Erde gekommen sind.

Von allen Büchern der *GmG*-Reihe hat mich keines mehr beeinflusst als *Gemeinschaft mit Gott*. Dieses Buch wurde mir in der Ichform von Gott übermittelt, ohne irgendwelche Fragen oder Interaktionen von meiner Seite. In der Essenz stellt es die Botschaft Gottes an die Welt dar, da wir uns nun unserer Zukunft im einundzwanzigsten Jahrhundert nähern.

Eine außerordentliche Behauptung

Ich weiß, es ist ziemlich unverfroren von mir zu behaupten, dass Gott mittels dieser Methode zur Welt gesprochen hat, aber ich habe keine andere Wahl. Ich kann der weltweiten Leserschaft, die ihren Weg zum Material von *Gespräche mit Gott* gefunden hat, nur genau das mitteilen, was meine Erfahrung war und mir gegeben wurde, um es den Menschen zu überbringen.

Auch das – »was mir gegeben wurde, um es den Menschen zu überbringen« – hört sich großspurig und überheblich an. Wenn ich die Worte auf dem Bildschirm meines Computers sehe, muss ich mich zwingen, sie dort zu belassen. Ich muss mich zwingen, sie nicht zu löschen und alles zu ändern, was ich in diesem Buch sagen will. Ich muss mich überwinden, überhaupt ein Buch zu veröffentlichen. Jedes Mal, wenn ich ein Buch schreibe, fechte ich den gleichen inneren Kampf mit mir aus. Was, wenn das Ganze nur auf meiner Einbildung beruht?

Wie Sie vielleicht wissen, wenn Sie das Material gelesen haben, stellte ich Gott genau diese Frage. Und wie lautete seine Antwort?

»*Wo wäre der Unterschied?* Siehst du denn nicht, dass ich ebenso leicht durch deine Einbildungskraft wie durch alles andere wirken kann? Ich lasse dir die *genau* richtigen Gedanken, Worte oder Gefühle zukommen, in jedem beliebigen Moment, für den jeweils genau richtigen Zweck, und bediene mich dabei eines oder mehrerer Mittel.

Du weißt einfach, dass diese Worte von mir kommen, weil du aus eigenem Antrieb noch nie so klar gesprochen hast. Wenn du zu diesen Fragen bereits so klare Worte gefunden hättest, würdest du sie gar nicht erst stellen.«

»Mit wem«, so fragte ich, »kommuniziert Gott? Sind das besondere Menschen? Gibt es spezielle Zeiten?«

Die Antwort, die ich erhielt:

»Alle Menschen sind etwas Besonderes, und alle Momente sind goldene Momente. Es gibt keine Person und keine Zeit, die in stärkerem Maße besonders wären als eine andere. Viele Menschen haben sich entschieden zu glauben, dass Gott auf besondere Weise und nur mit auserwählten Menschen kommuniziert. Das enthebt die Masse der Verantwortung, meine Botschaft zu hören, von *empfangen* gar nicht zu reden (was noch mal eine andere Sache ist), und gestattet den Leuten, die Worte eines anderen für die ganze Wahrheit zu halten. Dann *müsst* ihr nicht auf mich hören, da für euch ja bereits feststeht, dass andere zu allen Themen schon etwas von mir vernommen haben, und ihr ja *sie* habt, denen ihr zuhören könnt.

Indem ihr auf das hört, was *andere* Leute vermeinen, mich sagen gehört zu haben, *müsst ihr überhaupt nicht mehr denken.*

Das ist der Hauptgrund, warum die meisten Menschen sich von meinen auf persönlicher Ebene übermittelten Botschaften abwenden. Wenn du anerkennst, dass du meine Botschaft *direkt* empfängst, dann bist du für ihre Interpretation verantwortlich. Es ist sehr viel sicherer und leichter, die Deutungen anderer zu akzeptieren (auch wenn sie bereits vor zweitausend Jahren lebten), als die Botschaft zu interpretieren, die du vielleicht gerade in diesem Moment erhältst.

Dennoch lade ich euch zu einer neuen Form der Kommunikation mit Gott ein: einer *zweigleisigen* Kommunikation. In Wahrheit seid ihr es, die ihr mich dazu eingeladen habt. Denn ich bin jetzt in dieser Form *einer Antwort auf euren Ruf* zu euch gekommen.«

Der zentrale Punkt dieses Austauschs mit Gott ist, dass Gott fortwährend *zu allen von uns spricht,* ein Punkt, auf den im *GmG*-Material immer wieder hingewiesen wird. Daher hoffe ich, dass dies meiner Aussage, dass Gott zu mir spricht, das Schockierende nimmt. Ich bin nicht der Einzige in dieser Kategorie. Alle führen ihr ganzes Leben lang *Gespräche mit Gott,* sie nennen es vielleicht nur anders.

Das Urteil liegt bei Ihnen

Das Beste daran ist, dass Sie die Vorstellung, es habe tatsächlich ein Gespräch mit Gott stattgefunden, gar nicht akzeptieren müssen, um Nutzen aus diesen Büchern ziehen zu können. Sie müssen noch nicht einmal glauben, dass Gott überhaupt existiert. Ich lade Sie lediglich ein, das durchgekommene Material zu lesen und die Botschaft für sich selbst sprechen zu lassen.

Millionen Menschen haben dies getan und fanden das Material außerordentlich scharfsinnig, sehr lohnenswert und äußerst nützlich für ihre spirituelle Weiterentwicklung. Dieses Ergebnis macht mich demütig, denn mir ist klar, dass ich nichts damit zu tun hatte. Ich habe nur ein Diktat aufgenommen.

Lassen Sie mich nun vor diesem Hintergrund sagen, dass ich *Gemeinschaft mit Gott* als eine der revolutionärsten spirituellen Botschaften betrachte, die den Menschen je vorgelegt wurden. Unterm Strich besagt sie, dass *alles Leben eine Illusion ist.*

Das haben wir auch schon vorher gehört. Das ist nicht gerade als brandneue Information zu bezeichnen. Neu daran ist, dass wir mit diesem Text Aspekt um Aspekt, Teil um Teil, eine ausführliche und eingehende *Erläuterung* der Illusion vorliegen haben. Hier wird uns gesagt, wie die Illusion funktioniert und warum sie überhaupt eingeführt wurde.

Es ist, als würden wir hinter die Kulissen geführt, in den Bereich des größten Magiers des Universums. Wir verstehen nun seine Tricks, begreifen, wie sie ausgeführt werden und warum wir sie so sehr genießen.

Bevor wir weiter darauf eingehen, möchte ich jedoch einen Gedanken ausräumen, den Sie vielleicht haben, nämlich dass Gott bloß sein Spiel mit uns treibt. Wir sind nicht Gottes Spielzeug, und Gott spielt nicht mit uns. Unser Tun hier auf Erden ist etwas weitaus Heiligeres, als unser Tanz mit der Illusion auf den ersten Blick vielleicht vermuten lässt.

Wir sind hier auf etwas sehr Besonderes aus. Uns geht es darum, der göttlichen Natur, dem göttlichen Wesen, Ausdruck zu geben. Wir werden uns das im Verlauf dieses Buches noch näher anschauen. Wenden wir uns jetzt dem Hauptgedanken zu, dem dies alles zugrunde liegt. Hier ist die Kernbotschaft Nummer 18.

GmG-Kernbotschaft 18

Die Menschheit lebt innerhalb einer präzise gestalteten Ansammlung von Illusionen. Die Zehn Illusionen der Menschheit sind: *Bedürftigkeit existiert, Versagen existiert, Spaltung existiert, Mangel existiert, Erfordernis existiert, Richten existiert, Verdammung existiert, Bedingtheit existiert, Überlegenheit existiert, und Unwissenheit existiert.*

Diese Illusionen sollen der Menschheit dienen, sie muss aber noch lernen, wie von ihnen Gebrauch zu machen ist.

Gott sagt uns hier, dass nichts, worauf wir blicken, das ist, wofür wir es halten. Sicher, wir leben in einer Welt der physischen Realität, aber die ganze *Bedeutung*, die sie für uns hat, ist von uns erschaffen. Um es noch einmal zu sagen: Jede Person, jeder Ort, jede Situation, jeder Umstand und jedes Ereignis ist in seiner Bedeutung das, was es unserem *Denken* nach ist. Diese unsere Bedeutungen erschaffen wir auf unserem Weg aus einem bestimmten und heiligen Grund.

Alle Bedeutungen in unserem Leben entstehen aus dem Kontextuellen Feld, dem sie innewohnen. Der Kontext erschafft alles, und wir haben uns in ein so gewaltiges Kontextuelles Feld begeben, dass es ein Universum der Universen einbezieht; so majestätisch, dass es sich in den Wundern eines Schmetterlings, der Schönheit einer Rose und der Pracht eines Nachthimmels ausdrückt – von der Großartigkeit eines menschlichen Wesens gar nicht zu reden.

Alles das, jedes kleinste bisschen, ist Gott selbst, der die das sich in die Körperlichkeit begibt. Gott traf die Wahl, sich nicht nur auf konzeptueller, sondern auch auf erfahrungsgemäßer Ebene kennenzulernen, und hat als Mittel dazu die Körperlichkeit erschaffen. Davon haben Sie bereits gehört. Schauen wir uns aber nun ein paar Dinge an, die Sie vielleicht noch nicht gehört haben. Erkunden wir ein paar dieser Illusionen, die Gott und wir erschaffen haben.

Hier beginnt es

Die erste Illusion der Menschen ist, dass die Bedürftigkeit existiert. Wir mussten diese Illusion erschaffen, um die Möglichkeit der Schöpfung selbst herzustellen. Wenn wir nichts benötigten, gäbe es auch keine Notwendigkeit, etwas zu erschaffen.

Tatsache ist, dass wir *nichts* benötigen, weil wir selbst Göttlicher Natur, die Göttlichkeit, sind. Doch das Göttliche sehnte sich nach der Erfahrung eines jeden Aspekts seiner selbst, einschließlich seines großartigsten Aspekts, nämlich der Schöpfungskraft; der Fähigkeit, Wunder und Herrlichkeit hervorzubringen, so weit das Auge reicht, über jeden Horizont hinaus und jenseits davon, vorbei an den Grenzen und Schranken auch der überschwänglichsten Fantasie und Vorstellungskraft.

Die physische »Realität«, die wir unserer Vorstellung nach beobachten, ist nichts anderes als die grenzenlose Gegenwart Gottes in der unbegreiflichen, unauslotbaren Weite des Allen von Allem.

Lassen Sie mich nun erklären, warum die Illusionen notwendig sind und warum dies insbesondere für die erste Illusion gilt, den Gedanken, dass Bedürftigkeit existiert.

Stellen Sie sich vor, Sie hätten einen Film gesehen, der Sie von Anfang bis Ende vollends begeistert hat. Vom ersten Moment der Geschichte bis zum letzten Bild schwammen Sie in Glückseligkeit und Ekstase, waren voller Staunen und Begeisterung, voller Freude und Glück jenseits von allem, was Sie je zuvor erlebt haben.

Es ist der großartigste, außerordentlichste Film, den Sie je gesehen haben. Er ist so wunderbar, dass Sie am Ende des Films zu allen, die um Sie herum sitzen, sagen: »Schauen wir uns den Film noch einmal an!« Und genau das tun Sie. Dann schauen Sie sich den Film in den kommenden Tagen noch einmal an. Und im Laufe der Zeit noch weitere Male, bis Sie die Dialoge auswendig und jede einzelne Szenen exakt beschreiben können.

Stellen Sie sich jetzt vor, dass Sie dieses Films nie überdrüssig werden – nur eine Sache gibt es: Sie kennen die Handlung, Sie wissen, wie er endet, Sie kennen jede Zeile des Dialogs, Sie kennen jede Szene. Nichts kann Sie mehr überraschen, nichts mehr erstaunen, nichts kann den Eindruck wieder ganz herstellen, den er beim ersten Mal auf Sie machte.

Daher werden Sie Ihren absoluten Lieblingsfilm schließlich irgendwo im Regal verstauen und beschließen, ihn nun eine ganze Weile nicht mehr anzuschauen. Es kann sogar ein paar Jahre dauern, bis Sie ihn wieder hervorziehen, den Staub von der Hülle pusten, ihn wieder in den DVD-Rekorder stecken und ihn sich noch einmal ansehen. Wenn Sie Glück haben, haben Sie ein paar entscheidende Szenen vergessen. Wenn Sie Glück haben, werden Sie auf viele Momente wieder so reagieren wie beim ersten Mal. Sie werden zu den Leuten um Sie herum sagen: »Ach ja! Den Teil hatte ich vergessen! Wartet, bis ihr das seht!«

Wenn das so ist, verdoppelt sich tatsächlich die Freude beim Schauen. Sie können es gar nicht abwarten, es noch einmal zu sehen – obwohl Sie genau wissen, was passieren wird. Jetzt sind für Sie auch die Einzelheiten spannend, die Sie nicht vergessen haben. Gerade diese verlocken Sie dazu, sich alles noch einmal anzusehen, die ganze Erfahrung noch einmal zu machen.

Aber Sie mussten einen Augenblick lang vergessen, dass Sie all dies schon einmal gesehen haben. Einen Augenblick lang musste Ihr Geist sich vorstellen, dass zumindest einige der Szenen, einige Teile des Dialogs, manche Elemente und Entwicklungen der Handlung brandneu waren. Oder sich zumindest brandneu *anfühlten.* Wir alle haben diese Erfahrung gemacht. Wir alle haben uns schon einmal einen alten Lieblingsfilm nach einiger Zeit wieder angeschaut und genau das erlebt.

Damit habe ich Ihnen gerade erklärt, warum die Zehn Illusionen der Menschen so existieren, wie sie es tun.

Der göttliche Teil von Ihnen erfreut sich wieder einmal an diesem Abenteuer, an all der Herrlichkeit, dem Vergnügen, der Spannung und Aufregung, dem Glück, dem spektakulären Ausdruck sowie der fantastischen Erfahrung der Selbsterfüllung, die sich einstellt, wenn man etwas, dem man bereits begegnet ist, erneut so begegnet, als wäre es das erste Mal.

Woher der magische Zauber kommt

Es ist das Ding, das wir Liebe nennen, das uns erlaubt, dies zu tun, das uns erlaubt, einen solchen Zauber, eine solche Magie zu erschaffen. Es ist eine außergewöhnliche Energie, für die es keine Worte gibt, um sie zu beschreiben. Und diese Energie ist derart magisch, dass sie das Alte in das Neue, die Vergangenheit in die Gegenwart, das »Dort gewesen, das getan« in »Ich frage mich, was als Nächstes passiert« umwandeln kann.

Wenn diese spezielle Magie in den gegenwärtigen Augenblick des Lebens selbst eingebracht wird, kann sie alles brandneu machen und es ebenso aufregend werden lassen wie bei unserer ersten Erfahrung damit. Liebe macht das, Liebe erhält das, Liebe ist das, was diese Magie ermöglicht, denn die Magie ist die Liebe selbst, die sich in wunderbarer Form von Augenblick zu Augenblick unser ganzes Leben hindurch zum Ausdruck bringt.

Ich habe oft gesagt (ohne mit dieser Beobachtung irgendwie unsensibel sein zu wollen), dass die menschliche sexuelle Erfahrung einen Mikrokosmos des Lebens selbst darstellt. Wenn Sie mit einem oder einer Liebsten eine langfristige Liebesbeziehung haben, können Sie jeden Schritt, den die andere Person in der sexuellen Begegnung macht, vorhersagen, ihn erwarten und sich seiner bewusst sein. Dies wird umso mehr wahr sein, je länger Sie schon Geliebte sind. Es wird dahin kommen, dass nichts passiert, was nicht schon zuvor passiert ist. Aber das bedeutet nicht, dass es *sich nicht brandneu anfühlen kann.*

Hier kommt die Liebe ins Spiel.

Gott liebte die Welt so sehr, dass er uns die Fähigkeit gab, Magie zu wirken. Nicht nur beim Liebemachen, sondern während wir das Beste aus jedem einzelnen Augenblick des Lebens selbst machen.

Ich könnte dies alles natürlich nur erfinden. Ich könnte mir vorstellen, dass es so ist. Aber wenn Sie eine bessere Art zu leben kennen, lassen Sie es mich bitte wissen. Ich habe gut über ein halbes Jahrhundert danach gesucht und es nicht gefunden, bis Gott mir sagte, was ich Ihnen hier sage.

Segne die Illusion, verfluche sie nicht

Wir verstehen jetzt also den Grund für die Illusionen des Lebens und ihren Sinn und Zweck. Noch einmal: Die erste dieser Illusionen ist der Gedanke, dass wir etwas brauchen. Natürlich wissen wir alle, dass Gott nichts braucht. Und weil wir eine Individuation Gottes sind, brauchen auch wir nichts. Wir begeben uns in die Illusion, dass Bedürftigkeit Teil unserer Realität ist, um das Wunder des direkten Zusammentreffens mit dieser Bedürftigkeit zu erfahren und genau das zu erschaffen, was wir unserer Vorstellung nach von Moment zu Moment brauchen.

Die Meisterin oder der Meister ist nun eine Person, die das alles sieht, das alles versteht und sich bewusst ist, dass nichts davon auch nur irgendetwas mit der letztendlichen Wirklichkeit zu tun hat. Sie weiß, dass sie nichts braucht. Er weiß, dass er vollkommen zufrieden und glücklich sein kann mit dem, was wahr ist, was einfach so ist, was hier und jetzt geschieht.

Alle Meister und Meisterinnen gehen von diesem Ort des tiefen Friedens aus, begeben sich immer und immer wieder in die Illusion hinein, um das Wunder und die Herrlichkeit von Wer Sie Wirklich Sind zu demonstrieren und anderen Seelen darin beizustehen, dass sie ihre wahre Identität beanspruchen und dasselbe tun können. Das ist alles, was jeder und jede von Ihnen je getan haben.

Also segnen wir den Gedanken, dass Bedürftigkeit existiert, weil er uns eine Plattform für den Beweis zur Verfügung stellt, dass es nicht so ist. Und das ist der größte Zaubertrick aller Zeiten.

Alle anderen der Zehn Illusionen der Menschheit gehen aus dieser ersten hervor. Wenn Sie es genau überprüfen, sehen Sie, dass eine die andere hervorbringt. Das wird in *Gemein-*

schaft mit Gott wunderbar und in aller Vollkommenheit erklärt. Wenn Sie das Buch nicht gelesen haben, können Sie es jetzt tun. Hier möchte ich ein paar ausgewählte Illusionen genauer anschauen – diejenigen, die ich für die wesentlichsten im Gesamtplan der Dinge halte.

Es sind dies die Illusionen, dass Versagen existiert, dass Überlegenheit existiert und dass Unwissenheit existiert.

Aus Ihrer bisherigen Lektüre wissen Sie bereits, dass Richten und Verdammung nicht existieren. Sie wissen bereits, dass Spaltung nicht existiert, und daraus folgt, dass Mangel nicht existiert. Diese Dinge müssen also nicht weiter analysiert werden.

Sie wissen auch bereits, dass es eine Illusion ist, dass Erfordernis existiert. Niemand verlangt irgendjemandem etwas ab – am allerwenigsten Gott *uns* –, denn Bedürfnis existiert nicht. Wenn nichts benötigt wird, wird auch nichts gefordert oder verlangt. Noch nicht einmal von Gott.

Was für ein außergewöhnlicher Gedanke! Können Sie sich einen Gott vorstellen, der nichts fordert, den nach gar nichts verlangt? Wenn Sie es können, sind Sie in die letztendliche Wirklichkeit eingetreten.

Aber schauen wir uns nun die Illusionen an, die nicht so offensichtlicher Natur sind.

Das einzige Ding, worin wir versagen können

Nichts wirkt sich auf die täglichen Erfahrungen des Menschen negativer aus als die Illusion, dass Versagen existiert. Sie lässt mehr Menschen vor Schreck erstarren, als Sie sich vorstellen können. Sie drosselt mehr Anstrengungen und Bemühungen, unterbindet mehr Möglichkeiten, kürzt mehr Projekte und macht mehr Versprechen zunichte, als jede andere Bedingtheit oder jeder andere Umstand für sich genommen.

Aber Gott hat uns in *Gemeinschaft mit Gott* gesagt, dass es so etwas wie Versagen nicht gibt. Tatsache ist, dass »Versagen« das einzige Ding ist, worin wir versagen können! (Das nenne ich eine göttliche Dichotomie.) Alles, was Sie erleben und wahrnehmen, alles, was Sie tun, alles, was Sie zum Ausdruck bringen und alles, was Sie erschaffen, führt zur Vorwärtsbewegung auf der Reise, auf die Sie sich gemacht haben.

Oh ja, es ist eine Reise. Es gibt einen Grund für all das, der über die reine Freude der Erfahrung der Illusionen als Illusionen hinausreicht. Die Reise, auf die wir uns eingelassen haben, ist die Reise der Seele. Es ist ein Prozess, den man Evolution nennt.

Gott ist natürlich das, was immer war, jetzt ist und immer sein wird. Es kann sich daher nicht fortentwickeln. Aber wir können das. Jeder einzelnen Seele wurde das definitiv größte Geschenk Gottes gegeben: Die Fähigkeit, mehr und mehr und mehr und mehr zu werden.

Es ist ein Prozess, bei dem wir in Wahrheit nicht mehr werden, sondern bei dem wir uns mehr und mehr bewusst und gewahr werden, was Es immer war, immer ist und immer sein wird. Mit anderen Worten, *»to grok it in fullness«* – es zu verstehen, es zu lieben und damit vereint zu sein. (Der Ausdruck *»to grok it in fullness«* ist eine einprägsame Erfindung des verstorbenen Robert Heinlein. Sein Science-Fiction-Roman *Fremder in einer fremden Welt* ist ein faszinierender und oft scharfsinniger Kommentar zu den Daseinserfahrungen einer Spezies, die sich auf der Suche nach einem Verständnis von Gott befindet.)

»Evolution« ist somit eigentlich kein Wachstumsprozess, sondern ein Erinnerungsprozess.

Wir können nichts entdecken

Ich komme wieder auf die sehr menschliche Erfahrung des Verliebtseins zurück. Wenn wir in eine andere Person verliebt sind, stellen wir – sehr zu unserem Entzücken und Erstaunen – fest, dass es möglich ist, jemanden mehr und mehr und mehr zu lieben, obwohl wir dachten, den anderen schon von Anfang an so sehr geliebt zu haben, wie es uns nur irgend möglich ist.

Das Wunder und die Herrlichkeit der Liebe bestehen darin, dass sie erweiterungsfähig ist. So scheint es zumindest. Eigentlich aber ist es so, dass wir das, was schon immer da war, in größerem Umfang wahrnehmen und erfahren. Nicht die Liebe hat sich erweitert, sondern unser Gewahrsein von ihr. Daher können wir zu dem geliebten Menschen sagen und jedes Wort auch so meinen: »Ich liebe dich von Tag zu Tag mehr.«

So verhält es sich mit allem im Leben. Und auch mit Gott. Denn Gott und das Leben sind ein und dasselbe. Damit wird es zum erstaunlichsten Gebet, das jede menschliche Seele in Dankbarkeit an den Schöpfer selbst richten kann: *Ich liebe dich von Tag zu Tag mehr.*

Einer der Gründe, warum wir uns so tief in Gott verlieben können, ist der, dass Gott das Leben so geschaffen hat, dass Versagen unmöglich existieren kann. Wir können nicht darin versagen, dorthin zu kommen, wohin wir gehen. Wir können nicht darin versagen, die Erfahrung von Wer Wir Sind zu machen. Wir können nicht darin versagen, uns daran zu erinnern, was wirklich wahr und wie es wirklich ist.

Sicher kann es zuweilen den Anschein haben, dass ein Versagen stattgefunden hat, aber das ist alles eine Illusion. Der Wissenschaftler im Labor versteht das sehr gut. Auch wenn ein Experiment »schiefgeht«, wird es insofern als Erfolg gewertet, als es dem Wissenschaftler etwas sagt über das, was er wissen muss, um bei seinem umfassenderen Forschungsprozess voranzukommen.

Doch was immer war, was jetzt ist und was immer sein wird, kann im Grunde nicht entdeckt werden. Wir *ent*decken nicht, wir decken *auf*. Wir legen die Wahrheiten des Lebens wie Edelsteine frei, wie lang vergrabene, plötzlich gefundene Schätze. Der Schatz war immer da, im Leben selbst begraben.

So lässt sich der ganze Prozess, mit dem wir alle befasst sind, wunderbar erklären. Gott gab mir diese Metapher, damit ich diese Vorgänge genau verstehen konnte.

Es war ein gewaltiger Wendepunkt in meinem Leben, als mir klar wurde, dass ein Versagen nicht existieren kann; als ich begriff, dass ich vom Beginn meines Lebens bis zum eben vergangenen Augenblick in gar nichts versagt hatte. Ich konnte aufhören, mich für all die Dinge zu prügeln, die ich meiner Ansicht nach in der Vergangenheit »falsch« gemacht hatte, und für die Dinge, die ich meiner Vorstellung nach nicht erreicht, in denen ich versagt hatte.

Alles ist vollkommen, genau so, wie es geschehen ist, genau so, wie es eingetreten ist, und genau so, wie es im Moment entsteht. Der Meister begreift das.

Wenn Sie gerne wissen möchten, wie man im Alltag mit einem solchen Verständnis praktikabel umgehen kann, dann lesen Sie alles, was Byron Katie geschrieben hat. Ihr Buch *Lieben was ist* ist ein Geschenk an die Menschheit und kann unser Leben verändern. Lesen Sie auch alles von Eckhart Tolle, er ist einer der außergewöhnlichsten Menschen, denen ich je begegnet bin. Er versteht alles perfekt, was ich hier gerade sagte, *und lebt es jeden Tag perfekt.* Wie Byron Katie.

Was für eine Befreiung dieses Wissen ist, dass alles genau so geschieht, wie es sollte, und dass wir in gar nichts versagt haben! Das ist keine naive Entschuldigung für unsere Vergangenheit, es ist eine meisterliche Erklärung für sie.

Die größte Verführung des Lebens

Ich habe gelernt und erfahren, dass es im menschlichen Leben nichts Verführerischeres gibt als die Vorstellung von der Überlegenheit. Wenn aber das Versagen nicht existiert, muss auch die Überlegenheit eine Illusion sein. Denn wenn niemand versagen kann, kann auch niemand »besser« sein.

Es stellt sich heraus, dass wir in den Augen Gottes alle gleich sind – eine erstaunliche und atemberaubende Aussage, aber eine, die die Religionen der Welt nicht akzeptieren, sich nicht zu eigen machen können und niemandem vorzuschlagen wagen. Denn die Existenz aller Religionen und aller politischen Parteien und ganz sicher auch aller »oberen Bevölkerungsschichten« auf dem Planeten hängt von der Vorstellung ab, dass sie irgendwie, auf irgendeine Art »besser« sind als eine andere Religion, eine andere Partei, eine andere Bevölkerungsschicht. Nimm diese »Überlegenheit« weg, und du nimmst das weg, was viele Menschen und Gruppen als das Besondere an sich empfinden.

Überlegenheit an sich wäre gar nicht so schlimm, wenn wir sie nicht als Rechtfertigungsgrund für die Diskriminierung anderer benutzen würden – vom Kriegführen ganz zu schweigen. Aber der Überlegenheitsgedanke ist letztlich so hässlich, dass er nichts anderes als hässliche Resultate produzieren kann. Die Schönheit eines Gartens liegt nicht darin, dass eine Blume einer anderen überlegen ist, sondern darin, dass seine überall gleiche Herrlichkeit unser Auge erfreut. Das Gleiche gilt für den Nachthimmel. Sagen Sie mir, welcher Abschnitt prachtvoller ist als ein anderer.

Warum wir die Menschen nicht in gleicher Weise sehen können wie einen Garten voller wunderschöner Blumen oder den Nachthimmel, ist mir unbegreiflich. Doch wenn wir die gesamte Menschheit so sähen, wie Gott uns sieht, würden wir genau dieselbe atemberaubende Schönheit betrachten, die wir problemlos in unserer ganzen Umwelt wahrnehmen können. Da gibt es jedoch die, die sagen, wir können nicht davon ausgehen, dass wir wissen und verstehen, was Gott weiß und versteht. Das führt mich zur letzten Illusion der Menschen, dem Gedanken, dass Unwissenheit existiert.

Die größte Lüge auf der Welt

Nichts ist so zerstörerisch für die menschliche Psyche wie die Vorstellung, dass es etwas gibt, das wir nicht nur *nicht* wissen, sondern das wir auch unmöglich *in Erfahrung bringen* können, das wir unmöglich *jemals* wissen können.

»Die Wege des Herrn sind unergründlich« ist die größte Lüge, die jemals erzählt wurde. Gott ist nicht unergründlich, das Leben ist nicht unergründlich, und es ist auch nichts Unergründliches an uns und wer wir sind und warum wir hier sind und wie wir das am besten erfahren und zum Ausdruck bringen können.

Es gibt nichts an der göttlichen Natur, am göttlichen Wesen, das wir nicht voll und ganz wissen, voll und ganz verstehen und voll und ganz erfahren können. Das ist Gottes größtes Versprechen: Suchet und ihr werdet finden. Klopft an und euch wird aufgetan werden. Würden wir Gott einen Lügner nennen?

Entfernen Sie aus Ihrer Kosmologie, aus Ihren Kernüberzeugungen, aus Ihren Gedanken, dass Unwissenheit und Überlegenheit und Versagen existieren – dann haben Sie die letzte Blockade entfernt, die dem allumfassenden Ausdruck der größten Herrlichkeit und des größten Wunders von Wer Sie Wirklich Sind entgegensteht.

ANWENDUNG DIESER BOTSCHAFT IM ALLTAG

Es kann ziemlich schwierig sein, eine Möglichkeit zu finden, den Gedanken, dass das meiste von dem, was wir verstehen (oder zu verstehen *glaubten*), eine Illusion ist, in unser Erleben von Augenblick zu Augenblick zu integrieren. Und falls wir es nur bei einem interessanten Gedanken belassen, der nie tiefer erforscht wird, wird es kaum etwas nützen, es auch nur zu versuchen. Hier sind ein paar Dinge, die Sie unternehmen können, um diese Vorstellung in Ihrem alltäglichen Leben etwas realer werden zu lassen.

- Legen Sie ein »Zehn Illusionen«-Heft an. Listen Sie darin die Dinge auf, von denen Sie vor einem Jahrzehnt glaubten, dass Sie sie unbedingt brauchen. Notieren Sie neben dieser Liste, welche Bedürfnisse erfüllt wurden. Richten Sie Ihr besonderes Augenmerk auf die Bedürfnisse, bei denen dies nicht der Fall war und die Sie Ihrer Vorstellung nach heute noch haben.
- Führen Sie sich vor Augen, dass Sie immer noch hier sind, immer noch die Erfahrung der höchsten Glücksebene machen, sich immer noch (übrigens unabhängig von irgendwelchen gegenwärtigen Umständen) voller Freude zum Ausdruck bringen können. Vergegenwärtigen Sie sich, dass Sie nicht brauchten, was Sie zu brauchen glaubten, um zu sein, zu tun und zu haben, was Sie heute sind, tun und haben.
- Notieren Sie in Ihrem Heft drei Dinge in Ihrem Leben, bei denen Sie Ihrem Gefühl nach absolut scheiterten oder versagten. Zu jedem dieser Dinge beschreiben Sie in ein paar Sätzen, was Sie aus diesem »Scheitern oder Versagen« gelernt haben könnten oder welche Erfahrungen Sie als Ergebnis davon machten. Es sollte keine Überraschung für Sie sein, wenn Sie dadurch sehr klar erkennen können, dass es gar kein Scheitern oder Versagen war, sondern nur ein Trittstein,

der Sie genau dahin brachte, wo Sie heute sind: an einen Ort größerer Weisheit, größeren Verstehens, größerer Fähigkeit, größerer Einsicht und größerer Bewusstheit, als Sie je zuvor erlebten. Wie kann etwas, das Sie dorthin brachte, als Scheitern oder Versagen bezeichnet werden?

- Listen Sie in Ihrem Heft auch alle Personen oder Gruppen auf, denen Sie sich in der Vergangenheit »überlegen« fühlten. Beschreiben Sie in ein paar Sätzen, warum Sie so empfanden. Was war die Grundlage dieses Gefühls? Dann beschreiben Sie in einigen Sätzen, wie Sie heute über diese Personen oder Gruppen denken, und erklären, warum – dies auch dann (vielleicht ganz besonders dann), wenn sich Ihre Gefühle nicht geändert haben.
- Führen Sie in einer Liste alle Personen auf, von denen Sie das Gefühl haben, dass sie Ihnen überlegen sind. Beschreiben Sie, wie Sie das beeinflusst und wie Sie auf diese Person oder Personen reagieren, wenn Sie ihr oder ihnen begegnen.
- Wenn Sie das nächste Mal denken, dass Sie etwas nicht wissen oder keinesfalls verstehen können, dann machen Sie ein kleines Experiment: Gestatten Sie sich, alles Nötige zu tun, um diese spezielle Sache vollkommen kennenzulernen und zu verstehen. Nutzen Sie das Universum als Ihre Hilfsquelle. Nutzen Sie die Welt als Ihr Werkzeug. Sie werden die Entdeckung machen, dass wir jetzt die versammelte und angehäufte Weisheit unserer ganzen Spezies im Internet finden können. Wir haben nun über einen Tastendruck und einen Mausklick Zugang zu allen Dingen, über die wir nichts zu wissen glauben. Wie kann da Unwissenheit existieren?
- Wenn Sie das Gefühl haben, auf irgendeiner Ebene in Bezug auf Lebensweisheit und Lebenserkenntnisse ignorant zu sein, dann klappen Sie jetzt einfach dieses Buch zu. Schließen Sie die Augen und bitten sie den Gott Ihres Verständnisses, Sie zu einem Ort größeren Gewahrseins und der absoluten Kenntnis

über das zu führen, was Sie Ihrer Vorstellung nach keinesfalls verstehen können. Es sollte keine Überraschung für Sie sein, wenn Gott schon geantwortet hat, noch bevor Sie Ihre Frage vollständig formuliert haben. »Noch bevor du fragst, werde ich geantwortet haben«, ist ein weiteres berühmtes Versprechen Gottes. Es wurde berühmt, weil es wahr ist.

14

Die Tatsache, dass wir unser Dasein in einer Konstruktion der Illusionen leben, ist ein Segen. Denn nur eine solche Konstruktion macht es möglich, dass wir alle die Schöpfer unserer eigenen Realität sein können.

Wäre die »Realität« etwas Statisches, wäre es für jegliches Individuum sehr schwierig, sie zu verändern, umzuformen, in irgendeiner Weise so zu modifizieren, dass sie der Agenda seiner Seele taugt. Derartige Anpassungen sind nur in einer biegsamen Realität möglich. Unsere formbare Realität gehört somit zu den größten Geschenken, die Gott uns gemacht hat.

Das bedeutet nicht, dass es in unserer Umwelt keine Konstanten gibt. Eine Konstante lässt sich ziemlich leicht herstellen. Wir müssen uns nur auf etwas einigen, und das, worüber wir uns einig sind, wird zu unserer konstanten Voraussetzung.

Die Frage ist, wie kann das Leben in einem Behältnis gelebt werden, das gleichzeitig konstante Größen und veränderliche Umstände erzeugt?

Wir müssen uns in Bezug auf viele Dinge »darauf einigen, dass wir uns darauf einigen«. Wir nennen einen Löffel »einen Löffel«, wir nennen den Himmel »den Himmel«, wir nennen rot »rot« und blau »blau« und gelb »gelb«. Wir deuten in der Nacht auf die Sterne und sagen »da oben«. Wir deuten auf die Erde und sagen »unten«. Diese Konstanten bleiben von

Sprache zu Sprache und Kultur zu Kultur unverrückbar. Sie helfen uns, die Reviere abzustecken.

Wir glauben, dass diese Aspekte unserer Erfahrung Konstanten bleiben, weil sie »Tatsachen« sind, aber das ist keineswegs der Grund. Was wir als »Tatsachen« bezeichnen, sind bloß Elemente unserer physischen Umwelt und unserer emotionalen Erfahrung, auf die wir uns alle über sehr viele Jahre hinweg geeinigt haben. Über Jahrhunderte und Jahrtausende.

(Doch eine Astronautin, die die Erde umkreist hat, ist vielleicht nicht der Ansicht, dass »die Sterne da oben« waren, sondern sagt, dass sie sich zu ihrer Linken oder Rechten befanden; und sie hatte vielleicht das Gefühl, zur Erde »hinauf« und nicht »hinunter« zu blicken! Da haben Sie's. Jede Übereinkunft ist kontextbezogen.)

Darin liegt sowohl das Wunder des Lebens als auch seine größte Herausforderung. Denn wir denken uns das alles buchstäblich aus, je nach Kontext, in dem wir alldem begegnen, und wir denken es uns besser gut aus, oder wir bringen uns in große Schwierigkeiten.

Genau das haben wir getan.

Und das ist das Problem: Wir wünschen und brauchen es auch, dass die Konstanten, auf die wir uns geeinigt haben, Konstanten *bleiben*, damit wir uns in den wechselnden Gezeiten unseres Lebens Ausdruck geben und uns selbst erfahren können. Darum geht uns die Veränderung irgendeiner Konstante ausgesprochen gegen den Strich.

Deshalb war es so schwierig, etwas an den von uns imaginierten »bekannten Tatsachen« über unsere Welt zu ändern – auch wenn wir entdeckten, dass diese »Tatsachen« völlig unzutreffend sind.

Sie können sich nicht vorstellen, welche Probleme unsere Spezies damit hatte, einfach anzuerkennen, dass die Sonne sich nicht um die Erde dreht! Wir exkommunizierten einen brillanten Menschen aus der renommiertesten Religion seiner Zeit, weil er es wagte, darauf hinzuweisen, dass eine unserer Konstanten keineswegs konstant war, sondern nur eine Vorstellung von uns, gegründet auf eine *vorgestellte* Wahrheit. In gewisser Weise war es eine ausgeklügelte Geschichte, die wir uns da ausgedacht hatten.

Nicht weniger schwer fiel es den Ärzten, die Existenz von Krankheitskeimen zuzugeben. Oder den Lehrern mancher Dorfschulen das Eingeständnis, dass Linkshändigkeit kein Zeichen des Teufels ist und man daher linkshändigen Schülern nicht den linken Arm auf den Rücken binden und sie zwingen muss zu lernen, mit ihrer nichtdominanten Hand zu schreiben. (Sie meinen, ich denke mir das aus? Zu Zeiten meiner Großeltern passierte das tatsächlich in vielen unserer Dorfschulen.)

Ein Glaube, der für uns eine Konstante bildet, ist also selbst angesichts unleugbarer Beweise, dass etwas nicht wahr ist (von absolut lächerlich gar nicht zu reden), außerordentlich schwer zu erschüttern. Man muss uns über einen Zeitraum von vielen Jahren hinweg immer und immer wieder sagen, dass das, was wir für eine Konstante hielten, bloß eine Illusion ist – etwas, das wir für wahr hielten, das aber offenkundig falsch ist.

Die Frage, die sich in diesen Tagen und Zeiten stellt: Könnten auch einige der Dinge, die wir *derzeit* für Konstanten halten, nicht wahr sein? Und könnten einige dieser Dinge *mit Gott zu tun haben?*

Die große Herausforderung, die sich mit dem Segen, der von uns Illusionen des Lebens genannt wird, verbindet, besteht also darin, mehr Bereitschaft aufzubringen und schneller als in der Vergangenheit neue und sich positiver auswirkende Illusionen zu erschaffen. Wir müssen sozusagen leichtfüßig sein. Wir müssen imstande sein, »mit der Zeit zu gehen«.

Wenn es im Leben zu Treibsand kommt, sollte er sich zumindest nicht willkürlich vor uns aufhäufen und unmöglich zu überqueren sein, sondern er soll zu wunderschönen Schlössern gestaltet sein, die wir selbst wieder einreißen können, falls und wenn wir uns dazu entschließen.

Kurzum, wir müssen kreativ sein statt reaktiv. Wenn wir schon in einer Welt der Illusion leben, dann lasst uns Illusionen erschaffen, die uns *dienen,* keine Illusionen, die uns schachmatt setzen.

Eine Entscheidung muss her

Natürlich können wir nichts produzieren, was uns dienlich ist, wenn wir keine Ahnung haben, was wir da zu tun versuchen. Wir müssen erst verstehen, wer wir sind und wo wir sind und warum wir hier sind und worauf wir »hinauswollen«, bevor wir auch nur irgendwie darangehen können, eine uns dienliche Illusion zu erschaffen.

Zu diesem Verständnis zu gelangen war unsere zweite große Herausforderung, denn Gott lädt uns ein, auch unsere Agenda so zu erschaffen, wie wir es wünschen. Es geht also gar nicht darum, zu einem *Verständnis* zu gelangen, es geht darum, zu einer *Entscheidung* zu kommen.

Es ist so, als befänden wir uns in einem Spiegelsaal. Wir schauen in den ersten Spiegel und sehen darin vielfache Spiegelbilder dieses ersten Spiegelbildes. Wir sind ein Spiegelbild unserer eigenen Spiegelbilder – oder wenn Sie so wollen, unserer eigenen Gedanken über uns selbst.

Wenn ich mich für »mutig« halte, werde ich mich als einen sehen, der mutig ist, und dann vielleicht als mutiger

Mensch handeln. So gesehen werden meine Handlungen zu einem Spiegelbild meiner Sicht auf diese Handlungen, die sich auf mein Denken über mich gründet. (Was der eine »mutig« nennt, nennt ein anderer »tollkühn«.) Ich werde zu einer Reflexion der Reflexion meiner selbst.

Wenn ich mich für einen »Unglücksraben« oder »Verlierer« halte, werde ich mich, wenn bestimmte Dinge in meinem Leben passieren, auf der »Verliererseite« sehen – auch wenn ein anderer, dem im Leben genau dasselbe passiert, sich vielleicht auf der »Gewinnerseite« sieht.

So machen wir die Beobachtung, dass wir im Spiegelsaal des Lebens zu einem Spiegelbild unseres Spiegelbildes unseres Spiegelbildes werden.

Ganz ähnlich ist unsere Erfahrung von Gott ein Spiegelbild unserer eigenen Gedanken über Gott. Oder wie es in *Gespräche mit Gott* kurz und bündig formuliert wurde: »Das Leben ist ein Prozess, der das Leben durch den Prozess des Lebens selbst über das Leben informiert.« Und wie das Leben Sie über das Leben informiert, hängt davon ab, wie *Sie sich selbst* darüber informiert haben, wie dieser Prozess *Sie* informiert hat.

Mit anderen Worten: Das Leben ist das, was Sie denken, dass es ist.

Sowohl alte wie auch neue Geschichten, von *Alice im Wunderland* bis zu *Matrix*, haben uns Einblicke in diesen letztendlichen Zustand der Dinge gewährt. Der rote Faden in all diesen Geschichten ist praktisch derselbe: Wir denken uns das alles aus! Ein Ding ist, was du sagst, dass es ist.

Diese Einblicke waren im Wesentlichen metaphorischer Natur und befassten sich mit den Rätseln unseres alltäglichen physischen Lebens. Nur selten ging es um Theologisches und hatte es mit spirituellen Realitäten zu tun. Wir sind ganz zufrieden mit dem Gedanken, dass alles Leben womöglich letztlich eine Metapher ist. Wir sind jedoch keinesfalls zufrieden mit der Annahme, dass dies auch für die Theologie gelten könnte.

Auch wenn alles andere nicht so sein mag – unser Verständnis von Gott ist doch absolut vollständig und korrekt, so sagen wir uns.

Man kann sich vorstellen, wie schwierig es daher war, die Botschaft an die Welt zu akzeptieren, die Gott mich vor Jahren einlud, mit Matt Lauer von der *Today* Show auf NBC zu teilen. Sie bestand aus fünf Worten und Sie kennen Ihren Inhalt bereits:

»Ihr habt mich völlig missverstanden.«

Diese Aussage gehört zu den größten Geschenken, die Gott der Menschheit machen konnte. Sie bietet uns die Chance, es »alles noch mal zu machen«, wenn es um das Entwickeln unserer Allerheiligsten Geschichte geht. Sie lädt uns ein, nicht nur uns, sondern auch *Gott* in der nächstgrößten Version der großartigsten Vision, die wir je von Gott hatten, wieder aufs Neue zu erschaffen.

Wagen wir uns an so etwas heran?

Wagen wir es, unsere Meinung über Gott zu ändern? Wagen wir es, mit einer Neuen Geschichte über den Schöpfer der Geschichte selbst aufzuwarten?

Wenn wir es nicht tun, wird der Geschichte, die wir jetzt leben, kein glückliches Ende beschieden sein. Oder um es anders auszudrücken, wenn wir nicht aufpassen, werden wir genau da landen, worauf wir zusteuern.

So ist unsere Spezies an einem Punkt angekommen, an dem sie die Wahl hat, an dem sie vielleicht eine der größten Entscheidungen ihrer gesamten Geschichte auf Erden zu treffen hat. Wir sind angelangt in einer Zeit, in der wir durch eine Entscheidung über unsere Vergangenheit über unsere Zukunft entscheiden. In einer Zeit, in der wir uns dazu entscheiden, zur Kenntnis zu nehmen, dass das, was wir gestern in unserer

Vorstellung für wahr hielten, nicht das ist, was wir unserem Entschluss nach heute zu erfahren wünschen. In einer Zeit, in der wir auf konstruktive und nicht destruktive Weise eine neue Konstruktion errichten, die uns endlich gestattet, das ganze Potenzial von dem, wer wir in Wirklichkeit sind und immer sein sollten, zu erleben und zum Ausdruck zu bringen.

Das ist der Augenblick, in dem die Menschheit in die kosmische Gemeinschaft fühlender Wesen hineingeboren wird, wie es die Futuristin und Visionärin Barbara Marx Hubbard ausdrückt. Ich bin mit ihrer Allegorie vollkommen einverstanden.

Doch was sollen wir als Bausteine dieser Neuen Geschichte verwenden? Was sollen die nächsten Konstanten sein – wenigstens eine Zeit lang? Gibt es irgendetwas Neues, das wir uns über alles, was uns umgibt, und Alles Das Ist erzählen wollen? Gibt es eine andere Art und Weise, in der wir uns auf diesem Planeten erfahren und zum Ausdruck bringen können, die vielleicht die Tradition, aber nicht die Flugbahn ändert und uns genau dahin bringt, wo hinzugelangen wir immer bestrebt waren?

Wäre es uns förderlich, wenn wir die Vorstellungen, die uns lange heilig waren und die wir lange für eine Gewissheit und Wahrheit hielten, umbauten?

Zwar haben wir nun endlich die Vorstellung aufgegeben, dass Linkshändigkeit ein Zeichen des Teufels ist, aber finden wir es auch okay, nunmehr die Vorstellung aufzugeben, dass Schwarze den Weißen unterlegen sind? Dass Menschen gleichen Geschlechts ihre Liebe füreinander nicht auf sexuelle Weise bezeugen dürfen? Dass Frauen etwas Geringeres sind als Männer und wegen ihrer Minderwertigkeit keine Machtpositionen erhalten sollten? Dass die Menschen unfähig sind, sich frei und ohne Einschränkungen selbst zu regieren? Dass Gott ein gewalttätiger, zorniger, rachsüchtiger und strafender Gott ist, der es uns am Ende »heimzahlen« wird, wenn wir nicht ganz genau das tun, was er verlangt, und zwar ganz genau so, wie er es vorschreibt?

Und was vielleicht am meisten Wagemut erfordert: Ist es an der Zeit, die Vorstellung aufzugeben, dass es so etwas wie die Absolute Wahrheit gibt?

Gespräche mit Gott beantwortet alle oben gestellten Fragen mit Ja. Es sagt Ja auf die Frage, ob es an der Zeit ist, alles zu ändern, was uns nicht mehr dienlich ist, sondern uns sichtbar daran hindert, die höchste uns vorstellbare Agenda zu erfüllen, und uns nur noch die niedrigste übrig lässt.

Der Text von *GmG* legt uns Menschen 25 atemberaubend revolutionäre Konstruktionen vor – Neufassungen oder Überarbeitungen unserer Realität und unserer Theologie. Würden wir sie akzeptieren, würden sie die Welt auf den Kopf stellen. Oder richtig herum auf die Füße?

Zu diesen Neuen Geschichten gehört ein Konzept, das den Geist auf Trab bringt und sich in folgender Kernbotschaft findet:

GmG-Kernbotschaft 17

So etwas wie die Absolute Wahrheit gibt es nicht. Alle Wahrheit ist subjektiv. In diesem Kontext gibt es Fünf Ebenen, die Wahrheit zu sagen:

Sag dir deine Wahrheit über dich selbst;
sag dir deine Wahrheit über einen anderen;
sag einem anderen deine Wahrheit über dich;
sag einem anderen deine Wahrheit über einen anderen;
sag allen deine Wahrheit über alles.

Wenn wir die Vorstellung, die in dieser Botschaft von Gott enthalten ist, akzeptieren, löst sich praktisch alles vor uns auf, von dem wir dachten, dass es so ist. Wie ich schon sagte, könnte das eines der größten Geschenke sein, das uns je gemacht wurde. Jetzt könnte sehr wohl der perfekte Augenblick sein, dass wir alle es in Empfang nehmen.

Es ist sehr wahrscheinlich, dass vielen – wenn nicht den meisten – unserer gegenwärtigen Übereinkünfte über das, was »so« ist, eine gewisse Auflösung oder Entwirrung guttäte. Dazu gehört vielleicht auch unsere Vorstellung von der Existenz einer Absoluten Wahrheit.

Wenn wir den Gedanken akzeptierten, dass es eine Absolute Wahrheit im objektiven Sinn nicht gibt, würde sich daraus ergeben, dass die totale Verantwortung dafür, wie wir die Welt um uns herum wahrnehmen und erfahren, bei uns liegt. Das bedeutet nicht, dass Menschen, die in unserer Welt ungerecht behandelt und schikaniert oder von Ereignissen niedergeschmettert wurden, über die sie keine Kontrolle hatten, dafür verantwortlich sind. Ich möchte nicht, dass irgendjemand glaubt, in *Gespräche mit Gott* würde dergleichen gesagt. Das wird nicht gesagt.

Gespräche mit Gott macht allerdings klar, dass die von uns individuell erfahrenen Ereignisse des Lebens in Zusammenarbeit erschaffen werden, dass sie Ergebnis und Resultat unseres Kollektivbewusstseins sind. Das schließt Verbrechen wie Vergewaltigung und Raub ebenso mit ein wie gesundheitliche Zustände, ökonomische Situationen oder Umweltereignisse.

In *GmG* wird auch klargemacht, dass unsere inneren Reaktionen auf solche Ereignisse gänzlich unserer Kontrolle unterstehen – ganz gleich, wie entsetzlich solche Ereignisse sein mögen. Und darin liegt unsere Macht und Kraft und unsere Freiheit, unsere eigene Realität zu erschaffen.

Es gibt viele Menschen, die derartige äußere Ereignisse durchlebt haben – von Vergewaltigung bis zum Raub, von Krankheit bis zum Bankrott –, aber sie haben völlig unterschiedlich darauf reagiert.

Wenn wir den Gedanken akzeptierten, dass es die Absolute Wahrheit im objektiven Sinn nicht gibt, würden wir sehen und anerkennen, dass nichts *objektiv* gesehen »so« ist. Wir würden sehen, dass alle Wahrheit subjektiver Natur ist. Das heißt, ein Ding ist nur im Auge des Betrachters »so«.

Wenn nun *viele* »Betrachter« etwas – einen Umstand, einen Zustand, eine Situation, ein Ereignis – in derselben Weise wahrnehmen, dann erschaffen sie *durch ihre wechselseitige Übereinkunft* tatsächlich das, was anschließend »Realität« *genannt* wird. Und wenn wir erkennen, wie dieses »System« funktioniert, gelangen wir zu einer erstaunlichen Schlussfolgerung: Wir haben und hatten immer in weitaus größerem Maße die Kontrolle über unsere kollektive Realität (und damit auch im weiteren Sinn über unsere individuellen Erfahrungen), als wir bislang wahrnehmen, erkennen und zugeben konnten.

Auf der kollektiven Ebene ist die globale Klimaerwärmung ein perfektes Beispiel dafür. Solange nicht genug von uns sich darin *einig* sind, dass die globale Erwärmung »Realität« ist, ist sie es nicht. Sie existiert in der »Realität« des einen Menschen, nicht aber in der »Realität« des anderen. Beide blicken auf dieselben Daten im Außen, ziehen aber im Innern völlig unterschiedliche Schlussfolgerungen daraus.

Es gibt die Äußerung, dass »Wahrheit« geschaffen würde, wenn genug Menschen in der Interpretation von äußeren Daten und Informationen einer Meinung sind.

Nehmen wir an, die Menschheit gelangt zur kollektiven Bewusstheit darüber, dass alle »Wahrheit« auf der Basis von gerade zur Verfügung stehenden äußeren Daten im Innern produziert wird. Dann wird sie zur Erkenntnis kommen, dass das größte Rätsel, vor das sie sich noch gestellt sieht – die Existenz, die wahre Natur und die Wünsche und Erwartungen Gottes –, auf einer einzigen einfachen Frage beruht: *Sind gegenwärtig alle Daten zu diesem Thema verfügbar?*

Als neu aufgebaute Gesellschaft würden wir uns selbst zum mutigsten Moment einladen, dem die Angehörigen jedweder Spezies je begegnen könnten: zum Moment, in dem wir entscheiden, dass *wir diejenigen sind, die die Entscheidungen* treffen; zum Augenblick, in dem wir akzeptieren, dass *wir der Schöpfer und das Geschaffene sind.*

Nur eine Spezies, die sich als von göttlichem Wesen geschaut hat, könnte eine solche Vorstellung akzeptieren. Doch was ist mit der Demut? Ist das nicht die Hybris, für die, wie es heißt, Gott seinen Engel Luzifer bestraft hat?

Luzifer war nach Aussage religiöser Lehren einstmals der Engel des Lichts, bis er sich als Gott gleichgestellt erklärte. Dies erzürnte Gott sehr, und er verbannte ihn für alle Ewigkeit in die Unterwelt, denn Luzifer hatte, so wurde gesagt, die Ursünde begangen.

Aber wünschen sich denn nicht alle Eltern, dass ihre Nachkommen es ihnen gleichtun oder sie sogar überflügeln? Und haben ihre Nachkommen dann, wenn sie es tun, die Ursünde begangen? Oder ist das nicht eigentlich das *Urverlangen* aller liebenden Eltern?

Ist Gott denn weniger liebenswürdig, weniger großzügig, großherzig und wohlwollend als unser eigener irdischer Vater?

Nur die tapferste und am höchsten entwickelte Spezies fühlender Wesen könnte es wagen, sich ein so weitreichendes Konzept zu eigen zu machen, das die Möglichkeit der eigenen Gleichsetzung mit Gott einbezieht.

Das wäre zu diesem Zeitpunkt die Menschheit.

Es sei denn, sie ist es nicht.

Auch darüber müssen wir noch eine Entscheidung treffen.

Was ist überhaupt »Wahrheit«?

Die Vorstellung, dass es so etwas wie die Absolute Wahrheit nicht gibt, lässt sich wahrscheinlich zunächst am besten auf der persönlichen Ebene anwenden. Wenn wir allmählich begreifen und erfahren, dass wir das, was wir täglich in unserem Innern erfahren und wahrnehmen, sowohl kontrollieren als auch verändern können, haben wir den ersten Schritt auf dem Weg zur Veränderung auch unserer kollektiven äußeren Erfahrungswelt getan.

Gegenwärtig basiert alles, was wir auf individueller Ebene tun und erfahren, auf dem, was wir in Bezug auf uns selbst und die Menschen, Orte, Ereignisse und Umstände in unserem Umfeld für »wahr« halten. Das Traurigste daran ist, dass sehr viele Menschen noch nicht einmal im Rahmen der von ihnen selbst aufgebauten »Wahrheit« leben. Das heißt, sie haben eine Wahrheit, sie tragen eine Wahrheit in sich, die sie als absolut ansehen, als das, »was so ist«. Doch sie demonstrieren diese Wahrheit nur allzu oft *nicht,* wenn sie ihre täglichen Erfahrungen im Außen leben und erschaffen.

Gespräche mit Gott sagt uns, dass alle Wahrheit subjektiver Natur ist. Das heißt, sie ist nur für uns »wahr«. Was für mich wahr ist, ist für Sie vielleicht nicht wahr. Wahrscheinlich verhält es sich in den meisten Fällen so.

Was wir »Wahrheit« nennen, ist nichts weiter als unsere subjektive Erfahrung von dem, was wir im objektiven Sinn ein Ereignis, einen Umstand oder einen Zustand nennen. Doch auch die objektive Natur von Ereignissen, Umständen und Zuständen ist in Frage zu stellen.

Die Quantenphysik sagt uns Folgendes: »Nichts, was beobachtet wird, bleibt vom Beobachter unbeeinflusst.« Mit anderen Worten: Der Akt des Schauens auf etwas sendet Energie zum Beobachteten, die mit der Energie des Beobachteten interagiert. Alles *Leben* ist *interagierende* Energie. Diese bemerkenswerte Enthüllung vonseiten der Physiker hat die der Metaphysik entstammende Behauptung, dass wir die Schöpfer unserer eigenen Realität sind, in wissenschaftliche Begriffe gekleidet.

Es wäre sehr hilfreich, wenn wir angesichts dieses höchst formbaren Zustandes der Dinge zumindest erkennen und anerkennen könnten, was wir im Hinblick auf die Dinge, denen wir in der Außenwelt begegnen, *in unserem Innern entschieden haben.* So bietet uns *Gespräche mit Gott* ein Rezept an, mit dessen Hilfe wir uns mit uns selbst und untereinander bekannt machen können. Es ist in den oben aufgeführten Fünf Ebenen der Wahrheit zusammengefasst.

Der Gedanke ist: Wenn wir uns die Fünf Ebenen, die Wahrheit zu sagen, zu eigen machen und sie praktizieren, kann uns dies eine grundlegende Basis liefern, auf der wir unsere wechselseitigen Übereinkünfte über das Leben formulieren können.

Wie ich schon sagte, leben wir auf der Grundlage von Übereinkünften. Ein Löffel ist ein Löffel, eine Blume ist eine Blume, oben ist oben, und unten ist unten. Wenn Sie Astronaut wären, würde sich – wie in dem angeführten Beispiel – Ihre ganze Vorstellung von oben und unten auflösen, sobald Sie feststellten, dass Sie zum Mond »hinunter« und zur Erde »hinauf« blicken. Wir sehen also, dass auch das, was wir für unveränderliche Übereinkünfte halten, lediglich in seinem Kontext Gültigkeit hat.

Wir leben in einem Kontextuellen Feld. Und wenn sich dieses Kontextuelle Feld verändert – oder genauer gesagt, aus einer umfassenderen Perspektive betrachtet wird –, dann verändert sich auch unsere »Wahrheit«. So sollte es auch besser sein, denn sonst sähen wir uns vor große Konflikte gestellt, sobald sich unsere Wahrnehmungen vom Leben erweitern.

Wenn wir aber nicht imstande sind, zu wissen oder zu verkünden oder für das einzustehen, was jetzt für uns wahr ist, können wir unsere Wahrheit nicht verändern. Deshalb können die Fünf Ebenen der Wahrheit ein kraftvolles Werkzeug sein, wenn wir danach trachten, uns in der nächstgrößeren Version der großartigsten Vision, die wir je von Wer Wir Sind hatten, wieder aufs Neue zu erschaffen.

Ebene Eins

Gott rät uns, als Erstes »uns selbst die Wahrheit über uns selbst zu sagen«. Sie meinen vielleicht, das sei leicht, aber es könnte das Härteste, das Schwierigste von allem sein. Es erfordert totale Ehrlichkeit sich selbst gegenüber.

Jetzt sehen wir, dass all diese Botschaften aus *Gespräche mit Gott* sich auf wunderbare Weise miteinander verweben, denn an früherer Stelle wurde uns gesagt, dass Ehrlichkeit, Gewahrsein und Verantwortlichkeit die drei Grundprinzipien eines ganzheitlichen Lebens sind. Nun sind wir eingeladen, diese Prinzipien anzuwenden, wenn wir darangehen, uns unserer eigenen Wahrheit über uns selbst zu stellen und sie uns einzugestehen.

Natürlich wird sich unsere Wahrheit über uns selbst laufend verändern, weil *wir* uns fortwährend verändern. Wie wir gestern waren, ist nicht, wie wir heute sind, und wie wir heute sind, mag nicht sein, wie wir morgen sind. Doch wie wir heute sind, ist wie wir heute sind, und das ist »wahr«.

In Kapitel 9 sagte ich, dass meiner Erfahrung nach das, was »wahr« ist, »die als dem Existenziellen zugehörig verstandene Realität« ist. Man kann auch sagen, es wird als ein Akt individueller Freiheit und des persönlichen Willens begriffen. Ein Ding ist »wahr«, weil ich *sage*, dass es das ist. Von daher ist es *für mich wahr.*

Ist etwas über viele Jahre oder Jahrhunderte hinweg für viele Menschen in gleicher Weise »wahr«, dann pflegen wir Menschen, es *die Wahrheit* zu nennen. Eine auf dieser Ebene wahrgenommene und erlebte »Wahrheit« könnte man dann als »befristete Realität, wie sie im Verlauf der Geschichte verstanden wird« bezeichnen. (Was sie gar nicht so befristet macht ...)

Jedoch *ist* alle »Wahrheit« zeitweiliger, befristeter Natur, und je schneller wir das akzeptieren, desto besser sind wir dran, will mir scheinen. Denn dann fesseln wir uns nicht zu einer bestimmten Zeit auf bestimmte Weise an eine bestimmte Wahrheit – die wir in unserer Welt gerne »Politik« oder »Religion« nennen.

Dinge, die Sie wissen sollten

Wenn ich in diesem Buch das Wort »wahr« benutze, spreche ich von der als dem Existenziellen zugehörig verstandenen Realität. Ich spreche von dem, was *meiner* Entscheidung nach wahr ist. Mir liegt daran, dass Sie das verstehen. Und ich lade Sie ein, dies zu *erkunden,* damit Sie herausfinden, ob es auch für *Sie* wahr sein könnte.

Im Hinblick auf Ebene Eins der Fünf Ebenen, die Wahrheit zu sagen, sprechen wir von dem, was für Sie hier und jetzt wahr *ist.* So verstanden lädt die Erste Ebene Sie ein, sich die Wahrheit über sich selbst zu sagen. Das Gute und das Schlechte, oder was Sie gut und schlecht nennen. Sagen Sie einfach, was in Bezug auf jeden Aspekt Ihrer selbst und Ihrer Beziehung zu Ereignissen und Menschen in Ihrer Außenwelt wahr ist.

Sie brauchen das niemandem mitzuteilen. Niemand braucht das zu wissen. Aber *Sie* sollten es wissen. Sie sollten sich von Augenblick zu Augenblick darüber im Klaren sein. Wenn Sie es nicht sind, werden Sie über allzu viele Ihrer äußeren Erfahrungen innerlich in Verwirrung geraten.

Ebene Zwei

Die Zweite Ebene, die Wahrheit zu sagen, lädt Sie ein, sich selbst Ihre Wahrheit über einen anderen zu sagen.

Auch das ist leichter gesagt als getan. Ich habe festgestellt, dass Menschen sich oft der Selbsttäuschung über andere Personen hingeben. Ein typisches Beispiel dafür ist der Fall, wenn ihnen innerlich klar wird, dass sie die Person, mit der sie ihr Leben teilen, nicht mehr lieben.

Sobald der Gedanke in ihnen aufsteigt, weisen sie ihn sofort zurück und sagen sich, dass sie so etwas nicht denken sollten, dass sie im Moment einfach nur aufgebracht sind, nur auf einen bestimmten Vorfall oder eine bestimmte Situation reagieren. So verbleiben sie extrem lange in einer gestörten Beziehung und reden sich ein, dass das, was sie sich seit Jahren innerlich sagen, einfach nicht »wahr« ist.

Damit befinden sie sich ständig in einem mal mehr mal weniger verwirrten Zustand über das Gefühl von »Liebe« und Zueinanderpassen. Sie meinen, beides müsse Eins sein. Wenn sie das Gefühl haben, zueinanderzupassen und miteinander zu harmonieren, sagen sie, dass sie einander lieben. Wenn sie nicht mehr miteinander harmonieren – insbesondere dann, wenn dies über einen längeren Zeitraum hinweg der Fall ist –, sagen sie sich, dass sie den anderen Menschen »nicht mehr lieben«.

Ich für meinen Teil habe festgestellt, dass ich mich in einem harmonischen Feld befinden muss, um produktiv, kreativ, friedfertig und für andere nützlich sein zu können. Und ich habe auch festgestellt, dass es mir durchaus möglich ist, eine Person zu lieben, *mit der ich kein harmonisches Verhältnis habe.*

Es fiel mir jedoch schwer, den Gedanken auszuschalten, jemanden zu lieben, bedeute, ich muss mit dieser Person zusammenleben und den Rest meiner Tage und meine ganze menschliche Reise in einer emotionalen Kakophonie verbringen. Ich war der Auffassung, wenn ich jemanden liebe und dieser Person sage, dass ich sie liebe, und gelobe, sie ewig zu lieben, dann muss ich bei ihr bleiben, egal was passiert. Wenn ich sie verlasse, tue ich damit kund, dass ich sie nicht liebe. Hier verwechselte ich Liebe mit körperlicher Nähe.

Das Ergebnis war, dass ich mehrere »permanente« Beziehungen schuf und das Gefühl hatte, mit jeder Person, die meine Liebe akzeptierte, langfristig zusammenleben zu müssen.

Ich bin nicht der erste Mensch, der das so gemacht hat.

Als ich dann lernte, mir selbst die Wahrheit über einen anderen zu sagen, war ich schließlich imstande, Beziehungen auf eine neue Art auszuhandeln, die besser funktioniert.

Es gibt keinen Grund für Sie, in die gleiche Falle zu gehen – oder in ihr zu verharren.

Ebenen Drei und Vier

Die nächste Ebene, die Wahrheit zu sagen, beinhaltet die Einladung, dass ich einem anderen meine Wahrheit über mich sage.

Für mich bedeutete das, dass ich im offenen und ehrlichen Austausch mit einem anderen alles enthüllte, was ich innerlich über mich dachte und erfuhr. Es ging darum, vor der anderen Person vollkommen nackt dazustehen.

Es ist ein faszinierender Aspekt menschlichen Verhaltens, dass es uns relativ leichtfällt und wir es sogar aufregend finden, uns vor einer Person, die wir lieben, körperlich nackt zu zeigen, es uns aber oft großes Unbehagen bereitet und wir es sehr schwierig finden, vor derselben Person geistig und emotional nackt dazustehen.

Wir willigen darin ein, dass man äußerlich alles von uns sehen kann, das gilt aber nicht für unser Inneres. Das Ergebnis ist, dass Menschen, die jahrelang zusammengelebt haben, wie ein Ehepaar, das seinen fünfzigsten Hochzeitstag feiert, sich oft in viel mehr Aspekten fremd sind, als man sich vielleicht vorstellt.

Das wäre anders, wenn wir die Dritte Ebene, die Wahrheit zu sagen, akzeptierten und praktizierten. Doch eine solche Praxis verlangt enormen Mut. Wir müssen bereit sein, das Risiko einzugehen, abgelehnt zu werden. Und da dies die größte Angst vieler Menschen ist, erfordert es bei vielen auch den größten Mut, sich einem solchen Risiko auszusetzen.

Doch was soll es uns nützen, wenn wir von einem anderen akzeptiert werden und dieser andere gar nicht weiß, was er da eigentlich akzeptiert? Wie lange können wir noch weitermachen mit unserem Tanz? Wie lange können wir weiterhin hoffen, geistig und emotional angezogen zu bleiben, auch wenn wir es kaum erwarten können, auf körperlicher Ebene ausgezogen zu werden? Wie lange können wir auf diesem Zug mitfahren, der in zwei Richtungen zugleich zu fahren scheint? Wie lange können wir zu einem geliebten Menschen sagen: »Lerne mich durch und durch kennen … aber *danach* frag mich nicht …«?

Das führt uns zur Vierten Ebene der Wahrheit, auf der wir *einem anderen* unsere Wahrheit über diesen anderen sagen. Was für ein Mut, was für eine Tapferkeit, welche Furchtlosigkeit! Sie mögen hier im allerhöchsten Maße gefordert sein. Doch wird daraus eine *Erfahrung* von allerhöchster Freiheit, wenn wir uns ins Niemandsland zwischen zwei Parteien wagen, die mit sich selbst kämpfen um die Frage, wie viel sie enthüllen und wie sehr sie sich ihrer Wahrheit des Augenblicks ergeben wollen.

Es ist für jede Person, mit der Sie irgendeine Art von qualitätvoller Beziehung haben, von entscheidender Bedeutung zu wissen, wie Sie in jeder Hinsicht über sie empfinden. In kleinen und in großen Dingen. In offensichtlichen und nicht so offensichtlichen Dingen. In wichtigen und in trivialen Dingen. Sie muss *alles* wissen. Ja, sie hat ein *Recht* darauf, alles zu wissen.

Das Leben ist kein Pokerspiel, bei dem Sie mit verdeckten Karten Ihren Wetteinsatz platzieren. Das Leben ist ein Patiencespiel. Alle Karten liegen offen vor uns auf dem Tisch. Es ist ein Patiencespiel, auch wenn wir paarweise und manchmal in Gruppen spielen, weil es in Wirklichkeit nur einen von uns gibt.

Ebene Fünf

Das führt uns zur letzten Ebene, die Wahrheit zu sagen: Sag *allen* die Wahrheit über *alles*.

Jetzt machen wir die Erfahrung von wirklicher Freiheit. Wenn wir frei sind von dem Bedürfnis, irgendetwas vor irgendjemandem zu verbergen, dann sind wir frei, in unserem Leben auf die freudvollste, kreativste, dynamischste, fließendste, überschwänglichste und authentischste Weise, die wir uns überhaupt vorstellen können, voranzuschreiten.

An früherer Stelle sprachen wir von den Zehn Illusionen und davon, dass deren erste die Illusion der Bedürftigkeit ist. Nun möchte ich Ihnen sagen, dass Freisein von Bedürftigkeit die Freiheit fortzuschreiten bedeutet.

Die Fünfte Ebene, die Wahrheit zu sagen, bringt uns diese Freiheit. Wir können nun mit unserem Leben fortfahren, unbehindert von dem Bedürfnis »gut auszusehen« oder »es richtig angepackt zu haben« oder »spirituell erleuchtet« zu sein oder was immer wir uns einbilden, sein, tun oder haben zu müssen, um Ablehnung zu vermeiden.

Das ist die Ebene totaler Transparenz, die die Welt nicht gewohnt ist. Wenn diese Art von Transparenz nicht nur in unserem persönlichen Leben besteht, sondern wenn sie in unserer gesamten kollektiven Erfahrungswelt, von der Wirtschaft über die Politik, dem Erziehungswesen bis hin zur Religion und allem, was dazwischen liegt, üblich geworden ist, werden wir die Art von Gesellschaft geschaffen haben, in der jedermann alles über alles – und über alle und jeden – wissen kann.

Dieser Gedanke fordert uns dazu heraus, folgende Fragen zu betrachten: Warum sollten wir das Bedürfnis haben, irgendetwas geheim zu halten? Was ist der Unterschied zwischen »Geheimhaltung« und »Privatsphäre«? Welche Vorstellungen bringen uns dazu zu meinen, dass wir irgendetwas »für uns behalten« müssen? Und warum löscht dieses Ding namens »Liebe«, wenn sie auf höchster Ebene zum Ausdruck kommt, gleichsam mit Zauberhand das Bedürfnis nach Privatsphäre aus?

Müssen wir dem geliebten Menschen Dinge vorenthalten?

Wenn dem so ist, was wäre das? Und wenn dem nicht so ist, woher kommt es, dass Liebe und Intimität das Bedürfnis nach »Privatsphäre« aufheben?

Könnte das daher kommen, dass Liebe und Intimität Sicherheit erzeugen? Wir fühlen uns »sicher« und fortwährend geliebt, ganz gleich, was geschieht? Wir fühlen uns angenommen, so wie wir sind? Ist es nicht die Angst, nicht akzeptiert und nicht geliebt zu werden, so wie wir sind, die das Bedürfnis nach »Geheimnissen« und »Intimsphäre« in uns entstehen lässt?

Gibt uns das einen Hinweis auf etwas, das mit unserem Verhalten untereinander auf diesem Planeten zu tun hat? Gibt uns das einen Hinweis darauf, wie wir uns verhalten *könnten,* wenn wir uns eine total transformierte Gesellschaft wünschten?

ANWENDUNG DIESER BOTSCHAFT IM ALLTAG

Ich habe festgestellt, dass die Fünf Ebenen, die Wahrheit zu sagen, leicht zu verstehen und schwer umzusetzen sind. Zumindest war es bei mir so. Ich bin immer noch nicht dauerhaft bei allen von ihnen angelangt. Aber ich bin näher dran als je zuvor. Hier sind ein paar Vorschläge, wie Sie die *GmG*-Kernbotschaft 17 in Ihrem Alltag umsetzen könnten.

- Legen Sie ein Wahrheits-Heft an. (Ja, ich weiß, schon wieder das Ding mit dem Heft. Aber wie ich schon erklärte, können diese Hefte mit vielen wichtigen Einträgen für viele Aspekte Ihres Lebens ein machtvolles Werkzeug sein, wenn Sie Ihr Dasein so, wie Sie es immer erleben wollten, aufs Neue erschaffen möchten. Also sperren Sie sich nicht dagegen, legen Sie es einfach an!)
- Jetzt ... erlauben Sie sich, dass Ihr erster Eintrag in Ihr Wahrheits-Heft alle gegenwärtige Wahrheit über Sie selbst in jedem Ihrer Daseinsbereiche wiedergibt. Gliedern Sie Ihren Text in alle erdenklichen Sparten auf, zum Beispiel: Geld, Lie-

be, Sex, Gott, Arbeit oder Karriere, Talente und Fähigkeiten, Kinder und Elternschaft, äußere Erscheinung und physische Attribute, geistige Attribute, Haus und Umfeld – listen Sie alles auf, das so, wie Sie sich gegenwärtig in Ihrem alltäglichen Dasein wahrnehmen und kennen, wahr ist. Wenn Sie sich erlauben, sich selbst gegenüber ehrlich zu sein, könnte das ein bisschen unbequem werden. Das ist in Ordnung. Lassen Sie sich dieses Unbehagen erleben. Unbehagen ist nichts anderes als die Ankündigung, dass Heilung stattfindet.

- Machen Sie nun eine ähnliche Liste in Bezug auf einen anderen Menschen. Schreiben Sie auf, was in all diesen Bereichen Ihre gegenwärtige Wahrheit über irgendeine andere Person in Ihrem Leben ist – über Ihren Ehepartner, Ihr Kind, Ihre Freundin, Ihren Nachbarn, Ihren Chef oder auch über Ihren Gott.
- Nehmen Sie nun diese Enthüllungen, die Sie sich selbst vorgelegt haben (das Aufschreiben bringt Ihre geistigen Erfahrungen lediglich in eine physische Form), und machen Sie sich damit sozusagen »auf den Weg«. Das heißt, entscheiden Sie sich dazu, sie zu leben. Der erste Schritt dazu ist, sie auszusprechen. Dabei ist es gut, wenn Sie Folgendes beherzigen: »Sag deine Wahrheit, aber mildere deine Worte durch Friedfertigkeit.«
- Beschließen Sie, von diesem Tag an jedem Menschen gegenüber in allem voll und ganz wahrhaftig zu sein. Das heißt nicht, dass Sie den Leuten erzählen, dass Ihnen ihre Klamotten nicht gefallen oder Sie ihre Frisur nicht mögen. Es bedeutet, dass Sie sich vollständig offenbaren, wenn Sie irgendetwas Spezielles gefragt werden oder sich über irgendein Thema austauschen. Lassen Sie zu, dass Sie ganz und gar nackt dastehen und dass alles von Ihnen sichtbar wird. Wenn Sie sich als Der oder Die Sie in Wirklichkeit Sind zum Ausdruck bringen und erfahren, werden Sie vor dieser Erfahrung keine Angst haben. Ja, Sie werden sie einladen und

gespannt erwarten. Denn wie kann eine andere Person uns voll und ganz kennenlernen oder uns voll und ganz akzeptieren, wenn sie uns nur zum Teil wahrnehmen und erleben kann? Das ist die Frage, vor die sich jeder Mensch in jeder Beziehung gestellt sieht. Das Leben lädt uns ein, diese Frage mit größtem Mut zu beantworten, und verspricht Ihnen den größten Lohn, wenn Sie es tun.

- Stellen Sie jede »Wahrheit« in Frage, die Ihre Kultur, Ihre Religion, Ihre Gesellschaft, Ihre politische Partei, Ihre Schule und Ihre Familie Sie gelehrt hat. Und stellen Sie natürlich auch jede Wahrheit in diesem Buch in Frage.
- Schreiben Sie die fünfundzwanzig wichtigsten Wahrheiten Ihres Lebens auf. Neben jeder Wahrheit notieren Sie, warum Sie sie für eine Wahrheit halten und was, wenn überhaupt, sie verändern könnte.
- Tun Sie alles Nötige, um ein sicheres Umfeld zu schaffen, in dem andere ihre Wahrheit in Bezug auf Sie sagen können – und bitten Sie sie, das Gleiche zu tun. Sprechen Sie mit Ihrem/Ihrer Liebsten darüber, was Sie, wenn überhaupt, tun könnten, damit er oder sie sich in Ihrer Liebe völlig sicher fühlt, ganz gleich, was er oder sie zu Ihnen sagt.
- Üben Sie sich in dem Ansatz »Sag deine Wahrheit, aber mildere deine Worte durch Friedfertigkeit«, indem Sie im Voraus und für sich allein irgendeine größere Angelegenheit in Worte fassen, über die Ihrem Wunsch nach einem anderen gegenüber die Wahrheit ausgesprochen werden soll. Da sich der »Augenblick für die Wahrheit« meist spontan ergibt, ist es natürlich oftmals nicht möglich, sich darauf vorzubereiten. Aber es gibt auch Fälle, in denen wir wissen, dass wir einem anderen etwas sagen möchten, aber noch auf den »richtigen Moment« warten. Das ist ein guter Zeitpunkt, um sich in besagter Fähigkeit zu üben. Schreiben Sie auf, was Sie gerne sagen würden, werden Sie sämtliche möglichen

negativen »Ladungen« zum Thema los. Lesen Sie das Ganze dann durch und schauen Sie, wie es klingt. Versuchen Sie Ihr Anliegen so auszudrücken, dass Ihre Absicht bestehen bleibt, jedoch das Negative oder die potenziell verletzende Energie oder vielleicht damit verbundene Verurteilungen herausgenommen werden.

- Seien Sie sich bewusst, dass der *Tonfall* oder *Gesichtsausdruck* ebenso wichtige Energieträger sind wie die konkreten Worte. Ziehen Sie das alles beim friedfertigen Kommunizieren der Wahrheit mit in Betracht.
- Machen Sie die folgende kleine Prozedur. Schreiben Sie auf ein Blatt Papier die Namen dreier Menschen, die Ihnen im Moment wichtig sind. Lassen Sie unter jedem Namen viel Platz. Dann schreiben Sie an diese freie Stelle den Satz: »Ich habe Angst, dir zu sagen …«, und vervollständigen Sie ihn. Schauen Sie, was, wenn überhaupt, in Ihnen hochkommt, und finden Sie einen Weg, dies den Betreffenden sobald wie möglich mitzuteilen.
- Haben Sie keine Angst, ein Gespräch mit dem Satz zu *beginnen:* »Ich habe Angst, dir zu sagen …« Bevor Sie einem Menschen die Wahrheit sagen, fragen Sie ihn zuvor immer, ob Sie die Erlaubnis haben, offen über etwas zu sprechen. Seien Sie ehrlich darin. Fragen Sie nicht einfach aus Höflichkeit.
- Sagen Sie Gott jeden Tag Ihre Wahrheit. Wenn Sie wütend sind, seien Sie wütend. Wenn Sie dankbar sind, seien Sie dankbar. Wenn Sie frustriert sind und etwas in Frage stellen, dann seien und tun Sie das. Führen Sie jeden Tag ein wahrhaftiges Gespräch mit Gott. Lassen Sie es nicht eingleisig sein. Führen Sie es schriftlich … und seien Sie darauf vorbereitet, so manche überaus erstaunliche Antwort zu bekommen. Passen Sie allerdings auf. Tun Sie all dies nicht, wenn Sie nicht wollen, dass sich Ihr Leben verändert.

15

Wenn unsere menschliche Spezies den Mut aufbringt, alles in Frage zu stellen, was sie je über sich selbst und ihren Gott akzeptiert hat, wenn sie tapfer genug ist zu glauben, dass sie wirklich und wahrhaftig nach »dem Ebenbild Gottes« geschaffen ist, dann wird sie endlich fähig sein, sich selbst so auszudrücken und zu erfahren, wie es immer beabsichtigt war, so wie dies allen fühlenden Wesen im Universum offensteht.

Uns allen ist bekannt, dass einzelne Individuen unserer Spezies das getan haben. Ihr Tun zog von Zeit zu Zeit die Aufmerksamkeit von uns anderen auf sich, die wir entweder aufgrund unserer Überzeugungen unfähig sind, dies zu tun, die wir uns weigern, es zu tun, oder die wir aufgrund unseres Gottesbildes Angst haben, es zu tun.

Die wenigen, die es auf sehr sichtbare Weise getan haben, sind in unseren Geschichtsbüchern vermerkt. Wir nennen sie Heilige und Weise und Gurus und Märtyrer und Helden, weil sie gegen die zentrale Vorstellung unserer Spezies verstoßen haben: Wir sind *nicht* göttlicher Natur, wir sind *nicht* Teil von Gott, wir *können* und *werden* uns nie auf eine Ebene des Ausdrucks und der Erfahrung erheben, die von göttlichem Wesen ist.

Doch jetzt sind wir eingeladen – jedes einzelne Mitglied unserer Spezies, nicht nur ein paar Auserwählte –, *uns selbst*

Heilige und Weise, Gurus und Helden zu nennen. Nicht nur ein Mann war der Sohn Gottes, sondern alle sind es. Nicht nur eine Frau war glückselig und gebenedeit, alle Frauen sind es. Nicht nur ein Mensch ist göttlicher Natur, jeder Mensch ist es.

Gott hatte nicht die Absicht, Gottes Glorie und Großartigkeit nur einem von uns oder nur ein paar wenigen Auserwählten zukommen zu lassen. Gottes Absicht ist es, alle Qualitäten Gottes auf alle fühlenden Geschöpfe Gottes zu übertragen. Und das hat Gott auch getan, präzise und bis ins kleinste Detail. Jedes fühlende Wesen ist *in der Tat* »nach dem Ebenbild Gottes« geschaffen.

Dies wird uns seit Jahrhunderten gesagt, doch wir gelangen erst jetzt an einen Punkt, an dem es uns möglich scheint, es als letztendliche Wirklichkeit zu akzeptieren. Es zu akzeptieren, ohne als Gotteslästerer, Abtrünnige oder Häretiker bezeichnet zu werden. Es zu akzeptieren, ohne verrückt oder übergeschnappt oder wahnsinnig, egozentrisch oder größenwahnsinnig genannt zu werden. Es zu akzeptieren, ohne in unserer Gemeinschaft an den Rand gedrängt oder geächtet oder verteufelt zu werden.

Die Wahl: Zusammenbruch oder Durchbruch

Unsere Spezies steht am Rande des Durchbruchs. Ein Durchbruch geschieht immer, wenn ein Zusammenbruch droht – und nie zuvor in der Geschichte unserer Spezies drohte in so vielerlei Hinsicht ein derart totaler Zusammenbruch.

Wie schon an früherer Stelle erwähnt, funktioniert in unserer kollektiven Erfahrungswelt nichts so, wie wir es beabsichtigt haben. Wir haben mit Sorgfalt und in allen Einzelheiten politische, ökonomische, ökologische, pädagogische und spirituelle Systeme aufgebaut, und keines davon hat die Ergebnisse erbracht, für die sie geschaffen wurden und die wir uns so ersehnten. Wer sich einbildet, dass unsere Politik, unsere Wirtschaft, unsere Spiritualität oder irgendetwas vom ganzen Rest tatsächlich *funktioniert,* täuscht sich gewaltig.

Zwischen »Illusion« und »Täuschung« besteht ein Unterschied. Eine Illusion ist magisch, eine Täuschung ist tragisch.

Unsere Aufgabe, unsere Gelegenheit, die Einladung, die das Leben an uns ergehen lässt, besteht darin, dass wir den Wechsel von der tragischen Täuschung zur magischen Illusion vornehmen. Dies bewerkstelligen wir, indem wir uns der reinen Schöpfungskraft bedienen, im Wissen, dass alles Leben eine Illusion ist. Und indem wir uns dann selbst die Erlaubnis geben, unsere illusorische Realität *genau in der von uns gewünschten Art* zu erschaffen, statt weiter in unserer wahnhaften Realität zu verbleiben, *so wie man uns gesagt hat, dass wir es tun müssen.*

Doch es gibt etwas, dessen wir uns, die wir nun am Rande dieser außergewöhnlichen Gelegenheit stehen, alle bewusst sein müssen. Der französische Dichter und Philosoph Guillaume Apollinaire schrieb folgenden Text, den ich leicht abgewandelt habe:

»Kommt an den Rand.«
»Wir können nicht. Wir fürchten uns.«
»Kommt an den Rand.«
»Wir können nicht. Wir werden fallen.«
Kommt. An. Den. *Rand.*«
Und sie kamen.
Und er stieß sie.
Und sie *flogen.*

Der Vergleich mit dem Fliegen

Wenn wir abheben wollen, müssen wir gewillt sein, die Möglichkeit des Fliegens überhaupt in Betracht zu ziehen. Es ist unumgänglich, dass wir uns diese Möglichkeit durch den Kopf gehen lassen, denn das Ende der Startbahn ist in Sicht. Es ist an der Zeit, entweder in neue Richtungen *abzuheben* oder die alptraumhafte Zukunft auf uns zu nehmen, die wir unausweichlich produzieren werden, wenn wir am Boden unserer alten Glaubensvorstellungen bleiben.

Aber es ist auch wichtig für uns zu wissen, womit wir konfrontiert werden, wenn wir uns mit Mut und Überzeugung daranmachen, unser erhofftes und erträumtes Morgen zu erschaffen. Es ist wichtig für uns, die Kernbotschaft Nummer 16 voll und ganz zu verstehen.

GmG-Kernbotschaft 16

In dem Augenblick, in dem du irgendeine Erklärung abgibst, wird alles, was nicht so ist, in den Raum eintreten. Das ist das Gesetz der Gegensätze, das ein Kontextuelles Feld herstellt, in dem erfahren werden kann, was du zum Ausdruck bringen möchtest.

Das ist ganz entscheidend für unser Verständnis, wie das Leben funktioniert. Wenn uns dieses unveränderliche Gesetz des Universums nicht bewusst ist, werden wir versucht sein, den Rückzug anzutreten, uns zurückzuziehen, aufzugeben, keinesfalls den Rand zu übertreten und zu fliegen. Wir werden Angst haben, uns fürchten, zu Tode geängstigt sein.

Tatsächlich sieht es im Leben von hundertmillionen Menschen so aus. Sie sind buchstäblich zu Tode geängstigt. Das heißt, sie leben von morgens bis abends, von der ersten bis zur letzten Stunde, vom Anfang bis zum Ende ihres Lebens in Angst.

Erst haben sie Angst vor ihren Eltern. Dann haben sie Angst vor ihren Lehrern. Dann haben sie Angst vor ihren Arbeitgebern. Dann haben sie Angst vor ihren Nachbarn. Dann haben sie Angst vor ihrem Land. Dann haben sie – manche, viele – Angst vor Gott.

Doch am Gesetz der Gegensätze ist nichts, wovor man sich fürchten müsste. Seine Auswirkung bringt uns an einen Ort der großartigen Macht über den Verlauf und die Richtung unseres Lebens. Denn wenn wir diese Auswirkung beobachten, können wir endgültig sicher sein, dass wir uns endlich in die richtige Richtung bewegen.

Das geht natürlich völlig gegen unser instinktives Verständnis. Sehen wir das Gegenteil von dem, das zu erschaffen wir gewählt haben, dann stellen wir uns vor, dass wir uns in die *falsche* Richtung bewegen, das *Falsche* tun, im Begriff sind, das *falsche* Ergebnis herbeizuführen. In den meisten Fällen ist genau das Gegenteil richtig. Deshalb wird es das Gesetz der Gegensätze genannt.

Schauen wir uns also an, wie es funktioniert.

Hindernisse sind ein Muss

Das Gesetz der Gegensätze ist bloß ein Etikett, das mir in meinen Gesprächen mit Gott gegeben wurde. Es sollte mich verstehen lassen, warum ich in fast allen Fällen, in denen ich bei irgendetwas zu einer Entscheidung komme, plötzlich an jeder Ecke auf eine Art Hindernis oder Blockade zu stoßen scheine. Das, »was anders ist als« das, was ich zum Ausdruck bringen und erfahren möchte, zieht drohend an meinem Horizont herauf und zeigt mir scheinbar alle Gründe, warum ich mit meinem Vorhaben nicht fortfahren sollte.

Das Leben *muss* das tun. Es ist zwingend, damit das Leben ein kontextbezogenes Feld erschaffen kann, in dem wir die Äußerung unserer Wahl erfahren können.

Dies wurde in *Gespräche mit Gott* ausführlich besprochen und auch schon in Kapitel 8 erkundet. Aber schauen wir uns jetzt die konkreten Begegnungen damit an, die ich in meinem und im Leben anderer beobachtet habe. So können wir besser erkennen, *warum* es funktioniert, und auch, *wie* es funktioniert.

Meiner Erfahrung nach vollzieht sich der persönliche Schöpfungsprozess in drei Schritten: (1) Wir haben eine Idee. (2) Das Universum erschafft sofort einen Kontext, innerhalb dessen eine solche Idee beibehalten werden kann. Es bietet gegensätzliche Elemente an, in deren Kontext die Idee singularisiert, wahrgenommen und erfahren werden kann. (3) Wir sehen jedes gegensätzliche Element genau als das an, was es ist – kein *Hindernis*, sondern eine *Gelegenheit*, die uns die Kraft und Befähigung gibt, mit unserem ursprünglichen Schöpfungsprozess fortzufahren.

Alle Schöpfung beginnt damit, dass uns etwas einfällt. Wir haben eine Idee der einen oder anderen Art. Das ist der Augenblick der Empfängnis. Wir bringen einen neuen Gedanken zur Welt.

Sobald wir eine Idee haben, wirft der Geist einen Blick darauf. Er erforscht und überprüft sie minuziös. So nehmen wir wahr, was uns eingefallen ist, was wir empfangen haben.

Das *Wie* unserer Wahrnehmung, wie wir unsere Idee betrachten und in unserem Geist einschätzen, bestimmt darüber, wie wir sie erfahren. Ist es eine gute oder eine schlechte Idee? Funktioniert sie, oder funktioniert sie nicht? Ist ihre Umsetzung möglich oder unmöglich? Sollen wir sie umsetzen und weitermachen, oder sollen wir es nicht tun und davon zurücktreten?

Somit nehmen wir die Idee wieder auf, aber nun nicht mehr in ihrer ursprünglichen Form, sondern in der Form, die sich aus unserer Wahrnehmung von dem, was wir empfangen haben, entwickelt hat. Hierbei handelt es sich meist um eine verzerrte Form von dem, was wir ursprünglich empfangen haben.

Wir müssen sehr darauf achten, wie wir aufnehmen, was wir von dem, was wir empfingen, wahrgenommen haben. Denn wenn wir nicht aufpassen, werden wir uns sehr wahrscheinlich täuschen. Das heißt, wir werden das, was wir zu tun gedachten, zunichtemachen. Wir werden eine Täuschung erschaffen aufgrund dessen, wie wir unsere Wahrnehmung vom Empfangenen aufgenommen haben.

Es ist mehr als einmal vorgekommen, dass eine große Idee nach ihrer Empfängnis abgetrieben wurde und nicht das Licht der Welt erblickte. Das geschah wegen des Gesetzes der Gegensätze, das den Urheber der Idee ganz direkt mit dem konfrontierte, was dieser nicht als Gelegenheit, sondern als Gegensatz und Widerstand wahrnahm.

Die Wahrheit kennen

Wir tun also gut daran, die Dinge zu ignorieren – oder zu entmachten, wenn Sie so wollen –, die dem Anschein nach Hindernisse in unserem Dasein sind. Solche Hindernisse sind nur Wegweiser, die darauf hinweisen, dass wir uns in die richtige Richtung bewegen. Sie zeigen an, dass ein Kontextuelles Feld hergestellt wurde, in dem wir erfahren können, was wir in unserer Realität zu manifestieren gewählt haben.

Um auf das Beispiel von Licht und Dunkelheit zurückzukommen, das in Kapitel 8 aufgeführt wurde: Wenn die Dunkelheit einsetzt, begreifen wir sie als Gelegenheit, uns selbst als das Licht zu erkennen.

Wenn wir also diese Hindernisse auftauchen sehen, dann sollten wir sie als das erkennen, was sie sind – ein Beweis dafür, dass wir auf dem richtigen Weg sind –, und weiter vorangehen.

Um den Prozess aus dem Bereich des Metaphysischen herauszunehmen und in den Behälter zu verbringen, den wir normales physisches Leben nennen, etikettieren wir das Ganze mal einfach als »Entschlossenheit« oder »Dranbleiben«. Oder als »zu unseren Überzeugungen stehen« oder »Beharrlichkeit und Ausdauer an den Tag legen«. Metaphysisch gesprochen nennt sich das »die Wahrheit kennen«.

Aus spiritueller Sicht verstehen wir, dass außerhalb eines Kontextuellen Feldes, in dem sein Gegenteil existiert, nichts erreicht, nichts zum Ausdruck gebracht oder erfahren werden kann. Das hilft uns, mit diesem Gegenteil ganz anders umzugehen. Statt zurück, werden wir nach vorn getrieben. Wir werden angetörnt statt abgetörnt. Statt das Gefühl zu haben, dass der Stecker rausgezogen wurde, haben wir das Gefühl, angeschlossen worden zu sein. Und so eilen wir mit Hochtouren auf die Herrlichkeit und das Ziel unserer nächsten großartigen Schöpfung zu.

Aber was, wenn ...

Nun fragen einige, was ist, wenn das Gegenteil von dem, was wir zu erreichen oder zu erfahren suchen, sich uns immer und immer wieder, unaufhörlich, über Monate oder sogar Jahre hinweg, präsentiert? Das ist übrigens eine sehr berechtigte Frage, und wie sicher alle von uns musste auch ich dieser Frage nachgehen. An diesem Gesetz der Gegensätze gibt es tatsächlich eine Nuance, die wir weitergehend erkunden und erklären müssen.

Wenn sich in meinem Leben fortwährend Bedingungen und Umstände ergeben, die es mir zunehmend schwerer machen, ein Vorhaben bis zum Ziel durchzuführen, dann schaue ich mir sofort zwei Dinge an:

1. Gibt es etwas, das Bestandteil meiner Grundüberzeugungen ist und mich daran hindert, auf funktionale Weise mit dem Gesetz der Gegensätze zu arbeiten? Etwas, das die Gelegenheit wieder zum Widerstand macht, für den ich ihn zunächst hielt?
   - Damit liefert mir das Gesetz der Gegensätze eine Gelegenheit, meine Überzeugungen und Glaubensvorstellungen zu überprüfen. Was bewahre ich mir als Teil meiner innersten Realität, das es mir nicht gestattet zu sein, zu tun oder zu haben, was ich jetzt zu sein, zu tun oder zu haben bestrebt bin?

Ziehen wir die Möglichkeit in Betracht, dass Sie bei der Beantwortung dieser Frage feststellen, dass Sie keine Überzeugungen hegen, die Sie daran hindern, in Ihrem Leben dahin zu gehen, wo Sie hinwollen. Meiner Erfahrung nach ist das sehr ungewöhnlich, aber nicht unmöglich. Dann wäre es an der Zeit, die zweite Frage zu stellen:

2. Ist es möglich, dass ich mich nicht in die *falsche* Richtung bewege, nicht das *Falsche* tue, nicht versuche, das *falsche* Ergebnis herbeizuführen, sondern einfach auf die falsche *Weise* an das Ganze herangehe oder zur falschen *Zeit*?
   - Das bringt mich oft zu einem Punkt, den ich zuvor

nicht bedacht hatte – vielleicht ist es nicht notwendig, das Ziel zu ändern, aber ich muss die Richtung ändern. Das sind zwei verschiedene Dinge. Wenn wir die Richtung ändern, geben wir nicht unser Ziel auf, sondern wir *wählen nur einen anderen Weg, um dorthin zu gelangen.*

Was ist was?

Das Gesetz der Gegensätze hat uns also noch mehr zu bieten als ein Kontextuelles Feld, in dem wir die von uns erwünschte Erfahrung erschaffen. Es kann uns auch auf ein Zeichen der Seele hinweisen, dass es vielleicht nicht der richtige Zeitpunkt für unsere Manifestation ist oder nicht die wirkungsvollste und effizienteste Art und Weise, sie herbeizuführen.

Somit kann das Gesetz der Gegensätze auf zweifache Weise angewandt werden.

Das führt uns natürlich zu einer weiteren berechtigten Frage: Wie erkennen wir den Unterschied zwischen beidem?

Für mich ist das eine Sache des Nachdrucks und der Beständigkeit. Zeigt sich das Gegenteil der von mir gewünschten Erfahrung sofort, nachdem ich eine Wahl oder Entscheidung getroffen habe, dann schmunzle ich normalerweise, lache in mein Gewahrsein hinein. Ich wusste, dass das passieren würde. Ich wusste, dass es passieren *musste.* Das Leben hat keine andere Wahl. Das Gesetz der Gegensätze muss sich in meinem Dasein manifestieren, weil der persönliche Schöpfungsprozess es erfordert.

Etwas anderes ist es, wenn sich das, was sich mir dem Anschein nach widersetzt, über einen längeren Zeitraum hinweg ständig behauptet, und ich ganz ehrlich in meinem persönlichen Glaubenssystem keine Stelle finden kann, an der ich Energie festhalte, die mir die Verwirklichung meines größten Wunsches unmöglich macht. Dann überlasse ich mich der Vorstellung, dass mir vielleicht tatsächlich ein Zeichen der Seele gegeben wird, dass dies im Moment nicht das Beste und Höchste für mich ist. Und um es noch einmal zu sagen: Auch dies ist eine Manifestation des Gesetzes der Gegensätze.

In Bezug auf das Auftreten von Hindernissen und Widerständen ist es also eine Sache von Intensität und Dauer.

Mehr, als mit bloßem Auge zu erkennen ist?

Ich möchte jetzt etwas ansprechen, das sich vielleicht ein bisschen »esoterisch« anhört, dem ich aber nachgehen muss, wenn ich Ihnen einen vollständigen Dienst erweisen soll.

Wenn Sie *Gespräche mit Gott* gelesen haben, dann wissen Sie, dass wir alle nicht nur viele Leben leben (ein Vorgang, den man oft als Reinkarnation oder Wiedergeburt bezeichnet), sondern dass wir auch das Leben, dessen Erfahrung wir gegenwärtig machen, mehr als einmal leben können. Ja, wir können es viele Male leben.

Zuhause in Gott, das letzte Buch der *GmG*-Reihe, besagt, dass es ein segensreiches Geschenk an uns ist, irgendein bestimmtes Leben so oft wiederholen zu können, wie wir wollen. Dies ist möglich, um diese bestimmte einzelne Identität als Weg zu nutzen, näher und näher an die Vollkommenheit, in immer mehr und mehr Augenblicken eines Lebens näher und näher an die Vollendung im Ausdruck des Göttlichen heranzukommen. Ich möchte darauf hinweisen, dass es dieser Prozess ist, durch den alle spirituellen Meister und Meisterinnen die Meisterschaft erlangten.

Wenn wir ein Leben durchlaufen, das wir davor schon einmal erlebt haben, sehen wir uns oft Momenten gegenüber, die wir als Déjà-vu-Erlebnis bezeichnen. Die Dinge sind so, als hätten wir diesen Augenblick schon einmal erlebt. Das macht uns stutzig. Wir schauen uns um und fragen uns, wie so etwas möglich ist. Mag sein, dass wir sogar zu jemandem sagen: »Mein Gott, das habe ich schon mal erlebt! Alles ist genau so, wie es damals war! Du hast dort gesessen, ich stand hier, wir haben das gesagt ... ganz genau diese Erfahrung habe ich schon einmal gemacht!«

Solche Augenblicke erleben mehr Menschen, als wir wissen. Vielleicht ist es Ihnen auch schon ein- oder zweimal widerfahren. Dann wissen Sie genau, wovon ich spreche. In meinen Gesprächen mit Gott wurde mir gesagt, dass solche Augenblicke von einem Duplikat-Leben in dieses Leben »durchsickern« wie ein Tropfen Wasser durch einen Stapel Dünndruckpapier.

Im Zusammenhang mit dem Gesetz der Gegensätze hatte ich oft das Gefühl, dass, wenn Hindernisse im Grunde Gelegenheiten sind, es sich um eine von unserem »anderen Selbst« ausgehende physische Manifestation handelt, die unserem »gegenwärtigen Selbst« signalisiert, dass wir diese bestimmte Sache schon einmal versucht haben und sie nicht besonders gut funktionierte.

Lassen Sie mich es anders ausdrücken.

Ich habe so die Vorstellung, dass wir an allen Punkten auf der Zeitlinie gleichzeitig existieren. Wenn das stimmt, dann haben wir ein Selbst in der Zukunft, ein Selbst in der Gegenwart und ein Selbst in der Vergangenheit.

(Lassen Sie mich das etwas ausführen: In dieser Kosmologie existieren »Vergangenheit«, »Gegenwart« und »Zukunft« nicht, es gibt nur das Ewige Jetzt. Im Land des Ewigen Jetzt hängt unser gegenwärtiges Erleben oder unsere gegenwärtiges Erfahrung vom Fokus ab, auf den das Bewusstsein eines bestimmten Lebensausdrucks gerichtet ist.

Ich halte es für möglich, dass wir *uns selbst Anweisungen geben,* wie wir mit der Agenda unserer Seele am besten weiter verfahren und das erreichen können, was zu erreichen wir vorhatten, als wir uns durch den Ausdruck unseres heiligen Lebens an sich aus dem spirituellen Bereich in den physischen Bereich begaben.

Wenn wir wirklich und wahrhaftig alle Eins mit Gott sind, und wenn sich unser Bewusstsein wirklich und wahrhaftig bis zum Punkt ausdehnen lässt, dass es alle allzeit gemachten Erfahrungen von allem einschließt, dann ist es nicht unvorstellbar, dass unser Geist zu dem Teil unserer Seele Zugang hat, der alle Abenteuer kennt, die sie in all den Wann/Wo der Existenz unternimmt, um hier Robert Heinleins Begriff zu gebrauchen.

Es ist auch nicht unvorstellbar, dass die Seele nicht darüber erhaben ist, uns eine »Warnung« zukommen zu lassen so wie ein Warnsignal an einem Bahnübergang, dass dies vielleicht nicht der perfekte Zeitpunkt ist, in die eingeschlagene Richtung weiterzugehen, dass vielleicht ein Richtungswechsel angesagt ist. Oder zumindest eine kleine Wartezeit. Es sei denn, wir wollen im gegenwärtigen Leben genau das produzieren, was unsere andere Reise im Rahmen dieser bestimmten Identität produziert – dann machen Sie so weiter!)

Glaube ist nicht erforderlich

Ich weiß, dass sich das ein bisschen abgefahren anhört. Wie eine Theorie, die so weit weg ist von dem, was so viele von uns als »Realität« bezeichnet haben, dass es Ihnen vielleicht schwerfällt, sie aufzunehmen und zu akzeptieren. Doch eigentlich spielt es keine Rolle, ob Sie sie akzeptieren oder nicht.

Ich will Ihnen hier nur Folgendes sagen: Wenn sich Ihnen in den Anfangsphasen Ihres Schöpfungsprozesses das »Gegenteil« von dem darbietet, was zu erfahren Sie bestrebt sind, dann bewegen Sie sich direkt durch den augenscheinlichen Widerstand hindurch und sehen ihn als Gelegenheit. Gehen Sie mit Beharrlichkeit, Entschlossenheit und Engagement vor. Ich habe das in meinem Leben so gemacht, und ich kann Ihnen versprechen, dass es eine kraftvolle Herangehensweise ist und dass sie funktioniert.

Und wenn das, was Sie als »Widerstand« ansehen, sich weiterhin über einen langen Zeitraum hinweg zeigt, könnte es in die zweite Kategorie eines Zeichens der Seele fallen, die ich oben versucht habe zu beschreiben.

Das ist das Stückchen Weisheit, das ich Ihnen zu diesem Thema anbieten kann. Es hat mir gute Dienste geleistet. Und ich hoffe, es wird auch Ihnen dienlich sein.

ANWENDUNG DIESER BOTSCHAFT IM ALLTAG

Wie alles im Leben ist das Gesetz der Gegensätze komplexer, als es oberflächlich betrachtet erscheinen mag, wie die obigen Ausführungen zeigen. Dennoch kann es uns sehr nützlich sein.

Das Verständnis dieses Gesetzes hält mich davon ab, entmutigt zu sein. Es hindert mich daran aufzuhören. Und das ist gut so. Lassen Sie mich also ein paar praktische Vorschläge machen, wie Sie das alles in Ihrem Alltag umsetzen könnten.

- Besorgen Sie sich ein Exemplar von Byron Katies *Lieben was ist.* Ich habe dieses Buch schon an früherer Stelle erwähnt und erwähne es hier noch einmal, weil es ein kraftvolles Werkzeug ist, mit dessen Hilfe Sie Ihr Leben verbessern können. Fangen Sie an, sich mit dem zu befassen, was Katie (wie sie genannt wird) *The Work* nennt. Dabei handelt es sich um einen einfachen Prozess der Selbstbefragung, der Sie einlädt, all Ihre aufkommenden Gedanken tiefer zu erforschen, als Sie es normalerweise tun. Ich lade Sie ein, sich hier speziell mit den Gedanken zu befassen, die sich auf das Gegenteil beziehen oder das Gegenteil von dem darstellen, was Sie zu erfahren wünschen. Stellen Sie sich die vier Fragen aus *The Work*: Ist das wahr? Kannst du mit absoluter Sicherheit wissen, dass es wahr ist? Wie reagierst du, was passiert, wenn du diesem Gedanken glaubst? Wer wärst du ohne diesen Gedanken? Danach sind Sie zu einer Umkehrung des Gedankens eingeladen. Das kann Ihr Leben verändern. Wenn Sie mehr über Byron Katie und *The Work* wissen möchten, können Sie es unter www.thework.com finden.

- Wenn Sie das nächste Mal eine wunderbare Idee oder einen fantastischen Traum oder eine spannende Vision haben, die Sie Wirklichkeit werden lassen möchten, dann *machen Sie es, ganz gleich was.* Das heißt, *lassen Sie sich durch nichts davon abhalten.* Und schon gar nicht innerhalb von kurzer Zeit – und mit »kurzer Zeit« sind nicht ein oder zwei Tage gemeint, sondern Wochen, Monate oder gar Jahre. Bleiben Sie hartnäckig, auch wenn die Widerstände groß sind. Ich glaube, das Leben schickt mir erst dann ein Signal der Seele, dass ich etwas wirklich nicht tun sollte, wenn schon sehr viel Zeit vergangen ist. Für mich bedeutet das gewöhnlich Monate oder Jahre, nicht Tage oder Wochen. Ich bin beharrlich, so viel ist sicher.
- Mein Leitspruch ist: »Wenn es einen Weg *gibt,* werde ich ihn *finden.*« Ich glaube, Gott liebt solche Entschlossenheit. Sie schickt dem Himmel ein Signal, dass wir um unsere Macht und Kraft wissen, dass wir das Kontextuelle Feld verstehen, in dem diese Kraft zum Ausdruck gelangen kann und dass wir uns nicht daran hindern lassen werden, sie zum Ausdruck

zu bringen. Auch wenn das heißen sollte, dass wir dem Signal unserer Seele Folge leisten und noch ein bisschen warten oder ihr auf andere Weise Ausdruck geben.

- Ob Ihr Erleben und Erfahren nun eine kurzfristige Manifestation des Gesetzes der Gegensätze ist oder die langfristige Manifestation eines sicheren Zeichens, dass Sie die Richtung ändern sollten – *segnen* Sie immer, was Sie segnet, indem es auf diese bestimmte Weise in Ihrem Leben in Erscheinung tritt. Alles im Leben, und ich meine *alles,* soll Ihrem Wohl dienen. Jacques Schecroun, ein Freund von mir in Frankreich, hat ein wunderschönes Buch geschrieben mit dem Titel *Et si la vie voulait le meilleur pour nous?* (»Und wenn das Leben nur das Beste für uns wollte?«). Das ist eine außergewöhnliche Frage – und eine, die sich von selbst beantwortet. Das Leben will nur das Beste für uns. Und wenn wir es so sehen, erleben wir es auch so. So einfach ist das und so wunderbar.

Bevor wir zum Schluss des Kapitels kommen, sollten wir diese Sache mit »Es auf andere Weise zum Ausdruck bringen« noch ein bisschen eingehender erkunden.

Wie ich bereits sagte, bedeutet ein Richtungswechsel nicht unbedingt einen Zielwechsel. Es führen mehr Wege als nur einer zum Gipfel hinauf. Beachten Sie, dass das, was Sie zu erfahren wünschen, stets ein Seinszustand ist und kein Prozess des Tuns. Was Sie tun – oder was Sie Ihrer Meinung nach zu tun *haben,* ist nichts weiter als das, was Ihrer Meinung nach erforderlich ist, um einen Seinszustand zu erreichen.

Schauen Sie sich also an, was Sie Ihrer Meinung nach *sein* werden, sollten Sie zu Ende zu bringen, was zu tun Sie sich vorgenommen haben. Werden Sie versiert sein? Werden Sie berühmt sein? Werden Sie mächtig sein? Werden Sie reich sein?

Werden Sie glücklich sein? Werden Sie erfüllt sein? Werden Sie zufriedengestellt sein? Werden Sie zufrieden sein?

Alles das und noch mehr versuchen wir in unserem Leben zu *sein*. Die Dinge, die wir *tun*, sind nichts weiter als die Art und Weise, in der wir unseren Körper umherbewegen und meinen unseren Geist nutzen zu müssen, damit wir in unserer Gesamtheit *das sein* können.

Aber wenn es einen anderen Weg gäbe, um an dieses Ziel zu gelangen?

Um diesen äußerst wirksamen Gedanken in Ihrem Leben umzusetzen, gehen Sie folgendermaßen vor: (a) Kommen Sie in einer bestimmten Sache zu einer Entscheidung darüber, was Sie, wie Sie sich sagten, *sein* würden, wenn Sie nur dies oder das *tun* könnten. (b) Führen Sie wenigstens drei andere denkbare Möglichkeiten auf, die Ihnen gestatten würden, genau dasselbe zu sein. (c) Erheben Sie das, was Sie als Ergebnis irgendeines Moments, Ereignisses oder einer Schöpfung in Ihrem Leben *sein* möchten, auf die Ebene des Göttlichen. Treffen Sie die Entscheidung, dass das, was Sie erfahren und zum Ausdruck bringen möchten, Gott selbst ist; dass dies der einzige Grund ist, aus dem Sie hierher in die Körperlichkeit kamen.

Wenn das für Sie »wahr« sein kann (und denken Sie daran, dass »wahr« als dem Existenziellen zugehörige Realität definiert wurde), dann messen Sie jede Hoffnung und jeden Traum und jede Vision, die Sie für Ihr Leben haben, an diesem Maßstab. Fragen Sie sich:

Was hat das, was ich jetzt tun möchte, mit dem zu tun, was ich meiner Wahl nach durch mein Leben zum Ausdruck bringen und erfahren möchte?

Welchen Aspekt von Gott sehe ich sich in der physischen Realität als Folge davon manifestieren, dass ich Zeit und Energie darauf verwende, dieses bestimmte Ding zu tun?

Passen Sie auf: Solche Fragen können nicht nur Ihre individuellen Entscheidungen und Beschlüsse, sondern Ihr ganzes Dasein in einen völlig neuen Kontext stellen.

16

Ich habe gehört, dass die Menschheit künftig tausend Jahre Frieden erleben wird. Seher und Propheten haben im Laufe der Geschichte immer wieder vorhergesagt, dass unsere Spezies eines Tages den Schritt in ein Morgen tun wird, wie wir es uns großartiger nicht vorstellen können, und dass wir unser wahres Erbe als kosmische Wesen und Manifestationen des Göttlichen in Anspruch nehmen werden.

Ich glaube, genau das wird passieren. Und ich glaube, dass wir an der Schwelle dieses neuen und wunderbar großartigen Ausdrucks des Lebens stehen. Wir müssen nur an die Tür klopfen, denn wie ein Meister so vorausschauend sagte: »Suchet, und ihr werdet finden. Klopft an, und euch wird aufgetan.«

Es scheint mir kein purer Zufall, kein Versehen zu sein, dass Sie und ich an diesem Gipfelpunkt auf Erden angekommen sind, dass wir unser Leben hier verbringen, Zeugen dieses Ereignisses sind und an ihm teilnehmen. Ich denke, Ihre und meine Seele haben sich dazu verabredet, kamen zielbewusst und vorsätzlich hierher.

Ich glaube, Sie und ich, wir waren schon mal hier. Dies ist nicht der erste Besuch, den wir dem physischen Leben auf diesem Planeten abstatten. Wir haben gelobt, zurückzukehren und weiterhin zurückzukommen, bis wir diese Spezies auf eine sich körperlich manifestierende Ebene von Göttlichkeit gehoben haben.

Doch die Tage des individuellen »Erretters« oder einzelnen »Meisters« sind vorüber. Unsere früheren Heiligen und Weisen, Erretter und Meister haben alle getan, was zu tun sie hierherkamen. Sie erweckten uns zur Möglichkeit, dass wir *alle* Heilige und Weise, dass wir *alle* Erretter und Meister sind. Nun wandeln sie wieder unter uns, aber diesmal nicht, um uns anzuführen, sondern, um sich uns in dem Prozess der Selbstverwirklichung anzuschließen. Das Ziel ihrer früheren Besuche war es, uns durch ihr Beispiel und Vorbild anzuleiten. Heute besteht ihr Ziel darin, uns durch Zusammenarbeit zu unterstützen.

Diese Ebene an Zusammenarbeit hat zur Folge, dass heute viele Menschen erfahren, was in vergangenen Zeiten nur »Meistern« vorbehalten war. So erleben wir, dass Millionen von Menschen ein Leben von Heiligen und ein Dasein der Wunder leben. Wir sehen Tausende von Boten vortreten und mit ihren Brüdern und Schwestern Einsichten und Erkenntnisse über das Leben teilen, die diese Boten angesichts ihrer persönlichen Erfahrungen in diesem Leben eigentlich gar nicht haben können. Doch alle Menschen auf Erden erkennen nun, einer nach dem anderen, langsam aber sicher, dass wir alle die Fähigkeit haben, ins kollektive Bewusstsein einzutauchen und binnen einem Augenblick ewige Weisheit daraus zu schöpfen.

Dies ist die Zeit der Transformation der Menschheit. Dies ist der Augenblick, in dem sich die Menschheit selbst dazu einlädt, endlich ihre wahre Identität auszuleben.

So findet sich unter den 25 Kernbotschaften von *Gespräche mit Gott* ein Gedanke, der die Grundlage von allem anderen bildet, was dieser Dialog mit uns teilen und in uns hervorrufen möchte.

GmG-Kernbotschaft 15

Der Sinn des Lebens besteht darin, dich in der nächstgrößeren Version der großartigsten Vision, die du je von Wer Du Bist hattest, wieder aufs Neue zu erschaffen.

Solange ich denken kann, habe ich mich gefragt, was ich hier mache. Ich kann mich entsinnen, wie ich als Siebenjähriger auf meinem Bett lag, zur Decke starrte und mich fragte, warum ich überhaupt am Leben war. Das alles musste doch gewiss einen Sinn oder eine Funktion oder einen Grund haben.

Ich stellte die Frage meinen Eltern, Gott hab sie selig, und sie taten ihr Bestes, mir zu antworten. Aber was sagt man zu einem Siebenjährigen, der dir Fragen stellt, mit denen sich die Menschheit seit ewigen Zeiten beschäftigt?

Dann stellte ich die Frage den Nonnen in meiner Dorfschule. Aber was sagt eine Nonne zu einem Erstklässler, der Fragen stellt, die Leute stellen, die gerade ihre Doktorarbeit schreiben?

Dann stellte ich die Frage dem Gemeindepfarrer. Der Pfarrer wird es gewiss wissen, sagte ich mir – er ist doch ein Monsignore und hat diese roten Knöpfe an seiner Soutane! Aber was sagt ein Monsignore zu einem Siebenjährigen, der ihm Fragen stellt, mit denen sich der Monsignore an den Bischof wendet und mit denen sich der Bischof an den Kardinal wendet und mit denen sich der Kardinal an den Papst wendet, um eine Antwort zu bekommen?

Also entwuchs ich meiner Kindheit, ohne von irgendjemandem eine wirklich zufriedenstellende Antwort bekommen zu haben. Auch den Großteil meiner Erwachsenenjahre verbrachte ich ohne eine Antwort. Erst als ich dreiundfünfzig war, wurde mir etwas gesagt, das sich für meine Seele wahr anhörte.

Das war in meinem Gespräch mit Gott. Ich erlebte, dass Gott ganz direkt zu mir sagte: »Okay, na schön. Du warst in deinem Verlangen zu wissen aufrichtig und ehrlich. Fast ein halbes Jahrhundert lang hast du dir diese Frage angeschaut. Das war keine leichtfertige Suche, und sie war für dich auch nicht bedeutungslos. Okay, na schön, du verdienst eine ehrliche Antwort. Hier ist sie.«

Dann erhielt ich obige Botschaft.

Was wir nicht wissen müssen

Das Wunder, so habe ich schließlich erkannt, besteht hier darin, dass es Gott egal ist, worin meine großartigste Vision für mich selbst besteht. Gott hat in dieser Angelegenheit keine Vorlieben. Ob ich mir nun vorstelle, dass mein wahres Ich ein Metzger, ein Bäcker oder ein Kerzenmacher ist, der Sinn meines Lebens ist sehr einfach: davon die nächstgrößere Version zu werden.

(Doch am Ende, so habe ich festgestellt, hat es nichts mit meinem Beruf zu tun. Dazu in Kürze mehr.)

Die Vorstellung, dass Gott nicht an der Wahl hängt, die ich für mein Leben treffe, unterscheidet sich massiv von dem, was ich in meiner Jugend zu hören bekam. Als im katholischen Glauben erzogenes Kind wurde mir immer und immer wieder gesagt, dass Gott einen Plan für mich hat. Für jeden von uns gibt es einen Plan, verkündeten die Nonnen im

Unterricht. Aber sie sagten mir nie, worin der Plan bestand, außer dass ich versuchen sollte, ein möglichst guter Junge zu sein, damit ich in den Himmel kam.

Also machte ich das.

Ich versuchte, ein möglichst guter Junge zu sein.

Und wenn ich kein so guter Junge war, wie ich dachte, dass ich sein sollte, ging ich zur Beichte und erzählte dem Pfarrer all die schlimmen Dinge, die ich getan hatte. Dann absolvierte ich die Buße, die mir der Pfarrer auferlegte, damit ich die Absolution für meine begangenen Sünden erhielt. Am nächsten Tag ging ich dann in der Messe zur heiligen Kommunion. Und danach ging es wieder los! Befreit von der Last meines Fehlverhaltens! Neuerlich beflügelt, mich ein weiteres Mal auf die Reise ich weiß nicht wohin zu machen!

Wenn Sie meinen, dass das emotional, spirituell, psychisch und menschlich gesehen frustrierend sein könnte, haben Sie absolut Recht. Ganz besonders für einen Neun- oder Zehnjährigen. Auch für einen Zweiundzwanzig- oder Siebenundzwanzigjährigen. Oder einen Neununddreißig- oder Sechsundfünfzigjährigen! Wie soll ich denn dahin gelangen, wo ich hingehe, wenn ich keine *Ahnung* habe, wohin ich gehe – oder warum?

Das war der Stand der Dinge in meinem armen Gehirn. Wäre es nicht schön, wenn es nur mir so ergangen wäre? Wäre es nicht schön, wenn nur mein olles kleines Ich es einfach nicht auf die Reihe gekriegt, die verheerenden Auswirkungen einer schädigenden Kindheit erlitten, auf die Tragödien eines schwierigen Erwachsenendaseins reagiert und es unmöglich gefunden hätte, irgendeinen Sinn darin zu finden? Wäre es nicht schön, wenn es so einfach gewesen wäre? Aber das war es nicht.

Wir sitzen alle im selben Boot

Fürs Protokoll: Ich hatte eine wunderbare Kindheit. Ich hatte fantastische Eltern. Mir standen alle Möglichkeiten offen. Nein, wir waren nicht märchenhaft reich. Wir gehörten zur unteren Mittelschicht. Aber der unteren Mittelschicht in den USA von 1950 ging es verglichen mit 90 Prozent der restlichen Welt ganz gut, vielen Dank. Also darüber kann ich mich nicht beklagen.

Und die Tragödien in meinem Erwachsenendasein? Es gab keine. Sie entstanden oder existierten einfach nicht in meinem Leben. Ich war einer der Glücklichen. Ich wollte, ich könnte das über uns alle sagen, aber ich gehörte zu den vom Glück Begünstigten. *Was* also war dann *mein Problem?*

Ich möchte damit andeuten, dass es nicht einfach *mein Problem* war, sondern eines, vor das sich aus den verschiedensten Gründen Abermillionen von Menschen gestellt sahen. Die meisten von uns haben einfach von unseren Eltern, Lehrern, unserer Gemeinde oder Weltgemeinschaft nichts bekommen, was als *Daseinsgrund* irgendeinen Sinn ergeben würde.

Was, so fragen wir eindringlich, ist unser Daseinsgrund?

Als ich Gott anrief und ihm diese Frage stellte, erhielt ich eine Mitteilung, die mir die Frage in wenigen Worten beantwortete. Ich erhielt eine Antwort, die für jedermann funktionieren könnte, und ich mag ihre Symmetrie. Diese Kernbotschaft Nummer 15 sagt uns mit ein paar Worten alles, was wir über das Warum unseres Daseins wirklich wissen müssen und wie wir unser Sein zu etwas Sinnvollem, Bedeutungsvollem und Wundervollem machen können.

Wir müssen jetzt nur entscheiden, was die großartigste Vision ist, die wir je über Wer und Was Wir Sind hatten. Wie frei uns das Wissen doch macht, dass Gott uns nicht für die

Wahl, die wir treffen, des Irrtums oder Unrechts bezichtigen wird. Es stellt sich am Ende heraus, dass Gott *keinen* Plan für uns hat. Die Chance, dass wir die Erwartungen unserer Eltern enttäuschen, ist größer als die, dass wir die Erwartungen eines Gottes nicht erfüllen, der nichts fordert und nichts verlangt.

So stehen uns alle Optionen offen. Gott hat uns versichert, dass es bei dem, was zu tun wir hierhergekommen sind, kein »richtig« und »falsch« gibt.

Ein Beispiel aus dem wirklichen Leben

Wenn ich auf mein Leben zurückblicke, wird mir klar, dass ich diese Botschaft schon früher erhalten habe, und zwar auf eine faszinierende Weise, die der Erfahrung meiner Gespräche mit Gott erstaunlich nahekommt. Ich frage mich, ob nicht auch Sie schon dauernd Botschaften vom Leben erhalten und sie bisher nur nicht als solche erkannt haben.

Lassen Sie mich etwas über meine frühere Erfahrung erzählen, weil sie so ein großartiges Beispiel ist.

Als jüngerer Mann hatte ich einen wichtigen Job in einer großen öffentlichen Behörde des Staates Maryland. Zu einem bestimmten Zeitpunkt wies man mich an, einen Masterplan für einen Vorschlag zu entwickeln, wie Behörden wie die unsere bei ganz bestimmten und spezifischen Interaktionen mit der Bundesregierung vorgehen sollten. Der Plan sollte dann einem Unterkomitee des Kongresses vorgelegt werden.

Ich hatte keine Ahnung, wie ich das Ganze schriftlich aufbereiten, wie ich es präsentieren sollte. So etwas hatte ich noch nie zuvor gemacht. Woher sollte ich nun wissen, wie man ein größeres Dokument von solcher Konsequenz einer so ungemein wichtigen Institution wie dem Kongress der USA vorlegt?

Ich rief meinen Vater an und erklärte ihm die Situation. »Wie soll ich dieses Dokument hinbekommen?«, fragte ich ihn. »Ich weiß, was unsere Organisation zu tun versucht, aber ich weiß nicht, wie ich das in einen schriftlichen Bericht packen soll, den wir dann nach Washington schicken.«

Mein Vater hörte geduldig zu, bis ich meinen ganzen Frust ausgebreitet hatte. Dann fragte er ganz ruhig: »Sohn, habe ich dir gar nichts beigebracht?«

Ich wartete auf die Pointe.

»Es gibt keine ›richtige Art‹, irgendwas zu tun. Es gibt nur die Art, in der du es tust.«

Ich schwieg. Ich dachte nach. Heftig. Konnte das stimmen? Dann sagte mein Dad: »Hab Vertrauen in dich. Mach es so, wie du es machen würdest, wenn keinerlei Erwartungen damit verbunden wären. Mach es einfach so, wie *du* denkst, dass es am besten ist.«

Ich dankte ihm und legte den Hörer auf. Ich konnte mich selbst in meinem Innern ausrufen hören: »Ach, *das* ist schon alles? *Das* kann ich. Ich dachte, es gäbe da ein paar Regeln, irgendwas, wie sich das ganze Ding ›präsentieren muss‹, um Gültigkeit zu haben.«

Also legte ich los und gestaltete den Bericht genau so, wie ich dachte, dass er gestaltet werden sollte. Ich schickte ihn nach Washington. Ein paar Wochen später bekam ich einen Anruf vom Assistenten eines Mitglieds des Unterkomitees, das im Kongress die Hearings zu diesem Thema abhalten sollte. Er sagte: »Wir haben eine Bitte an Sie.«

»Ja?«

»Wir bekommen aus dem ganzen Land Rückmeldungen von ähnlichen Behörden wie der Ihren, die alle auf dieselbe Frage antworten. Wir möchten diese Behörden bitten, ihre

Rückmeldungen nach dem Muster zu verfassen, wie Sie es getan haben. Die Mitglieder des Komitees haben festgestellt, dass man auf Ihre Informationen am leichtesten zugreifen kann, dass sie am einfachsten zu verstehen und am knappsten und präzisesten präsentiert sind. Wir würden dieses Dokument gerne als Muster für alle künftige Einreichungen dieser Art verwenden. Haben wir Ihre Erlaubnis dafür?«

Nachdem ich mich wieder berappelt hatte, wurde mir klar, dass ich gerade die bevorzugte Art und Weise erfunden hatte – die von nun an ›richtige Art‹ –, wie man bestimmte Berichte an den Kongress schickt.

Was sagt man dazu?

Der Schritt, den die meisten erst noch machen müssen

Diese Geschichte habe ich nicht erzählt, um anzugeben. Das Bedürfnis, mich aufzuplustern, habe ich schon lange hinter mir. Wenn wir Glück haben, erschöpft es sich irgendwann zwischen fünfzig und siebzig, und ich hatte Glück. Ich habe diese Geschichte erzählt, weil sie meines Erachtens für uns alle bedeutsam ist. Und weil ich begriffen habe, dass mein Vater mir vor vielen Jahren etwas sagte, was Unser Vater mir vor nicht allzu langer Zeit sagte.

Der Sinn des Lebens besteht also darin, dass wir uns in der nächstgrößeren Version der großartigsten Vision, die wir je über Wer Wir Sind hatten, wieder aufs Neue erschaffen. Niemand sagt uns, wie sie auszusehen hat, wie sie sein soll, wie sie sein muss, was dafür erforderlich ist oder was ihre »richtige Art« ist. Wir entscheiden das alles selbst.

Doch das ist ein Schritt, den die meisten Menschen erst noch machen müssen. Wenn Sie einen ganz normalen Menschen fragen, wie seine großartigste Vision in Bezug auf sich selbst aussieht, wird er es Ihnen oft nicht sagen können. Nicht genau. Und wenn er es kann, wird sich das, was er sagt, fast immer auf sein Tun beziehen oder darauf, was er auf der Welt tun möchte. Doch was wir *tun,* hat nichts damit zu tun, wer wir sind. Das wird durch das bestimmt, was wir *sind.*

Sie können alles wählen, was Ihr Herz begehrt. Doch eins müssen Sie wissen: Ihr Herz begehrt einen Seinszustand, nicht eine Angestelltensituation. Nicht eine Karriere. Das ist nur das, *wie Sie entschieden haben zu sein, was Sie sein möchten.*

Sie können sich dazu entscheiden, jedweder von Ihnen gewünschte Aspekt Gottes zu sein, aber *irgendein* Aspekt Gottes zu sein, ist der Grund, aus dem Sie zur Körperlichkeit kamen. Sie können sich dazu entscheiden, Weisheit und Klarheit, Mitgefühl und Verständnis, Geduld und Großzügigkeit, Inspiration und Kreativität, Heilung und Liebe zu sein – die Art von Liebe, die Gott für *Sie* hat, die Sie als Sie zur ganzen Welt durchströmt. Großspurig? Manche Leute würden das vielleicht denken. Doch ich denke nicht so. Und ich weiß, dass Gott auch nicht so denkt. Ich bin sicher, Gott sagt: *Hört sich für mich nach einer spannenden Wahl an!*

ANWENDUNG DIESER BOTSCHAFT IM ALLTAG

Es lassen sich leicht Wege zur Umsetzung dieser speziellen Botschaft im Alltagsleben finden, weil die Botschaft an sich leicht zu verstehen ist. Sie trifft direkt ins Herz menschlicher Erfahrung. Sie lässt die Seele erklingen. Sie beeindruckt sogar den skeptischen Geist (und das ist nicht gerade einfach).

Hier sind ein paar Ideen zur Anwendung dieser Botschaft im Alltagsleben – und ich bin sicher, Ihnen fallen noch viele andere ein.

- Treffen Sie gleich jetzt, noch bevor ein weiterer Tag vergeht, eine Entscheidung, wie Ihre großartigste Version von Wer Sie Sind aussieht. Und machen Sie sich keine Sorgen darüber, ob Sie es »richtig machen«. Ich möchte, dass Sie begreifen, dass *Sie es unmöglich falsch machen können.* Entscheiden Sie einfach. Wählen Sie einfach.
- Machen Sie sich, wenn Sie jetzt diese Entscheidung treffen, auch keine Gedanken darüber, dass Sie nun irgendwie bis zu Ihrem Ableben daran festhalten müssten. Der Gedanke ist der, dass Sie sich jeden Tag wieder aufs Neue erschaffen. Oder wenn Sie auf Aufruhr und Aufregung stehen, jede Stunde. Oder wenn Sie wirklich fliegen möchten, dann jede *Minute.* Nehmen Sie zur Kenntnis, dass jeder Augenblick Ihres Lebens ein Moment Ihrer Wiedergeburt ist. Es ist das größte Geschenk, das Gott Ihnen geben kann: ein Raum, in dem noch nichts geschehen ist und in dem Sie präzise entscheiden können, wie Sie selbst sein wollen, unabhängig von allem, was davor gewesen ist. Nehmen Sie zur Kenntnis, dass nichts eine Bedeutung hat außer der, die Sie ihm geben. Treffen Sie also die Entscheidung, dass Ihre Vergangenheit keine Bedeutung hat, außer in dem Maße, wie sie Ihre nächste großartigste Vorstellung von Ihnen selbst informiert.
- Achten Sie, nachdem Sie die oben erwähnten Entscheidungen getroffen haben, im Verlauf des nächsten Tages und der nächsten Woche und des nächsten Monats darauf, wie das Leben Ihnen beständig und überraschenderweise die perfekte Bühne zur Verfügung stellt, auf der Sie die Szene ausagieren können, deren Urheber Sie sind. Shakespeare hat es perfekt formuliert, nicht wahr? »Die ganze Welt ist Büh-

ne. Und alle Frauen und Männer bloße Spieler. Sie treten auf und gehen wieder ab. Sein Leben lang spielt einer manche Rollen.«

Das ist die Einladung, die das Leben an uns alle ausspricht: Spiel deine Rolle gut. Hab Spaß dabei. Wenn sie nicht nach Spaß aussieht, bring Weisheit in sie ein. Wenn die Weisheit es nicht bringt, bring Geduld ein. Wenn die Geduld ausgeht, bring Akzeptanz ein. Wenn Akzeptanz schwierig ist, bring Dankbarkeit ein. Denn die Dankbarkeit hebt jeden Gedanken auf, dass irgendetwas, das vor sich geht, nicht geschehen sollte. Und dann haben wir Frieden gefunden.

17

Ich habe mich aus einem bestimmten Grund entschieden, die 25 Kernbotschaften von *Gespräche mit Gott* in umgekehrter Reihenfolge durchzugehen. Schaut man sie sich in ihrer ursprünglichen, in Kapitel 2 dargestellten Abfolge an, führt eines in logischer Fortführung zum anderen. Aber für die Analyse und das tiefere Erkunden fing ich bei der letzten Botschaft an und arbeitete mich von hinten nach vorn durch, damit Sie klarer erkennen können, *wie wir vom einen zum anderen kommen.*

Wie bei jeder Theologie sind die Bausteine der Gedankengänge, Einsichten und Weisheiten, auf die sich das Gottesstudium gründet, wichtig. Spulen wir jedoch den Film sozusagen rückwärts ab, kann das für uns ganz besonders erhellend sein. Ich befinde mich an einem Punkt in meinem Leben, wo ich auch im Nachdenken über mich selbst so vorgehe. Ich weiß, wo ich (bis dato) gelandet bin, und finde es stets aufschlussreich, mir anzusehen, wie ich dahin gelangte. Ereignis um Ereignis, Entscheidung um Entscheidung, Wahl um Wahl, Augenblick um Augenblick, vom jüngsten Moment bis zu den vorangegangenen Momenten.

Wenn ich auf mein Dasein zurückblicke, denke ich nicht in der Reihenfolge darüber nach, in der ich es erlebt habe. Ich betrachte es nicht angefangen bei meiner Geburt bis hin zum heutigen Tag. Vielmehr betrachte ich es ausgehend vom Jetzt hin zu gestern und dann zum Tag davor und dann die Monate und das Jahr davor und dann die längeren Zeitabschnitte meines Erwachsenenlebens davor, dann die meiner Jugend und meiner Kindheit.

Auf diese Weise habe ich oft ein »Aha«-Erlebnis, weil ich aus dieser Perspektive, wenn sich die nachfolgenden Karten offen zeigen, die Auswirkung jeder Karte, die auf den Tisch kommt, sehe. Mir wird klar, wie es möglich wurde, dass ich das Blatt spielen konnte, das ich jetzt spiele – und erkenne den Einfluss, den die vorangegangenen Karten auf die Entwicklung meines gegenwärtigen Blattes nahmen.

Spielen Sie, um ein besseres Gespür für diese Art von Erfahrung zu bekommen, einmal eine Partie Schach und protokollieren Sie jeden Zug, den Sie und Ihr Gegenüber im Verlauf des Spiels machen. Spielen Sie dann die ganze Partie noch einmal *rückwärts*. Sehen Sie, wie jeder vorangegangene Zug dazu beitrug, die Situation zu schaffen, in der Sie sich am Schluss befanden. (Das ist übrigens eine großartige Methode, Schachspielen zu lernen. Und so lässt sich auch auf großartige Weise begreifen, wie uns eine Rückschau aufs Leben, wie ich sie beschrieben habe, große Einsichten vermitteln kann, während wir weiter voranschreiten.)

So habe ich mich also entschieden, Ihnen mit diesem Blick auf die spirituell revolutionäre Kosmologie von *Gespräche mit Gott* die Gelegenheit zu bieten, sie vom Ende bis zum Anfang zu erforschen, und Sie so erkennen zu lassen, wie jede Kernbotschaft aus einer davor formulierten hervorging. Dadurch ergibt sich eine Reihe von »Aha!«-Momenten, die sich nicht ergäben, wenn wir die Botschaften vom Anfang bis hin zum Jetzt verfolgten. Es gäbe sie deshalb nicht, weil Sie dann auf Ihrem Weg nicht wüssten, wo Sie schließlich enden würden.

Wir schauen also gleichsam mit den Augen eines Detektivs auf die neue Kulturgeschichte der Menschheit und diesen

Vorschlag eines neuen spirituellen Paradigmas. Ein Detektiv kommt zum Schauplatz des Geschehens und weiß genau, was passiert ist, er weiß aber nicht wie und warum. Also beginnt er nach Anhaltspunkten, Anzeichen und Hinweisen Ausschau zu halten, die ihm Aufschluss darüber geben, wie sich das Geschehene *ereignet hat.*

Sie sind ein spiritueller Detektiv

Da Sie sich mir angeschlossen haben, um sich anzuschauen, was Gott sagte, werden Sie hier nun zum Detektiv. Ein Detektiv, der am Schauplatz der gegenwärtigen Erfahrungswelt des Menschen ankommt und das Geheimnis enträtselt, wie wir dazu kamen, dem Menschen allen Ernstes eine andere Vorstellung von sich selbst und die Gelegenheit anzubieten, seine ganze Geschichte aufs Neue zu erschaffen.

Das ist es natürlich, worauf wir hier aus sind. Die *GmG*-Kosmologie läuft auf eine offene Einladung an die ganze menschliche Spezies hinaus, ihre Kulturgeschichte umzuschreiben. Wir sind eingeladen, wieder einmal zu entscheiden, wer wir als Spezies sind, aufs Neue zu wählen, was wir hier auf Erden tun, und zu verkünden, warum wir es tun – um damit eine neue Basis zu schaffen, ein neues Fundament zu legen, auf dem wir unsere individuelle und kollektive Zukunft aufbauen können. Oder um eine neuere Welt anzustreben, wie Robert Kennedy es so denkwürdig ausdrückte.

Keine der Botschaften in den über dreitausend Seiten von *Gespräche mit Gott* schien mir mehr Bestandteil dieser neueren Welt zu sein als die, die wir jetzt erkunden werden. Wenn wir sie uns genau ansehen, was wir nun tun werden, erkennen wir, wie wir zu den Schlussfolgerungen gelangen konnten, die wir in den vorangegangenen Kapiteln gezogen haben.

Ich sollte Sie jedoch warnen. Dieses Kapitel müssen Sie vielleicht mehrmals lesen, sein Inhalt lässt sich kaum in einem raschen Lesedurchgang erfassen. Zumindest konnte ich es nicht so einfach verdauen, als ich das hier zum ersten Mal hörte. Vielleicht stellt es auch für Sie eine Herausforderung dar.

Lassen Sie sich also etwas Zeit damit. Vielleicht wollen Sie die eine oder andere Passage mehr als einmal lesen. Gehen Sie es langsam an, nehmen Sie alles in sich auf und denken Sie über das Gesagte nach. Denn jetzt folgt ein großes »Aha«, das Sie tiefergehend und umfassender verstehen lässt, wie ich die hier bereits gemachten Aussagen machen konnte.

Werfen wir einen Blick auf die Kernbotschaft Nummer 14, eine umwerfende Mitteilung von Gott an die Menschen.

GmG-Kernbotschaft 14

Dein Leben hat nichts mit dir zu tun. Es geht um alle, deren Leben du berührst, und darum, wie du es berührst.

In über einem halben Jahrhundert kam mir niemals der Gedanke, dass das Leben nichts mit mir zu tun hat. Wie fast alle, die ich beobachtete, nahm auch ich an, dass mein Leben natürlich alles mit mir zu tun hat.

Zwar war ich nicht so anmaßend, mir vorzustellen, dass sich *alles* Leben um mich drehte, aber es schien mir doch absolut vernünftig anzunehmen, dass es beim größten Teil des Lebens, dessen persönliche Erfahrung ich machte, um mich ging. Und hier war nun der Gott meines Verständnisses und sagte mir genau das Gegenteil: dass mein Leben nichts mit mir zu tun hat und ich den Kern der Sache nicht begriff, wenn ich dachte, es ginge dabei um mich.

Wie außerordentlich verwunderlich. Was für ein Schock. Was für ein wachrüttelnder Gedanke.

Zunächst wollte ich darüber streiten. Wie konnte es sein, dass meine eigenen tagtäglichen Erfahrungen nichts mit mir zu tun hatten? Was sollte ich mit dieser Information anfangen? Wie sollte ich das verstehen, so dass es sich funktional in mein Leben fügte?

Inzwischen habe ich über fünfzehn Jahre mit dieser Kernbotschaft gelebt und kann Ihnen nunmehr sagen, dass es sich gelohnt hat, sie in meine tagtägliche Erfahrungswelt einzubauen. Es hat sogar zu den lohnenswertesten Dingen gehört – und auch zu denen, die mich mit am stärksten herausforderten.

Es änderte alles. Es änderte den Grund für das Aufstehen am Morgen. Es änderte den Sinn und Zweck meines Tagesablaufs. Es veränderte mein Verständnis von den Begegnungen am Tag, wenn ich nachts im Bett lag, zur Decke starrte und mich fragte, was ich erreicht hatte und was irgendwas davon bedeutete.

Auf jeden Fall ist das eine neue und radikale Sicht aufs Leben. Wenn ich mein Leben auf der Grundlage der These betrachte, dass ich etwas *benötige*, dann muss ich doch annehmen, dass ich auf meine Bedürfnisse achten und Zeit darauf verwenden muss, um deren Erfüllung sicherzustellen. Wenn ich aber meine Zeit mit Aktivitäten verbringe, die nichts mit mir selbst zu tun haben, dann werden diese Bedürfnisse nicht erfüllt. Der Gedanke also, dass das Leben nichts mit mir zu tun hat, machte es erforderlich, dass ich mir eine andere Vorstellung von mir selbst zu eigen machte: die, dass ich auf persönlicher Ebene nichts brauchte.

Als ich in diese Möglichkeit tief hineinblickte, begann ich, den Unterschied zwischen brauchen und wünschen zu erkennen. Ich verstand, dass die Tatsache, dass ich überhaupt nichts *brauchte,* nicht bedeutete, dass ich überhaupt nichts *wünschte.* In der Vergangenheit hatte ich meine Wünsche als meine Bedürfnisse angesehen. Beides war eins geworden, miteinander verschmolzen. In mir war das Gefühl entstanden, dass ich nicht glücklich sein konnte, wenn das Leben mir nicht meine Wünsche erfüllte. Das bedeutete, dass die Erfüllung meiner Wünsche unbedingt *erforderlich* war.

Als ich dieser Sache weiter nachging, wurde mir plötzlich klar, dass der Mensch in Bezug auf Gott genau den gleichen Fehler beging. Da es Dinge gibt, die Gott sich *wünscht,* folgerten wir daraus, dass es auch Dinge gibt, die Gott *braucht* und *verlangt.* Erst als ich schließlich erkannte, dass Gott nichts braucht und dass Gottes Essenz schon der Definition nach Alles Das Ist mit einschließt, begann ich, genauer auf den Unterschied zwischen, was Gott *wünscht* und was Gott *braucht,* zu achten.

Es gibt *nichts,* was Gott braucht, aber es gibt Dinge, die Gott sich wünscht. Sich etwas zu wünschen bedeutet nicht unbedingt, dass man es nicht hat. Es kann auch bedeuten, dass man es *hat* und so sehr liebt, dass man sich dazu entscheidet, mehr davon zu erleben.

Auf diese Weise könnte ein Gott vollkommen glücklich sein und sich wünschen, noch glücklicher zu sein!

Dasselbe gilt für uns. Wir könnten uns sogar wünschen, *Glücklicher als Gott* zu sein. Darum geht es bei dem Buch gleichnamigen Titels. In diesem Buch, zu dem ich von Gott inspiriert wurde, wie ich glaube, gelangte ich zur Feststellung, dass auch ich mir etwas *wünschen* konnte, ohne es zu brauchen, um glücklich zu sein.

Das war keine unbedeutende »Erinnerung«.

Warum die Meister es sagten

Wenn ich mich daran erinnerte, wer ich in Wirklichkeit bin, wenn ich verstand, dass meine Seele die Präsenz und Offenkundigkeit Gottes in mir ist, dann konnte ich erkennen, wie unmöglich es ist, dass ich irgendetwas brauche. Denn alles, was ich mir nur irgendwie wünschen kann, befindet sich in Reichweite – nämlich in *mir.*

Das ist natürlich der allerletzte Ort, an dem zu suchen ich mir ursprünglich vorgestellt hatte. Ich hatte die ersten fünfzig Jahre meines Lebens damit verbracht, das, was ich mir wünschte, außerhalb von mir zu suchen. Und wenn ich es nicht finden konnte, verwandelte sich der zunehmende Druck, das Gewünschte zu erlangen, in etwas, das ich »benötigte«. An irgendeinem Punkt begann es den Anschein zu haben, dass ich es *brauchte,* um glücklich zu sein.

Als Gott mir sagte, dass mein Leben nichts mit mir zu tun hat, sondern mit allen, deren Leben ich berühre, und damit, wie ich es berühre, wurden mir die Augen geöffnet. Und zwar in erschrockener Erkenntnis von etwas, das, wie ich mich nun erinnerte, *immer* wahr ist: Ich brauche nichts – und der Weg zur *Erfahrung,* dass ich alles habe, was zu brauchen ich mir einst einbildete, ist der, es einfach wegzugeben.

»Haben« wird durch »Geben« erfahren, nicht durch »Bekommen«. Die Erfahrung, was wir im Leben *haben,* machen wir nicht durch das, was wir aus dem Leben *rausholen,* sondern durch das, was wir dem Leben *geben* – und durch diese Erfahrung wird die Verwirklichung von dem, wer wir in Wirklichkeit sind, in vollem Ausmaß möglich.

Ich verstand plötzlich, warum alle spirituellen Meister zu allen Zeiten auf jeweils ihre eigene Weise sagten: »Geben ist seliger denn bekommen.«

Ja, ja, das habe ich in meiner ganzen Jugendzeit zu hören bekommen, aber niemand hat mir erklärt, warum ich das als Wahrheit akzeptieren sollte. Niemand hat es mir je auf metaphysischer Ebene erklärt. Nicht meine Eltern, nicht die Nonnen in der Schule, nicht die Pfarrer auf der Kanzel, nicht die älteren Gemeindemitglieder, nicht die Gesellschaft, in der ich lebte, nicht die Welt, die ich beobachtete. Ich wurde von niemandem und nichts in meinem Umfeld darin unterwiesen, warum und wie es sein konnte, dass es seliger ist zu geben, als zu bekommen. Sicher, es hörte sich nett an, aber niemand sagte mir – oder schien mir sagen zu können –, warum es stimmte.

Dann hatte ich nach über einem halben Jahrhundert des Daseins auf diesem Planeten meine wunderbaren Gespräche mit Gott. Mir wurde etwas so Einfaches gesagt, dass es schon fast peinlich ist, das so weiterzugeben, als handle es sich um eine gigantische verborgene Wahrheit. Doch hier ist es: Im *Geben* demonstrieren und erfahren wir, was wir *haben.*

Bingo! Ich hatte die Verbindung hergestellt! Nun begriff ich, dass wir, wenn wir uns selbst voll und ganz erfahren möchten, die Hand nach *nichts* auszustrecken brauchen, sondern *alles* nach außen *geben* müssen.

Diese Vorstellung hängt davon ab, dass wir vorher etwas verstanden haben, das von nicht geringer Bedeutung ist. Wir müssen wissen, dass wir alles besitzen, was wir uns wünschen; das heißt, es ist schon die ganze Zeit in unserem Innern vorhanden.

Aber wie können wir uns einen solchen Gedanken zu eigen machen, wenn alle unsere Erfahrungen von Geburt an uns scheinbar zeigen, dass genau das Gegenteil richtig ist?

Die größte Herausforderung, vor die sich unsere Spezies gestellt sieht

Das ist die zentrale Frage, vor der unsere Spezies steht. Wie können wir uns den Gedanken vorstellen oder akzeptieren, dass wir nichts brauchen, wenn unsere alltäglichen Erfahrungen zu beweisen scheinen, dass das nicht stimmt?

Die Antwort ist verblüffend einfach. Wir müssen unsere Existenz als einziges geeintes Wesen namens Menschheit zur Demonstration unserer Fähigkeit nutzen, die Bedürfnisse der Menschheit zu erfüllen.

Wenn jeder und jede von uns die Bedürfnisse des ganzen Rests von uns erfüllt, hat niemand von uns *irgendwelche* Bedürfnisse, und das Versprechen und die Prophezeiung Gottes sind erfüllt: Die Menschheit ist frei von Bedürfnissen.

Genau das macht auch Gott. Wenn Gott irgendeinen Wunsch empfindet, befriedigt Gott ihn einfach durch das, was Gott schon hat. Somit »braucht« Gott nichts.

Aber um als Menschheit diese Erfahrung zu machen, müssten wir uns selbst in unserem *Sein* tatsächlich als ein einziges geeintes Wesen *verstehen;* wir sind alle nur Teile eines einzigen Körpers. Wir müssten die Entscheidung treffen, dass »Wir Sind Alle Eins« nicht bloß ein Aphorismus ist. So sind wir angelegt, so sollen wir uns selbst wahrnehmen und erfahren, und so sollen wir *funktionieren,* um unsere Göttliche Natur zum Ausdruck zu bringen.

Doch ist es realistisch, daraus den Schluss zu ziehen, dass Mangel, Bedürftigkeit und Leiden vom Antlitz der Erde verschwinden werden, wenn wir handeln, als wären wir alle Eins – wenn wir füreinander da sind und miteinander teilen und füreinander sorgen?

Nun, das können wir natürlich nicht wissen, da wir diesen Versuch noch nie gewagt haben. Zumindest nicht auf groß angelegter Basis. Es gab natürlich Kulturen, die sich genau so verhielten, in Gemeinschaft lebten, als ein Ganzes zu Werke gingen, in denen »alle für einen und einer für alle« eine Gegebenheit war. In solchen Kulturen und Gesellschaften schießt die Ebene menschlichen Glücklichseins in die Höhe, was uns vor die Frage stellt, wie das Leben auf dem ganzen Planeten aussehen könnte, wenn die ganze Menschheit so lebte.

Einssein ist kein Ziel, es ist eine Methode

Doch das Erschaffen einer solchen kollektiven Erfahrung ist nicht das spezielle Ziel der Seele. Die Absicht der Seele, die sich zur Körperlichkeit begibt, ist singulär und einfach: Gott oder die Göttliche Natur an sich durch die Körperlichkeit zum Ausdruck zu bringen und zu erfahren, sie durch die Körperlichkeit zu werden und zu erfüllen. Die Praxis des Einsseins ist schlicht der schnellste Weg dahin. Sie ist eine Methode, nicht das Ziel.

Das Leben ist physisch gewordener Gott, und jeder Aspekt und jedes Element des physischen Lebens bringt das Göttliche Wesen in Vollständigkeit zum Ausdruck, wenn es seine spezielle Ausdrucksform in Vollendung erreicht.

Eine Rose bringt das Göttliche Wesen in Vollständigkeit zum Ausdruck, wenn ihr Wachstum und Blühen vollendet ist. Mehr gibt es für sie nicht zu tun. Sie hat getan, wozu sie im Reich des Physischen in Erscheinung getreten ist. Es gibt keinen Grund, traurig zu sein, wenn der Prozess vollendet ist, sondern nur Grund zum Feiern.

Ein Stern am Nachthimmel bringt das Göttliche Wesen in Vollständigkeit zum Ausdruck, wenn sein Wachstum und Blühen vollendet ist. Mehr gibt es für ihn nicht zu tun. Er hat getan, wozu er im Reich des Physischen in Erscheinung getreten ist. Es gibt keinen Grund, traurig zu sein, wenn der Prozess vollendet ist, sondern nur Grund zum Feiern.

Ein menschliches Wesen bringt das Göttliche Wesen in Vollständigkeit zum Ausdruck, wenn sein Wachstum und Blühen vollendet ist. Mehr gibt es für es nicht zu tun. Es hat getan, wozu es im Reich des Physischen in Erscheinung getreten ist. Es gibt keinen Grund, traurig zu sein, wenn der Prozess vollendet ist, sondern nur Grund zum Feiern.

Wir leben nicht, um unsere Bedürfnisse zu erfüllen, wir leben, um unser Potenzial zum Ausdruck zu bringen. Die beiden Dinge sind nicht dasselbe.

Wir bringen unser Potenzial dann am vollständigsten zum Ausdruck, wenn wir demonstrieren, dass es unsere Realität ist; dass es nicht etwas ist, das zu erfahren wir *nötig haben,* sondern etwas, das wir *wählen,* um jetzt seine Erfahrung zu machen.

Deshalb hat mein Leben nichts mit mir und alles mit Ihnen und allen anderen zu tun, deren Leben ich berühre. Und wenn ich danach lebe, so habe ich entdeckt, fallen mir alle Dinge, nach denen ich mich in den vergangenen Jahren sehnte, nach denen ich die Hand ausstreckte und die ich anstrebte, mühelos zu.

(Wenn das nicht Grund genug ist, um sich diese Botschaft zu eigen zu machen und ihr im eigenen Leben eine Chance zu geben, dann weiß ich nicht, was sonst.)

ANWENDUNG DIESER BOTSCHAFT IM ALLTAG

Das Leben bietet uns in jedem Augenblick endlose Gelegenheiten, die *GmG*-Kernbotschaft 14 in unserer Erfahrungswelt umzusetzen. Hier sind ein paar Möglichkeiten, dies zu tun:

- Achten Sie auf all die kleinen Dinge, die Sie heute tun. Nicht die großen Dinge wie zur Arbeit gehen oder zum Arzt oder den Wagen in die Werkstatt bringen oder was sonst an Aktivitäten oder Terminen anfällt. Die kleinen Dinge. Wenn Sie das eben benutzte Glas im Abwaschbecken auswaschen. Wenn Sie Ihren Hund tätscheln. Wenn Sie sich einen Happen zu essen aus dem Kühlschrank holen. Wenn Sie zu einem geliebten Menschen Hallo und Auf Wiedersehen sagen. Alle diese kleinen Dinge. Schauen Sie sie sich einfach an.
- Fragen Sie sich jetzt, warum Sie sie tun. Tun Sie sie für sich selbst? Tun Sie sie für eine andere Person? Wenn Sie sie für sich selbst tun, dann achten Sie auf das Gefühl, das Sie dabei haben. Wenn Sie sehen, dass Sie sie für eine andere Person tun, achten Sie auf das Gefühl, dass Sie *dabei* haben.
- Treffen Sie die Entscheidung, dass vom heutigen Tag an alles, was Sie tun, nichts mit Ihnen zu tun hat. Sie tun, was Sie tun, aber nicht, weil Sie es nötig haben, nicht, weil Sie müssen, nicht, weil es von Ihnen verlangt wird, sondern weil jedes einzelne Ding, das Sie tun, als Beitrag von Ihnen für einen anderen betrachtet wird. Wenn es Ihnen das leichter macht, stellen Sie es sich nicht als *direkten* Beitrag für jemand anders vor, aber trotzdem grundsätzlich als Beitrag für einen anderen. Erkunden Sie dann eingehend, warum und wie das, was Sie jetzt tun, einen Beitrag für einen anderen darstellt. Fragen Sie sich, ob Sie, wenn Sie einen anderen um etwas bitten, ihm oder ihr damit die Gelegenheit bieten, sich auf bestimmte Weise selbst zu erfahren. Sind Sie erst einmal zu diesem Verständnis und Gewahrsein gelangt, dann verbleiben Sie von da an mit jeder Ihrer Handlungen in diesem Zustand.
- Beginnen Sie damit, nicht nur indirekte, sondern auch direkte Beiträge zum Leben eines anderen zu leisten, und das mit jedem Tag immer öfter, immer leichter, immer vorsätzlicher.

> Treffen Sie die Entscheidung, dass Sie nichts brauchen, um Sie glücklich zu machen – nicht Weisheit, nicht Wissen, nicht Verständnis, nicht Liebe, nicht Glück, nicht Geduld, nicht Mitgefühl, überhaupt nichts. Treffen Sie die Entscheidung, dass all diese Dinge bereits in Ihrem Innern existieren, und dass Ihre einzige Aufgabe im Leben darin besteht, sie aus sich herausströmen und ins Leben eines anderen fließen zu lassen – ins Leben einer Person, die immer noch in der Illusion lebt, dass sie diese Dinge braucht und von einer äußeren Quelle abhängig ist, um sie zu bekommen. Lassen Sie sich zur Quelle werden. Beobachten Sie, was das mit Ihnen macht. Beobachten Sie, was das *für* Sie tut.

Ah! Jetzt sehen wir, wie der Kreis sich schließt! Es stellt sich heraus, dass das, was Sie tun, schließlich für Sie getan wird! Natürlich ist dies wahr, da es nur einen von uns gibt. Daher tun Sie das, was Sie für einen anderen tun, für sich selbst, und Sie tun das, was Sie nicht für einen anderen tun, nicht für sich selbst. Somit stellt sich heraus, dass das Leben alles mit dir zu tun hat. Aber mit dem Großen Du, nicht dem Kleinen Du; mit dem Universellen Du, nicht dem Ortsgebundenen Du.

Der Sinn und Zweck des Lebens besteht darin zu tun, was Einer wünscht. Aber nicht der Kleine Eine, sondern der Große Eine. Der einzige Eine. Wenn wir das voll und ganz verstehen, können wir voll und ganz die so genannte Göttliche Dichotomie leben. Und das wird in unserer Erfahrungswelt auf Erden alles verändern.

18

Wenn wir uns wirklich auf den Prozess einlassen sollen, auf Erden zu manifestieren, was Einer wünscht, dann müssten wir eine gewisse Kontrolle über die Ereignisse in unserem Dasein haben. Wir müssten über ein Minimum an Zuständigkeit, über zumindest ein kleines Maß an Fähigkeit verfügen, die Umstände unserer tagtäglichen Erfahrungen zu beherrschen und zu erschaffen.

Die meisten von uns haben ihr Leben als Ausdruck des genauen Gegenteils erlebt. Uns scheint, dass wir nur sehr wenig Kontrolle über irgendetwas haben. Man sagt uns, dass Gott Regie führt und entscheidet, was das Beste für uns ist. Und wenn wir nicht an Gott glauben, dann stellen wir uns vor, dass wir auf Gedeih und Verderb den Schicksalsmächten ausgeliefert sind. Wenn wir keine Fatalisten sind, dann glauben wir, dass wir uns einfach durch eine Reihe zufälliger Ereignisse in einem vom Zufall bestimmten Universum bewegen, das uns in keiner Weise irgendein bestimmtes Resultat garantiert.

Kommen wir hier noch einmal auf den großen Metaphysiker William Shakespeare zurück, der das Dilemma, das sich durch diese einander widersprechenden Vorstellungen ergibt, in seinem berühmten Monolog perfekt erfasste:

»Sein oder Nichtsein; das ist hier die Frage:
Obs edler im Gemüt, die Pfeil' und Schleudern
Des wütenden Geschicks erdulden oder,
Sich waffnend gegen eine See von Plagen,
Durch Widerstand sie enden?«

Was tun, *was tun?* Und spielt es überhaupt eine Rolle, was wir tun? Machen wir uns hier bloß was vor? Täuschen wir uns und einander, indem wir denken, wir hätten auch nur die geringste Kontrolle über irgendetwas?

Die Theologie sagt uns meistenteils, dass wir uns über solche Fragen nicht den Kopf zerbrechen, sondern uns einfach auf Gott verlassen sollen. Wir sollen ohne Unterlass beten und grenzenlosen vertrauensvollen Glauben haben. Das stellt uns vor eine interessante Dichotomie. Warum sollten wir uns mit dem Beten abgeben, wenn wir grenzenlos darauf vertrauen, dass sich das von uns bevorzugte Ergebnis einstellen wird? Doch man sagt uns, dass wir glauben und darauf vertrauen sollen, dass uns gegeben wird, was wir erbitten, aber erst müssen wir darum bitten. Und natürlich müssen wir mit unserer Gottheit gut stehen. Wenn wir nicht mit ihr gut stehen, nützt uns alles Beten nichts.

Das ist weitgehend die Botschaft der meisten Religionen auf der Welt. Ich habe sie ziemlich primitiv wiedergegeben, aber im Großen und Ganzen ist es die Botschaft. Die Mitteilung, die uns in der Neuen Spiritualität von Gott zukommt, nimmt sich etwas anders aus und findet sich in der Kernbotschaft Nummer 13 formuliert.

GmG-Kernbotschaft 13

Du bist der Schöpfer deiner eigenen Realität, indem du dich der Drei Instrumente der Schöpfung bedienst: *Gedanke, Wort* und *Tat.*

Das ist eine der aufregendsten und zugleich gefährlichsten Lehren der globalen Bewegung des Neuen Denkens. Sie behauptet, dass die totale Verantwortung bei uns liegt, und das ist völlig zutreffend.

Allerdings wurde dies dahingehend verstanden, dass dieses Verantwortlichsein für die äußere Realität eine singuläre Erfahrung ist. Das meint, dass es sich hier um eine einseitige Eigenschaft und Fähigkeit handelt. Wir wurden dahin geführt zu glauben, dass wir für die Realität, der wir in unserer Umwelt begegnen, allein verantwortlich sind.

Das ist nicht so – wie Sie zweifellos schon in Erfahrung gebracht haben.

Was nicht erklärt wurde

Wer sagt, dass wir die Schöpfer unserer eigenen Realität sind, erklärt oft nicht, dass wir dies durch *Zusammenarbeit* bewerkstelligen. Das »wir«, das wir sind, ist das Eine, das wir sind. Wenn wir nicht von der These ausgehen, dass wir alle Eins sind, werden wir den Prozess des Erschaffens unserer eigenen Realität auf gefährliche Weise missverstehen.

Die drei Instrumente der Schöpfung sind tatsächlich, wie in dieser Kernbotschaft gesagt wird, Gedanke, Wort und Tat. Aber es ist das *kollektive* Denken der Menschheit, die *Kombination aller* Worte, die wir sprechen, und der Taten, denen wir *uns als Ganzes* widmen, was unsere äußeren Erfahrungen des Lebens auf Erden produziert.

Die gute Nachricht ist somit die, dass Sie für die Kriege auf der Welt nicht allein verantwortlich sind und auch nicht für die Krankheiten und Seuchen, die so enormes Leiden verursachen, für die Armut, die weltweit so viel Traurigkeit erzeugt, oder für irgendwelche anderen guten oder schlechten physischen Manifestationen, deren Zeuge wir täglich sind.

Doch es ist auch eine schlechte Nachricht, denn dies scheint unsere ursprüngliche Einschätzung zu bestätigen, dass wir eben nicht die Kontrolle über unsere Erfahrungen haben, dass uns keine Zuständigkeit oder Souveränität über unser Leben beschert ist und dass wir dazu verdammt sind, die Pfeil' und Schleudern des wütenden Geschicks zu erleiden.

Gespräche mit Gott macht uns aber klar, dass dies keinesfalls unsere Situation ist. Wie lassen sich dann diese beiden Auffassungen von der Welt miteinander vereinbaren?

Definition unserer Begriffe

Wir machen den Anfang damit, dass wir verstehen, was mit »deiner Realität« gemeint ist. In unserem neuen Lexikon muss sich dieser Begriff darauf beziehen, wie wir die Manifestation unseres kollektiven äußeren physischen Lebens innerlich *wahrnehmen und erfahren,* und nicht auf die äußeren Manifestationen selbst.

Dieser Punkt kommt hier nicht zum ersten Mal zur Sprache, doch jetzt schauen wir ihn uns genauer an.

Gott sagt uns, dass unsere Erfahrungen und somit unsere Realität im Hinblick auf wer wir sind und die Art und Weise, in der wir dies manifestieren, nicht durch das äußere Geschehen erschaffen werden. Es ist unsere innere *Entscheidung* darüber, die das bewirkt. Es ist unsere innere Wahl. Es ist unsere ganz eigene Schlussfolgerung, unsere individuelle Einschätzung und Bewertung.

Einfach ausgedrückt: Alles ist das, was wir sagen, dass es ist. Oder wie manche ironisch anmerken: Des einen Profit ist des anderen Gift. Des einen Müll ist des anderen Schatz. Die höchsten Werte der einen Kultur sind die in einer anderen Kultur abgelehnten und verworfenen Vorstellungen.

Darin liegt eine große Kraft, obschon sie vielleicht nicht sofort ersichtlich ist. Es ist die Kraft, sich vom Erscheinungsbild äußerer Erscheinungen zu trennen und sich nach innen zu wenden, um *unsere eigene Erfahrung davon zu erschaffen.*

Auch wenn es kaum zu glauben ist, es gibt manche Menschen, die Spinat mögen. Ehrlich wahr. Ich habe tatsächlich Leute dieses Zeug essen sehen – und danach baten sie um noch mehr! Ganz offensichtlich verschafft ihnen das da auf ihrer Gabel ein Erlebnis, das mir verwehrt ist. *Worum geht es hier …?* Es geht um unsere individuelle Fähigkeit, unsere kollektive Erfahrung so zu etikettieren, wie es uns jeweils passt.

Regen am Samstag ist einfach Regen am Samstag. Es ist ein objektives Ereignis. Es ist etwas, das sich ereignet. Es ist, »was sich ergibt«, wie mein Freund Eckhart Tolle sagen würde. Wie Sie über den Regen denken – und ihn somit wahrnehmen und erfahren –, ist Ihre Angelegenheit.

Wenn aus »Reaktion« »Kreation« oder Schöpfung wird

Nun gibt es hier eine noch größere Kraft und Macht, als vielleicht unmittelbar ersichtlich sein mag. Denn wenn wir imstande sind, unsere innere Realität angesichts irgendeines äußeren Umstands so zu erfahren und zu erschaffen, wie wir es wünschen, erzeugen wir eine enorme Menge innere Energie. Wenn diese Energie *in unsere Außenwelt projiziert wird,* beginnt sie die äußere Realität so zu beeinflussen, dass diese eine immer genauere Spiegelung der inneren Erfahrung des spirituellen Meisters wird.

Wenn wir gegenüber irgendeiner Person, einem Ort oder einem Ereignis in der Außenwelt keine feindseligen oder irgendwie negativen Gefühle hegen, beginnt die Energie, die wir in die Person, den Ort oder das Ereignis im Außen projizieren, diese Person, diesen Ort oder dieses Ereignis zu *transformieren.* Und wenn genug von uns die Feindseligkeit und Negativität aus ihren inneren Erfahrungen in Reaktion auf äußere Ereignisse herausnehmen, beginnen wir, durch die Ansammlung unserer individuellen Ausdrucksäußerungen und Gefühle einen gemeinsamen Einfluss auf die Gruppenschöpfung selbst auszuüben. Es ist bekannt, dass ein Mensch auf diese Weise die Welt verändern kann.

So kam es, dass Menschen wie Mutter Teresa und Martin Luther King jr., Lech Walesa und Gloria Steinem, Harvey Milk und Sie und ich mehr Einfluss auf die kollektive Realität hatten, als irgendwer von uns sich das vielleicht je vorstellte.

Ich habe Sie und mich in diesen Kreis berühmter Persönlichkeiten eingeschlossen, weil der einzige Unterschied zwischen ihnen und uns der ist, dass sie sich bei ihrem Tun ihres Tuns bewusst waren, wohingegen das bei vielen von uns nicht der Fall ist.

Viele Menschen haben keine Ahnung, was sie tun. Und ich gebe zu, dass ich oftmals zu ihnen gehörte. Aber ich weiß jetzt, dass die Art und Weise, wie ich mich durch die Welt bewege, die Welt um mich herum beeinflusst und verändert. Das hatte ich nicht immer begriffen. Jedenfalls nicht in großem Umfang. Ich wusste nicht, dass meine von mir gewählte Art der inneren Auffassung und Sicht von äußeren Manifestationen des Lebens diese äußeren Manifestationen beeinflusst.

Viele Leute – vielleicht die meisten – meinen, dass sie keine Kontrolle über diese Manifestationen haben und dass ihnen nur die Reaktion auf sie bleibt. Aber wir haben die Kraft und Macht, nicht nur einfach zu reagieren, sondern unsere Antworten zu erschaffen. Das ist mit »Du bist der Schöpfer deiner eigenen Realität« gemeint.

Unsere Macht und Kraft ist größer, als wir denken

Geben Sie sich da keinem Irrtum hin. Die Macht und Kraft eines Individuums, das als Menschheit bekannte Kollektiv zu verändern, kennt kein Ende. Und wo auch immer sich zwei, drei oder mehr versammeln, nimmt diese Macht exponentiell zu. Die progressive Reihe ist nicht 1–2–3–4, sondern 2–4–8–16–32.

Wenn Sie meinen, dass Papier heiß wird, wenn mittags die Sonne darauf brennt, dann schauen Sie, was passiert, wenn Sie ein Vergrößerungsglas zwischen die Sonnenstrahlen und das Papier halten. Wenn Sie die Welt in Brand setzen wollen, dann entscheiden Sie sich dazu, die höchsten Gedanken, die Gott auf uns herabstrahlt, durch ein Vergrößerungsglas zu schicken.

Diese höchsten Gedanken finden Sie nicht in Ihrem Geist oder Verstand, sondern in Ihrer Seele. Warum nicht im denkenden Geist? Wenn Sie den Gedanken in Ihrem Geist zuhören, werden Sie Gedanken finden zum Überleben, und was es dazu braucht; Gedanken der Angst, und was es braucht, sie zu beruhigen; Gedanken an die Macht, und was es braucht, ihr Ausdruck zu geben; Gedanken des Ärgers und des Zorns, und was es braucht, sich davon zu befreien; Gedanken der Bedrohung, und was es braucht, ihr aus dem Weg zu gehen. In Ihrer Seele werden Sie keinen dieser Gedanken finden.

Ich habe es in meinen Schriften schon früher gesagt und erkläre es auch hier wieder, dass unser Geist der Aufbewahrungsort unserer Lebenserfahrung ist. Unsere Seele hingegen ist der Aufbewahrungsort unseres ewig existierenden Wissens. Unser Geist kann nur auf das reagieren und antworten, was er an Geschehen beobachtet, und zwar auf der Basis dessen, was er denkt, das geschieht. Unsere Seele reagiert und antwortet auf der Grundlage ihres *Wissens* vom und um das Geschehen auf das, was geschieht. Unsere Seele weiß, was sich ereignet, weil sie in Zusammenarbeit mit anderen Seelen an der Schöpfung des Geschehens beteiligt war. Unserem denkenden Geist kommt es nicht so vor, dass es das ist, was passiert. Also hat das, was unser Geist uns erzählt, mit dem fraglichen Geschehen oft nichts zu tun. Wir denken nur, dass es etwas damit zu tun hat.

Selbst wenn das äußere Geschehen allem Anschein nach etwas ist, das uns schädigt oder verletzt oder irgendwie beschädigt, weiß unsere Seele, dass es sich hierbei nur um die Einschätzung des Geistes handelt, die er auf der Basis seines außerordentlich begrenzten Verständnisses von, wer wir sind und was wir hier tun, vorgenommen hat. (Unser Geist denkt, dass wir unser Körper sind und unser hiesiges Tun im Versuch zu überleben besteht.)

Selbst wenn sich die Einschätzung und Prognose des Geistes in Bezug auf das Geschehen als »wahr« erweisen sollten und unser Körper geschädigt wird, so wird unsere Seele dennoch in keiner Weise verletzt, geschädigt oder beschädigt – und das weiß unsere Seele. Dergleichen ist angesichts der Totalität von Wer Wir Sind unmöglich. Und angesichts dessen, was diese Totalität hier tut, würde so etwas auch nicht zugelassen.

Um Schöpfer Ihrer eigenen inneren Realität auf höchster Ebene zu sein, sind Sie daher vom Leben eingeladen, aus dem Wissen Ihrer Seele und nicht aus der Erfahrung Ihres denkenden Geistes heraus zu erschaffen.

Wir erschaffen in der Tat unsere eigene Realität. Aber der Prozess ist nicht so einfach, wie die Worte vielleicht vermuten lassen. Es geht nicht darum, einen neuen Wagen in der Einfahrt zu präsentieren oder um den Hals gehängte Diamanten oder ein glänzendes neues Fahrrad vor der Haustür (diese Beispiele wurden leider alle in dem Film *The Secret* benutzt, um damit unsere persönliche schöpferische »Kraft« zu demonstrieren). Nein, bei der Kraft und Macht, die mit dem persönlichen Schöpfungsprozess verbunden ist, geht es darum, ein glänzendes neues Selbst zu erschaffen. Es geht nicht darum, Dinge zu erwerben oder zu erreichen, es geht darum, Dinge zum Ausdruck zu bringen und zu erfahren. Ja, es geht um das *Höchste,* das wir zum Ausdruck bringen und erfahren könnten. Es geht darum, Gott zu erfahren und zum Ausdruck zu bringen.

Diese Botschaft wird uns in *Gespräche mit Gott* immer und immer wieder vermittelt. Und immer und immer wieder erscheint sie auf den Seiten dieses Buches. Diese Botschaft wartet darauf, dass Sie sie sich zu eigen machen. Oder Sie leben Ihr Leben genau so weiter wie in der Vergangenheit. Es ist Ihre Wahl.

Es soll sich auf keinen Fall so anhören, als wäre das alles ganz leicht oder als wäre das alles sehr einfach, als wäre es so, wie wenn man einen Baumstamm den Abhang hinunterrollen lässt, als »wäre nichts dabei«. Ich würde lügen, wenn ich sagte, dass dies meine Erfahrung war, und ich will auch in keiner Weise anklingen lassen, dass die Ihre so aussehen könnte. Es bedeutet, dass es eine Herausforderung sein wird. Es ist eine Herausforderung, weil es transformiert.

Und doch wird es nach einer Weile leichter. Das haben uns Heilige, Weise und Gurus aller Weisheitstraditionen gesagt. Der Prozess der persönlichen Transformation wird nach und nach leicht. An diesem Punkt möchte ich eine wunderbare Passage aus John F. Kennedys Antrittsrede zitieren:

»Alles das wird nicht in den ersten hundert Tagen erreicht werden, auch nicht in den ersten tausend Tagen und vielleicht noch nicht einmal zu unseren Lebzeiten. *Aber lasst uns anfangen.*«

Die Frage ist nur, wie wir anfangen sollen. Hier kommen ein paar bescheidene Vorschläge von einem, der selbst gerade erst mit der wirklichen Arbeit begonnen hat:

- Beobachten Sie in dem Moment, in dem in Ihrem Leben etwas geschieht, das Ihnen an die Nieren geht, das Ihnen Sorge bereitet, das Sie geistig oder emotional ängstigt oder aufwühlt, was Ihr Geist mit den hereinkommenden Informationen macht. *Ändern Sie dann Ihre Meinung darüber.* Sie können das. Der Geist herrscht über die Materie, und das hier ist so ein Fall. Sie weisen Ihren Geist an, seinen höchsten statt seinen niedrigsten Gedanken zu denken. (Dieser Prozess wird im Buch *Wenn alles sich verändert, verändere alles* ganz wunderbar erklärt.)

- Laden Sie Ihren Geist ein, auf das Wissen der Seele zuzugreifen. Praktizieren Sie das täglich mindestens dreimal. Dazu können Sie sich einer ganzen Reihe von Methoden bedienen. Hier ist die, die ich anwende: Fragen Sie Ihre Seele, ob sie irgendetwas weiß über das, was Ihrem Körper und Geist gerade begegnet. Fragen Sie Ihre Seele: »Wenn du über irgendein Wissen verfügst, das zur Erweiterung der Erfahrung beiträgt, auf die sich mein Geist gerade bezieht, was wäre es?« Mit anderen Worten, stellen Sie Ihrer Seele einfach eine Frage! So habe ich meine Gespräche mit Gott angefangen. Damals wusste ich nicht, was ich da eigentlich machte, aber so begann diese ganze Erfahrung. Meine Seele ist meine direkte Verbindung, mein Link zu Gott. Mein Dialog mit Gott begann also mit dem Prozess, den Byron Katie Hinterfragung nennt. Fragen Sie Ihre Seele, was an Ihren Gedanken über das, was geschieht, stimmt. Ihre Seele wird Ihnen die Wahrheit sagen. Immer.
- Sie sollen wissen, dass die Pforte zur Seele sich sehr leicht auftut, aber erst muss der Geist damit einverstanden sein, dass an diese Tür geklopft wird. Ohne diese Einwilligung wird er versuchen, alles zu blockieren. Und nein, Sie können den Geist nicht einfach umgehen, um Zugang zur Seele zu gewinnen. Sie können den Geist unmöglich abschalten, aber es ist nicht unmöglich, ihn umzudirigieren. Wie Sie den Geist einsetzen, um Zugang zur Seele zu gewinnen, wird in *Der Sturm vor der Ruhe* beschrieben. Das dabei relevante Kapitel (2. Hälfte von Kapitel 26. A.d.Ü.) ist auf www.TheWaytotheSoul.net gepostet.
- Entscheiden Sie sich dazu, das Leben in möglichst jedem Augenblick zu einer Erfahrung der Schöpfung, der Kreation, zu machen statt zu einer der Reaktion. Wenn sich etwas in Ihrem Leben ergibt, das sich nicht willkommen anfühlt, dann stellen Sie sich nicht die Frage: »Was bedeutet das?« Fragen

Sie sich: »Was soll es meinem *Willen* nach bedeuten? Was soll es meiner *Wahl* nach bedeuten? Was war meine *Absicht* dahinter?« Wenden Sie sich dann nicht an Ihren denkenden Geist, um von ihm die Antworten zu bekommen. Vielmehr geben *Sie* ihm die Antworten. Die meisten Menschen lassen sich von ihrem Geist sagen, was sie denken sollen. Meister und Meisterinnen sagen ihrem Geist, was er denken soll.

- Befestigen Sie wenigstens an drei Stellen, auf die Sie häufig Ihren Blick richten, einen Zettel mit dem Satz: »Nichts hat irgendeine Bedeutung außer der, die ich ihm gebe.« Vielleicht bringen Sie ihn an der Schranktür an, am Spiegel und am Armaturenbrett Ihres Autos. Ich kenne einen Mann, der diesen Satz in ein Armband eingraviert hatte, das er am linken Handgelenk trug. Wann immer ihn das Leben zu einem Augenblick oder Umstand führte, in dem er versucht war, in Verwirrung und außer Fassung zu geraten, beobachtete er die in ihm aufsteigenden Gefühle, berührte mit der rechten Hand das Armband, ließ er die Energie dieser Botschaft durch seinen Körper fließen und gelangte so fast sofort in einen Zustand größeren inneren Friedens.
- Geben Sie sich die Erlaubnis zu verstehen, was wir hier machen, um uns über den Sinn des Lebens klar zu werden und über die Gelegenheiten, die sich uns in täglichen Erfahrungen bieten. Wenn Sie sich im Klaren darüber sind, werden Sie jedes Ereignis als Segen betrachten, ganz gleich, um was es sich handelt. In solchen Augenblicken gehen Sie bei der Reise Ihrer Seele auf die Vollendung zu. Sie können die Vollendung mehr als einmal im Leben erreichen. Das ist die Schönheit und das Wunder und das Herrliche an der Vollendung. Sie können und wollen bei diesem Prozess auch nie »vollständig vollendet« sein. Vielmehr wollen Sie dieses Vollständigsein immer und immer und immer wieder erleben. Deshalb zeigt das Leben sich so, wie es sich zeigt.

- Schreiben Sie an einer gesonderten Stelle den Punkt auf, den ich hier darlegte, nämlich: Weil die Meisterin dies versteht, beginnt ihre innere Erfahrung von ihrer äußeren Realität, diese äußere Realität, dergestalt zu beeinflussen und neu zu erschaffen, dass sich gewisse negative Begegnungen und Erfahrungen in der äußeren Welt in ihrer Wirkung abzuschwächen beginnen, in ihrer Häufigkeit abnehmen und sich schließlich ganz auflösen.

Jemand beschrieb mich mal auf äußerst ungewöhnliche Weise. »Sie laufen mit einem *Bluebird* auf der Schulter herum«, sagte diese Person zu mir. Ich bin mir nicht sicher, ob es als Kompliment gemeint war. Wahrscheinlich war es eine Mischung aus leichter Verärgerung und Neid. Und ich denke, dass der betreffende Mensch die Vorstellung hegte, dass ich das Glück hatte, ein solches Naturell zu besitzen, oder dass es ein Nebenprodukt der begünstigten Umstände meiner Kindheit und Jugend oder einfach ein Geschenk meiner Gene war. Ihm war nicht klar, dass auch ich einen Anteil daran hatte, dass es genährt wurde.

Wir sind alle die Schöpfer unserer eigenen inneren Realität. Sollen wir uns einen *Bluebird* auf die Schulter setzen? (*Bluebirds,* auf Deutsch »Hüttensänger«, sind leuchtend blau gefiederte Singvögel aus der Familie der Drosseln. A.d.Ü.)

19

Der *Bluebird* fliegt weiterhin neben mir her, umtänzelt mich und hüpft mir bei jeder Gelegenheit auf die Schulter. Dies ist der Tatsache zu verdanken, dass mir zutiefst bewusst ist, dass es nur eine wahre Emotion, eine wahre Erfahrung und eine wahre Identität gibt.

Ich spreche hier nicht allein von meiner Identität, sondern von der Identität Gottes, von der Identität aller Dinge auf Erden, im Himmel und in unserem gesamten Universum.

Nennen Sie mich einen verrückten Optimisten, aber schon seit den frühesten Augenblicken meines Daseins hatte ich immer das Gefühl, dass das Leben auf meiner Seite ist. Ich sah es nicht als etwas an, das mich »komponiert«. In meiner Jugend wurde ich oft ermahnt, *»compose yourself«* (das englische Wort *compose* kann unter anderem in der Bedeutung von komponieren wie auch im Sinn von sich zusammennehmen, Haltung annehmen verstanden werden. A.d.Ü.). Ich verstand, dass ich mich zusammenreißen sollte. Doch dann begann ich, im Laufe meines Daseins das Leben als Symphonie zu begreifen. Und jede Minute ist wie ein Satz in diesem Musikstück – das ich auf meinem Weg komponiere. Mit jedem Jahr, das verging, war ich mehr und mehr davon überzeugt, dass das Leben nicht gegen mich opponiert, sondern mich komponiert. Es schließt sich mir in meinem Prozess an, »es so zu ersinnen, wie ich möchte, dass es ist«.

Mir kam einfach nie der Gedanke, dass das Leben sich gegen mich richten könnte. Mir fiel kein Grund ein, warum es das tun sollte. Ich stellte mir vor, in einem freundlich gesinnten Universum zu leben. Nun muss ich einräumen, dass viel davon vielleicht auf die Tatsache zurückzuführen ist, dass ich in einer wundervollen Familie, einer wundervollen Umgebung und inmitten von Erfahrungen des Glücks aufwuchs.

Meine Mutter ging nicht arbeiten, sondern kümmerte sich um mich und meinen Bruder. Sie spielte mit uns, machte uns mittags Sandwiches mit Erdnussbutter und Marmelade und schien ihr ganzes Leben meinem Bruder, mir und meinem Vater zu widmen. Mein Vater arbeitete hart, fehlte nie auch nur einen Tag im Büro, »verdiente die Brötchen«, gab uns Schutz und Sicherheit und spielte die einem Vater in den 1950er-Jahren angemessene Rolle. Er war Leiter unserer Pfadfindertruppe, nahm uns zum Fischen mit nach Kanada, zeigte uns, wie man eine Axt benutzt, um einen Baum im Garten zu fällen, und spielte mit uns Softball. (Auch meine Mama spielte mit uns Softball! Meist traten sie und ich gegen meinen Vater und meinen Bruder an.)

Wenn Sie meinen, das klingt wie eine Szene direkt aus einer Fernseh-Sitcom der 1950er-Jahre mit Jane Wyman und Robert Young, haben Sie Recht. Wie ich bereits erläuterte, hatten wir nicht wahnsinnig viel Geld – wir wären der unteren Mittelschicht zugerechnet worden –, aber es fehlte uns nie an etwas, das uns wirklich wichtig war. Vor allem hatten wir die Liebe unserer Eltern, ihre Aufmerksamkeit, ihre ganz offensichtliche Hingabe und auf umfassende und bedeutsame Art ihre Präsenz in unserem Leben.

Nicht alle auf diesem Planeten können so über ihre Kindheit berichten, und mir ist klar, dass ich großes Glück habe, dies tun zu können. Und fraglos hat diese Situation viel damit zu tun, dass ich mit einer so positiven Lebenseinstellung aufwuchs. Das Leben *war* auf meiner Seite, soweit ich sehen konnte, soweit ich sagen konnte, soviel ich wusste.

Ich schulde meinen Eltern also ein gewaltiges Dankeschön und stehe bei Gott tief in der Schuld dafür, dass sie mich in so einem Umfeld, in so einem gesegneten Raum platzierten, mir eine so herrliche Gelegenheit gaben, so früh auf meiner Reise auf Erden die Erfahrung der besseren Seite des Lebens zu machen.

Es ging nicht ewig so weiter

Doch ist eine schöne und von Liebe geprägte Kindheit keine Garantie dafür, dass wir diese positive Einstellung später beibehalten. Manch einer hatte genau die gleiche Art von Kindheit und trat dann mit einem Gefühl des *Anspruchs* ins Erwachsenenalter ein. Wenn wir dann nicht bekommen, worauf wir einen Anspruch zu haben meinen, sind wir besorgt, aufgebracht und zunehmend negativ eingestellt. Das kann schließlich zu Bitterkeit und Wut führen und uns langfristig das Gefühl geben, dass das Leben ja anfänglich auf unserer Seite gewesen sein mag, sich aber irgendwann gegen uns gewandt hat.

Was mich angeht, so erkannte ich schon früh in meinem Erwachsenendasein, dass die Straße außerhalb des sicheren Containers, in dem ich meine Kindheit verbracht hatte, deutlich holpriger sein würde. Das Gerangel bei der Jobsuche, sich den Lebensunterhalt verdienen zu müssen, in Liebesdingen und anderen Bereichen meiner tagtäglichen Begegnungen weiterzukommen, das alles unterschied sich schon sehr von meinen Erfahrungen in der Mitchell Street in Milwaukee, Wisconsin, wo immer alles in Ordnung war – oder zu sein schien.

Als ich noch tiefer in meine Erfahrungen als Erwachsener eintauchte, in meine Dreißiger und dann Vierziger kam, wurde mir allmählich klar, wie hart meine Eltern gearbeitet haben mussten, um für mich eine so wunderbare Umgebung zu erschaffen. Doch so schwierig und emotional herausfordernd mein eigenes Leben allmählich wurde, verlor ich doch irgendwie nie meine frühe geistige Einstellung, meine anfängliche Grundannahme, dass am Ende schon alles gut ausgehen, alles okay sein würde; dass es nichts gab, worüber man sich wirklich Sorgen machen musste, und dass das Leben auf meiner Seite war.

Ein Fingerschnippen später bekam ich die Chance, die andere Seite des Lebens kennenzulernen.

Schmerzen im Genick

Wie viele wissen, die meine Geschichte kennen, fuhr ich eines Tages mit dem Auto auf einer Straße dahin, als ein älterer Herr in mich hineinfuhr und einen Unfall verursachte, bei dem ich einen Bruch des siebten Halswirbels erlitt.

Das ist gar nicht gut.

Um das in den richtigen Kontext zu stellen (und sicherzugehen, dass Sie wissen, dass ich nicht übertreibe), sehen wir mal, wie der Halswirbelbruch im Lexikon erklärt ist:

> Ein Halswirbelsäulenbruch, oftmals auch als Genickbruch bezeichnet, ist ein vollständiger oder teilweiser Wirbelbruch der aus sieben Halswirbeln bestehenden Halswirbelsäule. Er wird oftmals durch einen Verkehrsunfall oder einen Kopfsprung in seichte Gewässer verursacht. Eine solche Verletzung kann zu physischer Empfindungslosigkeit, zu einer Querschnittslähmung oder zum Tod führen.

Erstaunlicherweise entging ich allen drei genannten Folgen. Offensichtlich waren die Wirbel an der genau richtigen Stelle gebrochen. Was mir allerdings nicht erspart blieb, waren zweieinhalb Jahren Reha.

Ich konnte noch nicht einmal mit ausgestrecktem Arm eine Packung Milch heben, ich lief zwei Jahre lang mit einer Philadelphia-Halskrause herum, die ich keinesfalls abnehmen durfte – nicht mal, um zu duschen, nicht mal beim Schlafen. Mein Nacken durfte absolut nicht bewegt werden. Und sollten Sie meinen, dass so etwas die Möglichkeiten des Lebens nicht radikal einschränkt, dann denken Sie noch einmal nach.

Aber ich war noch am Leben und hatte keine sonstigen Beschwerden. Außer dass ich meinen Lebensunterhalt nicht verdienen konnte, die Versicherung des Unfallverursachers über zwei Jahre brauchte, um zu zahlen, da sie mich runterzuhandeln versuchte und ich daher ohne jegliches Einkommen war. Die staatlichen Sozialleistungen (Essensmarken, Erwerbsunfähigkeitsgelder usw.) liefen aus, bevor ich ein neues Einkommen hatte.

Kurzum, ich landete auf der Straße. Draußen im Freien mit nur einem Zelt als Schutz und ohne ein eigenes Transportmittel. (So unglaublich es klingt, aber nur Wochen nach dem Unfall wurde mein Auto gestohlen. Gott, so schien es, zeigte mir, dass man im Leben nicht immer auf Rosen gebettet ist, dass manche Leute ein schlimmeres Los hatten als andere und dass ich von jetzt an zu denen gehörte.)

Ich lebte schließlich in einem Obdachlosenpark, das war ein Stück offenes Gelände, das andere Wohnungslose okkupiert hatten. Jeder von uns hatte seinen eigenen kleinen Zeltplatz oder Bereich. Manche hatten nur Planen oder andere behelfsmäßige Konstruktionen. Andere hatten das Glück, wenigstens ein Zelt zu besitzen und vor Regen geschützt zu sein, zu diesen gehörte ich. Ansonsten aber nannte ich nur zwei Jeans, drei Hemden, ein Paar Schuhe, einen Campingkocher und ein paar Töpfe und Pfannen mein Eigen. Mir war, als befände ich mich auf einem ausgedehnten Campingausflug, der aber bald sein Ende haben würde. Wie lange konnte es schon dauern, bis ich irgendwo einen einfachen Job fand, auch wenn ich eine Halskrause trug?

Ich konnte nicht ahnen, dass die Antwort darauf lautete: ein Jahr minus zwei Wochen.

Niemand wollte jemanden einstellen, der als personifizierter Anspruch auf Arbeitslosenversicherung herumlief. Nach sechsunddreißig Wochen fand ich in einer kleinen Radiostation einen Wochenendjob, der mir vierhundert Dollar im Monat einbrachte – was für jemanden, der auf der Straße lebt, ein Vermögen ist. Ich konnte wieder essen, ohne vorher Flaschen und Bierdosen sammeln zu müssen, um sie gegen Geld bei den Sammelstellen abzugeben und zu hoffen, dass ich mir davon eine Tüte Pommes Frites kaufen konnte.

Ein paar Monate später fand ich bei einer anderen örtlichen Radiostation einen Ganztagsjob, und nachdem ich von der Straße runter war und mir ein kleines Cottage hinter einer Luxusvilla gemietet hatte, merkte ich ironischerweise, dass ich wieder in eine Welt der totalen Bedeutungslosigkeit eingetreten war.

Die Realität schlägt zu

Ich arbeitete zehn bis zwölf und manchmal vierzehn Stunden am Tag, brachte gerade genug Geld nach Hause, um so über die Runden zu kommen, und versuchte mit fünfzig, mein Leben wieder aufzubauen. Ich kann mich entsinnen, innerlich aufgeschrien zu haben: ein halbes Jahrhundert auf dem Planeten, und *das* ist alles, was ich vorzuweisen habe?

Ich konnte in meinem Tun keinen Sinn entdecken außer dem, einfach nur zu überleben. Sicher, ich konnte hie und da ein kleines bisschen Glücklichsein erhaschen – ab und zu einen Film sehen, eine schöne CD hören, und wenn ich Glück hatte, sogar einmal im Monat mit einer willigen neuen Freundin schlafen. Aber das sollte es nun sein? So sollte mein Leben aussehen? Nach einem halben Jahrhundert sollte ich nun von neuem anfangen und mich *wieder* die Leiter hocharbeiten? Nein danke. Vielen Dank, aber ich denke nicht.

In der Zeit dieses deprimierenden »Comebacks« hatte ich dann mein erstes Gespräch mit Gott, das sich Wort für Wort in den seither veröffentlichten Büchern findet. Schließlich machte Hollywood einen Film aus dem ganzen Drama.

Diese kurze Beschreibung einer Erfahrung, die viele Jahre währte, ist meine Art, Ihnen zu sagen: Ja, da sitzt ein *Bluebird* auf meiner Schulter ... und auf unser aller Schulter. Denn schließlich und endlich fand ich meinen Weg zurück ins so genannte normale Leben ... und erschuf dann das Leben meiner Träume.

Und ich möchte Ihnen damit sagen: Ich verstehe, dass es angesichts der extrem herausfordernden und schwierigen Umstände, mit denen sich so viele Menschen (zumeist nicht aus eigenem Verschulden) konfrontiert sehen, gewiss nicht nach kleinen Glücksvögeln auf unseren Schultern aussieht. Ich weiß dies aus eigener *Erfahrung*.

Doch ist es meine eigene von Schwierigkeiten und Herausforderungen durchsetzte Lebenserfahrung, die mich qualifiziert, mit Ihnen das zu teilen, was ich nun zutiefst verstehe über die Kernbotschaft Nummer 12.

GmG-Kernbotschaft 12

Liebe ist alles, was es gibt.

Ach wirklich? Autounfälle und Genickbrüche und ein Jahr auf der Straße zählen also nicht? Oder noch unglaubwürdiger: Das alles bezeugt Gottes Liebe?

Liebe ist also alles, was es gibt, hä? Wie erklären Sie sich dann meine Erfahrungen? Stimmt, von meiner Geburt bis zu meinem neunzehnten Lebensjahr lief alles ziemlich glatt. Und von meinem zwanzigsten bis zum fünfzigsten Lebensjahr war hinsichtlich schrecklicher Ergebnisse oder schwieriger Herausforderungen auch nicht viel los. Es war alles in allem ein ziemlich gutes Leben, bis plötzlich dieser ältere Herr aus keinem ersichtlichen Grund beschloss, direkt in mich reinzufahren.

Sicher, ich hatte meine Beziehungsprobleme, die zu Ereignissen führten, die mich und andere traurig und enttäuscht und gelegentlich auch sehr wütend aufeinander zurückließen. Doch damit konnte ich umgehen. Sicher, auch in meiner Karriere ging es auf und ab. Doch damit konnte ich ebenfalls umgehen. Und ja, es gab auch ein paar kleinere gesundheitliche Herausforderungen, aber nichts, was ich nicht handhaben konnte.

Alles das passt problemlos in den Rahmen eines relativ normalen Lebens. Es gab keine größeren Katastrophen, nur das normale Zeug, das sich in der einen oder anderen Weise bei so vielen Leuten abspielt.

Aber dann lande ich auf der Straße und damit mitten im großen menschlichen Alptraum. Ich wollte mich nicht an meinen Vater oder meine Familienangehörigen wenden, weil ich mich schämte – und wirklich dachte, dass ich in wenigen Wochen da wieder raus sein würde.

Da saß ich also mit meinem Stolz und meinen leeren Hosentaschen im Obdachlosenpark und erbettelte auf den Straßen ein paar Zehncentstücke und Vierteldollars, um durch den Tag zu kommen. Darum geht es bei Gottes Liebe? Das Leben ist auf meiner Seite? Liebe ist alles, was es gibt?

Sicher.

Das Gehweg-College

Nur im Nachhinein konnte ich sagen, dass es eines der liebevollsten Dinge war, die das Leben mir antun konnte; Liebe kommt in allen Gestalten und Größen und in vielen verschiedenen Formen daher.

Ich habe in diesem einen Jahr, als ich auf den Gehwegen entlangtrottete und die Leute fragte, ob sie einer in Not geratenen Person helfen könnten, mehr Einsicht in die menschliche Natur gewonnen und mehr Bewusstsein darüber erlangt, wer ich im Kern meines Seins wirklich bin, als ich das in irgendeiner anderen Lebenssituation oder unter irgendwelchen anderen Umständen hätte tun können.

Es war das Gehweg-College. Es war, was mein Vater eine »liberale Erziehung« genannt hätte. Bitte, ich möchte sie nicht empfehlen, aber ich bin ganz gewiss dankbar dafür.

Sollte ich infolge meiner goldenen Jahre der Kindheit auch nur ein klitzekleines bisschen »Anspruchsdenken« gehabt haben, oder hatte ich aufgrund dessen, dass das Leben ständig gut zu mir gewesen war, ein ganz klein bisschen Selbstzufriedenheit entwickelt, so wurde all das sehr rasch weggespült. An dessen Stelle traten die Erkenntnis, wie hart diese das

Leben genannte Erfahrung sein kann – sowie ein neues Verständnis, ein neues Bewusstsein, ein neuer Ausdruck, eine neue Erfahrung von dem, wer ich in Wirklichkeit bin, worum es im Leben wirklich geht und warum wir alle in körperlicher Form hier sind.

Ich lernte, dass meine Zeit auf Erden nichts damit zu tun hat, was ich im Leben ansammle. Es geht nicht um persönlichen Erfolg oder Errungenschaften oder Macht oder Reichtum. Ich lernte in der Tat, dass das Leben mit *gar nichts* von dem zu tun hat, wovon ich dachte, dass es im Leben darum ging.

Das hatte zwei interessante Auswirkungen: Erstens zog es mir den Teppich unter den Füßen weg, und ich arbeitete wacklig und zittrig daran, das Gleichgewicht zu halten. Und es schuf eine Plattform, auf der ich sehr viel stabiler stehen konnte als auf dem Teppich meiner Missverständnisse. Ich wusste, dass ich mir nie wieder Sorgen machen musste zu fallen, denn diese Plattform würde nie unter mir weggezogen werden. Es war die Plattform meiner Wahren Identität, meines Wirklichen Daseinssinns, meines Einsseins mit dem Leben und mit Gott.

Der Spiegel Gottes

Ich bin ganz sicher nicht der erste Mensch, der eine Erfahrung durchmachte, die er in dem Moment für das Allerschlimmste hielt, was ihm je widerfahren könnte – nur um dann Monate oder Jahre später herauszufinden, dass es das *Beste* war, was ihm je passiert ist.

Als ich dann aber diese Erkenntnis hatte, änderte sie für mich alles. Ich machte persönlich mit der faszinierenden These Bekanntschaft, dass möglicherweise *alles* im Leben zu unserem höchsten Wohl geschieht, auch wenn uns nicht klar ist, worin dieses Wohl besteht.

Bei der Beschäftigung mit diesem Gedanken zog ich zum ersten Mal auch die umfassendere Möglichkeit in Betracht, dass ich mich tatsächlich auf einer Reise der Seele befand. Auf einer Reise, die nichts mit meinem Körper und Geist zu tun hatte, außer dass diese beiden Werkzeuge, Instrumente, *Vehikel* sind, mit deren Hilfe wir diese Reise unternehmen und erreichen, was die Seele zu erreichen sich vorgenommen hat.

Meine Gespräche mit Gott überzeugten mich davon, dass ich ein *ewiges* Wesen auf einer ewigen Reise bin, das sich fröhlich und abenteuerlustig auf einen Prozess einlässt, den man so in etwa »Evolution« nennen könnte. Das heißt, auf den Prozess des *Werdens*.

Um was zu werden? Um der nächstgrößte Ausdruck von Wer Ich Wirklich Bin zu werden: Das Was Gottesnatur Ist. Leben ist Gott, der die das sich in Augenblicken fortwährend zunehmenden Gewahrseins als sich selbst verwirklicht.

Haben Sie sich jemals im Spiegel angeschaut und etwas an sich erkannt, das schon immer da war, Sie aber jetzt wie zum ersten Mal sahen? Und wenn es etwas Positives war, trat da nicht ein Lächeln in Ihr Gesicht?

Seien Sie ehrlich. Haben Sie sich jemals im Spiegel angesehen und auf einen Blick erkannt: Hey, ich sehe gar nicht so schlecht aus. Und ich bin ein angenehmer und netter Mensch. Ich mag mich! …?

Wenn Sie diese Erfahrung gemacht haben, haben Sie vielleicht auch diese gemacht: Sie verleugnen Ihre Schönheit und Ihr Gutsein und sagen sich: Na ja, scheinbar habe ich heute einen guten Tag. Ich sehe ganz okay aus und kein Mensch kennt mich so, wie ich in Wahrheit bin.

Der Kern der Sache ist, dass wir die Fähigkeit haben, uns unserer selbst bewusst zu werden und das wertzuschätzen, dessen wir uns bewusst geworden sind. Wir sind nicht plötzlich gut aussehend *geworden.* Wir sind nicht plötzlich zu einem angenehmen und netten Menschen *geworden.* Wir waren es schon immer. Aber mit einemmal ist es uns bewusst geworden – auch wenn wir es immer sofort abstreiten oder kleinreden.

Sie gehören gewiss zu denen, die Augenblicke erlebt haben, in denen Sie Ihr Mitgefühl, Ihre Geduld, Ihr tiefes Verständnis, Ihre Weisheit und Ihr wahres liebevolles Selbst in sich anerkannten. Sie haben gewiss, wie ich, Momente erlebt, in denen Sie einen Schritt zurücktraten und sich durch ein tieferes Selbstgewahrsein Wertschätzung entgegenbrachten. Das ist eine köstliche und wunderbare und herrliche und ganz besondere menschliche Erfahrung. Gewiss haben Sie sie wenigstens einmal gemacht.

Das ist Gottes fortwährende Erfahrung.

Im Gegensatz zu uns verleugnet Gott nicht, was Gott ist, sondern *erfreut* sich an dieser Erfahrung. Und wie erschafft Gott diese Erfahrung? Durch uns und durch jeden anderen Ausdruck des Lebens in der Körperlichkeit – allesamt großartig, allesamt wunderbar, allesamt unbegreiflich majestätisch, komplex und wunderschön.

Allesamt Göttlich. Allesamt zum Ausdruck gebrachte Liebe.

Gottes überaus unerwartete Botschaft

Nun möchte ich etwas sehr Ungewöhnliches mit Ihnen teilen, das Gott mir sagte. Doch ich warne Sie: Es wird sich zunächst mehr als ungewöhnlich ausnehmen. Es wird radikal erscheinen. Sie werden bis zur tiefsten Ebene Ihres Verständnisvermögens hinabtauchen müssen, um es wirklich zu »hören«. Doch Ihre Seele wünscht sich, dass Sie es hören, weil es Ihnen eine wunderbare neue Sicht auf das Leben und auf andere *in* Ihrem Leben eröffnen wird.

Ich sagte, dass Gott Liebe ist. Ich sagte, dass Liebe alles ist, was es gibt. Na gut, und was ist mit Angst? Mit Wut und Zorn? Mit Hass? Mit dem Bösen? Mit Gewalt und Morden? Das können ja wohl gewiss keine Ausdrucksformen der Liebe sein! Aber so ist es. Hier kommt die außergewöhnlichste, die erstaunlichste, die unerwartetste Botschaft in der Bücherreihe *Gespräche mit Gott:* Jeder Ausdruck des Lebens ist ein Ausdruck der Liebe.

Wenn wir nicht etwas liebten, könnten wir nicht etwas anderes hassen. Wenn wir nicht etwas derart verzweifelt liebten, könnten wir nicht einmal ansatzweise an den Einsatz so verzweifelter Maßnahmen wie Gewaltanwendung oder Töten denken, um es zu bekommen, es zu behalten oder zu schützen. Wenn wir nicht etwas glühend liebten, könnte es uns nicht zornig machen, wenn wir es nicht haben oder wenn es uns weggenommen wird.

Sogar Diebe handeln meist aus Liebe. Sie lieben etwas so sehr, dass sie es verzweifelt gerne haben möchten, und sie kennen keinen anderen Weg, es zu bekommen, als eben den, es zu stehlen.

Dasselbe gilt für Leute, die andere, von uns »Verbrechen« genannte Dinge tun. Die sogar die allerentsetzlichsten Verbrechen begehen. Vergewaltigung. Mord. Alles das sind Handlungen der Liebe. Ganz sicher total verformte und verbogene Handlungen. Fraglos absolut unakzeptable Handlungen. Handlungen, die weder von mir noch von der Gesellschaft noch durch irgendeine der Erklärungen in *Gespräche mit Gott* in irgendeiner Weise geduldet oder gebilligt oder entschuldigt werden. Nicht entschuldigt, aber *verstanden.* Und somit auf neue Art aufgefasst.

Kein Mensch tut irgendetwas, das keine Handlung der Liebe ist, so verbogen, verzerrt und unakzeptabel sie in ihrem Ausdruck auch sein mag. Wenn die Betreffenden nicht etwas liebten, würden sie einfach nicht tun, was sie tun. Das ist etwas, das Gott vollkommen versteht.

Gott betrachtet uns wie kleine Kinder, die nicht die emotionale oder spirituelle Reife haben, um die Auswirkungen und Konsequenzen ihres Tuns wirklich verstehen oder sich darum sorgen zu können. Und ein winziger Prozentsatz von uns tut Dinge, die über alle Maßen hässlich, total unakzeptabel und aus menschlicher Sicht absolut unverzeihlich sind.

Es würde schon eines Heiligen bedürfen, um manche Dinge zu vergeben, die manche Menschen getan haben. Oder vielleicht eines Gottes, der so heilig ist, dass Vergebung als nicht notwendig erachtet wird. Denn die Botschaft besagt hier nicht, dass aus Gottes Sicht alle Dinge verzeihlich sind. Sie besagt vielmehr, dass, so schwer es auch für uns zu akzeptieren sein mag, alle Dinge aus einer einzigen Energie im Universum hervorgehen, die wir in unserer Sprache Liebe nennen. So gesehen sind sie verständlich. Und im Göttlichen Geist ersetzt Verstehen das Vergeben und Verzeihen.

Sogar unser Geist macht das so. Wir müssen einem Baby nicht »verzeihen«, dass es um drei Uhr morgens weint, weil wir verstehen, warum es das tut. Wir müssen einem kleinen Kind nicht »verzeihen«, dass es beim Greifen nach dem Pudding ein Glas Milch umstößt, weil wir verstehen, wie einem Kind das passieren kann. Wir müssen noch nicht einmal Erwachsenen gewisse Dinge, die sie tun und die unangenehme Folgen haben, »verzeihen«, wenn wir verstehen, warum sie in dieser Weise gehandelt haben.

Verständnis ersetzt die Notwendigkeit des Vergebens und Verzeihens.

Der einzige Grund, aus dem wir irgendetwas »unverzeihlich« nennen, ist der, dass *wir nicht verstehen, wie irgendjemand so etwas tun kann.*

Aber Gott versteht es.

Sie verstehen? Es ist alles sehr einfach. Gott versteht.

Die Verzerrungen, Entstellungen und Verdrehungen werden verschwinden

Die bemerkenswerte Erkenntnis, dass alles Handeln aus der Liebe geboren wird, schafft einen Raum, in dem wir endlich verstehen können, wie sich bestimmte Dinge ereignen können. Es tut sich ein Bewusstsein auf, dass Menschen durch eine extreme Verzerrung und Verbiegung der Essenziellen Energie tun, was wir »schlimme Dinge« nennen.

Es ist so ähnlich wie bei der Kernenergie. Diese außerordentlich mächtige Kraft in unserem physischen Universum kann für positive und negative Zwecke genutzt werden. Mit der Liebe verhält es sich ganz genau so. Sie ist die machtvollste Energie des gesamten physischen und nichtphysischen Kosmos und kann das hervorbringen, was wir »gut«, und das, was wir »böse« nennen.

Wenn sie ohne die Verzerrungen und Verbiegungen eines verwirrten oder beschädigten Geistes genutzt wird, ist die Essenzielle Energie des Universums unsere beste Freundin und schafft ein Milieu, in dem wir leben und atmen und unser Sein haben. Sie erzeugt ein Umfeld, das jeden unserer Wünsche unterstützt und von Augenblick zu Augenblick perfekt die exakten Bedingungen hervorbringt, die nötig sind, damit wir die Agenda der Seele vollenden können.

Doch erzeugen die Dinge, die wir auf diesem Planeten zuweilen einander antun, verzerrte Gedanken und wütende

Reaktionen? Ja. Erzeugt allein schon die Biochemie des Menschen manchmal bereits bei der Geburt einen beschädigten Geist? Ja. Erzeugen beide Umstände manchmal sowohl langfristige als auch kurzfristige Geisteskrankheiten und das, was auch unser Rechtssystem als »zeitweilige Unzurechnungsfähigkeit« oder »geistige Behinderung« begreift – und dies als Grund nimmt, uns für *unschuldig* zu erklären? Ja.

In dem Maße, wie die Menschheit wächst und sich entwickelt und ihr Verständnis von dem ganzen Prozess, durch den das Leben sich zum Ausdruck bringt, zunimmt, werden diese Verzerrungen weniger werden und seltener auftreten. Zum Ersten, weil uns unser neues Verständnis dazu veranlassen wird, auf bemerkenswert andere Weise miteinander umzugehen, was Misshandlungen und Grausamkeiten jeglicher Art praktisch zum Verschwinden bringen wird. Zum Zweiten, weil uns unser gesteigertes Bewusstsein von den langfristigen Auswirkungen eines jeden Lebensaspektes dazu bringen wird, in unserer Umwelt aufzuräumen, unsere Konsumgewohnheiten und unsere persönlichen Gewohnheiten zu ändern und unsere Lebensweise so zu modifizieren, dass alle Missverhältnisse drastisch reduziert und schließlich ganz ausgeräumt sein werden, mit Ausnahme der biochemischen Unausgewogenheiten, die bei unserer Spezies bei der Geburt auftreten.

Alles zusammengenommen werden diese Veränderungen als Bestandteil unserer Evolution eine neue Art Mensch hervorbringen. Es werden nicht nur die offenkundigen Verbrechen, sondern auch die anderen augenfälligen Verzerrungen der Essenziellen Energie aus unserer kollektiven Erfahrungswelt verschwinden. Denn nicht nur die von uns Menschen begangenen Verbrechen demonstrieren tagtäglich, dass wir schlichtweg noch nicht gelernt haben, einander zu lieben. Das tun auch viele unserer *legalen* Handlungen, wie eine geliebte Person anzublaffen, nicht zur Kenntnis zu nehmen, was uns nahestehende Menschen zu sagen haben oder von uns erbitten, Lebenspartner betrügen usw.

Die Essenzielle Energie *ist* Liebe, und das Leben ruft uns auf, sie in jedem Moment nur in ihrer reinsten Form, in uns, durch uns und als wir zum Ausdruck zu bringen. Wenn wir uns dahin entwickeln, dass wir das verstehen und uns zu eigen machen, wird sich unsere Spezies vollkommen darüber im Klaren sein, dass das Erschaffen eines Wirtschaftssystems, in dem 5 Prozent der Weltbevölkerung 95 Prozent des Reichtums und der Ressourcen der Welt besitzen oder kontrollieren, ganz schlicht kein Ausdruck der Liebe zu allen Menschen ist. Sie wird verstehen, dass ein politisches System, das sich auf rücksichtslosen Absolutismus, hässliches Beschimpfen und Verunglimpfen, Ausgrenzung und Verteufelung gründet, keinesfalls ein Ausdruck von Liebe ist. Sie wird sehen, dass es kein Ausdruck von Liebe ist, stündlich über sechshundert Kinder Hungers sterben zu lassen. Sie wird sehen, dass das Erschaffen einer Kultur, in der das Motto »Der Gewinner kriegt alles« und »Die Beute geht an den Sieger« herrscht, kein Ausdruck von Liebe ist. Sie wird erkennen, dass es kein Ausdruck von Liebe ist, wenn man für Menschen, die einer bestimmten Religion, Nationalität oder Rasse angehören oder die bestimmte sexuelle Neigungen haben, den Status eines Bürgers zweiter Klasse schafft und gutheißt.

Die aktuelle Einladung des Lebens

Zwar sind wir ganz eindeutig noch nicht da angelangt, aber ich habe festgestellt, dass ich persönlich ein Leben führen kann im Wissen, dass die immer gegenwärtige Essenzielle Energie – Gott in seiner höchsten Form – mir allzeit zugänglich ist. Das ist der *Bluebird,* den ich, wie manche Leute sagen, auf meiner Schulter habe. Ich habe mir die Zeit genommen, Ihnen hier ein bisschen von meiner Lebensgeschichte zu erzählen – auch wenn Sie sie vielleicht schon kennen –, weil ich Sie wissen lassen wollte, dass ich hier nicht als einer rede, der sein Leben auf dem Berggipfel verbracht hat, sondern als einer, der die Verzweiflung kennengelernt hat, alles verloren zu haben. Der ein Dasein des völligen Verlassenseins von der Gesellschaft geführt hat, der weiß, was es bedeutet, ums Überleben zu kämpfen, nicht nur Monat für Monat oder Woche für Woche, sondern Tag für Tag und Stunde um Stunde in einer kalten, nassen und stürmischen Welt ohne warme Unterkunft, ohne die Garantie, am Abend etwas zu essen zu bekommen, und ohne jemanden, der deine Hand hält, dich umarmt und an deiner Seite durch all das durchgeht.

Wir besinnen uns darauf, dass Liebe alles ist, was es gibt, indem wir dies jeden Augenblick unseres Lebens demonstrieren; indem wir bewirken, dass es nur Liebe ist, die durch uns fließt zu jeder Person in jeder Situation, die das Leben uns bietet. Genau das ist es, was Nelson Mandela in den über fünfundzwanzig Jahren tat, als er in Südafrika im Gefängnis saß – um nur ein außergewöhnliches Beispiel zu nennen, wozu Menschen fähig sind. Es heißt, dass seine Gefängniswärter weinten, als er freikam. Sie hatten ihren besten Freund verloren.

So sind wir vom Leben eingeladen, eine neue persönliche Ethik zu erschaffen, eine neue persönliche Form des Ausdrucks, eine neue persönliche Erfahrung. Wir sind vom Leben eingeladen, als lebendes Vorbild zu fungieren und fortwährend die höchste Wahrheit des Lebens vorzuführen: Liebe ist alles, was es gibt.

Um den Schritt in eine solche Möglichkeit, eine solche Demonstration, in eine solche außergewöhnliche Form von Ausdruck tun zu können, brauchen wir unseren Geist nur einzuladen, sich an einen Ort tiefen Verständnisses des »Warum« hinter dem »Was« menschlicher Ereignisse zu begeben.

Wenn wir verstehen, warum Räuber rauben, warum Terroristen terrorisieren, warum Betrüger betrügen, warum Mörder morden, machen wir einen gewaltigen Schritt hin zu dem Ort, wo Gott wohnt.

Haben wir dieses Verständnis, ist es nicht mehr notwendig, zu vergeben und zu verzeihen. Zugleich geht damit auch eine bemerkenswerte Ebene an Gewahrsein einher, die uns in den wunderbaren Worten von Maya Angelou sagen lässt: »Wenn wir es besser wissen, machen wir es besser.«

Bis ich es besser weiß, werde ich das mir Bestmögliche tun. Ich werde damit beginnen, dass ich jede Person, jeden Ort und jedes Ding, dem ich begegne, im Verständnis liebe, dass es in den Raum meines Lebens gebracht wurde, damit ich meine wahre Identität zum Ausdruck bringen und erfahren kann. Und wenn ich dies ohne Verzerrung und Verbiegung tun kann, werde ich schließlich den Ort der Selbstverwirklichung erreichen in der Erkenntnis, dass dies, wenn alles gesagt und getan ist, der Sinn und Zweck meines ganzen Lebens war.

ANWENDUNG DIESER BOTSCHAFT IM ALLTAG

So herausfordernd es auch sein mag, so ist es dem normalen Menschen doch möglich, sich auf die hier beschriebenen Ebenen von Verständnis und Gewahrsein zu erheben. Nelson Mandela hat es getan, Mutter Teresa hat es getan, und viele andere ganz gewöhnliche Menschen haben es auch getan. Also können wir es auch. Wir fangen klein an. Wir machen Babyschritte. Und mit kleinen Schritten, die schließlich in große Schritte münden, gelangen wir dahin, wo wir hinkommen wollen. Hier sind ein paar kleine Ideen, die Ihnen vielleicht unterwegs eine Hilfe sein werden.

- Geben Sie der Liebe, die Sie umgibt, Ausdruck, indem Sie sich als Erstes selbst lieben. Nehmen Sie die Dinge wahr, die Sie tun und die von der Gesellschaft, in der Sie leben, als nicht völlig akzeptabel angesehen werden. Haben Sie gelogen? Haben Sie betrogen? Haben Sie andere verletzt? Haben Sie sich zumindest ein paarmal in Ihrem Leben selbst den Vorrang gegeben, andere hintenangestellt und sich dann, als Sie sahen, was Sie getan haben, geschämt? Haben Sie öfter, als Ihnen lieb ist, Ihr Licht unter den Scheffel gestellt? Wenn Sie mir gleichen, ist die Antwort ein Ja. Wenn Sie mir gleichen, haben Sie sich aber auch an einen Ort des Verstehens und der Selbstliebe begeben und sich erlaubt, alles zu tun, was nötig ist, um es besser zu wissen und dann besser zu machen.
- Nachdem Sie, auch angesichts Ihrer schlimmsten Verhaltensweisen, einen Weg gefunden haben, sich selbst zu verstehen und Liebe entgegenzubringen, schauen Sie sich um, ob es Menschen in Ihrem Umfeld gibt, denen Sie das gleiche Geschenk anbieten können. Die Ironie im Leben vieler von uns ist, dass wir dieses Geschenk oftmals anderen leichter machen können als uns selbst. Aber wenn wir lernen, es zunächst uns selbst zu machen, werden wir feststellen, dass es noch einfacher und ungemein natürlicher ist, es anderen anzubieten.
- Denken Sie jetzt an drei Menschen in Ihrem Leben, denen Sie dieses Geschenk machen könnten. Es fängt im Herzen an. Es beginnt in Ihrem Innern, wo Sie das Geschenk zunächst schweigend machen. Dann können Sie ihm in offener und zugeneigter, mitfühlender und liebender Kommunikation

mit dem anderen Ausdruck geben. Machen Sie das in dieser Woche mit den drei Menschen, die Sie sich ausgesucht haben.

- Bei all Ihren Begegnungen im Alltag stellen Sie sich diese Frage: *Was würde die Liebe jetzt tun?* Ich habe für mich festgestellt, dass diese Frage außerordentlich motivierend und zutiefst energetisierend ist. Ich stelle sie mir ständig. Und denken Sie daran, wir sprechen hier von der Liebe zu sich selbst und zu anderen. Beides schließt sich nicht gegenseitig aus. Dies gehört zu den wichtigsten Dingen, die ich in meinem Leben schließlich begriffen habe. Es ist möglich, mich selbst und einen anderen Menschen im gleichen Augenblick zu lieben. Also tun Sie das und haben Sie nicht das Gefühl, das eine für das andere opfern zu müssen.
- Wenn Sie eine Person sehen, die sich nach unseren Normen nicht »liebevoll« zu verhalten scheint, fragen Sie sich (und wenn sich die Gelegenheit ergibt, auch die betreffende Person), was diese so sehr liebt, dass sie das Gefühl hat, dem nur dadurch Ausdruck geben zu können, dass sie die Liebe selbst verzerrt und entstellt. Schauen Sie, ob die Antwort auf diese Frage Sie zu einer neuen Verständnisebene bringt.
- Wenn Sie das nächste Mal aus irgendeinem Grund das Haus verlassen, beschließen Sie, dass Sie nicht rausgehen, um irgendeine Aufgabe zu erledigen oder eine bestimmte Funktion auszuüben, sondern um sich einfach einen Grund zu geben, Ihrer Liebe Ausdruck zu verleihen und sie mit der Welt zu teilen. Machen Sie das generell zu dem Grund, aus dem Sie Zeit auf irgendeine Tätigkeit verwenden. Stellen Sie sich vor, dass alles, was Sie tun, als eine Form von Liebe gedacht war. Schauen Sie, ob das irgendwie Ihre Art und Weise, durch den Tag zu gehen, und Ihr Gefühl beim Erledigen ganz normaler Aufgaben verändert.
- Entscheiden Sie sich zuletzt dazu, sich auf die Tatsache zu verlassen, dass die Liebe genauso zugänglich ist, um *zu* Ihnen

zu kommen, wie sie zugänglich ist, um *durch* Sie hindurchzufließen. Schauen Sie, ob Sie dahin gelangen können, einfach zu wissen, dass das Leben und Gott nur das Beste für Sie wollen und Ihnen in jeder Weise Liebe zukommen lassen möchten. Kommen Sie dahin, dass Sie sich darauf verlassen. Erlauben Sie sich, darauf zu vertrauen. Erreichen Sie einen Zustand, in dem Sie sich sicher sind, dass das passieren wird. Und wenn Sie mir in irgendeiner Weise gleichen, werden Sie feststellen, dass die Kraft eines solchen positiven Denkens Ihr Leben verändern kann.

20

Nun kommen wir zu den etwas esoterischer gearteten Erkenntnissen und Erklärungen in Bezug auf das Leben, die uns in *Gespräche mit Gott* angeboten werden. Und nichts ist abstrakter als die Kernbotschaft Nummer 11.

GmG-Kernbotschaft 11

So etwas wie Raum und Zeit gibt es nicht, es gibt nur das Hier und Jetzt.

Gespräche mit Gott sagt uns, dass Raum und Zeit – oder das, was der fantastische Futurist Gene Roddenberry in Raum-Zeit-Kontinuum übersetzte – nur Produkte unserer Vorstellungsgabe sind. Sie sind ein Konstrukt des menschlichen Geistes. Eine Art, wie unsere Spezies das Umfeld, in dem wir uns befinden, organisiert hat, um ihm angesichts unseres beschränkten, aber stets wachsenden Verständnisvermögens etwas Sinn zu verleihen – und wichtiger noch, um damit über eine Methode zu verfügen, die unseren Zielen und Zwecken dient.

Ich sehe eine Zukunft vor mir, in der unsere Spezies ihr Bewusstsein derart ausdehnen und erweitern wird, dass es die Möglichkeit einschließt, im klaren Verständnis davon zu leben, dass Raum und Zeit nur fabrizierte Realitäten, sich einfach auf die Sinneswahrnehmung stützende Konzeptionen sind. Ein Verständnis, das uns das Immer Hier/Ewig Jetzt so erfahren lässt, dass uns mehr Gelegenheiten zum Kennenlernen und Erfahren unserer Göttlichen Natur geboten werden, als wir hätten ahnen können.

Wenn wir über Konzepte wie Raum und Zeit – und insbesondere über die *Abwesenheit* solcher einschränkender Ausdrucksformen des Lebens – sprechen, müssen wir unsere Ungläubigkeit außer Kraft setzen und unsere Wohlfühlzone verlassen. Wir müssen über die Bereiche hinausgehen, in denen unser Geist am leichtesten reist.

Wir müssen verstehen, dass der Geist, so wie dieser Begriff hier aufgefasst wird, nur die Daten in sich birgt, die er seit dem Moment, als zwischen Empfängnis und Geburt sein biologischer Mechanismus aktiviert wurde, gesammelt hat. Die Seele andererseits ist das Behältnis des vollständigen Gewahrseins und totalen Wissens von der Ewigkeit.

Wenn der Geist auf die unermesslichen und sehr andersartigen Informationen der Seele zuzugreifen und sie in sich aufzunehmen beginnt, fallen seine eigenen Erkenntnisse und Auffassungen, Schöpfungen und Konstruktionen allmählich auseinander. Plötzlich befinden wir uns auf einer esoterischen Forschungsreise, auf der wir weder vom Verstand noch von der Logik noch durch irgendwelche Beweise unterstützt werden. Bei einer solchen Diskussion ersetzt die Mutmaßung die logische Schlussfolgerung, ersetzen die Möglichkeiten die Wahrscheinlichkeiten, ersetzt Fiktion die Fakten. Das also ist der Rahmen, in dem wir hier fortfahren.

Die Natur der Dinge

Nach meinem Verständnis kann man sich die letztendliche Wirklichkeit in ihrer Gesamtheit als in drei Formen existent vorstellen: das Reich des Spirituellen, das Reich des Physischen und das Reich des Reinen Seins. All diese drei Ausdrucksformen des Lebens existieren simultan und immer an einem einzigen »Standort«. Mit anderen Worten, in der letztendlichen Wirklichkeit ist immer Hier und Jetzt. Hinzu kommt: In der letztendlichen Wirklichkeit ist Liebe alles, was es gibt.

Das physische Leben gründet sich auf eine Illusion, durch die wir – zumindest in unserer geistigen Vorstellung – das Untrennbare trennen. Dadurch wird es möglich, dass wir Was Das Ganze Ist in seinen Bestandteilen beobachten und erfahren können. Es war *Absicht,* dass es so erfahren werden kann, denn damit kann Das Ganze voll und ganz zum Ausdruck gelangen.

Lassen Sie mich hier eine Metapher benutzen, um diese Vorstellung ein wenig aufzuschlüsseln.

Stellen Sie sich vor, Sie blicken auf einen Hügel, der mit frisch gefallenem Schnee bedeckt ist. Das Sonnenlicht glitzert auf dem frischen bläulichen Weiß und erzeugt einen atemberaubenden Anblick. Dieser Anblick ist aber nur so beeindruckend, weil er sich aus vielen eindrucksvollen Elementen zusammensetzt, nur wegen der atemberaubenden Schönheit seiner einzelnen Teile.

Das zeigt sich ganz klar, wenn wir ein bisschen Schnee aufsammeln und einzelne Schneeflocken unter einem sehr starken Vergrößerungsglas betrachten, wo wir sie in ihrer wunderbaren Schönheit erleben.

Diese einzelnen Schneeflocken auf dem Hügel schmelzen deshalb nicht sofort, weil sie mit dem Schnee eins sind.

Sie *sind* der Schnee. Der Schnee existiert nicht getrennt von ihnen, der Schnee ist ihre *Gesamtsumme.* Die fehlende Trennung von den anderen Schneeflocken erlaubt all den Schneeflocken, das Ganze zu bilden und aufrechtzuerhalten.

Der Schnee ist der Schnee ist der Schnee und in seiner Ganzheit großartig. Und noch großartiger ist er in seinen Bestandteilen. Aber man muss die Schönheit und das Wunder der Bestandteile kennen, um dies wahrnehmen und erfahren zu können.

Genau das tut Gott mit uns.

Wir sind nicht weniger als eine Schneeflocke

Gott wird durch die individuellen und verschiedenen und mehrgliedrigen Teile von Gott als Gott *erfahrbar;* ein jedes davon so großartig wie Das Ganze selbst, und alle zusammen *erschaffen* die Großartigkeit, die Größe, die Das Ganze ausstrahlt.

Lassen Sie sich nicht dazu verleiten, Ihre mächtige Vorstellungskraft für den Gedanken einzusetzen, dass Sie verglichen mit Gott irgendwie weniger sind, als es eine Schneeflocke im Vergleich zu einem mit Schnee bedeckten Berg ist. Der Anblick rings um uns herum zeigt uns *genau, wie das Leben ist.* Ironischerweise denken wir, dass das Leben so ist, wenn es um die Schneeflocken geht, die den Schnee ausmachen, um die Wassertropfen, die den Ozean ausmachen, um die Sterne, die den Nachthimmel ausmachen, und um alles andere, das Gott ausmacht … nur *wir* sind da außen vor.

Es ist an der Zeit, damit aufzuhören. Es ist jetzt an der Zeit zu erklären, dass *alles* im Leben ein Ausdruck Gottes ist – und nicht alles *mit Ausnahme von mir.* Ja, Sie sind, du bist eine Individuation Gottes, und Individuation ist nicht Trennung.

Die Illusion von Raum und Zeit macht unsere Individuation möglich. Und die Abwesenheit von Raum und Zeit in der letztendlichen Wirklichkeit erlaubt Gottes Seelen, die rein sind wie Schnee, auf ewig »ungeschmolzen« zu bleiben.

Die Aufteilung von Allem Das Ist in seine Einzelteile ist nur ein Prozess, durch den Alles Das Ist sich erlaubt, auf sich selbst zu blicken und sich durch die Nutzung von Raum und Zeit im versammelten Wunder seiner Totalität selbst zu erfahren.

Nun sieht es vielleicht so aus, als hätte die Vorstellung, dass es so etwas wie Raum und Zeit an sich nicht gibt, keinen praktischen Nutzen in unserem Alltag, aber vielleicht ist genau das Gegenteil der Fall. Meine Wahrheit ist, dass es für das Leben in unserem *Alice im Wunderland*-Universum nützlich und notwendig ist, sich die Dinge als in Raum und Zeit existent vorzustellen. Aber das Wissen, dass beides eine Illusion ist, kann in mehrfacher Hinsicht metaphorisch und metaphysisch hilfreich sein.

Erstens stecken wir nicht allzu viel negative Energie ins Vergehen der Zeit, sondern erlauben uns zu wissen, dass wir in der Allzeit existieren. Damit können wir die Dringlichkeit, mit der wir uns durch die Vorstellung von einer begrenzten Zeit in unserem Leben konfrontiert sehen, aus unserem Denken und Erleben streichen. Wir können friedlicher, ruhiger, zentrierter, entspannter und somit fähiger werden, in unserer individuell erfahrenen Realität die Art von Gelassenheit und Heiterkeit zu erschaffen, nach der wir uns sehnen.

Des Weiteren lässt uns das esoterische Verständnis, dass es in Wirklichkeit außer dem Genau Hier keinen Raum gibt, die fiktionalen Räume, in die wir uns begeben und aus denen wir hervorkommen, alle als denselben Ort ansehen. Namentlich als das Reich Gottes. Oder als den Himmel, wenn Sie so wollen. Das ist kein unwichtiger Gesichtspunkt.

Die »Hölle« in den »Himmel« verwandeln

Das Wissen, dass jeder Ort an sich derselbe Ort ist, ist mir eine enorme Hilfe, wenn ich mich an physischen Örtlichkeiten befinde, die ich aus dem einen oder anderen Grund als unangenehm oder unwillkommen beurteile. Ich versuche dann, den Segen eines tieferen Verständnisses von der letztendlichen Wirklichkeit auf meine gegenwärtige Vorstellung von dem, was sich direkt vor mir befindet, zu übertragen. Oftmals verändert und transformiert dieses umfassendere Verständnis auf seltsame und faszinierende Weise meine gegenwärtige Erfahrung von dem Ort, an dem ich mich befinde. Anders ausgedrückt, meine innere Erfahrung beginnt auf meine Erfahrung der Außenwelt abzufärben. Ich fange an zu mögen, wo ich bin – *wo immer* ich bin. Ich fange an zu mögen, was ich tue, *was immer* ich tue. Ich fange an zu mögen, mit wem ich beisammen bin, *wer auch immer* es sei.

Ich habe so eine Ahnung, dass alle Meister und Meisterinnen in dieser Art und Weise durchs Leben gehen. Nicht dass ich irgendwie behaupte, einer von ihnen zu sein, aber ich beschäftige mich damit, wie sie sich, soweit es bekannt ist, durch ihre alltäglichen Erfahrungen bewegt haben.

Im letzten Kapitel habe ich Nelson Mandela als Beispiel angeführt, über den Sie, wenn er Ihnen unbekannt sein sollte, sehr rasch im Internet mehr erfahren können. Sie werden entdecken, warum er ein so herausragendes Beispiel für diese Ebene der Meisterschaft war.

Mr Mandela saß über ein Vierteljahrhundert im Gefängnis. Er hatte das »Verbrechen« begangen, seinem Volk die Freiheit geben zu wollen. Doch er verwandelte seinen Raum in einen völlig akzeptablen Ort, indem er erkannte, dass der Raum, ganz gleich wo er sich befand, zu dem wurde, was er daraus machte. Er gelangte zu der Erkenntnis, dass es in

Wirklichkeit nur einen Raum gibt, der einfach unterschiedliche Merkmale zeigt, und dass diese Merkmale nichts weiter sind als Benennungen, die wir ihnen zuordnen.

Ein solch esoterisches Verständnis bedeutet für uns eine Herausforderung und lädt uns ein, jedweden Raum und jedwede Zeit, die wir gegenwärtig besetzen, als ein Paradies zu betrachten – und sie durch unsere Art, sie wahrzunehmen und zu erfahren, *dazu zu machen.* Ich möchte noch einmal auf den Punkt verweisen, dass unsere innere Erfahrung die äußere Realität, in der wir uns befinden, beeinflusst und nicht umgekehrt.

Mr Mandelas Sicht auf seine Einkerkerung veränderte die gesamte äußere Umgebung, in die er unfreiwillig gekommen war. Seine Wärter wurden seine Freunde. Sie lernten ihn zu bewundern, ja zu lieben. Sie suchten seinen Rat in Angelegenheiten des »Draußen«, und er gab ihn ihnen bereitwillig, glücklich und sogar fröhlich im Wissen, dass er genau dann genau da war, wo er war, um genau der zu sein, der er war.

Das Gleiche gilt für alle von uns, ganz gleich, wo wir sind oder welche Stunde es ist. Und *das* ist das, was uns in der *GmG*-Kernbotschaft 11 gegeben wird: ein praktisches Werkzeug, das wir in unserem Leben anwenden können.

ANWENDUNG DIESER BOTSCHAFT IM ALLTAG

So fern die hier besprochene Vorstellung der Realität, wie sie gegenwärtig allgemein verstanden wird, auch sein mag, so gibt es doch einige Möglichkeiten, sie in Ihren täglichen Begegnungen umzusetzen. Hier ein paar Vorschläge:

- Sehen Sie sich gleich jetzt um. Lassen Sie alles sein, was Sie gerade tun, legen Sie auch dieses Buch beiseite und schauen Sie sich um. Beschließen Sie, dass dort, wo Sie sich jetzt gerade befinden, der Himmel ist und dass Sie sich die Dinge gar nicht besser wünschen könnten. Nehmen Sie wahr, dass alles perfekt ist, so wie es ist. Sehen Sie, dass alles Sie großartig unterstützt, indem es Ihnen die Gelegenheit gibt, zu verkünden und zu erklären, auszudrücken und zu erfahren, zu werden und zu erfüllen Wer Sie in Wirklichkeit Sind.
- Setzen Sie Ihre Vorstellungskraft ein, wenn Sie sich das nächste Mal in einem Raum befinden, der Ihnen nicht ganz so wunderbar vorkommt. Beschließen Sie einfach, dass auch dies ein kleines Fleckchen Himmel ist. Nennen Sie es in Ordnung, so wie es ist, ganz gleich, wie es ist. Und sehen und führen und berühren und riechen und erfahren Sie dann voll und ganz das Wunder und die Herrlichkeit dieser speziellen Umgebung. Beobachten Sie, wie sich der Raum, in dem Sie sich befinden, direkt vor Ihren Augen verwandelt.
- Eine interessante Möglichkeit besteht darin, dass Sie sich entscheiden, ob Sie lieber da sein möchten, wo Sie sich gerade befinden, so unangenehm es Ihnen auch erscheinen mag, oder ob Sie lieber tot wären. (Ich weiß, so etwas wie »tot« gibt es nicht, aber ich benutze diese Fiktion als Metapher, damit das Experiment funktioniert.) Ich bin tatsächlich so vorgegangen. Wenn ich mich in Räumen befand, die mir unangenehm waren, dann fragte ich mich, ob es mir lieber wäre, hier zu sein oder nicht mehr unter den Lebenden zu weilen. Plötzlich kam mir alles um mich herum nicht nur akzeptabel, sondern bei weitem besser vor.
- Nun könnte man dagegenhalten, dass manche Leute antworten: »Da wäre ich lieber tot.« Auch das ist eine Wahl. Es ist okay, in Ihrer geistigen Vorstellung diese Wahl zu treffen. Es ist okay, in Ihrer negativen Energie in Bezug auf Ihre

Erfahrungen in irgendeinem bestimmten Raum zu bleiben. In dieser Sache gibt es kein »richtig« oder »falsch«. Da gibt es keine Regeln. Alles ist einfach, was es ist. Es ist einfach das, als was zu sein Sie es erschaffen. Aber nehmen Sie wahr, wie Ihr Leben in dem Augenblick bereichert wird, in dem Sie entscheiden, dass jedweder Raum, in dem Sie sich befinden, einfach perfekt ist, so wie er ist.

- Achten Sie nun darauf, wie die Zeit in Ihrem Leben funktioniert. Nehmen Sie wahr, wie sich manche Momente auszudehnen und andere zu verkürzen scheinen. Schauen Sie sich genau an, warum Sie diese Erfahrung so häufig machen. Welche Momente sind es, die schneller vorüberzugehen, und welche Momente sind es, die sich endlos auszudehnen scheinen? Schauen Sie sich beide Fälle an und fragen Sie sich, welche Sichtweise oder welche geistige Verfassung oder welchen Seinszustand Sie in einen bestimmten zeitlichen Moment einfließen lassen, was diesen dann ausdehnt oder verkürzt. Schauen Sie es sich einfach genau an. Nehmen Sie es wahr. Schauen Sie dann, was Ihnen das über Sie sagt. Oh, und haben Sie eine gute »Zeit« dabei.

21

Nichts wirkt sich auf die meisten Menschen emotional, psychisch oder spirituell kraftvoller aus als das Nachdenken über den eigenen Tod. Die Vorstellung, dass wir eines Tages nicht mehr Teil des Lebens sein werden, dass das Leben ohne uns weitergehen wird, so als wären wir überhaupt nicht hier gewesen, kann uns geistig ziemlich durcheinanderbringen und die Psyche bis in den Kern erschüttern.

Sollte es so sein, dass wir einfach nur biologische Geschöpfe sind, die leben, sterben und dann in keiner Weise mehr existieren, was soll dann der Sinn und Zweck des Lebens sein? Wir begreifen einfach nicht. Warum sollten wir uns damit abgeben, irgendetwas auf bestimmte Weise zu tun, wenn es über unseren Tod hinaus keinerlei Konsequenzen hat? Sollten die Konsequenzen innerhalb dieses Lebens ausreichen, uns zu motivieren? Warum sich überhaupt die Mühe machen zu leben, wenn unser Leben aus nichts weiter besteht als aus einer Reihe schwieriger oder herausfordernder und sogar tragischer Erfahrungen? Warum es auf sich nehmen, all diesen Schmerz durchzumachen? Warum sich mit all diesem Aufruhr abgeben?

Ich möchte anmerken, dass es auch viele Menschen gibt, für die die Aussicht, dass nach dem Tod gar nichts mehr existiert oder geschieht, genug Motivation zu leben liefert. Sie vermittelt das Gefühl von »jetzt oder nie«, dass diese Lebenszeit unsere einzige Chance ist, hier etwas zu tun, unsere einzige Gelegenheit, Erfahrungen zu machen, also sollten wir sie auch nutzen.

Wie jemand einmal reuevoll bemerkte, lässt uns nichts so effizient werden wie die »letzte Minute«. Überträgt man diese Beobachtung auf unsere Lebenszeit, könnte man sagen: Nichts macht jeden Moment in unserem Leben bedeutungsvoller als die Vorstellung, dass nach diesem Leben nichts mehr kommt.

So besitzen der Gedanke und das Konzept der Konfrontation des Menschen mit dem Tod seit Beginn der Erfahrungen unserer Spezies auf Erden eine zweischneidige Faszination. Das ist nichts Neues, das wissen Sie schon. Aber die Kernbotschaft Nummer 10 ist vielleicht eine neue gedankliche Erweiterung dieses uralten Themas.

GmG-Kernbotschaft 10

Der Tod existiert nicht. Was wir Tod nennen, ist lediglich ein Prozess der Re-Identifikation.

Die zweite Hälfte der Botschaft mag hier das Neue sein. Davor hatte mir noch nie jemand irgendetwas über »Re-Identifikation« erzählt. Wir werden jetzt erkunden, was das bedeutet.

Den ersten Teil der Botschaft haben wir schon seit vielen, vielen Jahren aus den verschiedensten Quellen gehört. Praktisch jede Religion auf Erden verkündet, dass das Leben nach dem Ende der Existenz von Körper und Geist weitergeht. Unsere Spezies entwickelte schon *lange* vor dem Aufkommen der institutionalisierten Religion Vorstellungen, Gedanken und Ideen über dieses Ding, das wir den »Tod« nennen. Viele von diesen Gedanken beinhalteten die Erwartung, dass unsere Persönlichkeit nach unserem Ableben irgendwie intakt bleibt und das Leben aus unbekannten, aber unstrittigen Gründen auf mysteriöse Weise weitergeht.

Manche von uns behaupten, diese Vorstellungen seien nichts weiter als Ausdruck der Sehnsüchte und Wünsche und Begierden unserer Spezies, die nicht glauben will, dass wir einfach auf jedweder Ebene aufhören zu existieren, wenn unser Geist auf jeder Ebene aufhört zu funktionieren.

Das Leben nach dem Tod ist nichts weiter als Wunschdenken, so sagen sie, und es wäre das Beste für uns, uns diesen Gedanken aus dem Kopf zu schlagen und mit dem Leben weiterzumachen, als gäbe es nichts weiter. Und damit sollten wir es gut sein lassen.

Doch die meisten Menschen auf diesem Planeten haben die meisten Jahre, die wir auf Erden existieren, an dem Gedanken festgehalten, dass hier mehr passiert als nur einfach unser körperliches Leben. Und hier kommt nun *Gespräche mit Gott,* in dem dieses Verständnis bestätigt wird.

Die Frage, die sich ergibt

Es war keine Überraschung für mich, als Gott mir sagte, dass der Tod nicht existiert. Es war aber sehr wohl eine Überraschung für mich, als er mir vom *Prozess* des Todes erzählte und davon, worauf dieser tatsächlich hinausläuft.

Wie ich schon sagte, hat noch nie jemand zuvor den Tod als einen Prozess der Re-Identifikation definiert. Als diese Worte zum ersten Mal durch mich durchkamen, ergaben sie aber vollkommen einen Sinn für mich.

Gott hatte mir schon früher gesagt, dass wir alle ein Fall von missverstandener Identität sind. Wir wissen nicht, wer wir in Wirklichkeit sind. Die meisten Menschen leben schließlich nicht im Gewahrsein oder in der Erfahrung, dass wir alle Gott in individuierter Form sind. Viele Menschen denken gerne (oder hoffen), dass wir alle zumindest von Gott geschaffene spirituelle Wesen sind (die manche von uns »Seelen« nennen), die über ein Dasein in der Körperlichkeit hinaus leben. Aber wenn das unsere wahre Identität ist, tun sich andere Fragen auf.

Warum geht das Leben weiter? Was ist der Sinn seiner Fortführung? Was ist überhaupt der Sinn und Zweck eines physischen Lebens? Was passiert nach dem Tod, und was für einen Zusammenhang gibt es zwischen dem Geschehen in diesem Leben und dem, was nach unserer Erfahrung in der Körperlichkeit folgt? Haben wir wirklich mehr als eine solche Erfahrung in der Körperlichkeit, oder ist die Reinkarnation ein Märchen? Wenn wir mehrere physische Leben haben, was ist deren Sinn und Zweck? Wenn wir nur ein physisches Leben haben, was ist sein Sinn und Zweck?

Sind wir wirklich Bewohner eines von Belohnung und Bestrafung geprägten Universums, in dem die »Guten« Ansehen erlangen und die »Schlechten« verdammt werden? Wenn dem so ist, wer entscheidet letztendlich, was »gut« und was »schlecht« ist? Und wie sind »Belohnung« und »Bestrafung« beschaffen?

Die Religionen der Menschen versuchen natürlich, auf all diese Fragen einzugehen. Wenn wir das Gefühl haben, dass uns die Antworten zufriedenstellen, schließen wir uns dieser bestimmten Religion an. Wir wurden befriedigt, was unsere Ängste, Sorgen und Fragen angeht, können die Angelegenheit, zumindest für den Moment, ruhen lassen und fortfahren, unser Dasein zu leben. Doch was unserem Glauben entsprechend nach unserem Leben geschehen wird, wirkt sich drastisch darauf aus, wie wir unser Leben leben. Von daher ist dies keine unbedeutende Angelegenheit.

Endlich das Ende unseres Dilemmas

Wenn wir glauben, Gott wird uns mit ewiger Verdammnis bestrafen, weil wir Angehörige einer falschen Religion wurden, werden wir uns ewig zitternd und bebend fragen, ob wir die richtige Wahl getroffen haben. Wir werden verzweifelt gerne wissen wollen, ob wir in den Augen unserer Gottheit in Ordnung sind oder in der Hölle landen werden.

Wenn wir uns vorstellen, dass bestimmte Verhaltensweisen in den Augen des Herrn »Gräueltaten« sind, werden wir vor Angst erzittern, auch wenn wir heftig gegen die unerklärliche Anziehungskraft von Gedanken und Handlungen ankämpfen, die als »verderbt« oder »unmoralisch« gelten.

Wenn wir glauben, dass wir »für unsere Sünden bezahlen« müssen, was immer diese unserer Vorstellung nach sind, werden wir uns mit Besorgnis und dunklen Vorahnungen, mit Entsetzen und vielleicht sogar Panik dem Ende unserer Tage nähern. Wir werden uns fragen, was uns noch Schlimmeres passieren kann als das, was wir in diesem Leben schon durchgemacht haben.

Die Religionen haben natürlich versucht, dieses Dilemma zu lösen. Doch sie scheinen dabei nicht allzu erfolgreich gewesen zu sein. Unser Dilemma setzt sich fort.

Nun kommt eine neue Theologie namens *Gespräche mit Gott* daher. Sie geht mit den Erklärungen der alten Theologien, dass der Tod nicht existiert, einig, ansonsten aber ist sie in fast allem nicht einverstanden mit dem, was die alten

Theologien über das Geschehen nach dem Tod (und was das angeht, über die Bedeutung, den Sinn und die Funktion des Lebens, *bevor* wir sterben) zu sagen haben.

Die *GmG*-Kosmologie beendet unser Dilemma und gibt uns Antworten, die endlich einen Sinn ergeben. *Zuhause in Gott. Über das Leben nach dem Tode,* das letzte Buch der Reihe *Gespräche mit Gott,* beschreibt sehr detailliert die Erfahrungen der Seele nach dem Tod. Da steht nichts von Verurteilung, Verdammung und Bestrafung. Die Grundlagen für diesen nicht vorhandenen Zorn, Vergeltungsdrang oder unbedingten »Gerechtigkeitsgedanken« auf Seiten Gottes finden sich in den vorhergehenden Bänden, in der Darlegung der *GmG*-Theologie. Vieles davon wurde hier schon besprochen.

Diese Theologie behauptet, dass es zwischen uns und Gott keine Trennung gibt, dass Gott und wir Eins sind. Somit sehen wir, dass er, wenn er uns bestrafte, sich selbst bestrafen würde. Das ergibt keinen Sinn. Wenn Verurteilung, Verdammung und Bestrafung die Wirklichkeit sein sollen, müssten die Standardreligionen sofort die Vorstellung fallen lassen, dass Gott und wir Eins sind. Dann hätten sie keine andere Wahl.

Wenn wir aber die Botschaft akzeptieren, dass Gott und alle Elemente des Lebens (das schließt uns mit ein) Eins sind, bringt die Definition, dass der Tod einfach und wunderbar ein Prozess der Re-Identifikation ist, alles zusammen. Dann werden unsere Fragen nach dem Ende des Lebens beantwortet, haben wir keine Angst mehr vor dem Ende des Lebens, wird unser Aufruhr, der mit dem Gedanken an das Ende des Lebens einhergeht, besänftigt. Dann können wir In Frieden Ruhen, nicht nur, nachdem wir gestorben sind, sondern auch, während wir auf unseren Tod zugehen (was wir natürlich jeden Tag tun).

Was nach dem Tod geschieht

Gespräche mit Gott sagt uns, dass wir in den Momenten, die auf das Ende unserer Begegnung mit der Körperlichkeit folgen, endlich dahinkommen, unsere Einheit mit Gott voll und ganz zu verstehen, voll und ganz zu erfahren und voll und ganz zum Ausdruck zu bringen. Die Illusion unserer Trennung von Gott ist vorbei, nicht unser Leben.

Wir sind nach Hause gekommen.

Wieder einmal zu Hause schließen wir uns anderen Mitgliedern unserer spirituellen Familie an. Wir erkennen aber gleichzeitig, dass es in Wirklichkeit nur Ein Mitglied dieser Familie gibt und dass wir alle in dieser Heiligen Mitgliedschaft vereint sind. Wir werden wieder einmal *Mit-Glieder, er-innern* uns. Wir sind glücklich, all die anderen Formen von »uns« zu sehen, und sind noch glücklicher, etwas zu wissen, von dem wir immer gefühlt und gehofft hatten, dass es die Wahrheit über die ist, die wir zutiefst lieben: dass wir von keinem von ihnen jemals getrennt waren.

So identifizieren wir uns endlich und ohne Ausflüchte, ohne Zweifel und ohne Frage mit dem Wer und Was Wir Wirklich Sind. Die Erfahrung unseres Einsseins ist vollständig und vollendet, wobei auch die Erfahrung unserer Individuation als spezieller Ausdruck des Einsseins herrlicher erfahren wird als je zuvor.

Wir leben in der Göttlichen Dichotomie, erfahren unsere Individuation und Wiedervereinigung gleichzeitig. Unsere rechte Hand schüttelt gleichsam die linke. Es ist, als ob unsere Arme in einer riesigen Umarmung uns selbst in die Arme nähmen und wir in dieser Umarmung erkennten, dass wir jeden anderen Ausdruck des Lebens umarmen und dass alles Leben auch uns in gewaltiger Liebe umarmt.

In diesem göttlichen und herrlichen Moment der Selbst-

Verwirklichung, liebt alles alles und liebt jeder jeden, da ist nur Liebe – was von Anfang an die Wahrheit war. Da ist keine Verurteilung, keine Verdammung, keine Bestrafung. Es gibt keine Notwendigkeit für derart primitive und barbarische Reaktionen vonseiten eines Gottes, der die das alles ist, alles hat, alles erschafft, alles erfährt, alles zum Ausdruck bringt, alles weiß, alles versteht, alles einschließt und überhaupt nichts braucht, benötigt und verlangt.

Paradies auf dem Planeten

Alles, was im Rahmen der Evolution unserer Spezies zu tun bleibt, ist, dass wir dasselbe Gewahrsein, dasselbe Verständnis, dieselbe Erfahrung, die wir nach dem Tod machen, in jedem Augenblick unseres physischen Lebens auf Erden konkret umsetzen. Dann haben wir den Himmel auf Erden geschaffen.

Wir haben die Fähigkeit dazu. Uns wurde versprochen, dass wir diese Fähigkeit haben. Wir müssen nicht warten, bis wir »sterben«, um zu wissen, wie man lebt. Wir müssen uns nur erinnern, erkennen und jetzt demonstrieren, Wer Wir in Wirklichkeit Sind. So einfach ist das. Aber das würde erfordern, dass wir uns eine ganze neue Theologie, eine brandneue Art von Spiritualität und eine andere Identität, die daraus hervorgeht, und einen sogar noch wundersameren Gott zu eigen machen.

Gottes Botschaft an die Welt – »Ihr habt mich völlig missverstanden« – ist wichtiger denn je, wenn die Menschen eine solche neue Theologie erforschen und untersuchen, geschweige denn akzeptieren und sich zu eigen machen sollen.

Wagen wir uns vorzustellen, dass so etwas möglich sein könnte? Könnten wir, was Gott angeht, tatsächlich einen

Fehler gemacht haben? Ist es überhaupt denkbar, dass Gott uns bedingungslos immer und ewig liebt, uns nie von sich getrennt hat und dies nie tun wird? Und könnte die Vorstellung von einem Gott, der uns so sehr liebt, der das Leben so vollständig liebt, der den Ausdruck von Göttlichem Wesen und Göttlicher Natur so absolut liebt, tatsächlich eine Sünde sein?

ANWENDUNG DIESER BOTSCHAFT IM ALLTAG

Es heißt, wenn wir den Tod nicht mehr fürchten, fürchten wir auch das Leben nicht mehr. Ich habe festgestellt, dass das stimmt. Hier sind ein paar Ideen, die bei der Umsetzung der *GmG*-Kernbotschaft 10 in Ihrem Leben eine Hilfe sein könnten:

- Stellen Sie sich vor, man hätte Ihnen sagt, Sie würden nächsten Monat sterben. Tun Sie einfach so, als stimmte das. Erstellen Sie dann eine Liste mit allen Dingen, die Sie angesichts dieser Information noch tun werden. Die Dinge auf Ihrer Liste sollten im Rahmen Ihrer Lebensumstände realistisch und machbar sein, aber Sie sollten auch für Sie persönlich wichtig sein. Schreiben Sie auch alles auf, was Sie bestimmten Personen schon immer sagen wollten. Gehen Sie die Liste nochmals durch und machen Sie dann alles, was draufsteht.
- Erstellen Sie nun eine Liste mit all den Dingen, die Sie gerne machen würden, auch wenn Sie nicht bald sterben. Dinge, die Sie wegen der möglichen Konsequenzen für Ihr Leben bisher Angst hatten zu machen. Fragen Sie sich, was passieren würde, wenn diese Konsequenzen tatsächlich einträten. Schauen Sie sich an, was es bräuchte, um hinzugehen und

tatsächlich einfach zu tun, was Sie wirklich gerne tun möchten. Beschließen Sie, es zu tun. Und tun Sie es dann wirklich.

- Geben Sie sich das Versprechen, mindestens drei Biografien von Leuten zu lesen, die in ihrem Leben außerordentliche Dinge erreicht haben. Schauen Sie sich an, welche Qualität oder Qualitäten diese Menschen an den Tag legten, um diese Dinge zu erreichen. Rufen Sie nun die gleichen Qualitäten in Ihrem Leben auf der nächsthöheren Ebene auf, nähren Sie sie und bringen Sie sie zum Ausdruck.
- Legen Sie ein »Ich habe mich davon abgehalten«-Tagebuch an. (Im Ernst. Nennen Sie es so und machen Sie es dazu.) Schreiben Sie am Ende des Tages ein oder zwei Absätze darüber, welche Dinge Sie an diesem Tag wirklich tun wollten, sich aber davon abgehalten haben. Vermerken Sie auch den Grund dafür. Wenn es an einem Tag nichts gibt, das in diese Sparte fällt, dann gratulieren Sie sich und schreiben Sie stattdessen ein oder zwei Absätze über die wichtigsten Dinge, die Sie am morgigen Tag erreichen werden.

22

Beim Blick zurück auf die Spiegelhallen unserer Glaubenssysteme sehen wir, dass eine Einsicht ins Leben und wie es funktioniert zur nächsten führt, die wiederum zu einer dritten führt, die eine vierte hervorbringt, die weitere und weitere und weitere erzeugt, bis wir schließlich die Gesamtheit unserer Einsichten und unseres umfassenderen Verständnisses, die wir unsere Kosmologie oder Theologie nennen könnten, vor uns haben.

Auch in der Theologie von *Gespräche mit Gott* lässt sich diese Progression beobachten. Daher überrascht es uns nicht, dass die Vorstellung, dass der Tod nicht existiert und – wichtiger noch – nur ein Prozess der Re-Identifikation ist, aus einer früheren Kernbotschaft hervorgeht, nämlich aus der Botschaft Nummer 9.

GmG-Kernbotschaft 9

So ein Ort wie die Hölle und so etwas wie ewige Verdammnis existieren nicht.

Dieser Gedanke bedarf keiner Erläuterung. Die Botschaft spricht für sich. Doch ihre Auswirkungen, ihre Implikationen und die Schlussfolgerungen, die sich aus ihr ergeben, beinhalten viele Nuancen, die zu erkunden uns nützlich sein könnte.

Wenn es keinen solchen Ort wie die Hölle gibt, so fragen wir vielleicht, wo bleibt dann das System ewiger Gerechtigkeit? Wo ist der »Lohn«? Und worin bestehen die Konsequenzen unserer Handlungen auf Erden?

Wenn bestimmte Handlungen, Entscheidungen oder Beschlüsse keine Konsequenzen haben, was soll dann das Ganze? Was für einen Unterschied macht es dann, wie wir handeln, wofür wir uns entscheiden, was wir beschließen? Warum dann nicht einfach alles tun, was und wie es uns gefällt, ohne Rücksicht auf andere?

Warum sich mit irgendwelchen moralischen oder spirituellen Richtlinien abgeben? Und was für ein Gott ist das, der keinen Sinn für Gerechtigkeit oder Moral oder Recht und Unrecht hat, sondern uns einfach machen lässt, was immer wir wollen? Was wären das für Eltern, die ein Kind so aufwachsen ließen? Was für ein Gott würde ein solches Universum erschaffen?

Das sind alles sehr gute Fragen. Schauen wir uns also an, was dieser Gedanke, dass es weder eine Hölle noch Verdammnis gibt, in Bezug auf die letztendliche Wirklichkeit bedeuten könnte, wo wir zu uns finden, wie es heißt.

Ein erneuter Blick auf das Gesetz der Gegensätze

Laut *Gespräche mit Gott* besteht der Sinn des Lebens nicht darin, dass wir am Schluss belohnt oder bestraft werden, sondern darin, dass das Leben sich in nie endendem Wunder und immer größerer Herrlichkeit selbst erfahren kann. Das heißt,

Gott schuf die Körperlichkeit als Mittel, durch das er sie es sich auf der Erfahrungsebene kennenlernen und das Wissen von dieser Erfahrung ohne Ende oder Begrenzung vermehren kann.

Anders ausgedrückt: Gott möchte sich selbst in unzähligen ihm zugänglichen Weisen zum Ausdruck bringen und seine Erfahrungen in diesen endlosen Ausdrucksformen so erweitern, dass dadurch noch mehr Herrlichkeit und Wunder, mehr Freude und Glück, mehr von dem entsteht, was Gott in Wirklichkeit ist – Liebe in jeder erdenklichen Form.

Angesichts dieses Verlangens Gottes ist die Vorstellung absurd, dass Gott sich für irgendeine seiner Ausdrucksformen selbst ins Unrecht setzt – ganz zu schweigen davon, dass er sich verurteilt und mit ewig währender Folter, erbarmungslosem Schmerz und ewiger Verdammnis selbst bestraft.

Hier ist es entscheidend zu verstehen, wie ein Ding, das wir böse nennen, überhaupt entstehen kann. Angesichts dessen, was wir als höchstes Ziel und einzigartige Intention Gottes begreifen, fragen wir uns, wie sich irgendetwas in der physischen Realität manifestieren kann, das mit unserer Vorstellung von einem wunderbaren und herrlichen und freudigen und liebenden Gott unvereinbar ist.

Die Antwort findet sich in der Tatsache, dass nichts in der Abwesenheit seines Gegenteils erfahren werden kann. Dieser Punkt wird in der Kosmologie von *Gespräche mit Gott* wiederholt dargelegt. Sie haben es ja auch hier schon mehrfach zu hören bekommen.

Das Leben muss ein gegensätzliches Element hervorbringen, damit es irgendeinen Aspekt von sich selbst erfahren kann. So hat das Leben selbst ein Kontextuelles Feld erschaffen (es *ist* eigentlich ein Kontextuelles Feld), in dem alle Ausdrucksformen seiner selbst immer, simultan und ewig möglich werden und sich ereignen.

Das Leben hat einen zweiten Aspekt seiner selbst ersonnen, der sich in seinen Individuationen findet und der diesen Individuationen erlaubt, sämtliche möglichen Ausdrucksformen des Lebens zu *erfahren*. Diesen zweiten Weg bezeichnen wir als »selektive Amnesie«.

Indem Das Alles die Datenmenge, derer sich jede Individuation des Lebens bewusst und gewahr ist, begrenzt (das heißt, indem es die physischen Lebensformen mit unterschiedlichen Ebenen des *Bewusstseins* ausstattet), ist es ihm möglich, das Kontextuelle Feld durch begrenzte Perspektiven zu betrachten. So kann Das Alles Erfahrungen vom Leben machen, die nicht möglich wären, wenn jeder Individuation allzeit die absolut uneingeschränkte Sicht auf das Leben zugänglich wäre.

Lassen Sie mich das noch genauer erläutern ...

Wenn wir als Bestandteil unserer ewigen und zyklischen Reise durchs Leben vom Bereich des Spirituellen zum Bereich des Physischen übergehen, durchlaufen wir einen Prozess der Verkörperlichung. Dazu gehört die Einbettung unseres Grenzenlosen Bewusstseins in die begrenzten Räume der kollektiven Realität, in die wir unser Selbst eingefügt haben. Im Verlauf dieses Prozesses verengt sich die Wahrnehmungsebene innerhalb unseres Grenzenlosen Bewusstseins, sie zieht sich zusammen, um in den begrenzten Raum zu passen.

Wir müssen verstehen, dass Bewusstsein nichts weiter ist als Energie. Alles ist Energie. Sie. Ich. Alles. Alles, was wir sind, ist Energie. Alles, das *ist*, ist Energie. Gedanken sind Energie. Emotionen sind Energie in Bewegung. Ideen, Konzepte, Wahrnehmungen, Erkenntnisse – alles das ist Energie.

Wir müssen auch verstehen, dass alle Energie Einfluss auf andere Energie nimmt. Das heißt, die Energien des Lebens sind wechselseitig miteinander verbunden. Eine Energie wirkt sich auf eine andere aus. Quantenphysiker beschreiben diesen interaktiven Prozess so: »Nichts, was beobachtet wird, bleibt unbeeinflusst von dem, was beobachtet.« Einfach nur auf ein Ding zu blicken hat also Auswirkungen auf das Ding, auf das der Blick gerichtet ist.

Anders ausgedrückt erschaffen wir das, worauf wir blicken, durch die Art, wie wir darauf blicken, und durch den Ort, von dem aus wir darauf blicken. Das hat Folgendes mit dem zu tun, was ich »selektive Amnesie« nenne: Wenn unser Grenzenloses Bewusstsein in die Umwelt der Körperlichkeit eingeht, entsteht im Verlauf dieses Prozesses ein begrenzter Blickwinkel, eine eingeschränkte Sicht auf die letztendliche Wirklichkeit. Dieser begrenzte Blickwinkel setzt unser gewahrendes Bewusstsein herab, verringert es. Unser Grenzenloses Bewusstsein bleibt, was es ist, aber unsere Wahrnehmung von allem, was unser Grenzenloses Bewusstsein weiß, ist in bedeutendem Maße reduziert.

Das ist so ähnlich wie bei einem Pferd mit Scheuklappen.

Wenn man einem Pferd Scheuklappen anlegt, beeinträchtigt das sein Sehvermögen an sich nicht. Beeinträchtigt wird lediglich seine Fähigkeit, sein Sehvermögen voll zu nutzen, wodurch es in seiner Wahrnehmung behindert wird. Das Pferd ist sich all dessen, was es umgibt, der Realität, in der es existiert, in geringerem Umfang »bewusst«. Seine Umgebung ist immer noch die Realität, aber sein eingeschränktes Wahrnehmungsvermögen führt dazu, dass weniger von dieser Realität in seine *Erfahrung* eingebracht wird. Das Pferd denkt, dass das, was es wahrnimmt und erfährt, die tatsächliche Realität ist. Erst wenn ihm die Scheuklappen abgenommen wurden, merkt es, dass da noch mehr ist, als für das Auge ersichtlich war.

Beim Menschen ist Das Bewusstsein das Augenlicht des heiligen Wesens, das du bist. Es kennt keine Grenzen und sieht alles. Die Körperlichkeit sind die Scheuklappen des

Bewusstseins. Wenn wir die Körperlichkeit »anlegen«, ist das so, wie wenn einem Pferd Scheuklappen angelegt werden. Die Fähigkeit, alles zu sehen, was das ungehinderte Bewusstsein zu sehen vermag, wird eingeschränkt. Unser Wahrnehmungsvermögen ist behindert. Wir sind uns all dessen, was uns umgibt, der Realität, in der wir existieren, in geringerem Umfang »bewusst«. Unsere Umgebung ist immer noch die Realität, aber unser eingeschränktes Wahrnehmungsvermögen führt dazu, dass weniger von dieser Realität in unsere *Erfahrung* eingebracht wird.

Wir denken, dass das, was wir wahrnehmen und erfahren, die tatsächliche Realität ist. Erst wenn wir die Scheuklappen abgenommen haben, merken wir, dass da noch mehr ist, als für das Auge ersichtlich war.

Im Gegensatz zum Pferd können wir Menschen an der Sachlage etwas ändern. Wir können im Verlauf unserer Reise die Scheuklappen abnehmen. Die »Scheuklappen« der Körperlichkeit können mit einem Mal oder nach und nach entfernt werden. Im zweiten Fall sehen wir allmählich mehr und mehr. Im ersten Fall sehen wir alles auf einmal.

Manchmal sehen wir alles auf einmal und *verlieren es dann wieder aus dem Blick.* Das kann passieren, wenn dieses Sehen auf einmal dazu führt, dass wir einen »psychischen Schock« erleiden. Es kann aber auch so sein, dass wir uns freiwillig wieder auf unsere »beschränkte Sehweise« zurückziehen. So können wir uns auf sachtere Art all den Daten stellen und effektiver mit ihnen umgehen, mit diesen *grenzenlosen* Daten, die uns in unserem Augenblick des Erweiterten Bewusstseins und Gewahrseins zugänglich gemacht wurden.

Die Körperlichkeit presst unser Sichtfeld zusammen. Wenn wir unser Grenzenloses Selbst in den extrem begrenzten Raum der Körperlichkeit hineinzwängen, kommt es zu einer dramatischen Veränderung unserer Sichtweise, unseres

Blickpunkts. Uns wird im Verlauf dieses Prozesses die Sicht versperrt. Ganz erheblich versperrt, möchte ich hinzufügen.

Nichts davon ist bloßer Zufall. Nichts davon ist ein Fehler oder eine unglückliche Begleiterscheinung davon, dass wir einen physischen Körper haben. Das alles ist Absicht. Würde unser Sichtfeld nicht »zusammengepresst«, würden wir mehr »sehen«, als unser Geist verarbeiten kann oder auch nur zu verarbeiten *wünscht*.

Nehmen wir noch ein anderes Beispiel für das hier Gesagte, diesmal eine für Menschen gängige Erfahrung: den Horrorfilm.

Wenn wir, noch bevor wir ihn sehen, jede Szene eines Horrorfilms kennen, weil uns ein Freund den ganzen Film genau erzählt hat (auch, wie er ausgeht), wird uns der Film keine Angst einjagen. Möchten wir jedoch den Ansturm und die Aufregung von Furcht, Schock und Überraschung erleben, werden wir unserem Freund sagen: »Stopp! Erzähl mir nichts darüber!« Obwohl es möglich wäre, es zu wissen, wollen wir noch nicht alles wissen, was es zu wissen gibt.

Im größeren Rahmen des Lebens verhält es sich nicht viel anders. Doch weil der Seele alles, was im Leben je geschehen ist, was jetzt geschieht und was je geschehen wird, bereits bekannt ist, können wir nicht zum Leben sagen: »Erzähl mir nichts!« Aber wir *können* zum Leben sagen: »Hilf mir zu vergessen, was ich weiß.«

Dies tut das Leben (sprich Gott) liebend gerne. So bekommen wir als individuierte Seelen das Geschenk, dass wir vorübergehend »vergessen«, wer wir in Wirklichkeit sind, damit wir verschiedene Aspekte davon, wer wir in Wirklichkeit sind, aufs Neue erfahren können, so wie es uns gefällt. Das ist die vorübergehende »Amnesie«.

Für die Seele ist der freudvollste Aspekt unserer Wahren Identität der, dass wir Der Schöpfer sind. Aber wenn wir uns selbst als Schöpfer *erfahren* (und nicht nur darum *wissen*) wollen, müssen wir *vergessen*, dass alles, was je erschaffen wurde, was jetzt erschaffen wird und was je erschaffen werden wird, bereits erschaffen wurde. Nur dann ist das möglich, was wir den Schöpfungsprozess nennen und somit die Erfahrung unseres höchsten Selbst. Wir »erschaffen« nicht wirklich. Wir machen uns nur das »schon Vorhandensein« von etwas bewusster.

Wir sehen also, dass zwei Methoden göttlicher Natur – das Kontextuelle Feld und die »selektive und vorübergehende Amnesie« – gemeinsam genutzt werden, um die Erfahrung des Lebens, das wir jetzt leben, herzustellen.

Theater des Geistes

Das Wunderbare an alldem ist, dass wir in keiner Weise an dem »negativen« Aspekt der physischen Realität teilnehmen müssen, der geschaffen wurde, um das Kontextuelle Feld zu bilden, in dem wir unsere Göttliche Natur, unser Göttliches Wesen, erfahren können.

Dieser »negative« Aspekt des Kontextuellen Feldes ist nur als Platzhalter da. Er ist so etwas wie das, was man im Theater die »vierte Wand« nennt. Die Schauspieler verwenden diesen Begriff für die unsichtbare »Trennwand« zwischen sich und ihrem Publikum. Die hintere Wand ist natürlich die Rückwand der Bühne. Die Seitenwände sind der rechte und linke Seitenflügel. Die vierte Wand ist der Raum zwischen den Schauspielern und dem Publikum, es ist keine reale Wand.

Das Publikum sieht aus seiner Perspektive, dass das Geschehen auf der Bühne nicht real ist. Alles ist ein Spiel. Und Publikum und Schauspieler sind sich darin einig, so zu tun, als sei da eine vierte Wand. So erfährt sich das Publikum als stiller Beobachter, spielt sozusagen Mäuschen, und schaut dem Leben zu, das sich auf der Bühne abspielt, als wäre es die Realität. Es stellt sich vor, dass es als Beobachter gar nicht wahrgenommen werden kann, obwohl es sehr wohl weiß, dass die Schauspieler es in Wirklichkeit sehen können, aber so tun, als könnten sie es nicht.

Es ist ein Vorspielen im Vorspielen. Die Schauspieler geben vor, jemand anders zu sein, dann tun sie so, als könnten sie das Publikum nicht sehen, das zusieht, wie die Schauspieler jemand anders sind.

Wir gehören zum Stammensemble

Als Seelen müssen wir nicht den Schritt in irgendetwas Negatives oder Böses *hinein* tun und es zu etwas *Realem* machen, nur um uns der Illusion zu bedienen, einen Kontext zu erschaffen, in dem wir die Erfahrung machen können, die wir wirklich und wahrhaftig anstreben, nämlich die Erfahrung unseres höchsten Verlangens nach Ausdruck des Göttlichen.

Wenn wir uns voll und ganz in die Illusion der Negativität und des Bösen hineinbegeben, dann tun wir das, weil wir diese Wahl getroffen haben. Wir haben vergessen, dass das Böse nur ein Platzhalter war, und stellen uns vor, dass wir keine andere Wahl haben, als es zu erfahren, und es sogar durch uns irgendwie zum Ausdruck bringen müssen. (Ich werde gleich erklären, wie und warum es dazu kommt.)

Wenn alles gesagt und getan ist, ist es dennoch so, dass es immer eine Illusion ist und war und sein wird, so wie alles in unserem physischen Leben, und wir das am Ende wieder wissen werden.

Der Regisseur geht nach dem Ende des Stücks nicht zu dem Schauspieler, der den Bösewicht spielte, wirft ihn hinter der Bühne ins Gefängnis, verweigert ihm Nahrung und Wasser und lässt ihn für den Rest seines Lebens Tag und Nacht foltern, weil er seine Rolle so gut gespielt hat. Ebenso wenig geleitet er den Helden des Stücks ins Paradies, streut ihm Rosen vor die Füße, füttert ihn mit Süßigkeiten, lässt wunderschöne Musik erklingen und erfüllt ihm alle Wünsche, weil er seine Rolle so realistisch und eindrucksvoll gespielt hat. Das passiert nicht. Der Regisseur gratuliert seinen Schauspielern ganz einfach zu einer guten und sehr realistischen Vorstellung.

Doch an dem speziellen Schauspielerensemble der Menschheit ist etwas ungewöhnlich. Es ist das Stammensemble des Schauspielhauses. Und das Schauspielhaus ist der Himmel. Wie Sie vielleicht wissen, übernehmen die Schauspieler des Stammensembles unterschiedliche Rollen, je nachdem, in welchem Stück sie spielen.

Der Regisseur weist dem Schauspieler, der in dem einen Stück den Bösewicht spielte, vielleicht im nächsten die Rolle des Helden zu. Und die Schauspielerin, die im ersten Stück der Saison die Heldin spielte, gibt im zweiten Stück der Saison die Schurkin. So spielen alle Schauspieler viele Rollen, damit die Illusion so umfassend zum Ausdruck gebracht und erlebt wird, dass die Zuschauer, die regelmäßig ins Theater gehen, *die inneren Erfahrungen der Emotionen machen,* die durch die Illusion, der sie zusehen, erzeugt werden.

Das ist eine sehr lockere Beschreibung des Geschehens auf Erden. Und wir sind sowohl die Schauspieler als auch das Publikum – und ja, auch der Regisseur. Das Böse, das wir sehen, und das Böse, das wir erleben, fühlt sich sehr real an, aber es ist eine Illusion – so wie auch die Vorstellung, dass der Tod das Ende unseres Lebens bedeutet. All das ist eine Illusion, und viele Meister haben das verstanden und demonstriert, darunter auch Jesus.

Bezug zum Alltagsleben

Jetzt komme ich zu der angekündigten Erklärung. All das, was ich hier beschrieben habe, hat für Sie keine Bedeutung, keinen Nutzen, wenn Sie es nicht auf das Leben, auf »den Boden der Tatsachen«, auf genau das, wo Sie jetzt sind, beziehen können. Daher muss ich etwas zum sinnlosen Töten eines unschuldigen Kindes durch einen Verrückten sagen und zur skrupellosen Missachtung von Menschenleben, die jene an den Tag legen, die in erster Linie ihre Gier und ihrem Eigennutz folgen. Wir erleben diese Leiden als sehr real. Wie passt das zum oben Gesagten, und wie sollen wir uns auf diese Situationen beziehen?

Das sind berechtigte Fragen. Solche Situationen erwecken nicht den Anschein von »Wunder und Herrlichkeit des Lebens«. Sie mögen vielleicht fragen: Ist das nicht genau der Moment, in dem uns die »selektive Amnesie« im Stich lässt? Und wäre es nicht auch ganz natürlich zu fragen, warum Gott diese Dinge erschafft und uns erleiden lässt?

Seien wir uns als Erstes darüber im Klaren, dass »Gott« keine getrennte Wesenheit ist, die Dinge erschafft. Jede Art von Verhalten innerhalb des menschlichen Erfahrungsbereichs wird von Menschen erschaffen. »Gott« ist nicht irgendein Geschöpf hoch oben im Himmel, das fürchterliche menschliche Umstände erschafft, sie uns aufzwingt und dann von oben zuschaut, wie wir uns winden, um da wieder herauszukommen.

Menschen handeln so, wie sie handeln, weil sie sich komplette, absolut unwahre Geschichten (»Skripts«, wenn Sie so wollen) zu eigen gemacht haben, darüber, wer sie sind, wer Gott ist und worum es im Leben geht. Diese Geschichten haben sie gehört und ausgelebt. Sie sind nicht Bestandteil des »Göttlichen Vergessens« und auch nicht von dem, was wir als »selektive Amnesie« bezeichnet haben. Vielmehr sind sie Vorstellungen, die auf Missverständnissen beruhen, die wir von Generation zu Generation weitergegeben haben. Diese Vorstellungen stehen allem entgegen, woran Menschen sich darüber, wer sie sind, was Gott ist und wie das Leben funktioniert, *eigentlich* erinnern, was sie jedoch als *zu gut, um wahr zu sein* von sich gewiesen haben.

Zum Beispiel wissen die meisten von uns tief in ihrem Herzen, dass Wir Alle Eins Sind. Das ist ein instinktives, in den Genen vorhandenes Wissen, ein Urwissen, das uns veranlasst, in ein brennendes Haus zu rennen, um ein Baby zu retten. In solchen Augenblicken ist unser eigenes Überleben kein Thema. Hier übernehmen bei fast jedem Menschen das Wer Wir Sind und das Wissen Was Wahr Ist.

Die meisten Menschen spüren das in ihren Knochen – aber interessanterweise ignorieren es die meisten weitgehend. Solange sie nicht sehen, dass jemand mit einer Krisensituation konfrontiert ist, meinen die meisten von uns, dass unser Urinstinkt auf unser *Überleben* ausgerichtet ist.

Das hat nichts mit Vergesslichkeit zu tun. Die meisten von uns wissen sehr wohl, was Sache ist: Was für einen von uns gut ist, ist für alle gut; das, was wir für einen anderen tun, tun wir für uns selbst; das, was wir für einen anderen nicht tun, tun wir für uns selbst nicht. Wir wissen das so gut, dass *wir uns gegenüber denen, die wir lieben, genau danach verhalten.*

Unser Verhalten im Alltag hat also nichts mit »selektiver Amnesie« zu tun, sondern mit der *selektiven Anwendung* dessen, was wir bereits als Wahrheit begreifen. Es hat mit einem *selektiven Sich-Ergeben* gegenüber unserem wahren Urinstinkt zu tun: dem Ausdruck von Göttlichkeit in uns, durch uns und als wir.

Wir wissen in unserem Wesenskern sehr wohl, dass die »Menschheit« zum Ausdruck gebrachte »Göttlichkeit« ist.

Deshalb heißt es, dass wir *unsere Menschlichkeit verloren* haben, wenn wir jemanden in einer Krisensituation sehen und nichts tun, um zu helfen. »Wo bleibt deine *Menschlichkeit*?« »Zeig etwas *Menschlichkeit*«, so sagen wir.

Wir verstehen sehr wohl, dass wir die Eigenschaft der »Menschlichkeit«, von der hier die Rede ist, dem »Göttlichen« zuschreiben. Uns allen ist das unmissverständlich klar. Wir kennen die Eigenschaft, von der hier die Rede ist, ganz genau.

So sind Geschehnisse wie das sinnlose Töten von unschuldigen Kindern durch einen Verrückten oder die skrupellose Missachtung menschlichen Lebens durch jene, die ihrer Gier und ihrem Eigennutz folgen, und all die anderen schlimmsten Szenarien menschlicher Lebenswelt keine Ereignisse und Erfahrungen, die »Gott« erschafft und uns durchleiden lässt. Das sind Dinge, die wir erschaffen und durchleiden aufgrund unserer kläglichen Weigerung, an die höchste und großartigste Wirklichkeit von Wer Wir Wirklich Sind, Wer und Was Gott Wirklich Ist und Wie Das Leben In Wirklichkeit Funktioniert zu *glauben*. Und weil wir an das fiktionale »Skript« glauben, das wir stattdessen ausagiert haben.

Wir verhalten uns so, als sei das »Theaterstück« Realität. Wir haben unsere Rollen so gut gespielt, dass wir wie *Alice im Wunderland* ins Kaninchenloch gefallen sind, wo der Hutmacher Tee in eine Tasse ohne Boden gießt und darauf besteht, dass was »so« ist, nicht so ist, und dass was »nicht so« ist, so ist. Und wir glauben, dass Gott uns mit ewiger Verdammnis bestraft, weil wir uns so verhalten haben, als sei die Illusion Realität.

Doch in Wahrheit wissen wir nicht, was wir tun. Unser kollektives Bewusstsein dehnt sich zwar weiterhin aus, hat aber noch nicht den Punkt erreicht, wo die größte Anzahl von uns klar versteht, Wer Wir Sind, Warum Wir Hier Sind, und worum es bei der Erfahrung geht, die wir Leben nennen.

Wir können noch nicht einmal zulassen, dass die geringste Anzahl von uns eine andere Vorstellung vom Leben zur Diskussion stellt (von einer anderen Vorstellung von *Gott* ganz zu schweigen), ohne dass sie als Träumer, Idioten oder Irre abgestempelt und an den Rand gedrängt wird – sofern man sie nicht direkt als Gotteslästerer verurteilt.

Die Wahrheit ist, dass es *natürlich* keinen Ort wie die Hölle gibt, auch keine ewige Verdammnis. Warum sollte es sie geben? Wir erleben alle ganz einfach das Leben innerhalb eines Kontextuellen Feldes, das uns dies zu tun erlaubt.

Gott wünscht sich, sich in seiner großartigsten und herrlichsten Ausdrucksform auf der Erfahrungsebene selbst kennenzulernen. Und er wünscht sich für dich, dass du in deinem Bewusstsein von diesem Ausdruck wächst und dich aller Möglichkeiten bedienst, die im grenzenlosen Spielfeld, das Gott selbst ist, enthalten sind.

Welche Geschichte möchten Sie glauben?

Nun mögen Sie sagen, dass das, was Sie in den letzten beiden Abschnitten (und in großen Teilen dieses Buches) gelesen haben, einfach eine ausgedachte Geschichte ist, die mit der letztendlichen Wirklichkeit nichts zu tun hat. Aber ist sie denn weniger realistisch (oder *muss* sie überhaupt realistischer sein) als zum Beispiel die Geschichte von Luzifer? Die Geschichte von einem Gott, der über seinen Engel Luzifer so sehr erzürnt war, dass er ihn in die ewige Verdammnis schickte. Von dort aus darf Luzifer für den Rest der Ewigkeit die Seelen der Menschen in Versuchung führen – er ist geradezu dazu aufgefordert –, und viele von ihnen erliegen seinen Versuchungen und schließen sich ihm in der Hölle an, statt bei Gott im Himmel zu sein.

Ist denn die Geschichte von Gott und Luzifer, die sich in einem fortwährenden, niemals endenden Kampf miteinander befinden, weniger ausgedacht? Ein Kampf um die Seelen der Menschen?

Glauben wir wirklich, unser Gott ist so unfähig, dass er den Kampf um unsere Seele *verlieren* könnte? Meinen wir wirklich, wenn der Teufel triumphiert und ein Mensch zur Hölle verdammt wird, sagt Gott sich: »Na gut, ein paar gewonnen, ein paar verloren ...«?

Welche der beiden Geschichten ist absurder? Welche Geschichte wirkt sich auf die Menschen positiver aus, wenn sie sie akzeptieren? Nehmen wir mal an, dass keine der Geschichten wahr ist. Welche würden Sie lieber glauben? Welche würde Ihnen mehr Seelenfrieden verschaffen, mehr den Wunsch in Ihnen wecken, Ihrem Leben auf besondere und wundersame Weise Ausdruck zu geben?

Welche Geschichte bringt mehr Liebe in Ihr Herz, mehr Begeisterung in Ihr Leben, mehr Freude in Ihre Erfahrungen, mehr Wunder in jede Ihrer Begegnungen? Welchen Gott wählen Sie? Den gestrigen Gott oder den morgigen?

ANWENDUNG DIESER BOTSCHAFT IM ALLTAG

Hier sind ein paar Vorschläge, wie Sie die *GmG*-Kernbotschaft 9 in Ihrem täglichen Leben umsetzen können.

- Wenn Sie sich das nächste Mal vorstellen, Gott würde Sie für irgendetwas, das Sie getan haben, mit ewiger Verdammnis bestrafen, dann sagen Sie sich, dass Sie ein Schauspieler sind, der nach einer brillanten Darbietung in einem Theaterstück hinter die Bühne gegangen ist. Sie sagen nun einfach dem

Regisseur, dass Sie diese Art von Rolle nicht mehr spielen wollen. »Gib mir die Rolle des Helden. Schreib das in meinen Vertrag. Ich will nie wieder den Schurken spielen.« Besinnen Sie sich darauf, dass Sie ein derart guter Schauspieler sind, dass das Theater keine andere Wahl hat, als Ihre Entscheidung zu respektieren. Sie bekommen einen neuen Vertrag. Von nun an spielen Sie nur noch Helden.

- Wenn Sie das nächste Mal versucht sind, jemanden zu verurteilen, ein Urteil über einen anderen zu fällen, dann versuchen Sie, sich daran zu erinnern, dass die betreffende Person einfach vergessen hat, wer sie in Wirklichkeit ist. Beurteilen Sie sie nicht anders, als Sie über einen Schauspieler in einem Stück urteilen würden, bei dem Sie im Publikum sitzen.
- Um die Illusion weiterzuführen, tun Sie so, als ob einer der Schauspieler auf der Bühne seinen Text vergessen hat und daher zu improvisieren beginnt. Er macht das ziemlich gut; er schafft es, durch die Szene zu kommen, obwohl er nicht das gesagt hat, an was er sich hätte erinnern sollen. Stellen Sie sich vor, die Person, die Sie be- oder verurteilen, ist einfach nur ein Schauspieler, der seinen Text vergessen hat. In seiner nächsten Vorstellung wird er sich wieder daran erinnern. Er wird das Unbehagen nicht vergessen, das er empfand, als er einen Hänger hatte und nicht mehr wusste, was er tat. Vielleicht können Sie sich sogar vorstellen, selbst ein Inspizient in den Kulissen zu sein, der dem Schauspieler Zeichen gibt und ihm hilft, sich zu erinnern.

Wäre es nicht interessant, diesen Job in diesem Ensemble zu haben? Vielleicht sind Sie der Inspizient, der von einer Kulisse zu nächsten eilt und die Schauspieler an ihren Text erinnert. Und wenn Sie schon dabei sind, dann werfen Sie einen Blick in das Skript, damit Sie wissen, an welcher Stelle im Theaterstück wir uns alle befinden.

23

Es gibt noch einen anderen Grund, warum es einen Ort wie die Hölle nicht gibt. Es gibt noch einen anderen Grund, warum ewige Verdammnis unmöglich existieren kann. Dieser ist, dass wir nichts Falsches getan haben.

Meinem Verständnis nach ist das »Fehlverhalten« Teil unserer Kosmologie. Wir glauben wirklich, dass es so etwas wie Richtig und Falsch, Recht und Unrecht gibt. Schließlich hat Gott uns das so gesagt. Das haben uns unsere Religionen gesagt. Das haben uns unsere Eltern gesagt. Das hat uns unsere Kultur gesagt. Unsere Gesellschaften rund um die Welt haben klargemacht, dass manche Dinge richtig und manche Dinge falsch sind.

Doch hier kommt nun eine neue Theologie, die aus *Gespräche mit Gott* entsteht, und das bringt uns zur Kernbotschaft Nummer 8.

GmG-Kernbotschaft 8

Niemand tut angesichts seiner Modellvorstellung von der Welt etwas Unangemessenes.

Das zu akzeptieren kommt viele Menschen hart an. Vielleicht gehören auch Sie zu denen, die dieser Gedanke wirklich abschreckt. Doch ich lade Sie ein, wie bei allen spirituell revolutionären Botschaften, die hier erkundet werden, diesen Gedanken genau zu überprüfen, ihn nicht sofort abzulehnen. Stellen Sie fest, ob Sie mit dem spirituellen Prinzip, das hinter dieser Aussage steht, übereinstimmen können oder nicht.

Dieser Erklärung liegt die Beobachtung zugrunde, dass die Beschreibungen der Menschen, was »richtig« und was »falsch« ist, aus dem Verständnis hervorgehen, das sie von ihren Handlungen, Entscheidungen und Entschlüssen haben. Auf dieses Verständnis bauen die Menschen eine ganze Modellvorstellung von ihrer Welt auf. Das ist, »wie die Dinge sind«, reden sie sich ein und sagen sich aus dieser Perspektive heraus, was »richtig« und was »falsch« ist.

Es beginnt alles mit ziemlich harmlosen Erklärungen und Entscheidungen – von denen wir nun ein paar untersuchen werden als Beispiel dafür, wie unsere Modellvorstellung von der Welt unsere Werte prägt. Von da aus geht es unausweichlich weiter zu weitaus wichtigeren – und gefährlicheren – Vorstellungen, welche die Konzepte von »Richtig« und »Falsch« produzieren, die dann in der ganzen Welt Entsetzen hervorrufen und die Menschen allerorts in Verwirrung und Verzweiflung stürzen. Doch wir scheinen nicht zu wissen, wie wir aus dieser selbst geschaffenen Falle herauskommen sollen, und können uns nicht einmal von einem Ort zum anderen darauf einigen, was »richtig« und was »falsch« ist. So formbar und biegsam sind diese Begriffe.

Die eine Gesellschaftskultur behauptet, es sei richtig, dass Frauen sich von Kopf bis Fuß bedecken und in der Öffentlichkeit nichts von ihrem Körper sehen lassen außer den Augen. Sie können nur durch einen schmalen Schlitz in ihren Gewändern sehen, wohin sie gehen. Eine andere Gesellschaftskultur findet es absolut okay, dass Frauen alles zeigen, was es zu zeigen gibt, und am Strand sogar völlig nackt herumlaufen. Sie schlendern leicht bekleidet auf öffentlichen Straßen umher, so dass kaum mehr Raum für Fantasie bleibt. An manchen Orten ist sogar Nacktheit auf öffentlichen Straßen legal.

Was ist richtig, und was ist falsch? Was ist gut, und was ist schlecht?

An manchen Orten gilt es als unmoralisch, mit einer anderen Person als dem eigenen Ehepartner Sex zu haben, und es für Geld zu tun wird für mehr als unmoralisch gehalten. Man betrachtet es als das Schlimmste, womit eine Person ihr heiliges Wesen besudeln kann. Andernorts sieht man diese Aktivität als ganz okay an, dort ist sie legal und wird sogar von der Regierung reguliert, um sicherzustellen, dass bestimmte Gesundheits- und Sicherheitsstandards eingehalten werden.

Was ist der heiligere Ort? Welche Region ist aufgrund ihrer Gesetze und Sitten heiliger und welche eine Lasterhöhle der Verderbtheit und der direkte Weg zur Hölle?

Manche Menschen können essen, was und wann sie wollen. Von anderen verlangt ihr Glaube, dass sie nur bestimmte Nahrungsmittel zu sich nehmen, manchmal auch zu ganz bestimmten Zeiten auf ganz bestimmte Weise.

Was ist die richtige Form zu essen? Was ist die falsche?

Manche Menschen können singen und tanzen oder Musik machen und rasiert sein oder einen Bart tragen, ganz wie sie wollen. An anderen Orten auf Erden ist Musik mit Ausnahme bestimmter Lieder, die Gott gewidmet sind, strikt verboten. An manchen Orten müssen sich alle Männer einen Bart wachsen lassen, während Tanzen und andere Vergnügungen verboten sind.

Was ist okay, und was ist nicht okay? Was möchte Gott? Was verlangt Gott? Was ist angemessen? Was ist unangemessen? Wer stellt die Regeln auf? Und wer sagt, dass die aufgestellten Regeln die richtigen sind?

Die Moral wird gesetzlich geregelt

Natürlich debattiert die Menschheit schon seit Jahrhunderten darüber. Und nun kommt *Gespräche mit Gott* daher und überbringt uns eine verblüffende Antwort: Niemand tut angesichts seiner Modellvorstellung von der Welt etwas Unangemessenes. »Richtig« ist, wovon wir sagen, dass es richtig ist ... und ebenso ist »falsch«, von dem wir sagen, dass es falsch ist. Wir sind es, die verkünden, was »gut« und was »böse«, was »angemessen« und was »unangemessen«, was »richtig« und was »falsch« ist. Und darüber ändern wir regelmäßig unsere Meinung. Dann nennen wir unsere Vorstellungen »Gesetz«. Wir regeln die Moral buchstäblich auf gesetzlichem Wege.

In China wurde ein Gesetz erlassen, wonach es gesetzwidrig ist, wenn Kinder es verabsäumen, ihre alt gewordenen Eltern häufig zu besuchen. Die Eltern können ihre Kinder bei Gericht verklagen, wenn diese nicht oft genug zu Besuch kommen. Ich habe das nicht erfunden. So autokratisch und diktatorisch es klingen mag, *das ist in China Gesetz.*

In bestimmten Staaten der USA wird die Ehe von Partnern, die sich zutiefst lieben und dies mit einer Ehe besiegeln, nicht gesetzlich anerkannt, wenn die Personen gleichen Geschlechts sind. Ihnen wird keines der Rechte zugestanden, wie sie heterosexuelle Ehepaare haben. Ich habe das nicht erfunden. So primitiv und vorsintflutlich es sich anhören mag, *das ist vielerorts Gesetz in den USA.*

Ähnlich hat man an anderen Orten versucht festzuschreiben, was richtig und was falsch ist, und es zu einer Sache des Gesetzes zu machen, statt einfach zu einer Sache der Anschauung. Die Ironie dabei ist: Fast jede Kultur hat auf spiritueller Ebene verkündet, Gott habe entschieden, was richtig und falsch ist, und sie versuche nur, Gottes Gebote zu befolgen.

Das Problem ist, dass sich diese anscheinend so klaren Gebote schwer befolgen lassen, wenn sich ihre Interpretation von Zeit zu Zeit, von Ort zu Ort und von Kultur zu Kultur wandelt und verändert. Welcher Interpretation von Gottes Geboten ist Folge zu leisten? Und an welchen *Gott* sollen wir glauben, was das angeht?

Die Antwort, die wir nicht glauben wollen

Die außergewöhnliche Antwort ist, dass Gott uns in diesen Dingen vollständige Freiheit lässt und wünscht, dass wir unsere eigene Realität erschaffen und so erfahren, wie wir es gerne möchten. Somit ist jeder Handlungsakt ein Akt der Selbstdefinition und jede Wahl eine individuelle Willensäußerung. Uns wurde freier Wille gegeben.

Das ist Gottes Absicht. Denn Gott wünscht, dass jedes fühlende Wesen und alles Leben die großartigste Gelegenheit haben, die Ebene von Göttlichkeit, die das Bewusstsein einer Lebensform zulässt, frei und in vollem Ausmaß zum Ausdruck zu bringen und zu erfahren.

Diese Gelegenheit stünde uns Menschen natürlich nicht zur Verfügung, wenn wir einfach nur Anordnungen befolgten, täten, was uns gesagt wird, und Forderungen nachkämen. Denn die Natur Gottes ist absolute Freiheit und vollständige Macht und absolute Autorität, und wenn Menschen die Erfahrung dieser Göttlichen Natur machen sollen, dann müssen sie die gleiche unbegrenzte Freiheit und die gleichen grenzenlosen Fähigkeiten erfahren können. Einfach nur Anordnungen zu befolgen und auf Befehle zu reagieren wäre weit davon entfernt. Also sagt uns allein schon die Logik, dass Gott uns in allen Dingen freien Willen gegeben hat.

So sehen wir, dass unsere jeweilige Modellvorstellung von der Welt darüber entscheidet, ob wir uns unsere Handlungen als »angemessen« vorstellen oder erschaffen. Wenn wir uns im Umfeld einer Person oder einer Gruppe von Leuten befinden, deren Handeln wir als unangemessen beurteilen, dann können wir sie dazu einladen, noch einmal nachzudenken und ihre Modellvorstellung von der Welt zu modifizieren, denn daraus speist sich ihr Verhalten. Aber das machen wir nicht. Stattdessen bestrafen wir andere dafür, dass sie nicht in Übereinstimmung mit *unserer* Modellvorstellung von der Welt handeln. Und wir fragen uns noch nicht einmal, wie sie überhaupt zu ihren Vorstellungen kamen.

Die Ironie dabei ist, dass sie diese oft genug von uns aufgeschnappt haben.

Der Widerspruch, den wir nicht sehen

Sehr häufig demonstrieren wir in unserer Gesellschaft eine Modellvorstellung von der Welt und verlangen dann von den Menschen, die uns zuschauen, dass sie sich eine andere zulegen. Wir bauen die Gesellschaft auf mit der Methode »Mach das, was ich *sage,* nicht das, was ich *tue*«. Und genau da schlittert unsere Modellvorstellung von der Welt einen schlüpfrigen Abhang hinab, und zwar vom Harmlosen zum Gefährlichen.

Wir töten Menschen, um sie davon abzuhalten, Menschen zu töten, und wundern uns, warum das Töten weitergeht. Wir terrorisieren Menschen, die Menschen terrorisieren, und wundern uns, warum das Terrorisieren weitergeht. Wir werden wütend auf Menschen, die wütend auf Menschen sind, und fragen uns, warum die Wut sich fortsetzt. Wir missbrauchen Menschen, die Menschen missbrauchen, und wundern uns, warum der Missbrauch weitergeht. Wir hassen Menschen, die Menschen hassen, und wundern uns, warum der Hass weitergeht. Wir verurteilen Menschen, die Menschen verurteilen, und wundern uns, warum das Verurteilen weitergeht.

Wir gehen der Mahnung, sich anderen gegenüber so zu verhalten, wie wir möchten, dass sie sich uns gegenüber verhalten, komplett aus dem Weg. Ja, wir verkehren sie ins Gegenteil und tun anderen das an, wovon wir nicht möchten, dass sie es uns antun. Den Widerspruch darin sehen wir offenbar nicht.

Gott hingegen macht das nicht. Gott lässt sich auch nicht auf solche Widersprüche ein. Aus diesem Grund hat Gott klargestellt, dass es weder einen solchen Ort wie die Hölle noch eine Erfahrung wie Verurteilung und Verdammung gibt. Denn in einer Welt, in der fühlende Wesen die absolute Freiheit haben, ihre Modellvorstellung davon, was angemessen und unangemessen ist, zu erschaffen und ihre eigene Demonstration von Wer Sie Wirklich Sind hervorzubringen, wären Bestrafung und Verdammung dafür, dass man aus freiem Willen eine Wahl trifft, ein Widerspruch in sich.

Es ist an der Zeit, dass die Welt ihre Modellvorstellung ändert, ihre Ideen verändert, ihre Kulturgeschichte umschreibt. Im Prinzip machen das alle fühlenden Wesen, sobald sie aufhören, den Blick auf andere zu richten, um von ihnen Anweisungen zu erhalten. Die Menschen auf Erden befinden sich jetzt in einem Prozess, bei dem sie genau das machen.

Man nennt diesen Prozess »Evolution«, und er beginnt mit einem brandneuen Verständnis von Gott. Aus diesem Verständnis heraus entsteht eine Geschichte über den Gott von Morgen, die ganz anders ist als unsere Geschichte vom Gestrigen Gott.

Unser künftiger Gott

Um in unserem evolutionären Prozess voranzukommen, werden wir unsere Anhaftung an den »Gott unserer Väter« aufgeben. Die Regeln und Richtlinien und Gebote jenes Gottes sind im 21. Jahrhundert nicht mehr funktionstüchtig oder anwendbar. Und das sehen wir jetzt klar und deutlich.

Der künftige Gott wird kein neuer Gott sein, sondern es wird sich einfach um ein neues und erweitertes Verständnis von Gott handeln, der immer war, jetzt ist, und immer sein wird. Im Buch *Gott Heute. Gespräche mit Gott über die Spiritualität der Zukunft* wurde den Menschen eine wunderbare Vorschau auf das übermittelt, was sich jetzt entwickelt, und darauf, wie wir diesen »neuen« Gott betrachten und erfahren werden. In diesem Buch heißt es:

1. Der Künftige Gott verlangt von niemandem, an Gott zu glauben.
2. Der Künftige Gott ist ohne Geschlechtszugehörigkeit, Größe, Gestalt, Hautfarbe oder irgendeines der Merkmale, die ein einzelnes Lebewesen auszeichnen.
3. Der Künftige Gott spricht allzeit mit jedermann.
4. Der Künftige Gott ist von nichts getrennt, sondern über-

all gegenwärtig, das Alles in Allem, Alpha und Omega, Anfang und Ende, das Gesamt von Allem und Jedem, das je war, jetzt ist und je sein wird.
5. Der Künftige Gott ist kein singuläres Superwesen, sondern ein außergewöhnlicher Prozess namens Leben.
6. Der Künftige Gott verändert sich fortwährend.
7. Der Künftige Gott ist ohne Notwendigkeit, ist frei von Bedürfnissen.
8. Der Künftige Gott verlangt nicht, dass man ihm dient, sondern er ist der Diener allen Lebens.
9. Der Künftige Gott liebt bedingungslos, er urteilt nicht, verurteilt nicht, verdammt nicht und bestraft nicht.

ANWENDUNG DIESER BOTSCHAFT IM ALLTAG

Kein Gespräch über Gott ist von praktischem Wert, wenn wir die dargebotenen Ideen und Gedanken nicht »auf dem Boden« unserer tagtäglichen Erfahrungen platzieren. Wir müssen sie ausprobieren. Sehen, ob sie funktionieren. Ihre Auswirkungen erforschen. Ihre Implikationen eingehend studieren.

Dazu gibt uns unser gegenwärtiges Leben auf Erden eine wunderbare Chance. Hier sind ein paar Ideen, wie Sie sich dieser Herausforderung stellen können:

- Legen Sie ein Heft zu dem Thema »Angemessenheit« an. Notieren Sie darin drei Dinge, die Sie in Ihrem Leben getan haben und die von einem anderen als unangemessen betrachtet wurden. Wenn Sie ein relativ normales Leben geführt haben, sollte Ihnen das ziemlich leichtfallen. Schreiben Sie zu jedem dieser drei Dinge einen kurzen Text, in dem Sie erklären, warum Sie diese Sache trotzdem getan haben, auch wenn Sie wussten, dass Ihre Mitmenschen sie als unangemessen betrachten würden. Wenn Sie nicht wussten, dass diese Sache als unangemessen betrachtet werden würde, und dies erst durch Ihr Tun herausfanden, dann fragen Sie sich, was denn angemessen gewesen wäre. Gehen Sie dieser ganzen Frage, was Sie im Rahmen Ihrer gegenwärtigen Modellvorstellung von der Welt unter angemessen und unangemessen verstehen, eingehend nach.

- Fragen Sie sich weiterhin in diesem Heft, welche Einflüsse Sie dazu brachten, zwischen angemessen und unangemessen hin- und herzupendeln. Das heißt, schauen Sie, ob es etwas gibt, das Sie zu einem bestimmten Zeitpunkt in Ihrem Leben für angemessen hielten, das aber von anderen für unangemessen erklärt wurde. Daraufhin haben Sie Ihr Verhalten eingestellt, um später Ihre Meinung in dieser Sache wieder zu ändern und Ihr vormaliges Verhalten nach eigener Definition wieder angemessen zu finden.

Das beste Beispiel, das mir dazu einfällt, ist eines, das wir hier schon einmal angeführt haben: Nacktheit.

Als Kinder fanden wir nichts Ungehöriges dabei, nackt herumzurennen, und taten es die ganze Zeit. Als wir älter wurden, lernten wir, dass dies aus einer Vielfalt von Gründen unangemessen ist – zu viele, um hier darauf einzugehen. Aber es wurde uns einhellig gesagt, und wir wussten, dass nackt herumzulaufen, ungehörig war.

Manche von uns taten es später im Leben trotzdem. Wir fanden andere, die hier mit uns einer Meinung waren und sich unserem Verhalten anschlossen. Und wir taten es nicht nur zu Hause im Beisein unserer Liebsten, sondern auch in Anwesenheit völlig Fremder, wie zum Beispiel in Nudistenkolonien oder an ausgewiesenen Nacktbadestränden.

Wir stellten also fest, dass Angemessenheit ein »beweglicher Feiertag« war (um mich eines netten Ausdrucks von Ernest Hemingway zu bedienen). Angemessen ist das, was wir für angemessen erklären – und wir bestimmen darüber.

- Notieren Sie in Ihrem Heft eine Reihe von Verhaltensweisen, bei denen Sie von sich aus Ihre Meinung mehrfach änderten. Dinge, die Sie einmal für angemessen, dann für unangemessen hielten und jetzt wieder für angemessen halten. Schreiben Sie einen kurzen Text darüber, was Ihnen das über Ihre eigene Person, Ihre Kultur, Ihre Modellvorstellung von der Welt, Ihr Verständnis von Gott und von Richtig und Falsch sagt.
- Gibt es in Ihrem Umfeld jemanden, der etwas tut, das Ihrer Meinung nach unangemessen ist? Und möchte diese Person ihr Verhalten vielleicht ändern, sagt aber, dass sie nicht weiß, wie sie das tun soll? Dann fragen Sie sich, was Sie tun könnten, um diese Person zur Erforschung einer neuen und anderen Modellvorstellung von der Welt einzuladen.
- Entscheiden Sie sich dazu, sich anderen auf dem Planeten anzuschließen, um eine neue Modellvorstellung von der Welt zu entwerfen – als einen Vorschlag, mit dem sich dann alle Menschen befassen können. (Sie können das jetzt gleich tun bei www.TheGlobalConversation.com.)

24

Mir ist vollkommen klar, dass wir uns nur schwer einen Gott vorstellen können, wie er in den neun Sätzen aus *Gott heute* beschrieben wurde, die ich im vorangegangenen Kapitel aufgeführt habe.

Wir sind einen befehlenden, einen fordernden, einen verurteilenden, einen strafenden Gott gewohnt, einen Gott der Bedürfnisse oder zumindest der Erfordernisse. Doch ich glaube nicht, dass das der Gott der letztendlichen Wirklichkeit ist. Und es ist nicht der Gott, den die Menschen künftig erfahren werden, wenn wir unsere Eigentliche Identität verstehen, akzeptieren und uns zu eigen machen.

Wenn das geschieht, werden viele Menschen erkennen und erfahren, dass alles, was in *Gespräche mit Gott* gesagt wird (eine schriftlich niedergelegte Inspiration, die nicht weniger wert ist als andere im Verlauf der Jahrhunderte schriftlich niedergelegten Inspirationen), ganz entschieden einer ernsthaften Betrachtung wert ist. Die Kernbotschaft Nummer 7 ist nicht die geringste dieser Botschaften.

GmG-Kernbotschaft 7

Spirituell gesehen gibt es keine Opfer und keine Bösewichter auf der Welt, obwohl es aus menschlicher Sicht ganz gewiss so aussieht. Doch da du Göttlichen Wesens bist, dient alles Geschehen letztlich deinem Wohl.

Alles, was in diesen Botschaften übermittelt wird, gründet sich auf unsere Eigentliche Identität und nicht auf das Wesen, das zu sein wir uns vorgestellt haben.

Wären wir tatsächlich nichts weiter als biologische Wesenheiten, könnten wir diese ganze Diskussion beenden. Nichts, was hier gesagt wird, lässt sich auf eine Wesenheit oder ein Wesen anwenden, das nicht spirituell und in seiner spirituellen Natur nicht ein individuelles Derivat oder Duplikat des Göttlichen ist.

Wären wir nicht Göttlicher Natur, ergäbe nur sehr wenig von dem, was uns in *Gespräche mit Gott* übermittelt wurde, einen Sinn. Es wäre so gut wie gar nichts davon akzeptabel. Das meiste davon würde als unrichtig, wenn nicht direkt als Gotteslästerung angesehen werden.

Akzeptieren wir jedoch die Vorstellung, dass wir aus dem Göttlichen hervorgehen, dass wir singuläre Ausdrucksformen von Gott sind – oder Singularisierungen der Singularität, wenn Sie so wollen –, dann ergibt alles, was hier mit Ihnen geteilt wurde, einen Sinn, und zwar *vollkommen*. Es könnte auch zur Erschaffung einer vollkommenen Welt führen.

Das ist die Intention des Göttlichen, und das ist das Ergebnis, das alle sich entwickelnden Wesen im Universum erfahren, wenn sie den Prozess zu immer umfassenderer Bewusstheit und immer tieferem Verständnis durchlaufen.

Die Perspektive ist alles

Nur aus diesem tieferen Verständnis heraus kann man es wagen, den Gedanken vorzutragen, dass es auf der Welt keine Opfer und keine Bösewichter gibt. Wie die Botschaft selbst besagt, hat es aus menschlicher Sicht gesehen gewiss den Anschein, dass es sie gibt. Doch diese Aussage soll spirituell verstanden werden. Sie soll vom Standpunkt des Göttlichen aus betrachtet werden. Eine Sicht, die Ihnen innewohnt, denn das ist es, was Sie sind. Von daher ist sie Ihnen zugänglich.

In spiritueller Hinsicht gibt es keine Opfer und keine Bösewichter auf der Welt, weil uns nichts widerfahren kann, was nicht von allen beteiligten Seelen gemeinschaftlich erschaffen wurde. Und zwar derart, dass es der mit allem verbundenen Agenda einer jeden Seele entgegenkommt, die über irgendein bestimmtes Ereignis, eine Situation oder einen Umstand Wissen oder Kenntnis erlangt.

Zur Veranschaulichung: Ich habe nicht am Zweiten Weltkrieg teilgenommen, habe aber etwas darüber erfahren. Ich war nicht am Auf und Ab der Aktienmärkte beteiligt, weiß aber etwas darüber. Ich war nicht daran beteiligt, dass mein Freund einen großartigen Job fand, habe es aber erfahren. All diese Dinge – all das, was ich als »gut« oder »schlecht« bezeichne – haben den Kontext geschaffen, in dem sich die Erfahrungen und der Ausdruck meines Lebens fortsetzen.

Damit wird nur auf andere Weise ausgedrückt, dass das Leben einer jeden Seele auf dem Planeten in jedem Augenblick der irdischen Geschichte in perfekter Übereinstimmung mit dem vollendeten Ziel und Zweck des Lebens zum Ausdruck gebracht und erfahren werden soll. Dieses Ziel ist die Erschaffung und der Ausdruck von Vollkommenheit an sich.

Das mag von nahem betrachtet sehr schwer zu erkennen sein. Ich meine hier »nahe« nicht nur im räumlichen, sondern auch im zeitlichen Sinn. Wir haben bereits über diese Elemente des Lebens gesprochen. In der Kosmologie unserer vorgestellten Realität sind Raum und Zeit genau dasselbe. Wenn wir also auf irgendeinen bestimmten »Raum« auf unserem Planeten oder auf irgendeinen winzigen Augenblick in unserer historischen Zeit blicken, dann ist das dasselbe, wie wenn wir den Blick auf irgendeinen bestimmten Faden im Wandteppich richten, der die letztendliche Wirklichkeit bildlich darstellt.

Wenn wir praktisch mit der Nase an den Wandteppich heranrücken, wird sein Gewebe überhaupt keinen Sinn ergeben, werden wir keine Schönheit in ihm entdecken und wird er auch nicht unser Interesse wecken. Das Gewebe wird aussehen wie ein Mischmasch farbiger Fäden, die sich in alle Richtungen erstrecken, und nichts davon wird irgendein Muster ergeben. Nur wenn wir vom Wandteppich zurücktreten, können wir das ganze Bild sehen.

Das Gleiche gilt, wenn wir auf einen einzigen Augenblick oder eine Abfolge von Augenblicken im ewigen und einzigen Augenblick der Zeit schauen, den wir das Jetzt nennen.

Die einzelnen Fäden menschlichen Verhaltens sind kreuz und quer miteinander verwoben, daher sieht es so aus, als gäbe es in unserer Welt »Opfer« und »Bösewichter«. Doch wenn wir von einem bestimmten Augenblick oder einer bestimmten Zeitphase zurücktreten und die menschliche Geschichte in ihrer Gesamtheit als Wandteppich betrachten, können wir die Vollkommenheit und Schönheit des Gewebes erkennen. Wir sehen, dass die einzelnen miteinander verwobenen Fäden der Erfahrungen notwendig sind, damit das Ergebnis zustande kommt, das wir als einen perfekten Bestandteil der Evolution unter dem Gesichtspunkt von Immer Hier/Immer Jetzt ansehen.

»Auch ihr«, sagte Jesus

Auch hier ist es durchaus berechtigt zu fragen, warum wir im Prozess dieses Gewebes all das erleben müssen, was wir Leiden nennen. Die Antwort ist, dass der spirituelle Gesichtspunkt uns verstehen lässt, dass »Leiden« nur dann erfahren wird, wenn wir nicht vollständig begreifen, was in unserem Leben geschieht und warum es geschieht. Erst wenn wir den *Grund* für das Ereignis einsehen, endet das Leiden. Eine Frau, die ein Kind zur Welt bringt, versteht das vollkommen. Sie hat Schmerzen, aber sie leidet nicht. Tatsächlich weint sie vor Freude.

Einfach gesagt ist (der körperliche wie auch der emotionale) Schmerz eine objektive Erfahrung. Unter dem Schmerz zu leiden ist hingegen das Ergebnis unserer Entscheidung, dass irgendetwas geschieht, das nicht geschehen sollte. Und eine solche Entscheidung würde und könnte jemand, der aus spiritueller Sicht auf das Leben blickt, niemals treffen.

Ein erstklassiges Beispiel aus der Geschichte der Menschheit ist hier das, was Jesus Christus demonstrierte. Es ist bedauerlich, dass so viele Menschen dieses außergewöhnliche menschliche Wesen in der Art zu einem Gott machten, wie sie es taten. Traurig daran ist nicht, dass sie ihn zu einem Göttlichen Wesen erklärten – das trifft sicherlich zu –, sondern dass sie glauben und verkünden, dass er in seiner Identität ein absoluter Einzelfall war.

»Es gab nie einen wie ihn und wird nie einen anderen wie ihn geben«, haben sich viele Menschen gesagt, um seine Wundertaten mit unserer scheinbaren Unfähigkeit, sie zu wiederholen, zu vereinbaren. Doch Jesus selbst sagte: »Warum seid ihr so überrascht? Diese Dinge und noch mehr werdet auch ihr tun.«

Damit meinte er nicht nur ein paar der Dinge die er tat, sondern alle. Er sagte nicht: »Ihr habt die Chance, ein paar von den Dingen, die ich hier getan habe, auch zu tun.« Er sagte: »Diese Dinge *und mehr* werdet auch ihr tun.« Wir haben ihm einfach nicht geglaubt. Doch der Tag wird kommen, an dem wir es glauben werden. Das wird der Tag sein, an dem wir unsere Eigentliche Identität annehmen, so wie er die seine annahm. Das wird der Augenblick sein, wenn wir uns die Wirklichkeit zu eigen machen, dass wir eins sind mit Gott, eins mit Christus, eins miteinander und eins mit allem Leben.

Jesus verstand ganz klar, dass er nicht das Opfer von irgendetwas war, und er verstand auch, dass es keine Bösewichter waren, die ihm Übles antaten. Er wusste, ihm konnte nichts einfach so *zustoßen*, alles geschah *durch* ihn. Er wusste auch, dass das die Wahrheit über jeden einzelnen Menschen ist, der je lebte und je leben wird. Seine besondere Mission bestand darin, uns dies aufzuzeigen.

Es gab und gibt viele Meister

Jesus dachte sicher nicht, dass wir das sofort »kapieren« würden. Oder auch nur ziemlich bald. Ich glaube, er wusste sehr wohl, dass die Menschheit viele Generationen und Jahrhunderte brauchen würde – im Leben des Universums ein bloßer Wimpernschlag –, um das, was zu erfahren er uns einlud, vollkommen zu begreifen, vollkommen zu akzeptieren und es uns vollkommen zu eigen zu machen. Darin war Jesus seiner Zeit Jahrtausende voraus, und das wusste er. Deshalb haben ihn Milliarden zu einem Göttlichen Wesen erklärt. (Deshalb wurde er auch gekreuzigt.)

Aber nun hat die »Zeit« eine der spektakulärsten Demonstrationen Gottes eingeholt und bietet dem Menschen zum gegenwärtigen Zeitpunkt die Gelegenheit, sich selbst vollständig zu verwirklichen. Viele haben das seit Christi Zeiten und davor getan. Wir haben im Verlauf der Menschheitsgeschichte schon viele verschiedene Demonstrationen Gottes gesehen.

Zum Beispiel werden fortwährend Menschen durch andere Menschen geheilt, und manche sind sogar »wieder ins Leben zurückgekehrt«. Wir bezeichnen diese Wunder als ein Ergebnis unserer wundervollen medizinischen Wissenschaft und moderner medizinischer Technologie, aber wer sagt, dass die medizinische Wissenschaft und Technologie nicht Methoden unserer Wahl sind, um unsere göttliche Natur zu demonstrieren?

Viele Menschen haben sich und andere auch ohne jede materielle Technologie geheilt, haben als wunderbares Werkzeug einzig ihren Glauben eingesetzt. Mary Baker Eddy hat um diese Erfahrung eine ganze Religion begründet und sie Christliche Wissenschaft genannt.

Viele Menschen, die vor und nach Christus unter uns wandelten, haben uns Menschen einen Spiegel vorgehalten, damit wir darin eine Spiegelung unseres Göttlichen Wesens sehen können. Laotse hat dies getan. Buddha hat dies getan. Baha'ullah hat dies getan. Und so auch noch viele, viele andere, die im Verlauf der Menschheitsgeschichte anerkannt wurden und in Erinnerung blieben oder auch nicht. Nicht alle Botschaften und Lehren dieser Menschen wurden vollkommen verstanden und zutreffend interpretiert.

Kämpft Gott wirklich mit Satan?

Die Menschen, die diese Ebene der Demonstration des Göttlichen betraten, hielten sich nie auch nur einen Augenblick lang für das Opfer von irgendetwas oder irgendjemandem und sahen auch niemanden als Bösewicht an. Sie sahen vielmehr eine Welt der Menschen, die nicht verstanden oder begriffen, wer sie waren und was da vor sich ging; die nicht erkannten, was der Sinn und Zweck des Lebens war, worin der Prozess bestand, durch den es sich ausdrückte, oder was der Grund für diesen Prozess war. Sie sahen eine Welt erfüllt von Verurteilung und Verdammung, Bestrafung und Unversöhnlichkeit, Wut und Hass, Gewalt und Töten. Sie sahen das barbarische Verhalten fühlender Wesen, denen es an erweitertem Bewusstsein mangelte.

Ja, genau das sehen wir auch heute auf allen Seiten. Wir sehen es, wohin wir auch blicken. Und so fragen wir uns, könnte das vielleicht die Wahrheit sein? Könnte es das sein, was wir in Wirklichkeit sind? Ist das ein Grundmerkmal menschlicher Natur? Waren Laotse und Buddha und Christus und Baha'ullah und all die anderen bloß Anomalien unter den Milliarden, die lebten und heute leben; eine winzige Handvoll menschlicher Wesen, die tatsächlich göttlicher Natur waren? Oder sind alle von uns göttlichen Wesens, wobei nur einige das in so ausreichendem Maße wissen und glauben, dass sie es erfahren und demonstrieren können?

Oder demonstrieren tatsächlich einige von uns auf irgendeiner Ebene, auf irgendeine Weise, in einigen Augenblicken das Göttliche? Und kommen wir mehr und mehr dahin, es immer zu tun und auf dieser Reise der Seele schließlich die Vollendung zu erreichen?

Gibt es wirklich Bösewichter und Opfer – nicht nur im menschlichen, sondern auch im spirituellen Sinn? Tobt da wirklich ein Kampf auf dem Planeten zwischen Gott und Luzifer? Sind die Übeltäter auf unserer Welt die Speichellecker Satans und die, die dem Bösen ein Ende zu machen suchen, die Soldaten Gottes?

Und noch interessanter ... Auf wessen Seite stehen wir, wenn wir Hass einsetzen, um Hass zu beenden, Gewalt, um Gewalt zu beenden, Krieg, um Krieg zu beenden, Töten, um das Töten zu beenden, und das Böse, um das Böse zu beenden?

Wagen wir es, Jesus beim Wort zu nehmen?

Wenn Jesus gedacht hätte, dass es auf der Welt Übeltäter gibt, Speichellecker Satans, veritable Bösewichter, warum hat er dann gesagt, wir sollen die linke Wange hinhalten, wenn uns jemand auf die rechte Wange schlägt? Wir sollen unsere Feinde segnen, segnen, segnen? Wir sollen denen, die Böses tun, Gutes tun? Worum ging es da ...?

Könnte es sein, dass Jesus zutiefst verstand, dass das, was wir das Böse nennen, nur die verzerrten und verstümmelten Ausdrucksformen von Liebe derer sind, die total missverstehen, wer sie sind und was im Leben vor sich geht?

Könnte es sein, dass er wusste, dass die Welt letztlich nicht geheilt wird, indem man die, die sich unserer Ansicht nach niederträchtig verhalten haben, verurteilt und bestraft? Dass diese Heilung vielmehr durch einen Wandel der *Modellvorstellung von der Welt* geschieht, aus der ihre Entscheidungen, Entschlüsse und Handlungen hervorgingen?

Könnte es sein, dass wir heute nichts weiter zu tun brauchen, als die sehr klaren und einfachen Anweisungen von Jesus auszuführen, nämlich unsere Feinde zu lieben und die zu segnen, die uns verfolgen, denn sie wissen nicht, was sie tun?

Es scheint, dass alle großen Meister der Welt uns dasselbe sagten, jeweils auf ihre eigene Weise. Und es hat den Anschein, als ob nur *sehr wenige von uns zuhörten.*

Es wurde bereits gesagt, und ich sage es noch einmal: Die Frage ist nicht, zu wem Gott spricht. Die Frage ist, wer zuhört.

Wenn wir den Botschaften von *Gespräche mit Gott* zuhören, werden wir begreifen, dass wir unsere persönlichen und tiefen inneren Erfahrungen sogar bei Geschehnissen von allerschlimmster Bösartigkeit und Niederträchtigkeit (gemäß unserer menschlichen Definition) verändern werden, wenn wir uns weigern, uns in solchen Momenten als Opfer zu verstehen. So schaffen wir unsere eigene innere Realität und fangen an, eine Energie in die Welt zu projizieren, die den Prozess in Gang setzt, durch den sich auch äußere Ereignisse verändern werden.

Dies ist der höchste Nutzen und das größte Wunder davon, dass wir göttlichen Wesens sind: Ganz gleich, was uns irgendwer antut, wir können es so erfahren, dass wir uns entsprechend entscheiden und damit jede negative Energie zunichtemachen, die ein anderer uns aufzuerlegen hoffte. Es gibt viele Menschen, die genau das demonstrierten, und Sie können einer von ihnen sein. Das ist letztlich der Kernpunkt der GmG-Kernbotschaft 7.

ANWENDUNG DIESER BOTSCHAFT IM ALLTAG

Die Kraft dieser Botschaft liegt darin, dass sie unser Leben über Nacht umwandeln kann. Und das im Hinblick auf jedes Ereignis, jede Situation und jeden Umstand, den wir jetzt erfahren, sowie auch im Hinblick auf alles, was wir in früheren Augenblicken unserer Zeit auf Erden erlebt haben mögen. Hier sind ein oder zwei praktische Vorschläge, wie Sie diese Botschaft in Ihrem Alltagsleben umsetzen können:

- Werfen Sie einen Blick auf all die Momente in Ihrem Leben, in denen Sie sich irgendwie, im kleinen und im großen Ausmaß, als Opfer fühlten. Schauen Sie, was Ihnen letzten Endes geschenkt wurde. Wie viele Fälle mündeten darin, dass Sie gegenwärtig von dieser Erfahrung profitieren? Das mag nicht für jeden Fall gelten, an den Sie sich erinnern können, aber gibt es zumindest einen, bei dem dies so war? Hat sich irgendeiner der Augenblicke, in dem Sie das Gefühl hatten, Ihnen wurde Unrecht getan, in eine Gelegenheit verwandelt, die es Ihnen ermöglichte, zum wunderbarsten Ergebnis zu gelangen, das Sie sich hätten erhoffen oder vorstellen können? Schauen Sie genau hin und seien Sie ehrlich.
- Wenn Sie sich an einen solchen Fall erinnern: Würden Sie dann in der Rückschau nach wie vor behaupten, dass Sie im ursprünglichen Szenario ein »Opfer« waren? Oder waren Sie ganz einfach ein heiliges Wesen, das einen Prozess durchlief, der auf vielfachen Ebenen stattfand? Einen Prozess, der eine Zusammenarbeit von Seelen beinhaltete, um ein singuläres Ergebnis hervorzubringen, und der vom teilhabenden Kollektiv auf vielfältige Weise erlebt wurde – alles mit dem Ziel, der Evolution und Vollendung zu dienen.
- Denken Sie an einen Fall, bei dem Sie in der Geschichte einer anderen Person zum »Bösewicht« wurden. Mit Sicherheit hat es einmal einen solchen Fall gegeben. Fragen Sie sich in der Rückschau, ob Sie, als Sie einem anderen Unrecht antaten, sich als »Bösewicht« fühlten. Oder hatten Sie damals ganz persönlich das Gefühl zu tun, was Sie tun mussten, was Sie zu tun hatten, was zu tun Sie sich entschieden, um dem, was Sie in einem bestimmten Moment zum Ausdruck bringen wollten, am besten Ausdruck zu geben? Schauen Sie,

ob Sie sich vorstellen können, dass eine andere Person die gleiche Motivation hatte, als sie Ihnen übel mitspielte. Bieten Sie, wenn es Ihnen möglich ist, dieser Person im Geist und im Herzen die Vergebung an, die Sie sich selbst angeboten haben. Wenn Sie sich selbst keine Vergebung für Ihre vergangenen Missetaten angeboten haben, dann tun Sie das jetzt als ersten Schritt. Auf diese Weise stellen Sie Ihre eigenen Erfahrungen von »Schurkerei und Niederträchtigkeit« – die, die von Ihnen ausgingen, und die, die Ihnen widerfuhren – in einen neuen Kontext und heiligen Sie sie.

- Erlauben Sie sich zu begreifen, dass die Tatsche, dass es keine Opfer oder Bösewichter auf der Welt gibt, nicht bedeutet, dass Sie nun bei bestimmten Ereignissen einfach daneben stehen und zuschauen, ohne irgendetwas zu tun. Der Meister tut nicht, was der Meister tut, weil das Tun eines anderen »falsch« ist. Die Meisterin tut, was die Meisterin tut, um den Augenblick zu ergreifen, der ihr erlaubt, die uns innewohnende höchste Ebene von Göttlicher Natur zum Ausdruck zu bringen und zu erfahren. Und so wurde uns der Rat gegeben: Richtet nicht und verurteilt nicht.
- Um zu demonstrieren, wer wir sind, brauchen wir nicht darzutun, dass jemand anders Unrecht getan hat oder dass irgendetwas Unrecht ist. Ganz im Gegenteil. Daher sagte Jesus, was er sagte, und bot uns den Weg an, den er so klar darlegte: Liebt eure Feinde und segnet die, die euch verfolgen. Seid der Dunkelheit ein Licht und verflucht sie nicht.

Leben Sie jeden Tag Ihres Lebens auf diese Weise und schauen Sie zu, wie sich die Welt um Sie herum langsam zu verändern beginnt, erst im innersten Kreis, dann in einem erweiterten Kreis und schließlich in der Berührung von Hunderten, Tausenden und dann Millionen. Wenn genügend viele von uns dies tun, wird sich die gesamte Welt verändern.

25

Die Kernbotschaft, die wir uns gerade angesehen haben, ist sicher eine der schwierigsten von allen Erkenntnissen in *Gespräche mit Gott*, die zu überdenken wir eingeladen sind. Schauen wir uns die Grundlage, auf der sie beruht, genau an, denn wenn wir ihre Basis verstehen, wird uns klarer, wie es denn überhaupt möglich sein könnte, dass es auf der Welt keine Opfer und keine Bösewichter gibt.

Diese Klarheit geht aus einem tiefen Verständnis hervor, das uns angeboten wird in der Kernbotschaft Nummer 6.

GmG-*Kernbotschaft* 6

So etwas wie Richtig und Falsch gibt es nicht. Es gibt nur das, was angesichts dessen, was du zu tun versuchst, Funktioniert und was Nicht Funktioniert.

Wenn wir dachten, die Kernbotschaft Nummer 7 wäre eine ziemliche Herausforderung für uns, so befördert uns diese hier auf die nächste Ebene. Wieder einmal möchte der Verstand wissen, wie das wahr sein kann. Wie kann es sein, dass es so etwas wie Richtig und Falsch nicht gibt? Warum uns denn nicht gleich *alle* Teppiche unter den Füßen wegziehen? Sollen wir denn schlichtweg alle Einsichten und Übereinkünfte der Menschheit aufgeben?

Nein, sagte mein Verstand, als ich das zum ersten Mal hörte, *mit Sicherheit gibt es auf irgendeiner Ebene Richtig und Falsch.* Gewiss existiert da *irgendein* Wegweiser, irgendein Maßstab, irgendein Standard oder Kriterium, anhand dessen wir messen oder bestimmen können, ob bestimmte Entscheidungen und Verhaltensweisen angemessen oder unangemessen sind, gut oder schlecht, ob sie umgesetzt oder ignoriert werden sollen.

Dem scheint die menschliche Spezies zuzustimmen. Was das angeht, haben die Leute viele, viele Jahre mit aller Gewalt – und das meine ich buchstäblich – daran festgehalten. Wir sind uns absolut sicher, dass es so etwas wie Richtig und Falsch gibt, und wir sind uns absolut sicher, *dass wir damit Recht haben.*

Wenn es nur so einfach wäre

Dieses Thema haben wir schon an früherer Stelle untersucht. Jetzt beschäftigen wir uns wieder damit, da wir die Kernbotschaften von *Gespräche mit Gott* in umgekehrter Reihenfolge durchgehen. So können Sie deutlich sehen, wie wir zu dem an früherer Stelle angekündigten Ort gelangten.

Das Problem ist, dass sich unsere Vorstellungen von Richtig und Falsch von Zeit zu Zeit, Ort zu Ort und Kultur zu Kultur ändern, wie wir wiederholt festgestellt haben. Das Ergebnis: Was nach Aussage der einen Person oder Kultur richtig ist, ist nach Aussage der anderen Person oder Kultur falsch. Und das ist, um noch einmal darauf hinzuweisen, die Quelle von mehr als nur einer kleinen oder belanglosen Menge von Konflikten und Gewalttaten, von Töten und Kriegen, die wir auf diesem Planeten erlebt haben, wobei ironischerweise vieles davon im Namen Gottes geschah.

Weder scheinen wir uns darüber einig werden zu können, was richtig und was falsch ist, noch können wir uns darauf einigen, dass wir überhaupt *unterschiedlicher Meinung sind.* Wir scheinen nicht fähig zu sein, unsere Meinungsverschiedenheiten zu beobachten und sie einfach als solche zu benennen. Offensichtlich haben wir das Bedürfnis, *andere* dafür ins Unrecht zu setzen, dass sie andere Ansichten haben als wir. Wir können uns noch nicht einmal darauf einigen, die Themen, bei denen wir unterschiedliche Überzeugungen hegen, offen und aufgeschlossen zu erforschen, so dass alle Möglichkeiten auf dem Tisch liegen und Kompromisse zumindest in Betracht gezogen werden. Nein, wenn wir *Recht* haben, kann es keine Kompromisse geben. Wenn es um Prinzipien geht, geht man keine Kompromisse ein. Man verhandelt nicht mit dem Teufel – und wir haben ja bereits nicht nur unsere jeweiligen Ansichten, sondern auch *einander* verteufelt. Das also ist die Sachlage. Da stehen wir nun mit unseren Meinungsverschiedenheiten und unserer absoluten Unfähigkeit, sie zu überwinden.

Schlimmer noch, da stehen wir mit unserer Selbstgerechtigkeit. Wir bilden uns ein, dass wir mit unserer Vorstellung von Richtig und Falsch dermaßen im Recht sind, dass wir bereit sind, andere schlechtzumachen, zu kritisieren, zu verfolgen, zu richten und zu bestrafen, anzugreifen und sogar zu töten – alles Dinge, die *wir* als falsch betrachten würden, *wenn andere sie uns antäten.* Das Interessante an diesem »Richtig« ist, dass es immer auf unserer Seite ist.

Die Modellvorstellung ist das Problem

An früherer Stelle wurde gesagt, dass niemand angesichts seiner Modellvorstellung von der Welt etwas Unangemessenes tut, und jetzt sehen wir, wie sich das auf der Funktionsebene auswirkt. Diese Modellvorstellung ist es, die uns sagt, dass die Dinge *moralisch* gesehen richtig und *moralisch* gesehen falsch sind – und Milliarden glauben, dass es *Gott* ist, der das gesagt hat. Wenn Gott sagt, dass etwas richtig oder falsch ist, wer sind wir, ihm zu widersprechen oder es überhaupt nur in Frage zu stellen?

Unsere Modellvorstellung von der Welt lässt also keinen Raum für Diskussionen, keinen Raum für Debatten, keinen Raum für die Erforschung irgendeiner anderen Möglichkeit als der, die man uns erzählt hat und die vom Gott unseres Verständnisses befohlen wurde.

Aber nicht einmal Gott kann die Dinge von einer Kultur zur anderen oder auch nur von einem Augenblick in der Geschichte zum nächsten geraderücken – so scheint es zumindest. In der einen Kultur erzählt man uns, Gott habe gesagt, wir sollen Ehebrecher vor die Stadttore führen und zu Tode steinigen. In einer anderen Kultur erzählt man uns, Gott habe gesagt, wir sollen den Menschen ihre Sünden vergeben und Erbarmen haben und nie jemanden vorsätzlich töten. Was sollen wir also tun? Wie sollen wir diese Widersprüche lösen?

Die Antwort darauf ist der Aufbau einer *neuen* Modellvorstellung von der Welt, gegründet auf ein neues Verständnis, welches uns durch *Gott heute. Gespräche mit Gott über die Spiritualität der Zukunft* überbracht wurde. Und dieses neue Verständnis ist, dass es so etwas wie Richtig und Falsch *nicht gibt,* sondern nur das, was Funktioniert und was Nicht Funktioniert.

Unsere Maßstäbe sollten nichts mit moralischer *Selbstgerechtigkeit* zu tun haben, sondern sich angesichts unserer Agenda und der Ergebnisse, die wir in unserer Erfahrungswelt herbeiführen möchten, an einfacher und praktischer *Effektivität* orientieren.

Sogar darüber können und werden wir unterschiedlicher Meinung sein, aber das nimmt die moralischen Absolutheiten aus der Gleichung und ersetzt sie durch eine einfache Beobachtung und Frage: Funktioniert es? Funktioniert das, was zu tun wir uns entschieden haben, in der Weise, dass es zu den Ergebnissen führt, die wir unserer Aussage nach herbeiführen wollen?

Sollten Ergebnisse einen Unterschied machen?

Im Moment führt nur sehr wenig von dem, was wir auf dem Planeten tun, zu den Ergebnissen, die wir eigentlich anstreben – ein weiterer Punkt, auf den hier unaufhörlich hingewiesen wird. Das Erstaunliche daran ist nicht dieses Ausbleiben von erwünschten Resultaten, sondern die Tatsache, dass es für uns nichts zu *ändern* scheint. Das totale Ausbleiben von beabsichtigten Ergebnissen hat keine Auswirkung darauf, wie wir handeln.

Der Menschheit scheint das schlichtweg egal zu sein. Wir leiden lieber unter unbeabsichtigten Ergebnissen, die oft sogar im direkten Gegensatz zu dem stehen, was wir unserer Aussage nach zu erfahren wünschen, als dass wir irgendetwas an unseren Überzeugungen und Glaubensvorstellungen ändern.

Gott rät uns, sehr genau hinzuschauen und zu überlegen, was wir in unserer Welt zu tun beabsichtigen. Haben wir die Absicht, Frieden zu schaffen? Haben wir die Absicht, Wohlstand herzustellen? Haben wir die Absicht, den Schutz und die

Sicherheit anderer und von uns selbst zu garantieren? Haben wir die Absicht, eine Art von Leben zu schaffen, das allen ein Dasein in Würde erlaubt? *Was versuchen wir hier zu tun?*

Und welchen Unterschied erkennen wir zwischen dem, was wir zu tun *versuchen,* dem, was wir unserer Aussage nach zuwege bringen *wollen,* und dem, was wir tatsächlich *erreichen*?

Sind wir als Gemeinschaft fühlender Wesen fähig, uns einzugestehen und zuzugeben, dass unsere Herangehensweise an das, was wir unserer Aussage nach zu tun beabsichtigen, schlichtweg untauglich ist? Und dass sie nunmehr schon seit einigen tausend Jahren untauglich ist?

Glauben wir wirklich, wir müssten nichts weiter tun, als die uralten Regeln hinsichtlich dessen, was moralisch gesehen richtig und falsch ist, zu befolgen, um die Art Leben auf diesem Planeten zu erschaffen, die wir unserer Aussage nach erschaffen wollen?

Moralvorstellungen oder Funktionalität, was soll es sein?

Ich habe das folgende Beispiel bereits in anderen Büchern herangezogen und werde es auch hier noch einmal verwenden. Wenn Sie in den USA nach Westen fahren und sich der Pazifikküste nähern, dann ist es moralisch gesehen nicht falsch, wenn Sie in Richtung des südlich gelegenen San Jose fahren, um zu versuchen, nach Seattle zu kommen, das im Norden liegt. In funktionaler Hinsicht ist es schlichtweg ineffizient. Wir tun gut daran, Moral nicht mit Funktionalität zu verwechseln.

Doch das tun wir gegenwärtig und tun es schon seit geraumer Zeit. Genau genommen seit Tausenden von Jahren. Wir meinen, Richtig und Falsch seien eine Frage der Moralvorstellungen (die von Ort zu Ort, Zeit zu Zeit, Kultur zu Kultur wechseln), wohingegen es einfach eine Frage der *Effektivität* ist (entweder bewirkt etwas das Ergebnis, das wir haben wollen, oder es tut es nicht – ganz gleich, an welchem Ort oder in welcher Zeit oder Kultur wir uns befinden).

Die Dinge sind nicht *von Natur aus* richtig oder falsch, und wir täten gut daran, eine solche Vorstellung aufzugeben.

Es gibt keinen Beweis dafür, dass Leute, die an einem Nacktbadestrand nackt Volleyball spielen, unmoralischer oder in den Augen Gottes weniger wert sind als Leute, die von Kopf bis Fuß in Gewänder eingehüllt herumlaufen und niemals auch nur einen Zentimeter ihres Körpers irgendjemanden außerhalb des Hauses sehen lassen.

Wir haben keinen Grund zu schlussfolgern, dass Leute, die nur Gemüse essen, moralisch irgendwie fortgeschrittener sind oder lobenswertere und spirituellere Entscheidungen treffen als die, die das Fleisch von toten Geschöpfen essen – wie Jesus, der offensichtlich Fisch aß und diesen vor seiner Bergpredigt tonnenweise an die Leute verteilen ließ, um sie zu speisen.

Nichts in unseren Erfahrungen deutet darauf hin, dass Homosexuelle von Natur aus, unvermeidlich und unveränderlich moralisch, emotional, intellektuell, philosophisch und spirituell eine Katastrophe sind, während Menschen, die nicht homosexuell sind, von Natur aus, unvermeidlich und unveränderlich moralisch, emotional, intellektuell, philosophisch und spirituell fortgeschritten sind.

So absurd diese und andere Vorstellungen auch sein mögen, so werden sie doch von unzähligen Menschen als die Wahrheit bezeichnet, nach der sie leben. Es gibt nun mal, so sagen sie, Regeln und Vorschriften in Bezug auf richtiges Benehmen, und wer sie nicht befolgt, begeht ein Unrecht.

Doch manchmal funktioniert das Nichtvorhandensein dessen, was wir »richtig« nennen, besser als alle Regeln und Vorschriften auf der Welt. Jeder, der einmal mit dem Auto um den Arc de Triomphe gefahren ist, versteht das absolut.

An diesem historischen Monument in Paris, um das ein Kreisverkehr führt, steht kein einziger Verkehrspolizist. Auf der Straße gibt es keine Markierungen, es gibt keine Straßenschilder oder etwa Verkehrsampeln. Es ist einer der am meisten befahrenen und verstopften Verkehrswege der Welt, jede Minute biegen Hunderte von Autos in diesen Kreisverkehr ein oder verlassen ihn wieder. Und doch gibt es da nichts, was anzeigt, wohin man fahren soll, was man machen soll oder wie man es machen soll. Die Menschen begeben sich auf eigenes Risiko in diese Ansammlung von Fahrzeugen.

Das ist der Punkt. Wenn sie selbst einem Risiko ausgesetzt sind, passen sie auf sich und andere auf. Sie brauchen keine Verkehrspolizisten. Sie brauchen keine Fahrbahnmarkierungen und keine Verkehrsampeln. *Sie wissen, was sie zu tun versuchen.*

Sie versuchen, unversehrt auf die andere Seite des Kreisverkehrs zu kommen. Im Grunde ist alles ganz einfach.

Wenn wir wissen, was wir zu tun versuchen, wird uns sofort deutlich und klar, worin die bessere Handlung besteht. Deshalb gibt es beim Arc de Triomphe weniger Verkehrsunfälle als auf der nur wenige hundert Meter entfernten Champs-Élysées, wo sich viele Verkehrsampeln finden, die Fahrbahnen deutlich markiert sind und der Verkehrsfluss mittels Regeln und Vorschriften dirigiert wird.

Die Frage, die niemand stellt

Möglicherweise macht der Gedanke, dass es *moralisch* gesehen kein Richtig und Falsch (im Gegensatz zu *funktional* effizient oder ineffizient) gibt, den Menschen Angst oder Sorgen. Das ist deshalb so, weil die fühlenden Wesen auf diesem Planeten nicht gemeinsam und allgemeingültig entschieden haben, was es ist, das sie zu tun versuchen.

Versuchen wir Freiheit zu schaffen, oder glauben wir, dass ein freies Volk ein gefährliches Volk ist? Geht es im Leben darum, dass der mit den meisten Spielzeugen gewinnt, oder haben wir »Erfolg« im Leben anders definiert?

Was ist mit unserer spirituellen Reise? Streben wir danach, das Göttliche in uns zu erfahren, oder versuchen wir einfach, uns nur durchzulavieren und uns dabei so wenig wie möglich gegen Gott zu vergehen? Hat unsere spirituelle Erfahrung überhaupt irgendetwas mit irgendetwas zu tun? Wenn ja, machen es uns dann die Straßenmarkierungen und Verkehrsampeln und Verkehrspolizisten in unserer spirituellen Welt leichter oder schwerer, dahin zu kommen, wo wir unserer Aussage nach hingelangen wollen?

Lasst das unsere Frage für den Tag sein.

ANWENDUNG DIESER BOTSCHAFT IM ALLTAG

Sehen wir mal, ob es irgendwelche praktischen Möglichkeiten gibt, die *GmG*-Kernbotschaft 6 in unserem Alltagsleben umzusetzen. Versuchen Sie es mit diesen Vorschlägen:

- Führen Sie drei Dinge auf, die Sie Ihrer Ansicht nach in Ihrem Leben »falsch« gemacht haben, und fragen Sie sich Folgendes: Meinen Sie, dass es falsch war, sie zu tun, weil sie nicht zu den von Ihnen beabsichtigten Ergebnissen führten? Oder waren sie falsch, weil sie durchaus zum gewünschten Ergebnis führten, Sie aber unkonventionell vorgingen und gegen die Regeln verstießen, die Ihnen ein anderer vorgegeben hatte? Oder bezeichnen Sie Ihre Handlungen als falsch, weil Sie in der Rückschau das Gefühl haben, dass Sie andere damit verletzten oder irgendwie schädigten?

- Schauen Sie sich ein paar Dinge an, die andere Ihrem Gefühl nach »falsch« gemacht haben. Haben Sie selbst jemals das Gleiche oder etwas Ähnliches gemacht? Haben Sie jemals in Ihrem ganzen Leben die gleiche *Art* von Verhalten an den Tag gelegt, wenn nicht sogar genau dasselbe getan? Wenn Sie einen anderen beim Betrügen beobachten, dann fragen Sie sich: Habe ich jemals bei irgendetwas betrogen? Wenn Sie merken, dass ein anderer ausweicht oder lügt, dann fragen Sie sich: Bin ich jemals der Wahrheit ausgewichen, oder habe ich gelogen? Wenn Sie beobachten, dass ein anderer verletzend oder grausam ist, dann fragen Sie sich: War ich in meinem Leben jemals verletzend oder grausam?
- Tippen Sie folgenden Text in Ihren Computer:
  An dem Tag, an dem ich mich nicht mehr für irgendetwas verurteile, das ich meiner Vorstellung nach »falsch« gemacht habe, werde ich ganz automatisch und elegant aufhören, andere zu verurteilen. An dem Tag, an dem ich aufhöre, andere zu verurteilen, fange ich an, der Göttlichkeit Ausdruck zu geben. An dem Tag, da ich der Göttlichkeit Ausdruck zu geben beginne, fange ich an zu tun, was zu tun ich in dieses Leben auf Erden gekommen bin. Alles andere ist nur so eine Art, es zu tun.
- Drucken Sie das ein paarmal aus und bringen Sie die Blätter überall an … am Kühlschrank, am Badezimmerspiegel, auf dem Nachtkästchen, an der Innenseite der Schrankwand, am

Armaturenbrett Ihres Autos, an der Wand vor Ihrer Dusche … überall.

- Führen Sie fünf Dinge auf, die Sie noch vor Ende des Jahres sehr gerne tun würden. Vielleicht standen sie schon auf der Liste Ihrer Neujahrsvorsätze. Vielleicht werden sie Ihnen auch erst jetzt bewusst als Folge eines neuen Entschlusses, zu bestimmten Ergebnissen zu kommen, bevor es zu spät ist. Wie auch immer, schreiben Sie sie auf und fragen Sie sich dann bei jedem einzelnen Ding, was genau Sie dabei zu tun versuchen. Was wollen Sie erreichen? Was wollen Sie erzeugen? Was für ein Resultat erhoffen Sie sich? Stellen Sie sich dann bei jedem Ding die allerwichtigste Frage: Was hat das mit der Agenda meiner Seele zu tun?
- Hier geht es nun um Ihre spirituellen Überzeugungen. Führen Sie mindestens drei Dinge auf, die Gott Ihrem Glauben nach unter allen Umständen und Bedingungen absolut »falsch« findet. Schauen Sie dann, ob irgendetwas davon von jemandem – einer Person oder einem Land – getan wurde, die oder das Sie bewundern. Und zwar mit der Behauptung, dass es im Namen des Guten oder im Namen Gottes geschah. Schreiben Sie auf, was Ihnen das über Sie offenbart.

26

Die gerade erforschte Grundlage des Gedankens, dass es so etwas wie ein moralisches Richtig und Falsch nicht gibt, geht aus einer Erkenntnis hervor, die mir über die fundamentalste Vorgehensweise des Lebens selbst übermittelt wurde.

Ich kann ehrlich sagen, dass ich diesen speziellen Gedanken nie zuvor gehört, gedacht oder mir irgendwie vorgestellt hatte. Aber nachdem mein Gespräch mit Gott zu diesem Thema beendet war, hatte ich das Gefühl, endlich auf tieferer Ebene als je zuvor zu begreifen, wie alles auf diesem Planeten funktioniert.

Ich lade Sie ein, sich anzusehen, wozu ich damals eingeladen war, es mir anzusehen, die Kernbotschaft Nummer 5.

GmG-Kernbotschaft 5

Es gibt Drei Grundprinzipien des Lebens: *Funktionalität, Anpassungsfähigkeit und Erhaltungsmöglichkeit.*

Mir wurde gesagt, dass alles Leben, überall im Universum, denselben Grundprinzipien folgt. Wir sprechen hier von einem identischen Prozess, ob es sich um das Leben eines Menschen oder eines Baumes oder das Leben auf einem anderen Planeten handelt.

Das Leben ist auf allen Ebenen seiner Ausdrucksformen funktionsfähig, anpassungsfähig und erhaltungsfähig – oder es existiert gar nicht. Das ist die Ordnung der Dinge. So stellt sich Körperlichkeit dar. So manifestiert sich Gott. So *ist* das Leben.

Das Leben ist immer funktionsfähig. Es ist immer anpassungsfähig. Und es ist immer in der einen oder anderen Form erhaltungsfähig. Genau aus diesem Grund gab es immer Leben, gibt es jetzt Leben und wird es immer Leben geben.

Praktisch gesprochen heißt das, dass das Leben so funktioniert, dass seine Funktionsfähigkeit auf ewig erhalten bleibt. Nichts, was existiert, hört je auf zu existieren. Die Essenzielle Energie, die das Leben selbst ist, verändert nur die Form, bringt sich in unendlicher Vielfalt zum Ausdruck, je nachdem, was für das Sichfortsetzen des Ausdrucks selbst erforderlich ist.

Auf Erden ist es wie im Himmel

Dies könnte, sehr weit gefasst, eine spirituelle Artikulation des physischen Prinzips sein, das Charles Darwin als »natürliche Auslese« beschrieb.

Was Darwin entdeckte, wurde auf sehr einfache, aber nicht unbedingt vereinfachende Weise in *Gespräche mit Gott* folgendermaßen ausgedrückt: *Das Leben hat keine Absicht zu enden.* Niemals. Deshalb nimmt jeder Ausdruck oder jede Form des Lebens, wenn sie bedroht ist, sofort eine Anpassung vor und macht sich so in ihrem Ausdruck wieder erhaltungsfähig.

Genau das unternimmt die Erde gerade. Es kursiert die Theorie, dass die Erde selbst ein lebendiger Organismus ist. Als solcher hat sie sogar einen Namen bekommen: Gaia. Dieser Organismus, so heißt es, funktioniert und arbeitet nach sich selbst organisierenden Prinzipien, die eine hohe universelle Intelligenz spiegeln, die sich in allen großen wie kleinen Lebensformen findet.

Manche Umweltschützer haben den Gedanken vorgetragen, die wachsende Anzahl geophysikalischer Vorfälle auf diesem Planeten – von den Tsunamis über die Orkane bis hin zu anderen physikalischen Phänomenen – sei die Reaktion Gaias darauf, dass durch die Menschheit das Überleben der Welt bedroht ist.

Niemand erwartet wirklich, dass die Welt nicht überlebt, aber nur sehr wenige Menschen gehen davon aus, dass sie es in der gleichen Form und in der gleichen Weise tut, wie sie es in all diesen vielen Jahrhunderten und Jahrtausenden getan hat. Ganz zweifellos ist die Erde ein biologisches System, das sich wandelt und den Bedingungen anpasst, die ihre Bewohner ihr auferlegt haben.

Die vom Planeten selbst beherbergten Lebensformen machen genau dasselbe. Sie passen sich fortwährend an, damit sie den Ausdruck der sie durchströmenden Essenziellen Energie aufrechterhalten können.

Es wäre jedoch ein Fehler anzunehmen, dass die Anpassungen der Lebensformen ihren physischen Ausdruck garantieren oder dass ihr Erscheinungsbild immer das gleiche oder fast gleiche bleiben wird. Wir wissen alle, dass bestimmte Lebensformen auf Erden »ausgestorben« sind. Das heißt nach allgemeinem Verständnis in den vielen Sprachen dieses Planeten, dass sie nicht mehr existieren. Die Wahrheit aber ist, dass sie einfach nicht mehr *in der Form* existieren, die sie vordem angenommen hatten. Alle Dinge, die existieren, existieren weiterhin; die Frage ist nur, wie sie es tun.

Das Gleichnis vom Holzklotz

In *Was wirklich wichtig ist* findet sich ein wunderbares Gleichnis, das dies veranschaulicht. Es ist die Geschichte von einem riesigen Holzklotz, der im Kamin liegt und dann nach einigen Stunden nicht mehr da ist – zu Asche reduziert. Und so ist das, was war, nicht mehr. Da gibt es nun die, die sagen würden, der Holzklotz existiere außer in Form der von ihm hinterlassenen Asche nicht mehr. Doch in diesem Gleichnis hat sich das, was wir einst einen »Holzklotz« nannten, einfach auf wunderbare Weise verwandelt, er ging buchstäblich in Rauch auf. Seine Energie fand sowohl in Hitze wie in Licht als auch in Asche Ausdruck. Doch dieser revidierte Ausdruck seiner Energie ist keine Auslöschung, sondern nur die Umwandlung seiner Energie in andere Energieformen. Ein Teil des Holzklotzes existiert nach wie vor im Physischen (dem Teil, den wir »Asche« nennen), aber 95 Prozent von ihm bewegten sich, durch den Ausdruck seiner Energie, in das hinein, was wir das unsichtbare Universum nennen.

Dasselbe machen wir im Anschluss an das, was wir den »Tod« nennen. Genau auf dieselbe Weise, möchte ich hinzufügen. Das heißt, wir verwandeln uns auf wunderbare Art.

Bei diesem Prozess mag der körperliche Teil von uns, der geringste Prozentsatz der Manifestation unserer Energie, in irgendeiner Form im Bereich des Physischen verbleiben – vielleicht nach einer Verbrennung zu Asche reduziert oder indem er irgendwo in einem Sarg über längere Zeit hinweg langsam seine Form verändert. Aber der weitaus größte Prozentsatz von Wer Wir Sind geht in wunderbar verwandelter Form über zum Bereich des Spirituellen, wie es genannt wurde.

Auf diese Weise nimmt die Lebensform, die sich als Ich, als Du, als Sie zum Ausdruck gebracht hat, eine Anpassung vor und erhält sich weiterhin selbst.

Kleinere Varianten dieses Zyklus von Funktionsfähigkeit, Anpassungsfähigkeit und Erhaltungsfähigkeit zeigen sich durchgängig, während wir im Besitz unserer gegenwärtigen körperlichen Form sind, und auch bei allem rings um uns herum.

Ich kenne einen Mann, der fand es absolut zweckmäßig, regelmäßig Krabben und Hummer zu essen. Dann entwickelte er etwas, was sein Arzt als spontane Allergie auf Schalentiere bezeichnete. Er zeigte Anpassungsfähigkeit und beschränkte sich, was den Konsum von Meeresgeschöpfen anging, auf Lachs, Forellen und andere, die nicht zu den Krustentieren gehören. So erzeugte er in seinem körperlichen Wesen Erhaltungsfähigkeit.

Wer immer es in seinem Garten mit Unkraut zu tun hat, versteht, wie bestimmte Lebensformen die Zyklen von Funktionsfähigkeit, Anpassungsfähigkeit und Erhaltungsfähigkeit unter Beweis stellen!

Diese ziemlich einfache und effektive Formel erklärt also eine Menge von dem, was wir in unserem Leben auf Erden rings um uns herum beobachten und was wir in unserem weiteren Dasein an Beobachtungen machen werden. Wir können erwarten, dass das Leben immer funktionsfähig, anpassungsfähig und erhaltungsfähig sein wird.

Wichtig ist, dass wir begreifen, dass diese unterschiedlichen Ausdrucksformen der Essenziellen Energie nirgendwo »richtig« oder »falsch«, sondern einfach »dies« oder »das« sind. Es ist auch keinesfalls so, dass ein Ausdruck der Essenziellen Energie »besser« wäre als ein anderer. Es ist ganz einfach eine Form »anders als«, oder sie »unterscheidet sich von«.

Wir sind es, die dem vollendet eleganten Lebensprozess Werturteile überstülpen. Wir bezeichnen Stürme als schlecht und schöne Sonnenaufgänge als gut. Wir bezeichnen den Tod als schlecht und die Geburt als gut. Wie betrauern das eine und feiern das andere. Doch in Wahrheit ist alles Leben auf unserer Seite und arbeitet jedes Ereignis für unsere persönliche und kollektive Evolution.

Die amerikanische Dichterin Em Claire fing diese Erkenntnis auf perfekte Weise ein, als sie schrieb:

Gott trägt mir auf, euch dies zu sagen:
Kein Ding muss in Ordnung gebracht werden;
alles ersehnt
ein Feiern.

Euch wurde gegeben, euch zu beugen,
damit ihr all die vielen Wunder
zu euren Füßen finden könnt.
Euch wurde gegeben, euch zu strecken,
damit ihr euer eigenes wunderbares Himmelsantlitz
entdecken könnt
gleich über allem,
was ihr meint schultern zu müssen.

Wenn ich Gott darum bitte, mit mir zu sprechen,
fühle ich mich so klein und allein wie du vielleicht
auch.
Aber genau dann, aus keinem bestimmten Grund,
beginne ich
zu leuchten.

In der Sache führend sein

In Anlehnung an Ems Gedicht: Wir beginnen zu leuchten, wenn wir uns auf den Prozess des Lebens einlassen und ihn nicht nur einfach *beobachten.* Wir können die Ursache für die Anpassungen sein, die das Leben vornimmt, nicht bloß deren Zeugen. Tatsache ist, dass wir im Moment deren Ursache sind.

Wie ich bereits erwähnte, sind die Anpassungen, die bislang vom Leben auf der Erde vorgenommen wurden, weitgehend das Ergebnis dessen, was wir mit unserem Verhalten angezettelt haben. Globale Erwärmung, Erdbeben, tropische Stürme, Tornados, Hitzewellen, Dürren, Überschwemmungen und andere »Naturkatastrophen« – an alldem sehen wir, dass die Menschheit in großem Ausmaß auf die ökologischen Systeme dieses Planeten Einfluss nimmt und für sie weitgehend verantwortlich ist.

Diese Wahrheit geben wir natürlich nicht gerne zu. Und so gibt es jene, die sich absolut weigern einzugestehen, dass wir damit, wie wir unser Leben auf der Erde leben und geschaffen haben, auf irgendeiner Ebene an der ökologischen Reaktion der Erde teilhaben. Doch Naturwissenschaftler, die eine neutralere Position vertreten, sind sich über die Auswirkungen, die das Verhalten der Menschen auf das zerbrechliche System des ökologischen Gleichgewichts hatte und hat, durchaus im Klaren.

Als Spezies können wir ebenso positiv auf den Planeten und seine Anpassungen einwirken. Dann müssen wir uns allerdings als Erstes eingestehen, dass wir *imstande* sind, zum Guten *oder* Schlechten Einfluss auf die Erde zu nehmen. Wenn wir erklären, dass wir keinesfalls für irgendeine der negativen Umweltanpassungen verantwortlich sind, können wir auch unmöglich die Vorstellung hegen, dass es uns möglich ist, in positiver Weise auf das ökologische System der Erde einzuwirken.

Das Leben lädt uns also ein, die drei Grundprinzipien des Lebens als Werkzeuge zur Gestaltung unserer eigenen Zukunft anzuwenden und so Mitschöpfer, aktiv Teilnehmende, bewusste Mitarbeiter zu sein.

Die Tatsache, dass es eine solche Formel gibt, durch die sich das Leben im ganzen Universum zum Ausdruck bringt, bedeutet nicht, dass wir daneben und am Ende der Kette der Auswirkungen stehen müssen. Allerorts im Universum haben alle fühlenden Wesen schließlich gelernt, dass das Gegenteil stimmt.

Wir haben hier die Gelegenheit, ein bewusster (statt ein unbewusster) *Teil* der Formel zu werden, indem wir aktiv und vorsätzlich Funktionsfähigkeit, Anpassungsfähigkeit und Erhaltungsfähigkeit erschaffen, statt einfach zuzusehen, wie sich diese Formel ausagiert, ohne dass wir in irgendeiner Form eingreifen oder daran teilnehmen. Alle intelligenten, hoch entwickelten Spezies verstehen das vollkommen.

Wir auch?

ANWENDUNG DIESER BOTSCHAFT IM ALLTAG

Hier sind ein paar praktische Möglichkeiten, wie Sie die Drei Grundprinzipien des Lebens in Ihre tagtägliche Erfahrungswelt einbringen können:

- Schaffen Sie einen umweltfreundlichen Haushalt. Hierzu gibt es unzählige Möglichkeiten, die sich weltweit in zahllosen Büchern, Broschüren und Verlautbarungen finden lassen. Eignen Sie sich die Regeln eines umweltfreundlichen Verhaltens an und befolgen Sie sie.

- Wenden Sie die Prinzipien von Funktionsfähigkeit, Anpassungsfähigkeit und Erhaltungsfähigkeit auf Ihre eigene Gesundheit an. Stellen Sie sofort alle Verhaltensweisen ein, die speziell den Ausdruck Ihrer Lebensform in seiner Funktionsfähigkeit bedrohen. Wenn Sie rauchen, hören Sie damit auf. Wenn Sie viel Zucker zu sich nehmen, hören Sie damit auf. Wenn Sie mehr Alkohol trinken, als Sie sollten, hören Sie damit auf. Wenn Sie sich sehr fettreich ernähren, hören Sie damit auf.
- Beginnen Sie mit Aktivitäten, die Ihnen dabei helfen, die Funktionsfähigkeit Ihres Körpers zu erhalten. Ein Mindestmaß an Körperbewegung ist ein Beispiel dafür. Genug Schlaf ein anderes. Emotionale Ausbrüche besser zu kontrollieren oder möglichst aufzugeben sowie Stress drastisch zu reduzieren sind weitere Möglichkeiten. Setzen Sie die Liste fort … Wir wissen alle, was wir tun können und was wir besser unterlassen sollten, um die optimale Funktionsfähigkeit des Körpers aufrechtzuerhalten. Werden wir auf diese Dinge achten? Das ist die Frage. Es hängt alles von der Anpassung ab, die das Wesen, das Sie sind, vornehmen möchte.
- Sie werden nie aufhören zu existieren. Sie sind eine ewig existierende Wesenheit und ein Ausdruck von Gott. Aber ob Sie weiterhin die Essenzielle Energie in der Form zum Ausdruck bringen, die Sie Ihre gegenwärtige körperliche Persönlichkeit nennen, ist eine andere Sache. Das liegt völlig bei Ihnen. Sie werden letztlich Ihre physische Ausdrucksform in einer Weise »anpassen«, die wir den »Tod« nennen, aber dieser Zeitpunkt kann, wenn Sie es wünschen, später als früher eintreten. Es hängt alles davon ab, welche anderen Anpassungen Sie jetzt vorzunehmen bereit sind.
- Entschließen Sie sich dazu zu beten, entschließen Sie sich

dazu zu meditieren, entschließen Sie sich dazu, den Standpunkt Ihres Seins auf jeder Ebene zu ändern, Ihre spirituellen Erfahrungen und Ihre spirituellen Ausdrucksformen zu erweitern. Erforschen Sie das Visualisieren und gelenkte Fantasien. Lesen Sie still. Hören Sie auf, sich laute Actionfilme anzusehen, in denen überall explodierende Körper herumfliegen. Lassen Sie stattdessen schöne, weiche, sanfte Musik im Haus erklingen. Ja, Ihre Kinder und Enkel mögen Sie als Grufti bezeichnen, aber Sie werden zumindest ein lebendiger und kein toter Grufti sein.

Achten Sie bei alldem auf das, was Sie *tun,* achten Sie auf das, was Sie *sind,* achten Sie auf das, was Sie in diesen Tagen und Zeiten Ihres Lebens *haben.*

Ich schaue mir keine Horrorfilme an, weil ich keine habe und nichts damit zu tun haben möchte. Ich höre mir keine hässlichen oder aufstachelnden Songtexte in wütenden und zornigen Songs an, weil ich keine habe und nichts damit zu tun haben möchte. Ich esse kein ungesundes Junkfood, weil ich es nicht habe und nichts damit zu tun haben möchte.

- Schauen Sie, was *Sie* sind, tun und haben. Fangen Sie jetzt damit an. Nicht morgen, nicht nächste Woche, nicht nach der Rückkehr aus dem Urlaub oder wenn Sie mal ein paar Augenblicke Zeit haben oder wenn Sie in Rente gehen. Fangen Sie jetzt an. Übernehmen Sie die Kontrolle über Ihr Leben. Wir haben alle diese Tipps schon früher bekommen. Wäre es nicht wunderbar, wenn uns diese Gedanken etwas Neues zu bieten hätten? Aber Tatsache ist, dass wir das alles immer und immer wieder aus hundert verschiedenen Quellen in tausend verschiedenen Momenten auf millionenfache unterschiedliche Art und Weise gehört haben. Liegt uns genug am Ausdruck des Lebens, um uns selbst dazu aufzurufen, die Funktionsfähigkeit unserer gegenwärtigen Lebensform zu garantieren, indem wir Anpassungen vornehmen, die diese Form für eine möglichst lange Zeit erhaltungsfähig sein lassen? Das ist die Frage.

Wenn Sie nicht genug Antrieb haben, dies für sich selbst zu tun, dann tun Sie es für die, die Sie lieben. Ich bin ganz sicher, sie würden Sie gerne noch länger dabehalten, als es die Verhaltensweisen zulassen, die Sie gegenwärtig an den Tag legen mögen.

Ich kann mich natürlich irren. Das können nur Sie mit Sicherheit wissen. Und wie Sie wissen, gibt es bei alldem kein Richtig oder Falsch. Es gibt nur das, was angesichts dessen, was Sie zu tun versuchen, funktioniert und was nicht funktioniert. Versuchen Sie, länger in Ihrer physischen Gestalt zu verbleiben? Bingo.

So hängen die Prinzipien des Lebens, die uns in *Gespräche mit Gott* übermittelt werden, ganz hübsch zusammen. Eines führt in perfekter Abfolge zum anderen, und jede Wendung bringt anwendbare Weisheit mit sich.

27

Früher oder später treffen Sie die Entscheidung, ein auf Gott ausgerichtetes Leben zu führen.

Das passiert sicher jedermann. Es ist auch keine Frage des *Ob,* sondern nur eine des *Wann.* Wenn es eintritt, wird sich alles ändern.

Ihr Grund für Ihr Hiersein wird sich ändern, Ihre Gründe für Ihr Denken, Ihr Sprechen, Ihr Tun werden sich ändern, Ihre Haltung und Ihr Erscheinungsbild, der Ton Ihrer Stimme, Ihre Kleidungs- und Essgewohnheiten werden sich ändern, Ihre Arbeit in der Welt, Ihr Freundeskreis, Ihr Lebenssinn, Ihr Lebensausdruck, Ihre Erfahrung vom Leben und die Welt, die Sie berühren, werden sich ändern.

Ihre Entscheidung, ein auf Gott ausgerichtetes Leben zu führen, mag sich im Verlauf vieler Monate oder vielleicht vieler Jahre oder sogar vieler Leben ergeben. Sie können bewirken oder darauf warten, dass es geschieht, Sie können darum bitten oder verlangen, dass es geschieht – natürlich von *Ihnen selbst* verlangen zuzulassen, dass es endlich geschieht –, aber geschehen *wird* es, ohne Frage und unausweichlich. Früher oder später werden Sie die Entscheidung treffen, ein auf Gott ausgerichtetes Leben zu führen.

Wenn Sie das tun, wird Ihnen der Inhalt der Kernbotschaft Nummer 4 klar sein.

GmG-Kernbotschaft 4

Gott spricht allzeit mit allen. Die Frage ist nicht: Mit wem spricht Gott? Die Frage ist: Wer hört zu?

Gott zuhören heißt sich selbst zuhören. Sich diese Erkenntnis zu eigen zu machen verlangt enormen Mut, weil sie etwas über Sie aussagt – und darüber, welche Meinung Sie über sich und Ihre Erfahrung mit sich in der Welt haben. Eine Meinung, die die Menschen in Ihrem Umfeld vielleicht gar nicht teilen. Möglicherweise gehen sie sogar aktiv gegen Sie vor. Vielleicht kreuzigen sie Sie sogar.

Nichts davon wird von Belang sein. Selbst wenn sich solche Dinge ereignen sollten, werden sie keinen Einfluss auf Sie haben – denn Sie werden Ihre neue und Ihre wahre Identität angenommen haben, und wenn das geschieht, ist nichts von dieser Welt mehr von Bedeutung.

Nun mögen Sie fragen, warum Sie sich dann damit abgeben sollten, irgendetwas Spezielles zu erfahren, wenn letztlich nichts mehr von Bedeutung ist? Warum sollten Sie Probleme lösen, sich Herausforderungen stellen, Schmerz ertragen oder dem täglichen Leben mit all seinen Kämpfen standhalten?

Aber wenn Sie Ihre Reise vollenden, werden Sie wissen, dass diese Kämpfe einfach nur Sprungbretter waren, die zur vollständigen Erfahrung führten, die Sie an Ihrem Ort der Vollendung machen. Der einzige Grund, aus dem es Kämpfe zu sein schienen, war der, dass Sie nicht wussten, was sie eigentlich bedeuten sollten. Sie sollten in Bezug auf die Aspekte des Selbst, die Sie zu erfahren wünschten, Gelegenheiten schaffen und nicht Widerstände dagegen aufbauen.

Haben Sie je mit einer Sache gekämpft, nur um dann später herauszufinden, wie es geht, und sich dann zu wundern, warum Sie überhaupt je damit kämpfen mussten?

Natürlich haben Sie das. Jeder kennt das. Jeder hat gelernt, die Schnürsenkel zuzubinden. Milliarden haben gelernt, Fahrrad zu fahren. Alle von uns haben auf die eine oder andere Weise etwas zu tun gelernt, was uns unmöglich zu sein schien, bis wir es gelernt hatten. Dann war das scheinbar Unmögliche zu etwas geworden, mit dem wir absolut keine Mühe mehr hatten.

Was für Schnürsenkel und Fahrräder gilt, wird eines Tages bei allen für alles im Leben gelten.

Das Geheimnis wird keines mehr sein

Was wir als ein verborgenes Geheimnis über das Leben erfahren, wird nicht länger ein Geheimnis sein. Es wird weithin bekannt sein, weil die Menschen sich weithin daran erinnern werden. Denn die Menschen allerorts werden alle daran erinnern. Wie werden einander an das erinnern, von dem wir immer wussten, dass es wahr ist: Das Leben ist als glückliches Leben gedacht. Wir brauchen nichts weiter zu tun, als zu teilen. Und zu lieben. Und zu wissen, dass sich alles zum Besten entwickeln wird, dass das Leben auf unserer Seite ist. Und einander zu helfen, wenn wir das vergessen. Und Gott zuzuhören, wenn Gott zu uns und durch uns spricht.

Das ist alles, was wir tun müssen. Das ist alles, was wir je zu tun hatten.

Gott spricht fortwährend zu allen von uns. Es gibt keine Minute, keine Nanosekunde, in der Gott nicht mit uns kommuniziert. Das Leben ist ein Prozess, der das Leben durch den Lebensprozess selbst über das Leben informiert. Gott ist ein Prozess, der Gott durch den Gottesprozess selbst über Gott informiert.

Vielleicht haben Sie bislang nicht so über die Dinge gedacht und ist Ihnen dieser Gedanke neu. Dann halten Sie inne und schauen Sie, wie sich das anfühlt. Schauen Sie, wie es sich anfühlt, den Gedanken zu hegen, dass ...

... Gott ein Prozess ist.

Deshalb habe ich an früherer Stelle gesagt, dass die Worte »Gott« und »Leben« miteinander austauschbar sind. Gott ist ein *Prozess,* den wir nun mal zufällig Leben *nennen.*

Es ist ein einfacher Prozess, wenn er verstanden wird. Doch wir haben uns vorübergehend vergessen lassen, dass wir wissen, wie er funktioniert, um den Prozess wieder einmal durchleben zu können. Diese vorübergehende oder selektive Amnesie ist eines der größten Geschenke, das wir uns je selbst machten. Denn es erlaubt uns, wieder von neuem unsere größte Freude zu erleben: den Prozess reiner Schöpfung.

Wenn Sie sich in die vollständige Erinnerung begeben, wird Ihnen klar sein, dass alles, was je war, jetzt ist und je sein wird, jetzt ist. Sie werden wieder einmal wissen, dass es Einzig das Jetzt und Einzig das Hier und Einzig das Wir und Einzig das Dies gibt. Aber um eine solche Wirklichkeit vollständig und auf großartige Weise erleben zu können, haben wir das Jetzt-Hier-Wir-Dies in Dann-Dort-Sie-Das unterteilt.

Dann haben wir unserem Selbst erlaubt, dies zu vergessen, damit wir unser Selbst aufs Neue daran erinnern können. Dieser Prozess – das heißt, wieder einmal wahrzunehmen, anzuerkennen und zu würdigen, dass wir Mit-Glieder von dem Einzigen Ding Das Ist sind – bringt große Freude. Es führt zu einer fast unbeschreiblichen Seligkeit, da wir Einsamkeit wieder einmal in *Alleinsein* verwandeln.

Aber warum bringen wir unser Selbst überhaupt dazu, die Erfahrung von Getrenntsein und Einsamkeit zu machen?

Wenn das Einssein so seligmachend ist, warum lassen wir uns dann vergessen, dass wir Eins sind, und bringen uns dazu, uns vorzustellen, dass wir mehr als Einer und von Dem Einen getrennt sind? Warum ist dieser Erinnerungsprozess nötig?

Das wurde nun schon einige Male erkundet, und ich bitte Sie, die Wiederholung zu verzeihen. Erlauben Sie sich einfach, die Erklärung ein weiteres Mal zu erfahren, damit Sie sie immer in Erinnerung behalten.

Was allem zugrunde liegt

Solange wir Eins und das Einzige Das Ist waren, konnten wir unser Eines Selbst in keiner bestimmten Weise erfahren, und zwar genau aus dem Grund, weil da Niemand und Nichts Anderes war, mit dem wir unser Eines Selbst hätten vergleichen können. Und in der Abwesenheit von dem Was Wir Nicht Sind, ist das Was Wir Sind … *nicht existent.*

Das heißt, es ist nicht erfahrbar.

Noch einmal, damit Sie es auswendig können: Sie können das Licht ohne das Dunkel nicht erfahren. Wenn es nichts außer Licht gibt, lässt sich das Licht selbst nicht erfahren. Sie können ohne Klein nicht die Erfahrung von Groß machen. Wenn es nur Groß gibt, hat Groß für sich genommen keine Bedeutung. Sie können ohne Langsam nicht die Erfahrung von Schnell machen. Wenn nur Schnell existiert, ist dieses Schnell überhaupt nicht »schnell«.

Sie können Gott ohne das, was Nicht Gott ist, nicht erfahren. Wenn da nichts außer Gott (in Seiner Absoluten Form) ist, wird Gott selbst nicht erfahren. Doch Gott traf die Wahl, erfahren zu werden. Also unterteilte Gott Seine Absolute Form in viele Teile auf und schuf, was Menschen als Nicht Gott wahrgenommen haben.

In der letztendlichen Wirklichkeit kann es so etwas wie Nicht Gott nicht geben, denn Gott ist alles, was existiert. Aber Teile von Gott können vergessen, dass sie Teile von Gott sind. Und indem Gott diese Verlagerung, diese Veränderung im Gewahrsein und Bewusstsein nutzt, kann er sich immer und immer wieder in eigener Erfahrung kennenlernen und erkennen; durch den Prozess, dass der Teil Seiner Selbst sich an das Ganze, dem er entsprungen und dessen individueller Ausdruck er ist, erinnert.

Das Leben ist Gott, der sich in der eigenen Erfahrung immer und immer wieder kennenlernt und erkennt.

Aber muss es denn so schwer sein? Muss dieser Prozess ein solcher Kampf sein und ein solches Leiden beinhalten?

Nein. Gott hat uns versprochen, dass die Antwort Nein ist (siehe *Glücklicher als Gott*). Wir brauchen nichts weiter zu tun, als uns zu erinnern. Wir müssen uns nur wieder unsere wahre Identität aneignen, sie anerkennen und feiern, unsere wahre Natur, unser eigentliches und einziges Wesen: Göttlichkeit.

Das ist alles, was Jesus tat.

Das ist alles, was Buddha tat.

Das ist alles, was Laotse tat.

Keiner von denen, die wir einen Meister oder eine Meisterin genannt haben, hat je irgendetwas anderes getan. Nicht einer hat ein einziges anderes Ding als dies getan. Und noch einmal lege ich es Ihnen hier vor, damit Sie es lesen, auch wenn Sie es schon zuvor gelesen haben.

Gott spricht fortwährend mit Ihnen und sagt immer und immer wieder dasselbe. Früher oder später werden Sie dies hören. Wirklich hören. Und früher oder später werden Sie ein auf Gott ausgerichtetes Leben führen. Alle fühlenden Wesen tun das letztlich.

Und wenn Sie es tun, wird sich alles für Sie ändern.

ANWENDUNG DIESER BOTSCHAFT IM ALLTAG

Auf sein Innerstes zu hören braucht Übung. In einer Welt, in der so viele Ereignisse und Erfahrungen im Außen um unsere Aufmerksamkeit buhlen, kann die Wendung nach innen eine Herausforderung bedeuten. Doch es ist nach unserem Willen und auf unseren Befehl hin möglich, und es gibt viele hilfreiche Methoden. Meditation ist natürlich eine davon, ebenso das Gebet. Es gehören aber auch das Visualisieren und die gelenkte Fantasie dazu, der ekstatische Tanz, das Chanten oder das stille Wiederholen eines Mantras. Darüber hinaus gibt es noch andere Wege wie das Lesen oder das Schreiben.

Es fehlt uns also nicht an Möglichkeiten, die Erfahrung zu machen, dass Gott fortwährend zu uns spricht. Es fehlt uns nicht an Möglichkeiten, uns in Erinnerung zu bringen, dass Gott und wir Eins sind, dass es keinerlei Getrenntsein gibt und dass die Stimme, nach der wir uns sehnen, die Stimme unserer eigenen Seele ist, die Gott In Uns ist.

Ich bin viele Male von Menschen aus der ganzen Welt gefragt worden: »Wie kann ich meine eigenen Gespräche mit Gott führen?« Also habe ich mir genau angeschaut, wie ich es gemacht habe, und den Prozess in sieben Schritte unterteilt:

1. Erkennen Sie an, dass es einen Gott gibt.
2. Erkennen Sie an, dass es dem Menschen möglich ist, ein Gespräch mit Gott zu führen.
3. Erkennen Sie an, dass es *Ihnen* möglich ist, ein Gespräch mit Gott zu führen. (Das hat mit Ihrem Selbstwertgefühl zu tun.)
4. Erkennen Sie an, dass Sie fortwährend ein Gespräch mit Gott führen und es nur anders benennen.
5. Nennen Sie alles ein Gespräch mit Gott und sehen Sie, was Gott zu Ihnen sagt.

6. Entscheiden Sie sich dazu, ein spezielles Gespräch mit Gott zu führen, und halten Sie dann danach Ausschau. Beobachten Sie sehr genau, was das Leben Ihnen schickt und wo es das tut.
7. Wenn Sie ein Gespräch geführt haben, bestreiten oder verwerfen Sie es nicht. Glauben Sie es, nehmen Sie es liebend gerne an und reagieren Sie darauf.

Für die Umsetzung gebe ich Ihnen hier noch ein paar praktische Hinweise:

- Wenn Sie sich das nächste Mal in einer Situation befinden, in der der allerbeste Rat sehr willkommen wäre, dann halten Sie inne in dem, was Sie tun, schließen die Augen, holen sehr tief Atem, atmen langsam und freudig aus und stellen sich dann vor, dass Gott gleich hier und jetzt mit Ihnen kommuniziert. Die Botschaft mag in Form eines Gefühls, eines Bildes oder einer Gestalt oder in Worten kommen. Nehmen Sie sie in Empfang, gleich welche Form sie annimmt.
- Halten Sie auf Ihrem Nachttisch einen kleinen Block und einen Bleistift bereit und schreiben Sie an irgendeinem Abend, wann immer Sie möchten, eine Frage an Gott auf. Legen Sie den Block dann sofort beiseite und versuchen Sie nicht, die Frage zu beantworten. Am nächsten Morgen nehmen Sie nach dem Aufwachen als Erstes den Block und den Stift zur Hand und schreiben auf, was Ihnen an erster Stelle in den Sinn kommt. Stellen Sie es nicht in Frage, »versuchen« Sie nicht, eine Antwort zu verfassen, schreiben Sie einfach auf, was Ihnen als Erstes kommt. Vielleicht ist es nur ein Wort, vielleicht ein Satz, vielleicht ein Absatz oder auch eine sehr viel längere Botschaft. Schreiben Sie immer weiter, bis Ihr nichtdenkendes Selbst aufhört, Sie mit Worten zu versorgen. Schauen Sie sich dann an, was »durchgekommen« ist. Hinterlegen Sie diese Botschaft – alle Botschaften, die Sie in

dieser Weise erhalten – in einer speziellen Schachtel oder an einem Ort, wo Sie sie leicht finden und später wieder ansehen können. Seien Sie nicht überrascht, wenn Sie von ihrer Weisheit und Klarheit überrascht sind.

- Seien Sie in dieser Welt, aber nicht von ihr. Achten Sie auf alles, was die Welt Ihnen in jedem gegebenen Augenblick vorlegt, aber geben Sie in diesem Augenblick einem anderen gegenüber keinen Kommentar darüber ab. Wenn Sie es kommentieren, ziehen Sie Ihren Geist davon ab und richten ihn auf das, was Sie darüber sagen. Die Lebensenergie fließt von Ihnen weg. Lassen Sie die Lebensenergie auf sich zufließen. Wenn Sie einen Kommentar abgeben wollen, tun Sie das einfach später.
- Halten Sie nach Gottes Mitteilungen Ausschau. Hören Sie auf den Text des nächsten Songs, den Sie hören. Schauen Sie auf die Worte der nächsten Plakatwand, die Sie sehen. Lesen Sie den nächsten Artikel, auf den Sie in einer Zeitschrift oder im Internet stoßen, aufmerksam durch. Die Schwingung wird Sie sofort wissen lassen, ob es sich um etwas handelt, das der unwissende, unbewusste Teil der Welt Ihnen zuträgt, oder ob es etwas ist, das Ihnen der Absolut Wissende, Vollständig Bewusste Teil von Ihnen als einen Aspekt seiner Verkündigung des Göttlichen in Jedem Moment vorlegt.
- Fangen Sie an, sich in jedweden Umstand, jedwede Bedingung oder jedwedes Ereignis, das das Leben Ihnen präsentiert, hineinzubegeben, statt auf Abstand zu gehen. Nutzen Sie alle Momente und das, was sie Ihnen darbieten, als Mittel, sich an die Wiedererschaffung der Erinnerung von Wer Sie Wirklich Sind zu begeben. Lassen Sie jeden Augenblick einen Augenblick sein, in dem Sie wieder hineingeboren werden in den Ausdruck, die Erfahrung und die Demonstration von Gott in Ihnen, durch Sie und als Sie.

28

Nun, da Sie den Bogen raushaben, wie Sie Ihr eigenes Gespräch mit Gott führen, achten Sie darauf, dass Sie den siebten Schritt dieses Prozesses sehr genau befolgen. Passen Sie auf, dass Sie sich dem, was Sie beim Kommunizieren mit Gott hören, nicht verweigern, auch dann nicht, wenn es sich unwahrscheinlich oder unglaublich anhört. Denn das wird oft der Fall sein.

Meine Erfahrung war, dass fast all meine Gespräche mit Gott Aussagen, Kommentare und Beobachtungen ergaben, die im direkten Widerspruch zu dem standen, was ich gelernt hatte, was mir von den Älteren, meiner Religion, meiner Gesellschaft und der globalen Kultur gesagt wurde. Wenn Sie regelmäßige Gespräche mit Gott führen möchten, müssen Sie sich also daran gewöhnen, Dinge zu hören, die zu hören Sie nicht gewohnt sind.

Ein erstklassiges Beispiel dafür ist die Kernbotschaft Nummer 3.

GmG-Kernbotschaft 3

Es gibt nichts, was du tun musst. Es gibt viel, das du tun *wirst,* aber nichts, das zu tun von dir verlangt wird. Gott will nichts, braucht nichts, verlangt nichts, befiehlt nichts.

Von allem, was uns über Gott gesagt wurde, rangiert das hier beinahe ganz oben auf der Liste des Unglaublichen. Alles, was wir über Gott gehört haben, sagt uns, dass das genaue Gegenteil dieser Kernbotschaft wahr ist.

Es *gibt* Dinge, die wir tun müssen. Es *gibt* Anforderungen, die Gott an uns stellt. Es mag wahr sein, dass Gott nichts braucht, aber es stimmt ganz sicher nicht, dass Gott nichts *will,* nichts *verlangt* und nichts *befiehlt.* Tatsächlich gibt es eine ganze Liste mit Geboten, die wir von Gott erhalten haben. Und wer glaubt, dass es diese Liste nicht gibt oder wir uns an diese Gebote nicht halten müssen, pflegt Umgang mit dem Teufel.

So wurde es uns gesagt.

Doch die neue Theologie in *Gespräche mit Gott* sagt durchgängig etwas anderes: Weil Gott die Quelle von allem, der Schöpfer von allem und Ausdruck von allem ist, ist es Gott unmöglich, irgendetwas zu brauchen. Und da Gott nichts braucht, hat Gott auch keinen Grund, irgendetwas zu fordern oder zu befehlen.

Gott hat uns nicht weggeschickt

Wenn wir sagen, dass Gott nichts braucht, beziehen wir uns nicht nur auf Gegenstände, sondern auch auf Erfahrungen. Gott mangelt es nicht an emotionalen Inhalten, er muss sie daher auch nicht von uns bekommen. Gott braucht es nicht, dass wir ihm Gehorsam leisten, er muss nicht von uns angebetet oder verehrt oder irgendwie besänftigt werden, indem wir bestimmte Verhaltensweisen an den Tag legen und andere vermeiden.

Der Gedanke, wir müssten Gott besänftigen, um ihn auf unserer Seite zu haben, ist eine primitive Vorstellung, die dem frühesten Denken der frühesten menschlichen Wesen auf unserem Planeten entspringt. Dahinter steht die Vorstellung, dass Gott so ist wie wir. Und da wir besänftigt werden müssen, um einen anderen zu mögen, muss das bei Gott auch so sein.

Das wurde alles bereits erklärt. Wenn es für Sie allmählich so aussieht, als bewegte sich diese Beschreibung immer im Kreis, dann sehen Sie das richtig. So ist es. Das ganze Leben ist ein Kreislauf. Und die Gedankengänge, die hinter der Tatsache stehen, dass alles Leben genau so ist, wie es ist, sind ebenfalls kreisläufig. Deshalb werden Sie bei dieser Theologie immer und immer wieder dasselbe hören, manchmal auf andere, manchmal auf genau die gleiche Art.

Daher wiederholen wir hier: Es gibt nichts, was wir möglicherweise sein, tun oder haben könnten, das Gott braucht oder verlangt, weil Gott alles ist, was Gott möglicherweise brauchen könnte.

Gott hat uns nicht von sich weggeschickt, damit wir uns abmühen, den Weg zu ihr zurückzufinden.

Stimmt, das ist genau das Gegenteil von dem, was man uns gesagt hat. Aber Gott hat uns nie aus dem Einssein mit

Gott entlassen. Wir sind es, die Gott aus dem Einssein mit uns entlassen haben. Wir haben Gott aus dem Tempel unseres Seins rausgeworfen. Wir haben Gott aus dem Ort der Einheit mit uns rausgeworfen. Wir taten das mittels unserer Glaubenssysteme in der Meinung, wir täten das Richtige, wenn wir uns niemals die Vorstellung gestatten, dass Gott und wir Eins sind.

Doch Gott hat uns von Anbeginn der Zeit zu genau dieser Vorstellung eingeladen. Und er hat es bis zum jetzigen Augenblick auf jede erdenkliche Art und Weise demonstriert.

Wir sollten nicht überrascht sein

Es ist verständlich, dass unsere frühen Vorfahren angesichts ihres begrenzten Verständnisvermögens zu falschen Schlussfolgerungen über die Natur des Lebens und die Natur Gottes kamen. Das ist nicht weiter überraschend. Überraschend ist jedoch die Tatsache, dass wir *Tausende von Jahren an diesen Schlussfolgerungen festgehalten haben.*

Doch auch dies sollte uns vielleicht nicht sonderlich überraschen, denn diese Entwicklungsverzögerung ist bloß der Evolutionsprozess einer Spezies fühlender Wesen. Zieht man das Alter des Universums in Betracht, sind wir eigentlich in bemerkenswert kurzer Zeit an einen Ort größerer Bewusstheit und größeren Verständnisses gelangt. Blickt man auf die kosmische Uhr, dann waren es nur Sekunden.

Kosmisch gesehen blüht und gedeiht und erfüllt sich das Leben sehr rasch. So ist die Menschheit an einen Punkt gelangt, wo sie nunmehr die Vorstellung verstehen und akzeptieren, sich zu eigen machen und zum Ausdruck bringen kann, dass es nichts gibt, was wir tun müssen, dass keine Größere Macht im Universum irgendwelche Forderungen an uns stellt, denen wir entsprechen müssen, »denn sonst …«

Nun stehen wir vor einem größeren Dilemma als dem, mit einer fordernden Gottheit konfrontiert zu sein. Wenn es nichts gibt, was wir tun *müssen*, dann müssen wir jetzt entscheiden, was wir tun *sollen* und *warum* wir es tun sollen. Was wird der neue Grund sein, der hinter unserem Handeln steht und unsere Entschlüsse trägt?

Wenn Gottes Strafe nicht das ist, das wir zu vermeiden suchen, und Gottes Lohn nicht das, wonach wir streben – welcher Kodex ruft uns, die wir an ein Leben nach dem Tod glauben (und das tun die meisten von uns), zu bestimmten Verhaltensweisen auf?

Dankenswerterweise wird diese Frage durch die Theologie von *Gespräche mit Gott* beantwortet. Die Antwort haben wir uns bereits an früherer Stelle angeschaut. Jetzt sehen wir in dieser Kernbotschaft Nummer 3 die Grundlage für die Antwort. Wenn wir von den bereits besprochenen Kernbotschaften auf die zurückblicken, aus denen sie hervorgegangen sind, wird für uns die Plattform sichtbar, auf der die späteren Erklärungen beruhen.

Eine wunderbare neue Richtung für uns alle

Im Kontext dieser Theologie wurde uns gesagt, dass es so etwas wie Richtig und Falsch einfach nicht gibt, sondern es gibt nur das, was angesichts dessen, was wir zu tun versuchen, Funktioniert und was Nicht Funktioniert. Und *das* wird der Maßstab sein, nach dem wir entscheiden, was wir als Nächstes wählen.

Wir sehen hier, dass Gott uns große Freiheit gegeben hat – ein weiterer Punkt, der schon wiederholt angesprochen wurde. Es gibt nichts, was wir tun »müssen«. Und doch gibt es immer etwas, das wir tun (der Geist hält nie inne, und der Körper befindet sich ständig in Bewegung, sogar im Schlaf).

Das »Tun« ist also eine Konstante in unserem Leben. Daher stellt sich nicht die Frage, *ob* wir etwas tun werden, sondern *warum.* Worin besteht die Motivation, was ist der Antrieb hinter unserem Handeln? Nach der Theologie in *Gespräche mit Gott* ist die einzige Motivation, die für unsere Seele einen Sinn ergibt, ihr Ziel, Gott zu erfahren, zum Ausdruck zu bringen und zu demonstrieren. Als erleuchtete Wesen werden wir also danach streben, zu tun »was funktioniert«, um diese Erfahrung von Augenblick zu Augenblick herzustellen.

Es ist das Einzige, was wirklich wichtig ist. Dieser ganze komplexe und wunderbar ausgeklügelte Prozess und die Kosmologie, die dieses Ergebnis unterstützt, werden im Buch mit ebendiesem Titel *Was wirklich wichtig ist* beschrieben.

Es ist wunderbar, einen neuen Grund für das Leben zu haben, der großartiger und wunderbarer ist, einen Grund, der für Herz, Geist und Seele vollkommen einen Sinn ergibt. Es ist wunderbar, eine ganz neue Richtung zu haben, die unser Leben nehmen kann im Wissen, dass es im Leben nicht um Profit und Verlust, Gewinnen oder Verlieren, Friss oder Stirb geht. Es ist wunderbar zu wissen, dass auch die Geringsten unter uns zum höchsten Ausdruck von Wer Wir Sind aufsteigen können, ohne unbedingt irgendeines der Ziele erreichen zu müssen, die wir in unserem Alltagsleben für wichtig und unerlässlich halten.

Ist es nicht erstaunlich zu sehen, dass nichts von dem *wirklich* wichtig und unerlässlich ist, von dem wir uns einmal einredeten, es sei so? Und ist es nicht noch erstaunlicher zu begreifen, dass nichts von dem Tun, das von uns erwartet oder gefordert wurde, weil es für *Gott* wichtig und unerlässlich sei, wie man uns sagte, irgendetwas dergleichen ist? Was für eine Freiheit! Doch was sollen wir mit dieser außerordentlichen, atemberaubenden Freiheit *tun?*

Das wird zur zentralen Frage des Lebens selbst.

Das ist es, was sich sowohl Meister als auch Schüler an jeder Kreuzung, an jedem Schnittpunkt, an jedem entscheidenden Punkt des Lebens fragen. Und jetzt sind Sie dazu eingeladen, sich das zu fragen. Wieder einmal. Noch einmal.

Was jetzt, meine Lieben? Was sollen wir sein, tun und haben? Was sollen wir jetzt zum Ausdruck bringen und erfahren? Welchen Aspekt von Gott sollen wir uns jetzt erlauben kennenzulernen, in uns, durch uns und als wir? Und welchen Aspekt von Gott sollen wir nun andere in sich selbst kennenlernen lassen, veranlasst durch *uns,* durch unsere Art und Weise, ihr Leben zu berühren?

Kann man bessere Fragen stellen und beantworten? Haben wir eine bessere Art, uns durch unsere Tage und Nächte zu bewegen, als in diese Fragen hinein zu leben?

ANWENDUNG DIESER BOTSCHAFT IM ALLTAG

Das ist der wunderbarste Augenblick unserer Reise, dieser Moment, in dem wir uns die obigen Fragen ansehen. Selten haben wir dieses Gefühl von Weite und Freiheit. Selten empfinden wir diese Offenheit gegenüber dem Leben und all seinen Möglichkeiten. So machen wir uns mit Eifer und Hunger, mit Spannung und Vorfreude an die praktische Umsetzung dieser wundervollen Kernbotschaft.

Da es nichts gibt, was Sie tun müssen, müssen Sie noch nicht einmal *das hier* tun! Das ist der Spaß daran und die Freude!

Wenn Sie ein paar Dinge tun wollen, um diese Botschaft in Ihrem Leben umzusetzen, dann versuchen Sie es damit:

- Feiern Sie Ihre Freiheit, indem Sie sich etwas zu tun geben, statt von sich zu verlangen, Dinge zu tun, die Sie Ihrer Meinung nach tun »müssen«. Als Erstes wählen Sie hier vielleicht, Ihrer fundamentalen Freiheit als Mensch und Individuation Gottes dadurch Ausdruck zu geben, dass Sie »Nein« sagen. Sie können in der nächsten Woche »Nein« zu Dingen sagen, die auf Sie zukommen und die Sie wirklich und wahrhaftig nicht tun wollen.
- Gestatten Sie sich, sieben Tage lang Tagebuch darüber zu führen, welche Bitten an Sie herangetragen werden, explizit oder implizit. Schreiben Sie die Bitten auf, die Sie gerne abschlagen würden, denen zu entsprechen Sie aber versucht sind, weil Sie sie Ihrem Gefühl nach erfüllen »sollten«. Zu jeder Bitte verfassen Sie einen kurzen Text, in dem Sie sich selbst erklären, warum Sie das Gefühl haben, ihnen nachkommen zu sollen, und warum Sie wirklich nicht den Wunsch dazu haben.
- Sprechen Sie nun mit jeder Person, die eine dieser Bitten an Sie gerichtet hat – auch dann, wenn es sich um Ihren Arbeitgeber handeln sollte –, und erklären Sie wahrheitsgemäß, freundlich und mit authentischer Aufrichtigkeit, warum Sie das Gefühl haben, diese Dinge nicht tun zu können oder zu wollen. Das mag einige Konsequenzen nach sich ziehen, könnte aber einer der wichtigsten Schritte zu Ihrer persönlichen Freiheit sein, den Sie jemals tun. Lassen Sie das also Ihre erste vorsätzliche Übung in Selbstbestimmtheit, Eigenfürsorge und Selbstfindung sein. Wenn Sie so sind wie die meisten Menschen, werden Sie im Verlauf dieses Prozesses einiges über sich selbst entdecken.
- Schreiben Sie mindestens drei Dinge auf, um die Sie in der Vergangenheit gebeten wurden. Das kann in der letzten Woche, im letzten Monat, im letzten Jahr oder in sehr fer-

ner Vergangenheit gewesen sein. Schauen Sie, ob Sie eines von diesen drei Dingen eigentlich nicht tun wollten und auch aus heutiger Sicht nicht tun möchten. Falls irgendeines der drei Dinge in diese Kategorie fällt, dann erlauben Sie sich, in die Fünf Ebenen, die Wahrheit zu sagen, einzutreten (siehe *GmG*-Kernbotschaft 17) und erzählen Sie einem anderen alles darüber. Beherzigen Sie die Ermahnung: Sag deine Wahrheit, aber mildere deine Worte mit Friedfertigkeit.

- Denken Sie daran, dass Ihre höchsten Wertvorstellungen auch beinhalten sollten, dass Sie Ihr Wort halten. Wenn Sie also das Versprechen gegeben haben, etwas zu tun, und jetzt das Versprechen nicht halten wollen, dann fragen Sie sich, ob das okay ist. Würde Ihnen Ihr aktuelles Bewusstsein, dass Sie es nicht tun wollen, in dieser Situation automatisch einen »Freibrief« ausstellen? Schauen Sie, ob Sie sich wohl damit fühlen, sich ohne die Einwilligung der betreffenden anderen Person von diesem Versprechen zu entbinden. Denken Sie daran: Jeder Akt ist ein Akt der Selbstdefinition.
- Machen Sie täglich die »Warum-Übung«. Dabei fragen wir uns selbst (und das funktioniert sehr gut, wenn wir es schriftlich machen), warum wir irgendetwas überhaupt tun. Bei dieser Übung schreiben Sie fünf Dinge auf, die Sie in der letzten Stunde gemacht haben, und notieren die Gründe dafür. Seien Sie präzise und sehr klar. Legen Sie für diese Übung ein kleines Notizheft an, das Sie immer mitnehmen können, das in die Hosentasche oder Handtasche passt. Holen Sie es in den nächsten zwei Wochen einmal pro Stunde hervor und lassen Sie alle Handlungen, Entscheidungen und Entschlüsse der vorangegangenen sechzig Minuten Revue passieren. Dabei kann es sich um große oder kleine Dinge handeln. Beurteilen Sie sie nicht nach ihrer Wichtigkeit, nehmen Sie einfach zur Kenntnis, dass es etwas war, das Sie getan haben. Notieren Sie dann, warum Sie es getan haben.

- Schauen Sie sich am Ende des Tages an, welche Gründe Sie für alles, was Sie an diesem Tag getan haben, angegeben haben. Noch einmal, das können große oder kleine Dinge sein. Das können Dinge sein wie baden oder duschen, das blaue statt das grüne Hemd anziehen, ein größeres Projekt verschieben oder es in Angriff nehmen. Es kann die Einwilligung in eine bestimmte Interaktion mit einer anderen Person sein oder der Entschluss, sich nicht auf diese Interaktion einzulassen, die Entscheidung, dies oder jenes zu essen, einen Anruf entgegenzunehmen oder ihn zu ignorieren, in eine Beziehung einzutreten oder sie nicht einzugehen. Ob klein oder groß, hinter jeder Handlung steht ein Urteil, das Sie gefällt haben – ein Grund, die Handlung genau so durchzuführen. Diese Gründe sind wichtig – vielleicht wichtiger, als Ihnen klar ist –, und die Auswirkung all dieser Gründe auf Ihre geistige Verfassung und Ihr Wohlbefinden ist meist stärker, als Sie sich vielleicht vorstellen.
- Da es nichts gibt, was Sie tun müssen, stellen Sie sich die wichtigste Frage des Lebens, bevor Sie irgendetwas tun. Diese Frage lautet: *Was hat das mit der Agenda meiner Seele zu tun?* Lassen Sie das Ihren Leitstern, Ihren Maßstab, Ihr Kriterium in jeder Situation in jedem Augenblick sein. Machen Sie das neunzig Tage lang und beobachten Sie, wie sich Ihr Leben dramatisch ändert. Natürlich müssen Sie zuerst wissen, worin die Agenda Ihrer Seele besteht. Alles das wird in der Theologie der *Gespräche mit Gott* abgehandelt, und alles das wird in *Was wirklich wichtig ist* wunderbar erklärt.

29

Im Leben der meisten Menschen kommt irgendwann einmal der Zeitpunkt, wo die zentrale Frage des Daseins nicht länger unbeantwortet bleiben kann. Diese zentrale Frage ist ein wiederkehrendes Thema in diesem Buch, weil sie ein ständig wiederkehrendes Thema in unser aller Leben auf diesem Planeten ist. Die Frage lautet: Wer sind wir, und was tun wir hier?

Meiner Beobachtung nach gibt es zwischen dem Tun vieler Menschen und dieser Frage keinen Zusammenhang. In unseren Beweggründen für unsere Entscheidungen und Handlungen ist von den Antworten auf diese Frage (wenn wir sie uns denn überhaupt gestellt haben) nichts zu finden. Das hat zum Ergebnis, dass wir laufend Dinge denken, sagen und tun, die die Agenda unserer Seele ignorieren sowie das, was ich als die letztendliche Wirklichkeit bezeichne.

Wenn uns das zu einem guten und wunderbaren Leben geführt hat, frei von Auseinandersetzungen, Stress, emotionalem Aufruhr und größeren alltäglichen Problemen, dann mag es für uns als Individuen oder menschliches Kollektiv keinen Grund geben, diese Sache weiter zu erforschen.

Hat es aber nicht zu dem Leben geführt, das wir uns erträumten – oder wenn auch Sie, wie ich, das Gefühl haben, dass mehr am Leben dran sein muss, als einfach mit dem geringstmöglichen Maß an Schmerz und größtmöglichen

Maß an Spaß »durchzukommen« –, dann wird ein tiefes Verständnis von dem, was wir hier alle erfahren und wie es alles funktioniert, für uns wichtig. Dann ist es von essenzieller Bedeutung, dass wir diese physische Realität und die Wahrheit darüber begreifen und auch den Grund für das Leben selbst und seinen Sinn und Zweck hier auf Erden und in jedem anderen Bereich und in jeder anderen Dimension, in der es zum Ausdruck kommt.

Das Wunder der Theologie von *Gespräche mit Gott* liegt darin, dass sie uns Antworten auf viele der größeren Fragen des Lebens liefert. Nicht *die* Antworten, aber einige Antworten. Gott hat uns klargemacht, dass die letzten Antworten unsere eigenen Antworten sind und immer sein müssen, oder wir haben den Punkt, um den es bei unserer ganzen Erfahrung auf dieser Erde geht, nicht begriffen: zu erschaffen und auszudrücken, wer wir sind und wer zu sein wir wählen, so wie es nur wahre Individuationen Gottes zu tun vermögen.

Tatsache ist, dass die meisten von uns, die die Erde bewohnt haben, den Punkt *nicht* begriffen haben, weshalb das Leben auf unserem Planeten so ist, wie es ist: permanente Auseinandersetzungen, permanente Konkurrenz, permanenter Kampf und permanenter Krieg. (Ein Anthropologe – leider habe ich vergessen, wer es war – merkte einmal an, dass es in der gesamten Menschheitsgeschichte kaum einen Tag gab, an dem nicht eine Partei aus irgendeinem Grund gegen eine andere Krieg führte. Ich bin nicht sicher, ob das tatsächlich stimmt, aber es scheint zumindest für alle Tage meines bisherigen Lebens zu gelten.)

Die Menschen scheinen nicht zu glauben, dass der Sinn und Zweck ihres Daseins der ist, zu erschaffen und auszudrücken, wer sie sind und wer zu sein sie wählen – oder sie glauben es, sehen sich aber außerstande, diese Aufgabe zu bewerkstelligen, auch wenn sie es schon seit Tausenden von Jahren versuchen.

Oder ... noch schlimmer ... die Menschen haben entschieden, dass sie eine Rasse von brutal primitiven Wesen sein *wollen,* die sich gegenseitig umbringen, wenn sie nicht bekommen, was sie wollen, die einander berauben, um zu bekommen, was sie wollen, und die die Notlage anderer ignorieren, wenn sie bekommen, was sie wollen.

Ich glaube nicht, dass Letzteres stimmt. Ich glaube auch nicht, dass unsere Spezies etwas will, das zu erschaffen sie von Natur aus unfähig ist. Ich glaube, es gibt einen dritten Grund, warum die Menschheit nicht fähig war, das herzustellen, was sie sich ersehnt. Ich glaube, sie hat einfach nicht alle Informationen, die dazu nötig sind. Die Spezies hat sich noch nicht vollständig entwickelt. Es gibt noch mehr, an das sie sich erinnern muss.

Können wir das zugeben? Das ist die Frage. Oder haben wir ein so gewaltiges Ego wie ein eigensinniger Zweijähriger, dass wir uns nicht eingestehen können, dass es hier vielleicht etwas gibt, das wir nicht verstehen, und das, wenn wir es verstünden, alles ändern würde? Etwas, das wir über das Leben nicht vollkommen verstehen, und das, würden wir es verstehen, unsere Erfahrungen für immer verändern würde?

Ja, ich weiß, ich weiß. Ich sage immer und immer wieder dasselbe. Ich habe Sie schon früh davor gewarnt. Aber ehrlich gesagt ist es der einzige Weg, um zum gegenwärtigen Zeitpunkt zu den Menschen durchzudringen. Wir sind alle mit Sinneseindrücken überladen. Sie, ich, wir alle. Wir werden von Daten überschwemmt. Bilder blitzen auf, Musik dröhnt, Stimmen erheben sich, alles, um unsere Aufmerksamkeit auf sich zu ziehen. Also bedient sich Gott der Wiederholung, um zu uns durchzudringen.

Im Verlauf des Dialogs von *Gespräche mit Gott* hat sie uns mit Ideen und Gedanken zu fast jedem Lebensaspekt konfrontiert – Gedanken, die er uns immer und immer wieder zu schicken gedenkt, um uns dazu anzuregen, nach unserer eigenen innersten Wahrheit zu suchen. Um uns dazu zu bringen, dass wir aus unserer eigenen inneren Quelle das Gefühl tiefer Klarheit erzeugen darüber, wer wir sind und warum wir hier sind und wie alles funktioniert.

Darunter fand ich keine Idee oder keinen Gedanken anregender als die Kernbotschaft Nummer 2. Sie hat meine eigene Suche nach einer wunderbaren Lebensweise und dem Ausdruck meiner wahren Natur mehr befeuert als alles andere.

GmG-Kernbotschaft 2

Es ist genug da. Es ist nicht nötig, dass ihr um eure Ressourcen konkurriert, geschweige denn euch deshalb bekämpft. Ihr braucht nur zu teilen.

Beim Nachdenken über diese Botschaft ist es sehr wichtig, dass wir nicht nach dem äußeren Anschein urteilen. Wenn wir uns so umblicken und nicht aufpassen, könnte es danach aussehen, als gäbe es alles andere als »genug« auf dieser Welt.

Auch was Ihr eigenes Leben angeht, könnten Sie im Moment das Gefühl haben, dass nicht genug Zeit, nicht genug Geld, nicht genug Liebe vorhanden ist und es vielleicht auch an anderen Dingen mangelt. Und wenn wir auf die Welt als Ganzes blicken, sehen wir Hinweise darauf, dass dies auch für andere gilt, oft sogar noch mehr als für uns. Nun kommt also Gott daher und sagt uns in einem Gespräch mit den Menschen, dass »genug da ist« – unsensibler geht es wohl kaum.

Wie kann Gott so fern und distanziert, sich der menschlichen Verhältnisse so unbewusst und von ihnen so losgelöst sein, dass er nicht sieht, wie schwer das Leben für so viele Menschen ist? Wie kann Gott sagen, dass »genug da ist«, wenn Milliarden Menschen genau das Gegenteil erleben? Was für eine Botschaft ist das denn? Was für eine Wahrheit soll hier enthüllt werden? Sie muss gut verborgen sein, sonst würden die meisten Menschen auf dem Planeten nicht so leben, wie sie es tun.

Das Geheimnis wird aufgedeckt

Was uns hier verborgen ist, ist die Exaktheit der Aussage selbst. Dies wird deutlich, wenn wir uns ihre Bedeutung genauer ansehen.

Die Aussage »Es ist genug da« bedeutet nicht, »Jedermann *hat* genug«. Nein, das soll keine Wortspielerei sein, auf die Sie dann mit einem zynischen »Ich dachte mir doch, dass ein Haken dabei ist« reagieren. Diese Aussage weist auf eine absolute Tatsache hin – und möchte die Menschen sehen lassen, dass sie durch ihr Verhalten das Gefühl haben, die Aussage entspräche *nicht* den Tatsachen.

Für jeden auch nur beiläufigen Beobachter der Welt ist klar, dass viele, viele Menschen nicht die Erfahrung machen, genug zu haben, um ein Leben in Würde, Sicherheit und Glück zu führen. Viele haben noch nicht einmal genug zum Überleben.

Das höchst Ironische in der Geschichte von uns Menschen ist, dass wir durch den mangelnden Willen, unsere Fülle zu demonstrieren, den Mangel an Fülle erschaffen.

Besorgt, dass irgendwie nicht genug von allem da ist, erschaffen wir wirtschaftliche, politische, soziale, ökologische und sogar spirituelle Systeme, die uns vor unseren eingebildeten Knappheiten schützen sollen. Doch diese Systeme schützen uns überhaupt nicht davor, sondern bewirken genau das Gegenteil.

Wir haben hier schon dargelegt, dass keines der Systeme, die wir zur Verbesserung des Lebens auf diesem Planeten errichtet haben, das Leben verbessert hat. Sie haben das Leben schlechter gemacht. Allesamt. Ausnahmslos jedes einzelne davon. Weil die Menschen also Angst vor Mangel und Knappheit haben, haben sie Systeme erschaffen, die den Mangel produzieren, und Verhaltensweisen kreiert, die den Mangel garantieren, statt ihn auszuräumen.

Gegenwärtig benutzen oder horten viele Menschen, was immer sie an Dingen des Lebens in die Hände kriegen können. Dies rechtfertigen sie mit ihrer Vorstellung, dass es nur einen knapp begrenzten Vorrat davon gibt. So enthalten sie diese Dinge anderen vor oder machen sie ihnen nur in winzigstem Ausmaß zugänglich.

Doch das schlimmste menschliche Verhalten geht noch darüber hinaus. Nicht nur, dass manche Menschen mehr nutzen, als sie brauchen, und mehr horten, als sie je nutzen könnten. Tatsächlich *verschwenden* sie mehr von diesen Ressourcen, als nötig wären, *um die Bedürfnisse aller anderen zu erfüllen*.

Beispielsweise wird in den Restaurants, Häusern und Wohnungen der Welt an einem Tag mehr Essen als »Abfall« weggeworfen, als wir bräuchten, um die hungernden Kinder der Welt *eine Woche lang* zu ernähren. So haben wir auf diesem Planeten die Illusion geschaffen, dass nicht genug Nahrungsmittel vorhanden sind, so dass es für alle reicht. Dabei bräuchten wir an sich nichts weiter zu tun, als dafür zu sorgen, dass das, was wir haben und was für alle reicht, allen zukommt und nicht weiterhin verschwendet wird.

Die Nationen der Welt, die am meisten Energie verbrauchen, verschwenden durch unklugen, gleichgültigen oder nachlässigen Verbrauch in einer Woche mehr Energie, als nötig wäre, um den gesamten Energiebedarf der restlichen Welt *einen Monat lang* abzudecken. So haben wir auf diesem Planeten die Illusion geschaffen, dass nicht genug Energie da ist, so dass es für alle reicht. Dabei bräuchten wir an sich nichts weiter zu tun, als dafür zu sorgen, dass das, was wir haben und was für alle reicht, allen zukommt und nicht weiterhin verschwendet wird.

Regierungsbehörden und Privatfirmen verschwenden in *einem Jahr* mehr Geld für ineffiziente Programme und unnötige Produkte und Dienste, als nötig wäre, um *ein Jahrzehnt lang* Hilfsprogramme für die Armen zu finanzieren. So haben wir auf diesem Planeten die Illusion geschaffen, dass nicht genug Geld da ist, so dass es für alle reicht. Dabei bräuchten wir an sich nichts weiter zu tun, als dafür zu sorgen, dass das, was wir haben und was für alle reicht, allen zukommt und nicht weiterhin verschwendet wird.

Es ist mehr als genug von allem da, das wir glauben zu benötigen. Aber dass wir genug haben, wird nicht dadurch erfahren, dass wir es *verschwenden,* sondern dadurch, dass wir es miteinander *teilen.*

Es ist keine Übertreibung

Nun denken Sie vielleicht, dass ich die Dinge ein bisschen ausschmücke oder ein wenig an den Fakten drehe, um den Punkt zu verdeutlichen. Schauen wir mal, ob das stimmt. Sehen wir uns insbesondere einen Fall an.

Am 10. Januar 2013 wurde auf der Website Common Dreams ein Bericht von Andrea Germanos veröffentlicht mit dem Titel: »Bankrott des Nahrungsversorgungssystems: Bis zur Hälfte der Nahrungsmittel der Welt wird verschwendet«. Im Untertitel heißt es: »Ein unfassbares Ausmaß an Verschwendung von Nahrungsmitteln vergeudet kostbare Ressourcen, Land, Wasser und Energie eingeschlossen.«

Und Dana Gunders, Projektwissenschaftlerin für Nahrungsmittel und Agrikultur und Bloggerin für die Umweltschutzorganisation Natural Resources Defense Council (NRDC) postete im gleichen Monat folgenden Artikel, den ich mit Genehmigung von NRDC hier abdrucke:

> Weltweit investieren Menschen Zeit, Land, Wasser, Energie und Unmengen von anderen Ressourcen in den Anbau, die Lagerung, die Verarbeitung und den Transport von Nahrungsmitteln, nur damit dann fast die Hälfte davon weggeworfen wird … Heutzutage bleiben in den USA etwa 40 Prozent aller Nahrungsmittel unverzehrt … Die Nahrungsmittel gehen auf dem Wege der Versorgungskette verloren – auf Farmen, bei der Verarbeitung und beim Vertrieb, im Einzelhandel, in den Restaurants und in unseren Häusern und Wohnungen.
> Die Gründe für diesen Verlust sind unterschiedlich.
> Bei den Farmen kann die Ernte auf den Feldern liegen bleiben, weil zum Zeitpunkt der Ernte das Preisangebot zu niedrig ist, um auch nur die Kosten für die Erntearbeit reinzuholen. In den Vertriebszentren können Lagerbestände übrig bleiben.
> Der Einzelhandel kauft oft zu große Mengen ein in der Hoffnung, dass die so geschaffene Illusion von Fülle an Produkten in den Auslagen den Verkauf fördert. In Restaurants werden Portionen angeboten, die die von der

Regierung empfohlene Menge um das Zwei- bis Achtfache übersteigen. Diese riesigen Portionen und ausgedehnte Menüs führen zu einem hohen Anteil an Nahrungsmittelresten, die weggeworfen werden.
Und dann sind am Ende der Versorgungskette die Konsumenten. Sie und ich, die wir die Hälfte eines Sandwiches einfach wegwerfen, weil wir für den Moment satt sind und keine Lust haben, es nach Hause mitzunehmen.

Dana Gunders merkt an: »Die Ressourcen, die für den Anbau von Nahrungsmitteln verbraucht werden, die dann nie verzehrt werden, fordern einen erschütternden Tribut von der Umwelt: einschließlich 25 Prozent Frischwasserverbrauch, 4 Prozent Ölverbrauch und an die 23 Prozent aller Methangasproduktion in den USA, bevor die Essensreste auf der Mülldeponie landen. Ja, Mülldeponie. In den USA werden nur 3 Prozent der Essensreste kompostiert.«

Und der Trend zu diesem verschwenderischen Verhalten nimmt zu. Gunders berichtet in ihrem Blog: »Heute werfen wir in den USA 50 Prozent mehr Nahrungsmittel weg als in den 1970ern.«

Schon nach einer kurzen Recherche im Internet konnte ich weitere Beweise für die Verschwendung von Energie und Geld finden. Ich möchte das Buch nicht damit füllen. Wir alle verstehen die Natur des Problems. Es geht um Hemmungslosigkeit und Willenskraft. Wir wollen haben, was wir wollen, und zwar dann, wenn wir es wollen; und wir wollen wegwerfen, was wir nicht mehr wollen, und zwar dann, wenn wir es nicht mehr wollen. Und die Situation wird schlimmer, nicht besser.

In diesem Kontext sind wir eingeladen, über die Kernbotschaft Nummer 2 nachzudenken. Gott sagt uns, dass genug da ist von allem, das zu brauchen wir uns vorstellen. Wir müssen es nur verteilen und anders nutzen. Wovon *nicht* genug da ist, das ist ganz einfach unsere Entschlossenheit, zu demonstrieren, dass von allem genug da ist. Es ist nicht genug Wille da, die Verschwendung zu reduzieren. Es ist nicht genug Bereitschaft da, die Dinge, von denen »nicht genug da ist«, miteinander zu teilen.

Ein wahrer Spruch

Teilen heißt auch kundtun. Je mehr wir mit anderen teilen, desto mehr tun wir kund, dass wir haben. Das Universum gibt uns, was wir unserer Wahl nach durch uns durchfließen lassen wollen. Eigentlich sind wir nichts weiter als ein »Durchflussmechanismus«.

Wenn wir zulassen, dass die Energie des Lebens in irgendeiner Form bei uns zum Halten kommt, verhindern wir, dass noch mehr davon zu uns kommt. Denn der gesamte Lebensprozess ist ein Kreislauf. Wie manche hierzulande sagen: *»What goes around comes around.«* Was so viel bedeutet wie: »Was man sät, das erntet man«, oder in diesem Fall wörtlicher: »Was du aussendest und rumgehen lässt, kommt auch wieder zu dir zurück.«

Ein buchstäblich wahrer Spruch. Es ist eine Tatsache, dass das, was wir aussenden und rumgehen lassen, auch wieder zu uns zurückkommt. Und was nicht rumgeht, weil wir es verhindert haben, kommt auch nicht zu uns zurück.

Das lässt sich leicht beobachten, wenn wir uns unsere kollektive Erfahrung auf Erden ansehen. Die Menschheit hat mit ihrem kollektiven Tun bewirkt, dass vieles, was herumgeht, nicht mehr weiter herumgeht. Deshalb kommt es auch nicht mehr zurück, so wie es eigentlich sollte. Als Spezies haben wir verhindert, dass die Liebe herumgeht und zu jedermann kommt. Dasselbe gilt für die Fülle, dasselbe gilt für die Chancen, dasselbe gilt für fast alles Gute – nicht weil wir gierig und egoistisch sind, sondern um des Überlebens willen.

Wir glauben wirklich, ehrlich und wahrhaftig, dass nicht genug da ist. Von nichts. Und schon gar nicht von dem, was wir brauchen, um zu überleben und glücklich zu sein. Deshalb tun wir, was wir können, um so viel wie möglich anzusammeln, und halten an allem fest, woran wir festhalten können, in der Hoffnung, so gut wie möglich zu leben.

Sogar die, die reichlich haben, glauben, dass sie noch mehr ansammeln müssen – und dann noch mehr und noch mehr und danach noch mehr. Dann horten sie, was sie angesammelt haben, so dass sie und ihre Familien und der innere Kreis immer genug haben werden. Unterdessen verhungern Millionen, und weitere Millionen leben in bitterer Armut und tiefstem Elend und versuchen einfach nur zu überleben.

Eine Aussage in Kapitel 8 ist es wert, hier wiederholt zu werden: Weniger als 5 Prozent der Weltbevölkerung besitzen oder kontrollieren über 95 Prozent des Reichtums und der Ressourcen dieser Welt.

Wieder einmal scheine ich mich hier zu wiederholen und im Kreis zu bewegen. Doch ich kann es gar nicht oft genug sagen, und es wird erst dann oft genug gesagt sein, wenn genug Menschen es hören und genug tun, um es zu ändern. Um unsere Erfahrung von Fülle und »Es ist genug da« zu erweitern, erweitern wir die Fülle und das »Genug« für einen anderen.

Hier ist die goldene Regel des Universums: Was immer du in dir selbst erfahren möchtest, das lass einen anderen erfahren.

In *Gespräche mit Gott* heißt es: Was dich durchfließt und durch dich fließt, das bleibt bei dir. So war es immer, so wird es immer sein.

Wenn wir das wissen und *anwenden,* wird es unser ganzes Leben ändern.

Wir haben es in der Hand

Die Welt ist nicht so aufgebaut, und das Leben ist nicht so konstruiert, dass es seine Fähigkeit zur Selbsterhaltung verlieren könnte. Das Leben wird sich erhalten, ob wir in seine natürlichen Prozesse eingreifen oder nicht. Ganz egal was wir tun, das Leben wird sich seine Funktionsfähigkeit bewahren, indem es sich so anpasst, wie es sich, durch unser Tun bedingt, für seinen Erhalt anpassen muss.

Ob wir nun glauben, dass genug von dem Zeug da ist, das wir unserer Meinung nach unbedingt brauchen, um weitermachen zu können, oder nicht, *das Leben wird weitergehen.* Die Frage ist nur, ob das Leben so weitergeht, dass wir es als angenehm, gastfreundlich und günstig für unsere spezielle Spezies bezeichnen können. Das liegt bei uns.

Wir sind die erste Spezies auf diesem Planeten, für die das gilt. Wir können buchstäblich *für uns selbst entscheiden,* wie wir wollen, dass das Leben in sehr vieler Hinsicht weitergeht. Wir spielen bei diesem Prozess eine äußerst wichtige Rolle. Na gut, wir können vielleicht nicht verhindern, dass ein Meteor einschlägt (es sei denn, wir können es doch!) oder dass ein »Sonnensturm« sich auf unsere globalen Kommunikationssysteme auswirkt oder dass ein Vulkan ausbricht, aber wir können mit Sicherheit etwas daran ändern, wie wir uns individuell und als menschliches Kollektiv auf dieser Erde zum Ausdruck bringen.

So viel können wir tun.

Die Frage ist nicht, ob wir es können, sondern ob wir es wollen.

ANWENDUNG DIESER BOTSCHAFT IM ALLTAG

Mir fällt nichts ein, was mehr Freude und Spaß macht als das tägliche Praktizieren von Fülle und »Es ist genug da«. Hier sind ein paar Möglichkeiten, die umzusetzen Sie vielleicht sehr erfreulich finden werden:

- Schreiben Sie drei Dinge auf, von denen Sie im Moment nicht genug zu haben meinen. Dann gehen Sie in den nächsten sieben Tagen hochsensibilisiert durchs Leben und schauen Sie, ob Sie jemanden finden, der von dem, von dem Sie nicht genug zu haben meinen, weniger hat. Wenn Sie meinen, von etwas viel zu wenig zu besitzen, dann finden Sie jemanden, der noch nicht einmal so wenig davon hat. Geben Sie dieser Person sofort das, wovon Sie mehr haben möchten. Machen Sie das drei Monate lang wenigstens einmal am Tag. Überschlagen Sie nach neunzig Tagen, wie viel Sie nun von dem haben, von dem Sie vordem nicht genug zu haben glaubten. Seien Sie nicht überrascht, wenn Sie feststellen, dass sich Ihre Wahrnehmung oder Erfahrung, dass Sie von diesen betreffenden Dingen nicht genug haben, in nichts aufgelöst hat.
- Wenn Sie etwas vermehren möchten, von dem Sie Ihrer Wahrnehmung nach bereits genug haben, dann erhöhen Sie die Menge, die Sie von diesen Dingen an andere weggeben. Zeit, Energie, Geld, Liebe – alles, was Sie in größerer Fülle erleben möchten. Gehen Sie durchs Leben, und wenn Sie beobachten, dass jemand diese Dinge nicht in Fülle erlebt, dann veranlassen Sie, dass die betreffende Person zumindest in diesem Moment diese Fülle erfährt, weil Sie da waren. Treffen Sie die Entscheidung, die Quelle zu sein. Sie werden möglicherweise feststellen, dass sich Ihre Erfahrung, dass genug da ist, in einem Maße erweitert und steigert, wie Sie es nie für möglich gehalten hätten.

- Als ganz konkrete Variante der beschriebenen Ideen stecken Sie einmal in der Woche ein paar Geldscheine (5, 10 oder 20 Euro) ein, gehen auf die Straße und geben sie Personen, die denken, dass sie das Geld brauchen. Nehmen Sie am Ende der Woche und am Ende des Monats zur Kenntnis, dass Sie die Scheine kaum vermisst haben. Sie werden entdecken, dass es nur Papier ist und tatsächlich auf Bäumen wächst. Wenn Sie entdecken, dass Sie das Geld gar nicht vermissen, dann haben Sie die ganz direkte Erfahrung gemacht, wie viel Sie davon hatten.
- Eine andere Übung zur konkreten Umsetzung der oben genannten Ideen ist die, sich in einem Laden einige Kartons mit Deckel zu besorgen, in die Sie Ess- und Trinkbares packen können. Füllen Sie dann jeden Abend nach dem Abendessen mit Ihrer Familie das, was übrig geblieben ist, in die Kartons und machen Sie einen kleinen Abendspaziergang dorthin, wo sich ein paar Obdachlose aufhalten und sich fragen, woher sie etwas zu essen bekommen, um ihren Hunger zu stillen. Überreichen Sie ihnen die Kartons mit ein paar Essutensilien aus Plastik und schauen Sie, wie sich ihre Gesichter aufhellen. Wenn Sie nicht gleich nach dem Abendessen weggehen können, stellen Sie die Kartons in den Kühlschrank. Statt die Reste für den eigenen Bedarf am nächsten oder übernächsten Tag aufzuheben, sammeln Sie sie so in zwei oder drei Kartons und bringen sie dann mit dem Auto an einen Ort, wo Sie wissen, dass Sie hungrige Menschen antreffen werden. Schauen Sie dann in Ihr Inneres und sehen Sie, wie das Ihren inneren Hunger stillt.
- Öffnen Sie noch heute Ihren Kleiderschrank und nehmen Sie alles heraus, was Sie in den letzten drei Monaten nicht getragen haben (mit Ausnahme der Festtagskleidung und der Kleidung, die Sie jahreszeitbedingt nicht getragen haben). Versichern Sie sich, dass die Kleidungsstücke sauber sind, und

bringen Sie sie zu einer kirchlichen oder anderen karitativen Organisation, die sie kostenlos oder zu einem geringen Preis abgibt. In vielen Städten und Gemeinden gibt es auch bestimmte Sammelstellen, wo aussortierte Gegenstände – vom Toaster bis zu alten Stiefeln – deponiert werden können. (Ich habe eine Zeit lang praktisch von diesen Dingen gelebt.) Befreien Sie so Ihr Haus oder Ihre Wohnung von den tausend Dingen, die Sie nicht mehr benötigen.

- Stehen Sie morgens sechzig oder neunzig Minuten früher auf und machen Sie die Dinge, für die Sie Ihrem Gefühl nach bisher nicht genug Zeit hatten. Schreiben Sie zum Beispiel ein Buch. Bringen Sie ein Projekt zu Ende. Komponieren Sie einen Song. Misten Sie das Hinterzimmer aus. Bringen Sie die Garage in Ordnung. Oder meditieren Sie.

30

So kommen wir schließlich wieder dahin, wo wir begonnen haben. Wir stellen fest, dass bei den Kernbotschaften dieser Neuen Theologie das Ende der Anfang und der Anfang das Ende ist – so wie es sich auch mit dem großen Kreislauf des Lebens verhält.

Was passiert in genau dem Moment, wenn die Uhr Mitternacht schlägt? Beginnt mit Schlag zwölf ein neuer Tag oder endet ein alter? Was denn nun? *Oder könnte es beides sein?*

Ah! Es scheint, dass jedem Ende ein Anfang innewohnt!

Das ist mehr als bloße philosophische Spitzfindigkeit. Das ist zufällig das, was so ist. So arbeitet das Universum. So funktioniert der Prozess des Lebens.

So schließt sich der Kreis dieser wunderbaren Reise zu den 25 wichtigsten Botschaften von *Gespräche mit Gott.* Wir sind angelangt bei der Kernbotschaft Nummer 1.

GmG-Kernbotschaft 1

Wir sind alle Eins. Alle Dinge sind Ein Ding. Es gibt nur Ein Ding, und alle Dinge sind Teil des Einen Dings Das Ist. Das bedeutet, dass du Göttlichen Wesens bist. Du bist nicht dein Körper, du bist nicht dein Geist, und du bist nicht deine Seele. Du bist die einzigartige Kombination aus allen drei, welche die Gesamtheit Von Dir ausmacht. Du bist eine Individuation des Göttlichen; ein Ausdruck von Gott auf Erden.

Die meisten von uns haben gelernt, dass Gott das *Alles in Allem*, der *Unbewegte Beweger*, das *Alpha und Omega* ist.

Gott ist allwissend, allmächtig und allgegenwärtig, so sagte man uns.

Wenn wir diese Lehren akzeptieren – wenn wir uns den Gedanken zu eigen machen, dass das oben Gesagte wahr ist –, dann führt uns das unmittelbar zu zwei Schlussfolgerungen.

1. Wir sind alle *Teil von Gott* und können von Gott nicht getrennt werden.
2. Wir sind auch alle *Teil voneinander* und können nicht voneinander getrennt werden.

So logisch diese beiden Schlussfolgerungen auch sein mögen, so sind sie doch höchst umstritten – weitgehend deshalb, weil die Vorstellung des Getrenntseins voneinander und von Gott so lange in unsere Geschichte eingebettet war.

Der Ursprung unserer Vorstellung vom Getrenntsein

Es war in den frühesten Tagen unserer Entwicklung als Spezies fühlender Wesen, als wir unsere erste Erfahrung von dem machten, was wir als einen »anderen« begriffen – und von unserem Getrenntsein von diesem anderen.

Ich glaube, die Geschichte vom Getrenntsein hat ihren Ursprung in den ersten Versuchen unserer Spezies, das Leben, so wie wir es erfahren, zu verstehen. Irgendetwas dergleichen ist – vermutlich – passiert.

Das, was wir jetzt als »Eigenbewusstsein« bezeichnen, entstand, als wir uns als individuelles Wesen zu betrachten oder zu erkennen begannen. Vielleicht war es ja der Anblick unseres Spiegelbildes in einem Teich der diese Wahrnehmung auslöste. Wir hoben eine Hand, um uns am Kopf zu kratzen, und sahen »den Mann im Teich« dasselbe tun ... bald darauf begannen wir die Vorstellung vom »Ich« oder »Selbst« zu entwickeln.

Einen weiteren Schritt zur Wahrnehmung vom Getrenntsein machten wir vielleicht, als wir rings ums Lagerfeuer unseres Klans saßen und durch einen plötzlichen Blitz am Nachthimmel, gefolgt von einem dröhnenden Donnerschlag erschreckt wurden. Wir sahen uns ängstlich um und fragten mit was immer wir an Mimik und verbaler Ausdrucksmöglichkeit entwickelt hatten: »Hast *du* das getan?« Als dann alle im Klan mit einem furchtsamen »Nein!« den Kopf schüttelten, kamen wir zu einer verblüffenden Erkenntnis: *Es gibt noch etwas anderes als uns.*

Nachfolgende Ereignisse schienen zu beweisen, dass dieses Andere Etwas offenbar weitaus *mächtiger* war als wir. Es konnte Wind und Regen und gewaltige Stürme verursachen, Hitze und Dürren, die scheinbar ewig anhielten. Es konnte den Erdboden, auf dem wir gingen, furchterregend beben und sich sogar auftun lassen. Es konnte bewirken, dass sich in den Wäldern ganz von allein Feuer entzündete.

Uns wurde klar, dass wir einen Weg finden mussten, dieses Andere Etwas zu *beherrschen,* sonst würde unser Leben ihm ewig ausgeliefert sein. Doch wir konnten uns nicht vorstellen, wie wir es anstellen sollten. Wir versuchten alles. Wir wussten, dass wir eine Möglichkeit finden mussten, die Götter zu besänftigen.

Wir nannten die Elemente des Lebens natürlich nicht »Götter«. Dieser Begriff kam erst sehr viel später auf. Aber wir dachten uns dieses Andere Etwas als einen Aspekt unserer Existenz, der sowohl mächtig als auch unbeherrschbar war.

Einige Mitglieder unseres Klans waren von ziemlich gleicher Art. Die Größten und Stärksten und Brutalsten preschten zügellos durchs kollektive Klanleben, und man versuchte unentwegt, sie zu besänftigen und zu befrieden. Ihnen wurden alle Arten von Opfergaben dargebracht, von attraktiven Jungfrauen über Unmengen von Essen bis hin zu schönen Dingen, die man der Erde entnommen hatte.

Wenn die Brutalsten noch wütender wurden als gewöhnlich, weil eine Dürre kein Ende nehmen wollte und ihnen und dem ganzen Klan Opfer auferlegte, kamen wir in unserer kleinen Gruppe zusammen, um alles Erdenkliche zu ihrer Beruhigung zu tun. Wir wollten damit vermeiden, dass sie ihre Wut an uns ausließen, was früher schon vorgekommen war.

Wir veranstalteten eine »Party«, sangen und tanzten für sie. Jemand brach von einem nahe stehenden Baum einen vertrockneten Zweig ab und schüttelte ihn im Tanz, und die vertrockneten Blätter gaben rhythmische Laute von sich, passend zu den wirbelnden Drehungen ums Feuer.

Zufälligerweise öffneten sich genau in diesem Moment die Schleusen des Himmels, und ein plötzlicher schwerer

Regenguss durchnässte den Platz. Alle waren geschockt. Und angesichts der damals noch beschränkten intellektuellen Entwicklung des Klans wurde die Ursache für den Regen dem Tanz mit dem Zweig zugeschrieben.

Damit war ein Weg gefunden, diese Andere Etwas zu erfreuen und zu besänftigen! Es war ein Weg gefunden worden, dieses Andere Etwas dazu zu bringen zu tun, was man sich erhoffte! Wir waren alle ganz aufgeregt! Der »Regenmann« wurde in den höchsten Rang erhoben. Das Ritual war geschaffen und eine Klasse innerhalb des Klans, die es ausführen konnte .

Der Klan glaubte, dass der Tanz des Regenmannes mit dem Zweig Regen erzeugte, und künftig war das auch häufig der Fall. Das war kein Zufall. So wie die Metaphysik nun mal beschaffen ist, funktionierte die Formel. Denn der metaphysische Prozess – ob nun modern oder uralt – erzeugt auf materieller Ebene das Ergebnis, woran man inbrünstig glaubt.

In diesem ersten Fall waren es ganz zweifellos die fortwährende inbrünstige Hoffnung und der ernsthafte, tiefe Wunsch des Klans, dass die Dürre enden möge, die das Resultat bewirkte. Aber dass der Regen genau in dem Moment fiel, als der lärmende Tanz aufgeführt wurde, dieses Zusammentreffen konnte nicht ignoriert werden.

Diese Geschichte habe ich natürlich frei erfunden. Es war eine Einsicht – nennen Sie es Inspiration, wenn Sie wollen –, die ich in der Zeit meiner Gespräche mit Gott bekam. Die Geschichte mag nicht genau so stimmen … aber ich glaube, dass sich dies oder etwas sehr Ähnliches im Leben der frühen Menschen abgespielt und zu unserem Gefühl von Getrenntsein geführt hat; zu unserem Gefühl von einem Anderen Etwas, zu unserem Gefühl, dass es doch einen Weg geben könnte, dieses Andere Etwas zu beherrschen oder wenigstens zu *beeinflussen.*

Ohne es zu wissen, befassten sich die frühesten Menschen mit der Alchemie des Universums. So wurde das geboren, was später als Religion bekannt wurde.

Als das Verständnisvermögen des Menschen sich weiterentwickelte, trachtete die Spezies nach einer anspruchsvolleren Möglichkeit, »die Götter zu besänftigen« ... und später jenen einzigen Gott, der ganz gewiss existieren musste, wie die Menschen letztlich entschieden.

Und damit hatten sie Recht.

Es *gibt* dieses Ding, das wir jetzt Gott nennen. Doch unsere Vorstellung von Gott – dass er sie es dieses »Andere Etwas« ist – ist unzutreffend. Dieser Gedanke ist ein Überbleibsel aus der frühesten Geschichte, die wir uns über Die Macht erzählten, die Größer Ist Als Wir. Dieser Gedanke brachte das hervor, was ich an früherer Stelle als Theologie des Getrenntseins bezeichnet habe.

Die Naturwissenschaft bringt uns eine neue Geschichte

Seit den Tagen unseres Daseins als Höhlenmenschen haben wir uns natürlich weiterentwickelt. Angesichts einiger unserer nach wie vor barbarischen Verhaltensweisen vielleicht nicht so sehr, wie wir es gerne hätten, aber wir schreiten schneller als je zuvor in unserer evolutionären Entwicklung voran – angestachelt durch unsere zunehmenden Kenntnisse über das Leben an sich.

Es ist noch nicht lange her, dass der Astronom und Autor Carl Sagan der Welt eine faszinierende Tatsache übermittelte: Den Analysen zufolge enthalten die vom Mond mitgebrachten Gesteinsbrocken und andere aus dem Weltraum auf die Erde gefallene Trümmer und Teilchen (Meteore, Weltraumstaub usw.) alle dieselben grundlegenden Elemente, die sich auch auf unserem Planeten finden. Das betrifft nicht nur die Steine und den Staub auf der Erde, sondern *alles* – einschließlich der Vögel, Tiere, Bäume … und *Menschen.*

In allen Objekten des Kosmos sind offensichtlich dieselben chemischen und mineralischen Bausteine vorhanden. *Wir sind alle aus dem gleichen Stoff gemacht,* erklärte Sagan lächelnd. Alles ist Ein Ding, das sich einfach in verschiedenen Zusammensetzungen und Konstruktionen manifestiert hat.

Nimm diese Elemente, vermische sie in einer bestimmten proportionalen Zusammensetzung, und du hast einen Baum. Vermische sie auf andere Weise, und du hast einen Menschen. Eine dritte Kombination erzeugt ein Erdferkel. Oder einen Felsbrocken auf dem Mond.

Das Mischen und Abstimmen dieser Elemente in unterschiedlichen proportionalen Zusammensetzungen findet über Tausende und Hunderttausende von Jahren hinweg statt. Wir bezeichnen diese Kombinationen als *Anpassungen* und den ganzen Prozess als *Evolution.*

Ich weiß, dass der Gedanke, alles Leben sei aus derselben Ursuppe hervorgegangen, ein strittiges Thema ist. Manche wollen glauben, dass die Menschen alle auf einmal und als gesonderte (und besondere) Geschöpfe Gottes erschaffen wurden, losgelöst von der Entwicklung eines jedweden anderen lebendigen Dings.

Doch die Naturwissenschaft – und jetzt auch die Weltraumforschung – scheint Darwins Theorie zu bestätigen. Leben ist Energie, die in unendlichen Variationen aus einer einzigen Essenziellen Essenz hervorgeht.

Schauen wir uns diese hervorbringende Energie an, die Essenzielle Essenz, bleiben uns zwei Fragen:

1. Was ist ihre Natur?
2. Worin besteht ihre Kapazität oder Fähigkeit?

Was ist die Natur der Essenziellen Essenz?

Beginnen wir mit der Antwort auf die erste Frage. Die grundlegende Natur der Essenziellen Essenz ist die, dass sie immerwährend in Bewegung und immerwährend gegenwärtig ist. Sie ist einfache, undifferenzierte Energie in ihrem reinsten Ausdruck. Man könnte sie als die Stammzelle der Wirklichkeit bezeichnen.

Zur Stammzelle findet sich im Internet unter anderem folgende Definition: »Als Stammzellen werden allgemein Körperzellen bezeichnet, die noch weitgehend unspezialisiert sind. Durch Zellteilung sind sie in der Lage, eine sich spezialisierende Tochterzelle und eine neue Stammzelle zu erzeugen, wodurch sie sich selbst erhalten ... Bei der Entwicklung des menschlichen Embryos sind Stammzellen für die Ausbildung sämtlicher Organe und Körperzellen verantwortlich.« (Siehe diestammzelle.grm-aktuell.org)

Wenn ich mich der Analogie von der einzigen Wesenheit bediene, in der alles seine Existenz hat, dann könnte die Essenzielle Essenz als deren »Stammzelle« aufgefasst werden.

Hier wird somit eine einzige Einheit beschrieben – die ich in Anlehnung an Gene Roddenberry Die Singularität nenne –, deren Hauptmerkmal oder Urkraft die *Schwingung* ist. Sie ist in bestimmten Frequenzen schwingend ständig in Bewegung. Sie ist gegenwärtig, wo immer sich das findet, was wir »Leben« nennen. Denn sie ist das Leben selbst in seiner reinsten, nicht abgeschwächten, unveränderten Form.

Menschen und alle anderen Lebensformen sind *Singularisierungen Der Singularität.* Das heißt, wir sind veränderte, abgeschwächte Formen der Essenziellen Essenz. Wir sind Ausdifferenzierungen der Undifferenzierten Energie, die ich Gott nenne.

Sie können diese Undifferenzierte Energie nennen, wie Sie wollen. Nennen Sie sie Urkraft, den Unbewegten Beweger, Das Was Ist, die Essenzielle Essenz – oder geben Sie ihr persönlichere Namen, wenn Sie möchten, wie zum Beispiel Adonai, Akshar, Allah, Brahma, Deus, Ekankar, Elohim, Gott, Göttliche Mutter, Hari, Herr, Indra, Jahwe, Jehova, Krishna, Mahesh, Manitu, Ormuzd, Parameshwar, Purush, Purushottam, Radha Soami, Ram, Rama, Theos, Thor, Varuna, Vishnu und andere.

Noch einmal die Erklärung ...

Diese Essenzielle Essenz hat noch eine andere Wesenseigenschaft, die zu beschreiben wichtig ist. Sie ist sich ihrer selbst *als* sie selbst bewusst. Sie weiß genau, was sie ist, kann sich aber in der Abwesenheit von etwas anderem nicht als das erfahren.

Das haben wir bereits besprochen. Hier folgt noch einmal eine Erklärung dieser fundamentalen Bedingtheit, damit sie klar verstanden wird und immer in Erinnerung bleibt.

Es existiert nichts anderes außer Das Was Existiert. Das ist Alles Das Ist. Wenn das Alles Das Ist sich auf der Erlebensebene selbst zu erfahren wünscht (und das tat es, weil einfach nur etwas zu *sein* nicht genug war), muss es sich etwas erschaffen, das anders ist als es selbst. Doch das ist ein Ding der Unmöglichkeit, weil das Erzeugende immer Teil des Erzeugten ist. Ein Sprössling oder eine Manifestation des Lebens ist immer Teil dessen, aus dem er oder sie hervorgegangen ist.

Weil Alles Das Ist nicht etwas erschaffen konnte, das Anders Als Es Selbst ist, wurde die Reine Existenz mit ihrer ersten Frage konfrontiert: Wie sollte sie sich erfahren, wenn da nichts anderes war außer ihr selbst? Die Lösung war einfach: Sich selbst zu gestatten, sich selbst zu vergessen, so dass es den *Anschein* hatte, als handle es sich um etwas anderes.

Das würde der Essenziellen Essenz erlauben, sich selbst auf der Erfahrungsebene als Schöpfer wahrzunehmen und zu erleben. Durch den Ausdruck seiner selbst im Vergessen der Tatsache, dass *alles schon erschaffen war.* Dieses Vergessen ist das größte Geschenk, das das Leben dem Leben je machte. Und sein Gefährte ist das Erinnern. Denn wenn das Leben sich selbst als das, Was Es in Wirklichkeit Ist, erinnert, ist der Zyklus des Lebens vollendet. Das Reine Sein manifestiert sich wieder einmal als Wissen, das sich als Erfahren manifestiert, das sich als Reines Sein manifestiert.

Wie oben schon bemerkt, kann dies zu jedwedem Zeitpunkt im Zyklus des Lebens erreicht werden. Der Tod ist bloß unsere *Zusicherung,* dass es geschieht.

Die Menschen haben gefragt: »Warum müssen wir sterben?« »Warum ist der Tod unausweichlich?« Sie kennen jetzt die Antwort! Was wir den »Tod« nennen, ist das größte Geschenk des Lebens! Es ist Gott, der *sicherstellt,* dass unser Vergessen nicht ewig währt. Es ist Gott, der uns als Teil Seiner Selbst zurückholt, indem er uns mit Sich Selbst vereint, und uns dann aus der Nichtdifferenziertheit mit Sich Selbst entlässt, damit er, sie es sich wieder *durch uns* selbst erfahren kann.

Die Möglichkeiten, wie wir den Teil von Gott, der wir sind, erfahren können, sind unbegrenzt. Wir können sogar in genau der gleichen Form, in der wir gegangen sind, wieder in die Körperlichkeit zurückkehren. Wir können als unser gegenwärtiges Selbst so oft zurückkehren, wie wir möchten, sooft es uns dienlich ist angesichts unseres in unseren Zellen verankerten Wunsches, uns als die, die wir in Wirklichkeit sind, zu erfahren.

Menschen, die immer und immer wieder als Gleiches Selbst zurückkehren, werden in ihren später wiederholten Inkarnationen oft Avatare oder Weise oder auch Heilige genannt.

Oder auch ... Gott.

(»Steht nicht geschrieben: Ihr seid Götter?!«)

Worin besteht die Kapazität oder Fähigkeit der Essenziellen Essenz?

Kommen wir nun zur Antwort auf die zweite Frage. Die wichtigste Fähigkeit der Essenziellen Essenz besteht in ihrer Macht, Einfluss auf sich selbst zu nehmen. Das heißt, sie ist ihre eigene Quelle und bezieht sich auf sich selbst.

Es ist wie beim Wasserdampf, der sich in flüssige Wassertröpfchen verwandelt, die sich in Schnee verwandeln, der zu Eis wird, das zu flüssigem Wasser wird, das wieder zu Wasserdampf wird. Wir sehen hier vier verschiedene Ausdrucksformen desselben Elements, dessen Manifestationen in ihren Variationen dadurch geschaffen werden, wie andere Aspekte der Essenziellen Essenz Einfluss darauf nehmen.

Ich weiß, dass dieses anschauliche Beispiel die Dinge sehr vereinfacht – doch vielleicht ist es nicht ganz so simpel, wie Sie meinen mögen. Fragen Sie die Bewohner von Peking. (Darüber gleich mehr.) Vereinfachend oder nicht, die Metapher kann nützlich sein, um uns besser begreifen zu lassen, wie das ganze System namens Leben funktioniert. Denn wenn wir lernen könnten, ganz *bewusst* den einen oder anderen Aspekt der Essenziellen Essenz zu beeinflussen, könnten wir möglicherweise *bestimmte Manifestationen* sich ereignen lassen.

Das heißt, wenn wir die Lebensenergie auf kontrollierte Weise wieder auf sich selbst richten könnten, könnten wir vermutlich diese hervorbringende Energie für unsere Zwecke nutzen.

Wenn das stimmt, wäre das keine geringe Sache. Es würde uns zu Göttern machen, die die Farben auf der Palette der Schöpfung mischen und aufeinander abstimmen könnten, um das von uns gewünschte Bild auf die Leinwand unseres Lebens zu malen.

Gott sagt uns in *Gespräche mit Gott,* dass es sich genau so verhält. Die Essenzielle Energie kann so genutzt werden, und unsere Spezies tut genau dies – allerdings ohne dass die meisten von uns davon wissen; und von denen, die es wissen, sind nicht genug imstande, eine kollektive Einigung über die Ergebnisse herbeizuführen, die wir in gemeinschaftlicher Zusammenarbeit produzieren möchten.

Sie halten das alles für Unsinn?

Wenn Sie versucht sind, das alles unter Wunschdenken zu verbuchen, dann denken Sie über Folgendes nach: Wir haben bereits gelernt, Wolken so zu impfen, dass wir das Wetter manipulieren können. Das ist ein bemerkenswertes Beispiel dafür, wie wir die Energie des Lebens in einer Weise manipulieren können, dass sie Einfluss auf die Energie des Lebens nimmt.

Kommen wir auf die Metapher zurück, die den Anschein von Vereinfachung erweckte … Es wurde weltweit berichtet, dass China Anfang November 2009 die Wolken über Peking impfte, um nach einer viermonatigen Trockenheitsperiode künstlich Schneefall herbeizuführen. Hier haben wir einen Fall, bei dem Menschen tatsächlich vorsätzlich und auf kontrollierte Weise die Energie des Lebens auf sie selbst richteten, um ein erwünschtes und vorhersagbares Ergebnis bei einem der unvorhersehbarsten Ausdrucksformen des Lebens zu erzeugen, nämlich beim *Wetter.*

Hat es funktioniert?

Den Berichten zufolge schneite es fast drei Tage lang. Und es handelte sich nicht einfach um ein paar leichte Flocken sondern eine Menge an Schnee, die den Verkehr lahmlegte und viele der Durchgangsstraßen unpassierbar machte.

Die Energien des Lebens lassen sich also auf physischer Ebene wirkungsvoll beeinflussen – ist das auch auf der metaphysischen Ebene möglich?

Gespräche mit Gott sagt uns hier, die Auswirkung der Essenziellen Essenz auf sich selbst vergrößert sich exponentiell gemäß der in spezieller Weise auf sie selbst gerichteten Menge. Je stärker der Wind bläst, desto mehr wird sich der Baum beugen. Oder wie ein anderer bemerkte, der hinsichtlich dieser Energien sehr viel bewanderter ist als ich: »Wo zwei oder mehr versammelt sind …«

Wie es scheint, würde das Unternehmen, das der Menschheit am förderlichsten wäre – ihr größtes Experiment, ihr größtes Untersuchungs-, Forschungs- und Erweiterungsprojekt im ersten Viertel des einundzwanzigsten Jahrhunderts –, darin bestehen, dass sie lernt, wie sie diese hervorbringende Energie bewusst fokussiert und nutzt, um beständige und vorhersagbare Ergebnisse zu produzieren.

Ist da etwas dran an der Sache mit der *gelenkten Fantasie* oder dem *Visualisieren?* Hatte Norman Vincent Peale Recht mit *Der Kraft positiven Denkens?* Hatte Émile Coué etwas gefunden, als er seine Theorien zur *Autosuggestion* vortrug? Und sind die Lehren von Esther und Jerry Hicks über das Gesetz der Anziehung in *Wünschen und Bekommen* oder die Erkenntnisse über den persönlichen Schöpfungsprozess in *Glücklicher als Gott* die goldenen Schlüssel, die die Türen bewusst geschaffener Manifestation aufschließen?

Das ist wahrlich das letzte Grenzland oder Neuland. Doch wir beachten es kaum. Wenn wir unsere Aufmerksamkeit darauf richten, werden wir entdecken (das heißt, wir werden uns daran erinnern), dass wir mit dem Göttlichen Eins sind und dass die Essenzielle Essenz und wir Dasselbe sind.

In der Tat eine heilige Dreieinigkeit

Wie alles andere Existierende sind auch wir Menschen nicht einfach ein einziger Ausdruck oder ein einziges Element von Dem Was Ist. Wenn wir, als Bestandteil des Zyklus des Lebens, vom Bereich des Spirituellen zum Bereich des Physischen »wandern«, teilen wir uns in drei Teile auf. Von daher sind wir nicht nur unser Körper, nicht nur unser Geist und nicht nur unsere Seele, wie sind alle drei.

(Eine Beschreibung dieser Heiligen Dreieinigkeit findet sich in *Was wirklich wichtig ist.*)

Alle drei Teile unseres Wesens leben immerwährend, reisen gemeinsam durch alle Ewigkeit, bringen sich in zahllosen Variationen durch die Endlosigkeit von Zeit/Nicht Zeit im Immer Hier/Immer Jetzt der Letztendlichen Wirklichkeit zu neuer Geburt und neuer Form und neuem Ausdruck.

Das höchste Versprechen Gottes ist, dass wir eine Individuation des Göttlichen sind, ein Ausdruck von Gott auf Erden. Das habe ich nun schon mehrfach gesagt. Noch nicht angemerkt habe ich, dass faszinierenderweise die meisten Religionen der Welt dem zustimmen. Sie haben uns erzählt, dass »der Mensch nach dem Ebenbild Gottes geschaffen ist«. Der Unterschied zwischen diesem Glauben und der Botschaft von *Gespräche mit Gott* findet sich im Kleingedruckten.

Heißt »nach dem Ebenbild Gottes geschaffen«, dass wir Wesen sind, die Gott ausgesprochen ähnlich sehen? Heißt das,

Gott ist ein riesiger Mensch, der in einem anderen Bereich lebt und die totale Kontrolle über uns und unser Schicksal hat? Oder bedeutet diese geheimnisvolle Redewendung, dass wir Auszüge, Abkömmlinge der Essenziellen Essenz, der Grundlegenden Energie und der Urkraft sind, aus denen das Leben selbst hervorging und die das Leben in seinem Urgrund sind?

Wenn wir Ersteres glauben, dann mögen wir uns vorstellen, dass wir isoliert und allein sind und in einer unbegreiflich komplexen Erfahrungswelt und in einem unvorstellbar gigantischen Universum für uns selbst sorgen und um unser Überleben kämpfen müssen. Wir meinen, in diesem unendlichen Ozean von Materie und Energie dahinzutreiben und im Vergleich zu allem, was sonst existiert, nicht größer oder wichtiger zu sein als ein Sandkörnchen. Wir finden uns von den endlosen Gezeiten der Ereignisse überschwemmt, in Kummer und Leiden ertränkt, von den Strömungen fortgetrieben, auf den Wellen ins Nirgendwo schwappend.

Aber ist das alles, was wir sind? Ist es das in seiner Summe und Substanz? Oder ist es möglich, dass hier mehr vor sich geht, etwas Größeres geschieht, etwas, das umfassender ist, als es unser gerade mal auftauchendes Verständnisvermögen bisher zu begreifen vermochte? Ist da mehr, als mit bloßem Auge zu erkennen ist? Und wenn ja, was wäre es?

Was dies alles bedeutet

In *Gespräche mit Gott* heißt es: »Gott und wir sind Eins.« Viele Leute nehmen fälschlicherweise an, dies besage, Gott und wir seien dasselbe. Natürlich kann sich niemand einer solchen Aussage anschließen. Genauso wenig wie der Aussage, dass der Wassertropfen und der Ozean dasselbe sind, weil der Ozean und ein Wassertropfen aus demselben »Stoff« bestehen!

Wir sind der »Stoff«, der Gott ist, und Gott ist der »Stoff«, der wir sind – aber Gott ist die Gesamtsumme alles existierenden »Stoffes«, wohingegen wir nur eine einzige *Individuation* davon sind.

Unsere Essenz ist göttlicher Natur, und es ist wichtig, dies in seiner ganzen Bedeutung zu erkennen und zu begreifen. Aber wir müssen auch wissen, was es nicht bedeutet.

Es bedeutet zum Beispiel nicht, dass wir von einem Gebäude springen und fliegen können. Es bedeutet nicht, dass wir nie irgendwie beschädigt oder verletzt werden können. Es bedeutet nicht, dass wir Superman gleichen.

Es bedeutet, dass Gott immer in uns gegenwärtig ist, um uns auf unserem Weg durchs Leben jeden Tag Hilfe und Führung anzubieten. Es bedeutet, dass uns dieselben Schöpfungswerkzeuge gegeben wurden, die Gott verwendet, und dass wir, wenn wir sie zu nutzen lernen, in unserem eigenen Leben wundervolle Ergebnisse hervorbringen können. Es bedeutet, dass wir, sollten wir in irgendeiner Weise beschädigt oder verletzt sein oder uns in irgendwelchen problematischen Umständen oder Schwierigkeiten befinden, da herausfinden können, wenn wir Gottes Hilfe erbitten.

Im Kern bedeutet es, dass wir im Leben nicht »allein« sind. Auch wenn es sich so anfühlt, als wären wir allein – vielleicht insbesondere gerade dann –, kann Gottes Gegenwart uns von unserer Einsamkeit heilen und seine sanfte Gesellschaft den stillen Mut geben weiterzumachen.

Die Implikationen sind umwerfend

»Wir sind alle Eins« bedeutet, dass wir Eins miteinander, Eins mit allem Leben und Eins mit Gott sind. Soweit ich sehe, gibt es keine andere Interpretationsmöglichkeit.

Die Implikationen für die Menschheit sind umwerfend. Wenn wir glauben würden, dass das wahr ist, würde sich alles in unserem Leben ändern. Alles in unseren Religionen, in unserer Politik, in unserer Wirtschaft, in unserem Erziehungs- und Ausbildungswesen, in unseren gesellschaftlichen Strukturen. Und auch alles in unserem persönlichen Leben.

Im Bereich unserer Religionen würden wir das Ende des anscheinend endlosen Konkurrierens um die menschlichen Seelen erleben. Die Religionen würden aufhören, darauf zu beharren, sich als den absolut einzigen Weg zu Gott darzustellen. Sie würden uns auf unserem persönlichen Pfad unterstützen, aber nicht behaupten, Der Weg zu *sein.* Und sie würden aufhören, Angst als wichtigstes Werkzeug ihres Arsenals einzusetzen.

Sie würden aufhören zu lehren, dass wir die Ewigkeit in den immerwährenden Feuern der Hölle verbringen werden, wenn wir ihren Lehrmeinungen nicht folgen. Sie wären die Quelle von Trost und Führung, von stets präsenter Hilfe und von Stärke in Zeiten der Not. Damit würde die Religion ihrem höchsten Sinn und Zweck dienen und ihre großartigste Funktion erfüllen.

Im Bereich der Politik würden wir das Ende der versteckten Agenden erleben und der Machtspiele und der Verteufelung derer, die eine andere Ansicht vertreten. Die politischen Parteien würden nicht mehr behaupten, dass ihr Weg der einzige Weg sei. Und sie würden gemeinsam für die drängendsten Probleme Lösungen finden und durch die Suche nach Gemeinsamkeiten die Gesellschaft voranbringen.

Sie wären bestrebt, ihre praktikabelsten Ideen mit den praktikabelsten Ideen ihrer Opponenten zu verbinden. Damit würde die Politik ihrem höchsten Sinn und Zweck dienen und ihre großartigste Funktion erfüllen.

Im Bereich unserer Wirtschaft würden wir das Ende von

Größer/Besser/Mehr als internationalem Erfolgsmaßstab erleben. Wir würden eine neue Art der Gewinnorientierung entwickeln, bei der das »Maximum an Produktivität« neu definiert und unser endloses getriebenes Streben nach immer mehr *Profit* durch Respekt und Staunen angesichts des Universums ersetzt würde, durch Ehrfurcht vor allem Leben und durch das Engagement, eine Welt zu schaffen, in der jede Person in Würde leben kann und ihre Grundbedürfnisse erfüllt werden. Damit würde die Wirtschaft ihrem höchsten Sinn und Zweck dienen und ihre großartigste Funktion erfüllen.

Im Bereich unseres Erziehungs- und Ausbildungswesens würden wir erleben, dass nicht mehr Propaganda statt Geschichte gelehrt wird. Unsere Kinder würden nicht mehr nur Fakten auswendig lernen müssen, sondern in grundlegenden Konzepten des Lebens unterwiesen werden, die sie unserem Wunsch nach verstehen sollten: Bewusstsein und Gewahrsein, Ehrlichkeit und Verantwortlichkeit.

Wir würden demokratisch geführte Schulen erleben, in denen die Kinder ebenso viel wie die Lehrer dazu sagen können, was sie lernen und wie sie es lernen wollen, und in denen wir die Umwelt nicht dazu nutzen, den Kindern *Kenntnisse einzutrichtern* und ihnen *die Weisheit auszutreiben.* Damit würde das Erziehungs- und Ausbildungswesen seinem höchsten Sinn und Zweck dienen und seine großartigste Funktion erfüllen.

Was »Wir sind alle Eins« *nicht* bedeutet

»Wir sind alle Eins« bedeutet *nicht,* was mir gehört, gehört dir, und was dir gehört, gehört mir. Das Konzept des Einsseins schließt die Möglichkeit von persönlichem Besitz und individuellem Ausdruck nicht aus.

Wenn wir erkennen, dass es wirklich keine »anderen« gibt, sondern nur zusätzliche Versionen des Selbst, haben wir vielleicht mehr denn je den tiefen Wunsch, unsere persönlichen Besitztümer mit anderen zu teilen – doch es wird nicht von uns *verlangt,* dass wir unseren Besitz weggeben oder anderen ihren Besitz wegnehmen.

Jeder Mensch mag sich als Ausdruck Der Singularisierung, die wir »Gott« nennen, genau so erfahren, wie er es für sich wählt. Was er ansammelt und was er teilt, wird zum bemerkenswerten Bestandteil dieses individuellen Ausdrucks.

Ich glaube, *Gespräche mit Gott* und die darin überbrachte neue Theologie liefern uns Stoff zum Nachdenken über ewige Fragen, wie sie hier auf diesen Seiten erkundet werden. Und ich glaube, eine aktive Diskussion dieser Gedanken könnte einen außergewöhnlichen, vielleicht sogar das Leben verändernden Austausch von genau der Energie herbeiführen, von der hier die Rede war.

Kurzum, ich glaube, eine solche Diskussion könnte zum Gespräch des Jahrhunderts führen.

ANWENDUNG DIESER BOTSCHAFT IM ALLTAG

Ich habe ein ganzes Buch über die praktische Anwendung der *GmG*-Kernbotschaft 1 im Alltagsleben geschrieben. Meine Vorschläge decken alle Bereiche unserer Erfahrungswelt ab – politische, ökonomische und kulturelle (einschließlich der spirituellen) – und ich betrachte es als definitive Aussage dazu, wie *Gespräche mit Gott* auf das Leben auf Erden angewandt werden kann.

Der Titel des Buches lautet *Der Sturm vor der Ruhe* und hat die Grunderneuerung der Menschheit, wie ich es genannt habe, zum Gegenstand, die nun mit unserer oder ohne unsere Teilnahme stattfindet. Wenn Sie sich wirklich ernsthaft damit beschäftigen möchten, wie sich der Gedanke, Wir Sind Alle Eins, in unserer individuellen und kollektiven menschlichen Erfahrungswelt praktisch umsetzen lässt, werden Sie es vielleicht nützlich finden, dieses Buch zu lesen.

Mir ist klar, dass ich im Verlauf dieses Buches immer wieder einige andere von mir verfasste Bücher erwähnt habe, was vermutlich bei einigen Kritik hervorrufen wird. Ich glaube aber, dass der Inhalt des Gesamtwerks *Gespräche mit Gott* und auch verschiedener anderer Begleittexte wertvolle Einsichten in das menschliche Erleben anbietet – und darin, wie wir alle von hier aus weitergehen können.

Ich habe die Erfahrung gemacht, dass die Botschaften in diesen Büchern von derselben Quelle inspiriert sind wie auch Mozarts Musik, Michelangelos Kunst, Lincolns Führerschaft, Gandhis Politik und die Arbeit und die Worte von Martin Luther King jr. – und viele andere solcher Beiträge zur Lebensqualität auf diesem Planeten.

Ich glaube auch, dass dies dieselbe Quelle ist, die Sie täglich zu Ihren höchsten Gedanken, aufbauenden Einfällen und nützlichsten Ideen und Lösungen inspiriert. Wir tauschen hier alle Ideen aus, und wenn wir eine haben, die unserem Gefühl nach eine gute ist, dann ist es niemandem von Nutzen, wenn wir unser Licht unter den Scheffel stellen.

31

Danke, dass Sie hierhergekommen sind. Und danke, dass Sie bis zum Ende dieser Reise geblieben sind. Ich schätze Sie sehr für Ihren Mut, Ideen zu erforschen, die vielleicht ziemlich neu für Sie sind, oder Gedanken tiefergehend zu erkunden, die Sie früher schon hatten und denen Sie schon mal nachgegangen sind – aber vielleicht nie ganz auf dieser Ebene.

Die hier dargelegte Neue Theologie bietet den Menschen eine andere Sicht auf die Dinge an. Sie besagt, dass das Leben nicht aus einer Reihe zufälliger Ereignisse besteht, die sich ohne Sinn und Verstand zutragen, sondern aus einer komplex gestalteten und bewusst in Gang gesetzten Abfolge von Ereignissen. Ereignisse, die von allen existierenden Seelen *in Zusammenarbeit und spontan erschaffen* werden mit dem Ziel, diesem Gesamt der Ansammlung von Seelen – *als* Ansammlung wie auch als Individuum *innerhalb* der Ansammlung – eine direkte Erfahrung von sich zu geben.

Warum sind wir hier auf Erden? *Gespräche mit Gott* vertritt die Theorie, dass wir hier mehr zu tun haben, als nur zu leben und zu sterben und das Beste aus dieser Erfahrung zu machen. Und auch mehr, als einfach einen Weg »zurück in den Himmel« zu finden – oder wenigstens der Verbannung in die Hölle zu entgehen. Dies sind sehr schlichte Auffassungen vom Sinn und Zweck menschlicher Existenz.

Wir sind wegen eines umfassenderen Vorhabens hier. Wir sind hier, um einen ewig währenden evolutionären Prozess voranzutreiben, durch den jede individuelle Seele (und alles Existierende) die vollständige Erfahrung ihrer Wahren Identität macht. Und durch den das Leben selbst, durch seine individuierten Ausdrucksformen, das Bewusstsein von sich selbst ausdehnt und so die Wunder seiner letztendlichen und wahren Natur widerspiegelt.

Eine programmatische Aussage

Die Grundlehre dieser Neuen Theologie besagt, dass wir nichts davon »tun müssen«. Der Prozess nimmt seinen Lauf, ob wir bewusst daran teilnehmen oder nicht. Die Frage ist nicht, ob Gottes Prozess (denn darum handelt es sich) weitergeht, sondern wie wir ihn unserer Wahl nach erfahren.

Manche von uns mögen die Wahl treffen, ihn so zu erfahren, als würden wir ihn lediglich in seinen Auswirkungen erleben; und manche von uns mögen die Wahl treffen, ihn so zu erfahren, als wären wir die Ursache davon. Nur wir allein können entscheiden, ob das Leben uns zustößt oder ob es durch uns geschieht. Das ist tatsächlich die zentrale Frage unserer Zeit geworden. Sind wir bereit, willens und fähig, jetzt die Kontrolle über unser Leben zu übernehmen, oder wollen wir in seiner Geiselhaft bleiben?

Wir haben eine unendliche Anzahl von Leben, und bei jedem Durchgang durch diese Berührung mit der Körperlichkeit wird nichts Spezielles von uns verlangt oder gefordert, wird uns nichts befohlen. Weil unsere Inkarnationen nie ein Ende nehmen, die Seele sich auf einer ewig währenden Reise von einem physischen Ausdruck zum nächsten bewegt, besteht keine Notwendigkeit, in einem bestimmten

Leben ein bestimmtes Resultat herbeizuführen. Gott sagt, wir haben alle Zeit der Welt – *buchstäblich.*

Damit Ihr Verstand dies begreifen kann, stellen Sie sich vor, Sie sind vierzig Jahre lang täglich zur Arbeit gegangen und nun endlich im Ruhestand. Sie sind gesund, haben genug Geld zur Verfügung und können sich nun auf Jahre freuen, in denen Sie tun können, was Ihnen gefällt. Hätten Sie dann das Gefühl, Sie müssten unbedingt am nächsten Donnerstag Golf spielen und nicht erst eine Woche später? Und hätten Sie das Gefühl, Sie sollten tunlichst mehr Spaß am Golfspiel haben als an Tennis – denn sonst …?

Gäbe es einen anderen Grund, an einem bestimmten Tag irgendetwas Bestimmtes zu tun, außer der reinen Freude daran?

Der Himmel, von dem uns erzählt wurde

Das Schöne am Ruhestand ist natürlich die Freiheit – die Freude und Freiheit zu tun, was Sie wollen, wann Sie wollen, so wie Sie wollen. »Du hast es dir verdient«, sagt man.

Das ist auch die Schönheit des Lebens selbst. Auch diese Freiheit haben wir »verdient«. Allein durch den Akt, in die Körperlichkeit einzutreten (keine unbedeutende Entscheidung) und tagtäglich im Bereich der Relativität zu leben (keine geringe Aufgabe), haben wir die Freiheit verdient zu tun, was wir wollen, wann wir es wollen, und so, wie wir es wollen.

Freiheit ist Gottes Vorrecht – und wir sind nichts weniger als Göttlicher Natur.

Das Leben selbst ist der »Himmel«, von dem uns erzählt wurde. Das *ganze* Leben, nicht nur ein Teil davon – die Erfahrung *zwischen* den Leben in der Körperlichkeit und die Erfahrung *von* einem jeden Leben. »Himmel« bedeute für die

Seele die Fähigkeit, Gott in dir zu erkennen und in dir, durch dich und als du zum Ausdruck zu bringen ... in der von dir gewünschten Art und Weise und zum von dir gewünschten Zeitpunkt.

In Wahrheit kommt das Göttliche durch uns zum Ausdruck, ganz gleich, was wir tun. Es ist uns unmöglich, das Göttliche nicht zum Ausdruck zu bringen, denn es ist das, Wer Wir Sind. Es geht nur ganz einfach darum, wie wir das Göttliche in diesem gegenwärtigen Augenblick *definieren* wollen.

Anders formuliert, Gott ist, was wir sagen, dass Gott ist, und er drückt sich jeweils darin aus, wie wir in irgendeiner gegebenen Situation sind. Und das Leben selbst, das durch die vielfachen Universen zum Ausdruck gelangt, ist die Totalität von Gott im Akt der Selbstdefinition, so wie er sich durch den Ausdruck und die Erfahrung seiner selbst im Hier und Jetzt kennenlernen möchte.

Unser größtes Geschenk ist der freie Wille. Wir *können* unser Selbst in jeder von uns gewünschten Weise zum Ausdruck bringen und *sind* dennoch Gott, der seine Göttlichkeit demonstriert. Hier mögen manche spöttisch einwerfen: »Wie kann denn dieses Verhalten der Menschen ein Ausdruck von Göttlichkeit sein?« Doch die eigentliche Frage ist: »Warum sollten Menschen die Wahl treffen, die Göttlichkeit auf diese Weise zum Ausdruck zu bringen?«

Ja, warum sollten wir? Vielleicht weil wir die Geschichte missverstanden haben? Die Geschichte darüber, was Gott ist und was Gott will und was wir hier alle tun?

Wir könnten auch die stärker transformierende Frage stellen: »Was könnte uns veranlassen, Wer Wir Sind und das Göttliche an sich anders zu definieren? Auf großartigere Weise? Auf glorreichere Art?«

Könnte es eine *neue* Geschichte sein darüber, was Gott ist und was Gott will und was wir hier alle tun?

Unsere Antwort auf diese Fragen wird über die Zukunft der Menschen bestimmen.

Ist *Gespräche mit Gott* die Wahrheit?

Kommen wir nun zu einer der wichtigsten Fragen, die wir zur *GmG*-Theologie stellen können. »Sollen wir sie als ›Heilige Schrift‹ ansehen? Ist sie das unantastbare Wort Gottes?«

Schon seit sehr langer Zeit fragen die Menschen: »Welche Schriften sind ›Heilige Schriften‹? Welche Schrift enthält als einzige das Wahre Wort Gottes?«

Vor einigen Jahren schrieb ich etwas darüber. Meine Beobachtung war, dass die Antwort auf diese Frage vom jeweiligen Fragesteller abhängt.

Viele sagen, dass die Bibel die Heilige Schrift ist. Andere sagen, nein, Gottes Wort findet sich in der hebräischen Bibel. Andere sagen, nein, Gottes Wort findet sich im Koran. Andere sagen, nein, in der Thora. Andere sagen, nein, in der Mischna. Andere sagen, nein, im Talmud. Andere sagen, es ist die Bhagavad Gita. Andere, der Rig Veda. Andere, die Brahmanas. Andere, die Upanishaden. Andere, das Mahabharata und Ramayana. Andere, die Puranas. Andere, die Tantras. Andere, das Daodejing. Andere, der Buddha-Dharma. Andere, das Dammapada. Andere, das Huainanzi. Andere, das Zhuangzi. Andere, der Palikanon. Andere, das Buch Mormon.

Andere ...

Nun, der Punkt ist, dass viele Menschen glauben, es gab keine direkte Offenbarung – will sagen, Gott spricht direkt zum Menschen – mehr, seit die heiligen Schriften, mit *denen sie sich wohl fühlen,* verfasst wurden.

Während nur wenige, die den unterschiedlichen Quellen folgen, in theologischer Hinsicht miteinander übereinstimmen, sind sich viele in einer Sache absolut einig: *Ihr* Wort Gottes ist *das* Wort Gottes; *ihr* Weg zum Paradies ist *der* Weg zum Paradies; *ihre* Mitteilung von Gott ist *die einzige* Mitteilung von Gott.

Nach diesem Maßstab wären die Bände von *Gespräche mit Gott* Ketzerei, wären sie per Definition Gotteslästerung. Manche Anhänger der alten Bücher sind sich vielleicht nicht ganz im Klaren darüber, *welches* alte Buch nun Die Wahrheit enthält, aber über eines *sind* sie sich sicher: Die *neuen Bücher* enthalten sie nicht.

So stellt *Gespräche mit Gott* (ja, allein schon der Titel) von Anfang an eine Herausforderung dar, wirft alles über den Haufen, hebt viel von der heutigen Theologie aus den Angeln. Doch interessanterweise haben nur wenige Leute, die *GmG* gelesen haben, Probleme damit, dass es zumindest möglich ist, dass Gott sich einmal mehr durch das geschriebene Wort offenbart hat.

Ja, ich gehe noch weiter. Eine erstaunliche Anzahl von Menschen hat sich gemeldet und gesagt, *dass auch sie die Erfahrung einer solchen Verbindung und eines solchen Austauschs gemacht haben.* Es stellt sich also heraus, dass mein Gespräch mit Gott gar kein so »ungewöhnliches Zwiegespräch« ist.

Eine Einladung, keine Deklaration

Ganz gleich, wie es zustande gekommen ist – *Gespräche mit Gott* ist eine *Theologie,* kein Dogma, keine Doktrin. Es ist eine Erforschung und Lehre von Gott. Das ist das Wichtigste, das es nunmehr zu verstehen gilt.

Ich möchte hier bitte ganz klar verstanden werden. Ich glaube, dass die Worte direkt von Gott kamen. Doch wo kommt alle wahre Inspiration her? Was ist die Quelle der Erfahrungen, die wir Kreativität, Erfindungsreichtum, Innovation, Ideenreichtum, Genialität, Vorstellungsgabe, Originalität, Künstlertum, innere Einsicht oder Erkenntnis, Vision und ja, Offenbarung nennen?

Die Absicht dieses Buches ist ganz einfach die, Sie tief ins Innere des Materials von *GmG* einzuladen, so dass Sie es komplett verstehen können und vielleicht so zu Ihrer eigenen höchsten Wahrheit geführt werden. Das ist tatsächlich und kurz gesagt auch das, *was Gott sagte.* Gott sagte: »Die Wahrheit existiert in deinem Innern.« Gottes Absicht war es, dass der ausgedehnte Dialog in *Gespräche mit Gott* Sie zu Ihrer Wahrheit führt. Nicht, dass er Ihre Wahrheit wird.

Wenn aber die Wahrheit, zu der Sie geführt werden, sich mit einigen oder vielen Gedankengebäuden in *Gespräche mit Gott* in Übereinstimmung befindet, dann möge es so sein. Wenn Sie hingegen dahin gelangen, den Inhalt des Dialogs vollkommen zu verwerfen, wird er Ihnen dennoch gedient haben – da er Sie zu einer größeren Klarheit über Ihre eigene Erfahrung brachte, so dass Sie sie noch mannigfaltiger ausleben können.

Das ist das Ziel jeder Form von Kunst, oder? Ob Literatur oder Theater, Musik oder Tanz, Malerei oder Dichtung – ist es nicht das, wonach jeder kreative Ausdruck strebt? Und ist das nicht der Zauber, die Magie jeder Mitteilung von Gott? Denn Gott möchte nicht, dass wir Gott folgen. Er möchte, dass wir Gott zur nächsten großartigsten Erfahrung von Wer Wir Sind *führen.*

So demonstrieren Sie, dass Sie die Schöpferin sind. So wird das größte Versprechen Gottes – dass Sie nach seinem Ebenbild geschaffen sind – eingelöst. Und darin findet auch Ihre Seele Erfüllung.

Und so ...?

Was hat das alles mit unserem jetzigen Leben oder mit unserer Zukunft zu tun? Von der Zukunft unseres Planeten ganz zu schweigen. Nun, unsere Geschichte zeigt, dass wir uns immer wiederholen. Wir handeln immer auf dieselbe Art, tun dieselben Dinge, erzählen und glauben dieselben Geschichten über Gott, über das Leben, über alles. Ja, es wurde gesagt, die Sünden der Väter sollen über die Söhne gebracht werden, sogar bis in die siebte Generation.

Doch wir haben nun die Gelegenheit, diesen Kreislauf zu beenden, mit dieser Wiederholung Schluss zu machen, hinter den letzten Satz des letzten Absatzes des letzten Kapitels der alten und nicht länger nützlichen Kulturgeschichte des Menschen einen Schlusspunkt zu setzen. Nicht um diese Geschichte wegzuwerfen, sondern um über diesen letzten Punkt *hinaus* zu schreiben. Um an allem Gutem in dieser alten Geschichte festzuhalten, aber auch um bereit zu sein, sich das Gute, das sich vielleicht außerhalb von ihr befindet, das vielleicht *neu* ist, zu eigen zu machen.

Wir erklären uns selbst zur achten Generation. Lasst uns die Ersten sein, die die großartigsten Vorstellungen, die die Menschen je über sich selbst hatten, über die künftigen Generationen bringen; die großartigsten Gedanken, die Philosophen je vortrugen, die großartigsten Ideen, zu denen Gott je inspirierte.

Lasst uns unseren Kindern den Anfang einer Neuen Kulturgeschichte präsentieren, eine neue Vorstellung vom Menschen und Wer Wir Sind, einen neuen Gedanken über unser Potenzial und unser Versprechen und unsere Zielsetzung.

Lasst uns einander auch eine neue Hoffnung bringen, ein neues Verständnis, eine neue Bewusstheit, eine neue Ausdrucksweise, eine neue Erfahrung vom Leben und von Gott und voneinander. In der Art, dass unsere Lebensweise in der Vergangenheit zu einem vergessenen Traum wird, zu einem Alptraum von einer Seinsweise, die wir nie wieder aufnehmen wollen.

Nie wieder.

* * *

Sie können mit dieser neuen Lebensweise gleich jetzt, heute, beginnen. Sie müssen nicht warten, bis der Rest der Welt mit Ihnen gleichzieht. Sie können sie durch die Art Ihres Seins in jedem Moment, in jeder Situation, bei jeder Begegnung in sich aufrufen und zu sich heranziehen. Das können Sie, indem Sie die Wahl treffen, ein Göttliches Wesen zu sein.

Das ist nicht unmöglich. Sie brauchen unterwegs nur ein bisschen Hilfe. Vielleicht etwas Gesellschaft und Kameradschaft. Etwas Unterstützung. Vielleicht hie und da ein bisschen Anleitung, ein paar Vorschläge, wie Sie es angehen können.

Ich hoffe, dass Sie hier einen Anflug davon gefunden haben. Das entscheiden Sie.

Wie bei allem, Sie entscheiden das.

Nachwort

Es geht bei der Evolution nicht darum, etwas zu *werden,* es geht darum, sich daran zu erinnern und dann zu demonstrieren, was wir schon sind. Es geht nicht um das Voranschreiten, es geht darum, *voll und ganz* da zu sein, wo wir sind. Es geht nicht um das *Fortschreiten* in unserem Bewusstsein, es geht darum, dass wir unser *gegenwärtiges* Gewahrsein erhöhen.

Wo ist der Unterschied? Im ersten Fall streben wir nach etwas, das wir unserer Vorstellung nach jetzt nicht haben; im zweiten Fall bringen wir das, was wir bereits besitzen, vollständig zum Ausdruck. Das Erste ist der Versuch, einen größeren Ozean zu finden, das Zweite ein tieferes Eintauchen in den Ozean, *in dem wir jetzt schwimmen.* Es geht darum, voll und ganz eingetaucht und vollständig vertieft zu sein, nicht einfach auf der Oberfläche dahinzutreiben.

Der Kernpunkt: Wir brauchen nichts weiter als das, was schon gegenwärtig ist. Wir müssen nur vollkommen gegenwärtig *dafür* werden.

Das können wir binnen einem Augenblick tun. In Sekundenbruchteilen.

Evolution braucht nicht Zeit, sie braucht Willen.

Letztlich geht es natürlich um unsere Kinder. Und unsere Kindeskinder. Wenn wir das Geschenk und das Wunder unseres menschlichen Lebens sehen, dann müssen wir uns fragen: Was können wir tun, um unseren Kindern und deren Kindern eine Erfahrung zuteilwerden zu lassen, die sogar noch wunderbarer ist, als wir sie hatten?

Selbst wenn unser eigenes Leben ein ständiger Kampf war

und sehr viel Leiden bedeutete (vielleicht *ganz besonders* in diesem Fall), werden wir sicher dieselbe Frage stellen wollen: Was können wir tun, um unseren Kindern und deren Kindern eine Erfahrung zuteilwerden zu lassen, die noch wunderbarer ist, als wir sie hatten, und wie können wir ihnen eine bessere Welt hinterlassen?

Mir scheint die Antwort auf diese Frage klar zu sein: Wir können unseren Kindern das Handwerkszeug geben, mit dessen Hilfe sie eine solche Welt erschaffen können.

Im Moment, *genau heute,* werden Millionen junge Leute, denen wir in den kommenden Jahrzehnten die Welt übergeben werden, ausgebildet und trainiert. Unsere eigenen Handlungen sagen und zeigen ihnen, was in Bezug auf das Leben, in Bezug auf Wer Sie Sind und in Bezug auf Gott wahr ist. Sie werden gelehrt, wie das Leben funktioniert, worum es dabei geht, was es bedeutet, ein »gutes Leben« zu haben, und wie man es bekommt.

Wie machen wir uns dabei ...? Wie stehen wir Menschen da, wenn wir uns ansehen, was wir dieser Tage unseren Kindern über ihre Welt beibringen? Meinen Sie, wir könnten es besser machen? Wenn ja, an wen könnten wir uns in Sachen eines verbesserten Lehrplans wenden?

Ich schlage vor, dass wir uns an Gott wenden.

Hier ist, was Gott im Buch *Gemeinschaft mit Gott* zu diesem Thema sagte:

> Lehrt eure Kinder, dass sie nichts außerhalb ihrer selbst – keine Person, keinen Ort und auch kein Ding – brauchen, um glücklich zu sein. Lehrt sie, dass sie das wahre Glück in ihrem Innern finden. Lehrt sie, dass sie *sich selbst genug sind.*
> Lehrt sie das, und ihr werdet sie großartig belehrt haben.

Lehrt eure Kinder, dass Versagen eine Fiktion, dass jeder Versuch ein Erfolg ist und dass durch jedes Bemühen der Sieg zustande gebracht wird, wobei Ersteres nicht weniger ehrenwert ist als Letzteres.
Lehrt sie das, und ihr werdet sie großartig belehrt haben.
Lehrt eure Kinder, dass sie zutiefst mit allem Leben verbunden, dass sie mit allen Wesen eins und niemals von Gott getrennt sind.
Lehrt sie das, und ihr werdet sie großartig belehrt haben.
Lehrt eure Kinder, dass sie in einer Welt der herrlichen Fülle leben, dass für jeden genug da ist und dass man nicht am meisten empfängt, wenn man das meiste einheimst, sondern wenn man das meiste miteinander teilt.
Lehrt sie das, und ihr werdet sie großartig belehrt haben.
Lehrt eure Kinder, dass es nichts gibt, das sie sein oder tun müssen, um sich für ein erfülltes Leben in Würde zu qualifizieren, und dass sie mit niemandem um irgendetwas konkurrieren müssen und dass Gottes Segnungen für alle gedacht sind.
Lehrt sie das, und ihr werdet sie großartig belehrt haben.
Lehrt eure Kinder, dass sie nie gerichtet werden, dass sie sich keine Sorgen zu machen brauchen, wenn sie nicht immer alles richtig machen oder richtig verstehen, und dass sie nichts ändern oder »besser werden« müssen, um in den Augen Gottes als vollkommen und wunderschön angesehen zu werden.
Lehrt sie das, und ihr werdet sie großartig belehrt haben.

Lehrt eure Kinder, dass Konsequenzen und Bestrafung nicht dasselbe sind, dass der Tod nicht existiert und dass Gott nie jemanden verdammt.
Lehrt sie das, und ihr werdet sie großartig belehrt haben.
Lehrt eure Kinder, dass Liebe keine Bedingungen hat, dass sie sich keine Sorgen zu machen brauchen, dass sie je eure oder Gottes Liebe verlieren könnten und dass ihre eigene Liebe, die sie anderen bedingungslos zukommen lassen, das größte Geschenk ist, das sie der Welt machen können.
Lehrt sie das, und ihr werdet sie großartig belehrt haben.
Lehrt eure Kinder, dass es nichts gibt, das sie nicht tun können, dass die Illusion der Unwissenheit auf Erden ausgelöscht werden kann und dass alle nur einer Sache bedürfen, nämlich dass sie sich selbst zurückgegeben werden durch ein Erinnern daran, Wer Sie Wirklich Sind.
Lehrt sie das, und ihr werdet sie großartig belehrt haben.
Lehrt sie diese Dinge nicht durch eure Worte, sondern durch eure Taten; nicht dadurch, dass ihr diese Dinge mit ihnen diskutiert, sondern dadurch, dass ihr sie ihnen vorlebt. Denn es ist euer Tun, das eure Kinder nachahmen, und was ihr seid, das werden sie werden.

Geht nun und lehrt nicht nur eure Kinder diese Dinge, sondern alle Menschen und alle Nationen. Denn alle Menschen sind eure Kinder und alle Nationen euer Zuhause, wenn ihr euch auf die Reise zur Meisterschaft begebt.

Das ist die Reise, zu der ihr euch vor vielen Jahrhunderten und Leben aufgemacht habt. Das ist die Reise, auf die ihr euch lange vorbereitet habt und die euch hierher, zu dieser Zeit an diesen Ort, gebracht hat.
Das ist die Reise, deren Ruf euch nun dringlicher denn je ereilt und auf der ihr, wie ihr fühlt, immer schneller vorankommt.
Das ist das unausweichliche Ergebnis des Sehnens eurer Seele. Es ist euer Herz, das hier in der Sprache eures Körpers spricht. Es ist der Ausdruck von Göttlichkeit in eurem Innern. Und es ruft euch jetzt so, wie es euch nie zuvor gerufen hat – weil ihr es jetzt so hört, wie es nie zuvor gehört wurde.
Es ist Zeit, dass ihr mit der Welt eine herrliche Vision teilt. Es ist die Vision aller Geister, die jemals wirklich gesucht haben, aller Herzen, die jemals wirklich geliebt haben, aller Seelen, die jemals wirklich das Einssein des Lebens empfunden haben.
Wenn ihr das erst einmal gefühlt und gespürt habt, könnt ihr nie wieder mit weniger zufrieden sein. Wenn ihr das erst einmal erfahren und erlebt habt, werdet ihr nichts anderes wollen, als es mit allen zu teilen, deren Leben ihr berührt.

Es ist Zeit für einen neuen Menschen

In *Gespräche mit Gott* heißt es, der Sinn und Zweck des Lebens besteht darin, dass du dich in der nächstgrößeren Version der großartigsten Vision, die du je über Wer Du Bist hattest, wieder aufs Neue erschaffst. Das ist die kraftvollste Aussage zum Sinn und Zweck unseres Daseins, die ich je gelesen habe. Indem wir unserer Spezies eine Neue Kulturgeschichte präsentieren – eine neue Vorstellung davon, Wer Wir Sind, wer Gott ist, und warum wir alle hier auf Erden sind –, geben wir uns die Chance, auf die wir gewartet haben: die Chance, wieder von vorne anzufangen, ein neues Morgen hervorzubringen.

Die Arbeit beginnt nicht nur bei unseren Kindern, sondern auch bei denen, die sie anleiten und belehren. Das bedeutet bei uns. Heute.

Es ist an der Zeit, dass ein neuer Mensch aufkommt, eine neue Art Spezies auftaucht. Es ist jetzt an der Zeit, eine Bürgerrechtsbewegung für die Seele zu schaffen, die die Menschen endlich von der Unterdrückung durch ihren Glauben an einen gewalttätigen, zornigen und rachsüchtigen Gott befreit. Es steht in unserer Macht, unsere Spezies von alten spirituellen Lehrmeinungen zu befreien, die ringsum auf der Welt nichts als Trennung, Hass, Angst und Störungen geschaffen haben.

Die Zeit für diesen lange erwarteten Wandel im Ausdruck und in der Erfahrung des Menschen von sich selbst ist gekommen. Ich möchte Ihnen eindringlich nahelegen mitzuhelfen, dass die alten Dogmen endlich durch eine Gesinnung ersetzt werden, die auf Einheit und Zusammenarbeit, Verständnis und Mitgefühl, Großzügigkeit und Liebe ausgerichtet ist.

Dazu müssen Sie Ihr Leben nicht völlig umkrempeln und auch nicht besonders viel Zeit aufbringen. Jeder von uns hat sein eigenes Leben zu leben – und da durchzukommen ist an manchen Tagen schon mehr als genug. Doch wenn Sie bereit sind, Ihren täglichen Herausforderungen auf neue Art zu begegnen, als Bestandteil der umfassenderen Bemühung der Menschheit, dem Menschsein eine veränderte Bedeutung zu geben, dann kann Ihr persönliches Leben eine großartigere Bedeutung bekommen, als Sie sich je vorgestellt haben mögen.

Die Bände der Kosmologie von *Gespräche mit Gott* stellen das bestmögliche Bemühen eines Menschen dar, dessen ehrlichen, reinen und ernsthaften Versuch, Botschaften zu übermitteln, die seiner Überzeugung nach von Gott inspiriert wurden. Aber mir ist sehr klar und sehr wichtig, dass alles, was ich geschrieben habe, in Frage gestellt werden kann – und sollte. Wie ich von Anfang an sagte: Lassen Sie *GmG* eine Inspiration für Sie sein, tief in Ihrem Innern nachzuforschen.

Ich hoffe, Sie können die Botschaften, die Sie hier gefunden haben, als Ausgangspunkt für diese neue Reise nutzen. Teilen Sie das Bewusstsein und die Erkenntnisse, zu denen Sie Ihr eigenes inneres und höchstes Selbst geführt hat, mit den Ihnen nahestehenden Menschen – und wenn es sich richtig anfühlt, auch mit allen, deren Leben Sie berühren. Ein größeres Geschenk können Sie nicht machen.

So schließe ich mit einer freundlichen und sanften Einladung aus dem Buch *Home Remembers Me: Medicine Poems from Em Claire* …

Sprich in einer Seelensprache,
so dass sie aller Ohr erreicht.
Wickle diese Geschichte der Menschheit ab
mit einer
Präsenz so kostbar,
dass selbst Gott keine Definition dafür hat.
Praktiziere ein so tiefes Lieben,
dass das Wort für Tränen
»Ozean«
lautet
und
die Schule des Mitgefühls
der Welt Größte Institution ist.

Lass niemanden allein wandern
auf dieser Reise die
Wir
teilen sollen:
Sprich in einer Seelensprache,
so dass sie aller Ohr erreicht.

Informationen zu Em Claire und ihren Arbeiten:
www.EmClairePoet.com

Zusatzinformationen

Da manche Menschen überrascht waren, dass die ursprüngliche Reihe der *Gespräche mit Gott* mehr Bände aufweist, als sie dachten, sind hier noch einmal alle Titel aufgeführt. Zusätzlich nenne ich jene neuesten Bücher, die die darin enthaltenen Botschaften weitergehend erläutern.

Titel der Reihe Gespräche mit Gott

Gespräche mit Gott (Band 1)
Gespräche mit Gott (Band 2)
Gespräche mit Gott (Band 3)
Freundschaft mit Gott
Gemeinschaft mit Gott
Neue Offenbarungen
Gott heute
Was Gott will
Zuhause in Gott

Zusätzliche Bücher

Wenn alles sich verändert, verändere alles
Der Sturm vor der Ruhe
Was wirklich wichtig ist

Weitere Informationen unter:
www.gespraechemitgott.org
www.nealedonaldwalsch.com
www.cwg.org

Wenn diese Worte je quer sitzen
auf dem Tisch deines Herzens,
kannst du sie immer auffordern zu gehen,
und sie werden ihn ganz friedlich verlassen …
Stattdessen könnten Du und Gott beisammensitzen
an deinem eigenen Herzens-Tisch.
Im Kerzenschein. Und in der Stille. Und neue
Herzensworte erschaffen,
die zuvor noch niemand vernahm!
Gott will nichts lieber sein als

Dein Herzensschreiber.